curso de DIREITO Minerário

Grupo Editorial Nacional

O GEN | Grupo Editorial Nacional – maior plataforma editorial brasileira no segmento científico, técnico e profissional – publica conteúdos nas áreas de concursos, ciências jurídicas, humanas, exatas, da saúde e sociais aplicadas, além de prover serviços direcionados à educação continuada.

As editoras que integram o GEN, das mais respeitadas no mercado editorial, construíram catálogos inigualáveis, com obras decisivas para a formação acadêmica e o aperfeiçoamento de várias gerações de profissionais e estudantes, tendo se tornado sinônimo de qualidade e seriedade.

A missão do GEN e dos núcleos de conteúdo que o compõem é prover a melhor informação científica e distribuí-la de maneira flexível e conveniente, a preços justos, gerando benefícios e servindo a autores, docentes, livreiros, funcionários, colaboradores e acionistas.

Nosso comportamento ético incondicional e nossa responsabilidade social e ambiental são reforçados pela natureza educacional de nossa atividade e dão sustentabilidade ao crescimento contínuo e à rentabilidade do grupo.

5ª edição

curso de DIREITO Minerário

BRUNO FEIGELSON
BERNARDO SOUZA
THIAGO COSTA

gen | saraiva jur

- Os autores deste livro e a editora empenharam seus melhores esforços para assegurar que as informações e os procedimentos apresentados no texto estejam em acordo com os padrões aceitos à época da publicação, *e todos os dados foram atualizados pelos autores até a data de fechamento do livro*. Entretanto, tendo em conta a evolução das ciências, as atualizações legislativas, as mudanças regulamentares governamentais e o constante fluxo de novas informações sobre os temas que constam do livro, recomendamos enfaticamente que os leitores consultem sempre outras fontes fidedignas, de modo a se certificarem de que as informações contidas no texto estão corretas e de que não houve alterações nas recomendações ou na legislação regulamentadora.
- Data do fechamento: 26/05/2025
- Os autores e a editora se empenharam para citar adequadamente e dar o devido crédito a todos os detentores de direitos autorais de qualquer material utilizado neste livro, dispondo-se a possíveis acertos posteriores caso, inadvertida e involuntariamente, a identificação de algum deles tenha sido omitida.

Saraiva Jur, um selo da SRV Editora Ltda.
Uma editora integrante do GEN | Grupo Editorial Nacional
Travessa do Ouvidor, 11
Rio de Janeiro – RJ – 20040-040
- **Atendimento ao cliente: https://www.editoradodireito.com.br/contato**

- Capa: Lais Soriano
- **CIP-BRASIL. CATALOGAÇÃO NA PUBLICAÇÃO
SINDICATO NACIONAL DOS EDITORES DE LIVROS, RJ**

F327c
5. ed.

Feigelson, Bruno, 1986-
Curso de direito minerário / Bruno Feigelson, Bernardo Souza, Thiago Costa. – 5. ed. – Rio de Janeiro : Saraiva Jur, 2025.

Inclui bibliografia
ISBN 9788553623822

1. Direito de minas - Brasil. I. Souza, Bernardo. II. Costa, Thiago. III. Título.

CDU: 347.249(81)

25-98132.0

Carla Rosa Martins Gonçalves - Bibliotecária - CRB-7/4782

Se não você, então quem? Se não agora, então quando?

Gary Herbert

AGRADECIMENTOS

O ato de maior dificuldade na confecção desta obra foi escrever estes agradecimentos, haja vista ser um momento de grande alegria, em que posso, de alguma forma, tentar retribuir o carinho e apoio de tantas pessoas – mas que, por outro lado, obriga-me a cometer injustiças.

O ideal seria dedicar um livro completo apenas de agradecimentos, expondo o nome de todos aqueles que contribuíram para a materialização deste trabalho. Se não fosse a soma de diversos encontros que a vida proporcionou, por certo este livro não estaria sendo publicado. Assim, já assumindo as inevitáveis injustiças, tento minimizar tal pecado citando os poucos nomes que cabem nesta parte, e que de forma alguma poderiam deixar de aqui estar.

Assim, em primeiro lugar, agradeço a D'us, por permitir cada suspiro e deixar que continuemos a trilhar esta bela aventura que é o viver.

Agradeço a meus pais, Marcelo e Maggy, ao meu irmão, Felipe, aos meus avós, tios e primos, pessoas essenciais em minha vida e meus grandes exemplos. Agradeço, ainda, a minha namorada, Nice, sempre companheira e inspiradora, e a meus amigos, que também se encontram no rol do gênero família. Enfim, agradeço a toda minha família, de sangue e coração, sem os quais a vida é nada, sem a qual não vale ser.

Sou muito grato aos amigos, por tantas vezes professores, que fiz na graduação da UFRJ, no mestrado da UERJ, nos departamentos jurídicos da MMX Mineração e Metálicos e da Anglo American. Agradeço, ainda, aos amigos dos escritórios Firmo, Sabino e Lessa Advogados, Lacerda Advogados e Ribeiro Lima Advogados.

Um agradecimento especial à Bianca Tavolari, da equipe da Saraiva, por todo o apoio e empenho na edição deste livro, ao professor Carlos Lacerda, por compartilhar toda a sua valiosa experiência de décadas dedicadas ao Direito Minerário, ao professor Gerson Rêgo, por sempre instigar o aprofundamento das questões jurídicas e sempre acreditar em meu potencial, e ao professor Marcello Ribeiro Lima Filho, pelas incontáveis lições sobre advocacia e vida, além da paciência de fazer uma análise crítica e detalhada desta obra.

Rio de Janeiro, setembro de 2012.

Bruno Feigelson

A incrível jornada do conhecimento, que resultou na minha contribuição para esta obra, não teria sido possível sem o apoio inestimável de pessoas que, de diferentes formas, contribuíram para sua concretização.

Agradeço, em primeiro lugar, à minha mãe, Regina, e à minha companheira, Rachel, por todo o amor, incentivo e compreensão ao longo desse percurso. Seu apoio incondicional foi essencial nos momentos mais desafiadores.

Aos meus amigos, cuja presença e palavras de encorajamento me motivaram a seguir adiante, sou profundamente grato.

No campo profissional, expresso minha sincera gratidão a Anderson Cerceau, Andreu Wilson, Bruno Feigelson e Marcello Lima, cuja orientação, troca de conhecimentos e confiança foram fundamentais para o meu crescimento e para a realização deste trabalho.

A todos que, de alguma forma, contribuíram para esta conquista, meu muito obrigado.

Bernardo Souza

A conclusão desta obra representa não apenas a finalização de um projeto acadêmico, mas sobretudo a materialização de um percurso que só se tornou possível graças ao apoio constante de pessoas queridas, cuja presença foi determinante em minha trajetória.

Agradeço, em primeiro lugar, à minha família, que sempre foi a base sólida sobre a qual construí meus sonhos. À minha mãe, pelo afeto incondicional e exemplo de dedicação cotidiana; sem ela, nada seria possível. Ao meu pai, pela força silenciosa e dedicação ao longo da minha vida. Ao meu irmão, por sua lealdade, companheirismo e apoio contínuo em todas as fases da vida.

Estendo meus agradecimentos aos amigos que me acompanharam ao longo dessa caminhada. Seus gestos de confiança, suas palavras de incentivo e, sobretudo, sua amizade verdadeira foram essenciais para que este trabalho fosse concluído com serenidade e entusiasmo.

À Ana Clara, por caminhar ao meu lado com amor, paciência e entusiasmo. Sua presença generosa e constante representa uma fonte diária de inspiração. Ter você comigo nessa jornada torna cada conquista ainda mais significativa.

Por fim, agradeço ao Bruno Feigelson por ter me dado a oportunidade de participar desta obra.

Thiago Costa

APRESENTAÇÃO (1.ª EDIÇÃO)

Editar o melhor livro de Direito Minerário. Em nada menos do que isso consistia o objetivo deste brilhante advogado que, vendo-se diante da necessidade de lidar com temas relacionados ao Direito Minerário, notadamente carente de doutrina especializada, decidiu editar seu próprio livro. Foi nesse contexto que encarou o desafio de, às vésperas da promulgação do Novo Marco Regulatório da Mineração, dedicar-se noite e dia ao estudo e à compilação da doutrina existente e da dispersa normatização do Departamento Nacional de Produção Mineral (DNPM).

Com o crescimento econômico dos últimos anos e, em especial, diante da voraz demanda chinesa por minérios, poucos não foram os projetos minerais em estudo ou desenvolvimento no Brasil. O minério que, antes, em função dos baixos teores ou da falta de tecnologia adequada, não era considerado produto, passou a ser lavrado e beneficiado. Projetos que outrora não passavam no crivo de viabilidade econômica, com os novos patamares de preço, tornaram-se viáveis. Assim, é nesse cenário que surgiu uma verdadeira corrida, com o intuito de, sempre em prazos recordes, implantar novos projetos.

Consequência natural foi o significativo aumento da demanda de profissionais do Direito envolvidos com o assunto, não só no sentido de gerir as demandas cotidianas das operações, mas também desenvolver soluções criativas e inovadoras que, a despeito de todas as dificuldades decorrentes da fragilidade dos órgãos reguladores, possibilitem o desenvolvimento e a implantação de novos projetos em prazos cada vez menores.

A carência de doutrina especializada e a grande especialização do assunto não se traduziram em obstáculo ao desenvolvimento deste trabalho de fôlego, que se propõe a confrontar a realidade de desenvolvimento e implantação de projetos minerários com os preceitos do Código de Mineração (Decreto n. 227, de 28-2-1967) e demais textos aplicáveis.

Tampouco a provável edição de um novo marco regulatório para a mineração no Brasil constituiu empecilho ao desenvolvimento desta obra, já que, mesmo que a nova normatização supere as discussões legislativas e venha a ser promulgada, esta obra continuará a se aplicar às situações que decorram dos títulos minerários expedidos sob a égide da legislação atual, prestando-se, ainda, como fonte e referência para trabalhos futuros que venham a se dedicar ao tema.

Assim, o autor decidiu partir para o estudo das obras existentes e a compilação da normatização aplicável, desenvolvendo seu trabalho a partir de uma sequência lógica e didática, sem, contudo, perder a perspectiva realista do profissional que nasceu e lida diariamente com a implantação e o desenvolvimento de projetos com geólogos e engenheiros de mina.

Dessa forma, norteado pelo senso prático, antes de pretender exaurir o tema, manteve o foco nos aspectos mais relevantes ou nos assuntos que, de alguma forma, gerem polêmica ou dissenso, conciliando a perspectiva realista dos que desenvolvem, em campo, projetos minerários, com a vivência prática do aplicador do Direito que, diuturnamente, vê, nos temas desenvolvidos, mais do que simples material acadêmico, mas sim situações reais do dia a dia. Trata-se, em síntese – mais do que uma compilação legislativa – de uma cartografia segura para o navegador do Direito Minerário que necessita, além das coordenadas do texto positivo, do mapeamento do substrato concreto a que se referem essas coordenadas legais compilado e comentado pelo brilhante autor.

Marcello Ribeiro Lima Filho

NOTA À 5.ª EDIÇÃO

Com grande satisfação, chegamos à 5ª edição do *Curso de Direito Minerário*. A cada nova edição, reafirmamos nosso compromisso em oferecer uma obra que acompanhe a constante evolução do setor mineral, proporcionando uma fonte segura e atualizada para acadêmicos, profissionais e todos aqueles que lidam com a regulação e as nuances jurídicas dessa atividade essencial para o desenvolvimento nacional.

O Direito Minerário é um campo em permanente transformação, impulsionado por mudanças regulatórias, inovações tecnológicas e a necessidade crescente de compatibilizar a atividade mineral com os princípios da sustentabilidade e da responsabilidade socioambiental. Diante desse cenário dinâmico, torna-se imprescindível a atualização contínua da doutrina e da interpretação normativa, garantindo que o arcabouço jurídico esteja sempre alinhado às demandas contemporâneas do setor.

Nesta edição, revisamos e ampliamos conteúdos, incorporamos as mais recentes alterações legislativas e regulatórias e analisamos as novas diretrizes que moldam o futuro da mineração no Brasil. Nosso objetivo é continuar contribuindo para o aprimoramento da compreensão e aplicação do Direito Minerário, oferecendo uma obra que seja, ao mesmo tempo, referência teórica e ferramenta prática para os operadores do direito e demais interessados.

Agradecemos a todos que, ao longo das edições anteriores, confiaram nesta obra como fonte de estudo e consulta. Seguimos empenhados em aprofundar o debate e fortalecer o conhecimento sobre um setor estratégico para a economia e o desenvolvimento do país.

Rio de Janeiro, março de 2025.

NOTA À 4.ª EDIÇÃO

Com grande satisfação, apresentamos a quarta edição do *Curso de Direito Minerário*. Agora, com a inclusão dos autores Bernardo Souza e Thiago Costa, cuja parceria com o autor original da presente obra, nascida no Escritório *Lima Feigelson Advogados*, estendeu-se para este projeto acadêmico. A inclusão dos novos autores vem a somar não apenas pela experiência com os diversos temas relacionados à mineração, mas por possibilitar intenso debate e olhar diversificado acerca de cada item abordado neste livro.

Mais uma vez, é necessário reafirmar que tudo se tornou possível com a contribuição de todos os leitores que adquiriram as edições anteriores, aos quais direcionamos os nossos agradecimentos.

Cinco anos se passaram desde o lançamento da última edição, período este que, certamente, trouxe profundas alterações para a mineração brasileira. Exemplos não faltam, e, apenas de modo ilustrativo, podemos citar a edição de um Novo Regulamento do Código de Mineração, a efetiva implantação e estruturação da Agência Nacional de Mineração e a edição de cerca de 300 novas Resoluções Normativas pela autarquia, de maior ou menor impacto para o setor minerário.

A questão ambiental, muito em decorrência dos tristes episódios envolvendo o rompimento de barragens em Mariana e Brumadinho, tornou-se elemento ainda mais central em todas as discussões envolvendo a mineração. Não sem razão, maiores exigências são recorrentemente impostas aos mineradores, exigindo-se uma constante atualização e crescente qualificação técnica.

Além disso, as mudanças de Governo, bem como dos quadros do Ministério de Minas e Energia e Agência Nacional de Mineração, acarretaram grandes transformações regulatórias, com a intensa edição de novas normas a serem observadas. Pretendemos, nesta obra, analisar as principais alterações normativas havidas nos últimos cinco anos, evidenciando os seus respectivos impactos para o setor minerário. Por outro lado, a aguardada aprovação e publicação do novo marco regulatório da mineração, largamente estudado nas edições anteriores, não ocorreu, mantendo-se a vigência do Código de Mineração de 1967, com algumas alterações pontuais ao longo dos anos.

Nesta quarta edição, embora tenham sido realizadas atualizações relativas aos mais diversos itens, destacamos: (i) a publicação do novo Regulamento do Código de Mineração, Decreto n. 9.406/2018, ensejando mudanças importantes ao longo de toda a obra; (ii) a edição da Resolução n. 24/2020, que regulamentou o procedimento de oferta pública de áreas em disponibilidade, alterando profundamente a dinâmica de aquisições primárias então vigente no Brasil; e (iii) a Lei n. 14.066/2020, por meio da qual foram alterados vários itens do Código de Mineração, como o valor máximo das sanções aplicadas pela ANM, que passou a ser de um bilhão de reais, bem como implementou importantes obrigações visando à prevenção de novos desastres ambientais.

Por fim, gostaríamos de agradecer, em especial, ao amigo Marcello Lima, prefaciador da primeira edição e cujos ensinamentos, generosamente transmitidos, continuam sendo fonte diária de aprendizado e inspiração aos autores desta obra.

Rio de Janeiro, maio de 2023.

NOTA À 3.ª EDIÇÃO

É um prazer imenso chegar à terceira edição do *Curso de Direito Minerário*. Acredito que o tempo seja relativo, mas também um dos aspectos mais intrigantes da existência. É natural sentirmos as limitações de oportunidade decorrentes da passagem dos anos. No entanto, o avançar do relógio também oportuniza sensações prazerosas como a de consolidar trabalhos iniciados por outros "Eus". No início desta década, quando comecei a escrever a presente obra, realmente não imaginava que este momento chegaria. Espero poder progredir ainda muito e publicar novas edições que contribuam de alguma forma com o desenvolvimento do Direito Minerário.

Reitero que nada disso seria possível sem a contribuição de todos os leitores que adquiriram as edições anteriores. Desta forma, agradeço de coração aos que investiram na presente obra.

Os quatros anos que separam a segunda da terceira edição alteraram expressivamente o quadro da mineração nacional. Certamente o episódio do rompimento da barragem em Mariana, no ano de 2015, foi um dos momentos mais lastimáveis da história da mineração.

A mudança dos quadros do Ministério de Minas e Energia – em decorrência do *impeachment* de 2016 – implicou alterações de rumos regulatórios para o setor, fato que desencadeou a edição de novas normas para a mineração em 2017, normas essas que serão amplamente analisadas na presente edição. Além disso, cabe notar que o fim do superciclo das *commodities* esfriou o mercado, impondo grandes desafios para os *players* que se mantiveram operando e buscando desenvolver novos projetos.

Aos leitores desta 3ª edição, algumas considerações são relevantes: (i) a Lei n. 13.540/2017 alterou aspectos relevantes da CFEM, ensejando mudanças importantes no capítulo 23; (ii) a Lei n. 13.575/2017 criou a ANM e extinguiu o DNPM. Ainda assim, o uso da sigla DNPM foi mantido em algumas passagens da presente obra, visto que as competências internas deverão ser disciplinadas por Decreto e Regulamento, fato que enseja dúvidas a respeito de como determinados atos deverão ser transferidos para a nova agência. Desta forma, em muitas passagens foi respeitado o texto original das normas, que fazia menção ao DNPM. Contudo, é importante que o leitor tenha plena consciência de que as funções, obrigações e direitos do DNPM foram transferidos para a ANM; (iii) mantivemos no capítulo 4 referências aos projetos de lei do governo Dilma. A justificativa para tanto está no desejo de manter um acervo histórico e mesmo oportunizar que os leitores compreendam a evolução regulatória que culminou com as leis de 2017; e (iv) a portaria do DNPM n. 144, de maio de 2016, com posteriores alterações, aprovou a consolidação normativa do DNPM e revogou os atos normativos consolidados. Desta forma, a mencionada portaria alterou diversos itens da presente obra.

Por fim, gostaria de agradecer ao Sergio Lopes de Carvalho, editor desta terceira edição, que prestou todo apoio no processo de atualização da obra, e ao amigo Mauro Barros, que gentilmente escreveu as palavras de quarta capa.

Rio de Janeiro, fevereiro de 2018.

NOTA À 2.ª EDIÇÃO

É com grande alegria que entrego esta segunda edição. Saliento que não seria possível dar este novo passo sem a contribuição de todos os leitores que adquiriram a primeira edição. Assim sendo, aproveito este espaço para agradecer a todos que adquiriram este curso.

A boa recepção desta obra no mercado é certamente o combustível que impulsiona a constante evolução do trabalho.

Além disso, agradeço aos diferentes profissionais que leram a obra e expuseram valiosos comentários, muitos dos quais foram absorvidos nesta segunda edição. A escassa quantidade de obras a tratarem do direito minerário implica a lamentável consequência de que a maior parte dos posicionamentos relevantes a respeito dos temas afetos a tal ramo não são explicitados de forma pública, dificultando inclusive a evolução doutrinária. Entendo, portanto, que um dos desafios deste livro é em certo aspecto compilar esses diferentes pontos de vista, permitindo assim que a obra seja oxigenada com questões práticas e teóricas que são analisadas e refletidas no cotidiano da mineração.

No âmbito acadêmico, dentre todas as universidades que passaram a refletir o direito minerário, seja a partir da inserção da matéria em suas grades, ou mesmo em eventos esporádicos, cabe uma referência especial à Faculdade de Direito Milton Campos, notadamente na pessoa da professora Fernanda Aparecida Mendes e Silva Garcia Assumpção, que de forma diligente vem liderando um dos núcleos mais ativos de reflexão deste ramo jurídico no Brasil.

Outro ponto essencial a ser referenciado diz respeito ao fato de que o intervalo compreendido entre a primeira e a segunda edição da presente obra, aproximadamente dois anos, comportou uma evolução nos debates acerca do novo marco regulatório da mineração – ponto que analisamos nesta nova edição.

O nebuloso projeto que tramitou de forma sigilosa por longos anos veio a público no ano de 2013, ensejando um novo capítulo da história mineral brasileira.

Neste cenário, a recém-criada Associação Brasileira das Empresas de Pesquisa Mineral (ABPM) acabou se colocando como uma das mais aguerridas instituições a questionar a modelagem proposta pelo Executivo federal.

A associação, sob o comando do advogado Luis Mauricio Ferraiuoli Azevedo, constituiu uma comissão jurídica que congregou profissionais renomados que representam as maiores mineradoras do país. Alguns aspectos debatidos nas reuniões da ABPM foram fundamentais para o aperfeiçoamento das ideias que exponho nesta nova edição.

Por fim, gostaria de agradecer ao Daniel Pavani Naveira, editor desta segunda edição, que prestou todo apoio no processo de atualização da obra, e ao professor Agamenon Dantas a oportunidade de conviver com um dos grandes nomes da geologia, assim como as palavras de quarta capa.

Rio de Janeiro, julho de 2014.

SUMÁRIO

PRIMEIRA PARTE

TEORIA DO DIREITO MINERÁRIO 1

CAPÍTULO 1 – COMPREENSÕES BÁSICAS 3

1.1. Natureza jurídica 3
1.2. Fonte do Direito 5
1.3. Direito alienígena 6
1.3.1. África do Sul 7
1.3.2. Austrália 8
1.3.3. Canadá 8
1.3.4. Chile 9
1.3.5. França 10
1.3.6. Peru 11
1.3.7. Colômbia 12
1.4. Histórico do Direito Minerário – Roma e Absolutismo 13
1.5. Histórico do Direito Minerário brasileiro 13
1.6. Aplicação da lei minerária no tempo e no espaço 18

CAPÍTULO 2 – ASPECTOS CONSTITUCIONAIS DO DIREITO MINERÁRIO 21

2.1. Introdução 21
2.2. Conceito da constitucionalização do Direito 21
2.3. A constitucionalização do Direito Civil 23
2.4. A constitucionalização do Direito Minerário 25
2.5. Resolução de antinomias 29
2.6. Conceito de antinomia 29
2.7. O critério do tudo ou nada e a ponderação 30

2.8. Meio ambiente *versus* mineração 33
2.8.1. Mineração e unidades de conservação 35
2.9. Mineração em territórios indígenas e quilombolas 36
2.9.1. Mineração em territórios indígenas 37
2.9.2. Mineração em territórios quilombolas 38

CAPÍTULO 3 – PRINCÍPIOS DE DIREITO MINERÁRIO 41

3.1. Introdução 41
3.2. Princípios gerais 41
3.2.1. Legalidade 41
3.2.2. Impessoalidade 42
3.2.3. Moralidade 43
3.2.4. Publicidade 44
3.2.5. Eficiência 45
3.2.6. Supremacia do interesse público sobre o privado 46
3.2.7. Princípio da confiança legítima 49
3.2.8. Princípio do devido processo legal e do contraditório 50
3.3. Princípios específicos 51
3.3.1. Função socioambiental da propriedade minerária 52
3.3.2. Dualidade imobiliária 53
3.3.2.1. Solo e subsolo 54
3.3.2.2. Jazida e mina 55
3.3.3. Propriedade privada dos produtos derivados da mineração 56
3.3.4. Princípio da *Lex Mercatoria* 56
3.3.5. Princípio da prioridade 58

CAPÍTULO 4 – AMBIENTE REGULATÓRIO 61

4.1. Conceito de regulação 61
4.1.1. Especificidades das agências reguladoras independentes 63

CAPÍTULO 5 – ÓRGÃOS E AUTARQUIAS MINERÁRIAS 67

5.1. Ministério de Minas e Energia 67
5.2. DNPM e ANM 68
5.2.1. Competência e órgãos do extinto DNPM 69
5.2.2. Principais aspectos da ANM 70
5.2.2.1. Competência 70
5.2.2.2. Estrutura organizacional, funcionamento e receitas da ANM 76
5.2.2.3. Participação do setor e análise de impacto regulatório 78

SEGUNDA PARTE

AQUISIÇÃO PRIMÁRIA 81

CAPÍTULO 6 – CONCEPÇÕES PRELIMINARES SOBRE AQUISIÇÃO PRIMÁRIA 83

6.1. O direito de prioridade 83
6.1.1. Efeitos da prioridade 83
6.1.1.1. Patrimonial 83
6.1.1.2. Obrigacional 84
6.1.1.3. Isonômico 85
6.2. Área livre e área em disponibilidade 85
6.3. Procedimento de disponibilidade 86
6.4. Bloqueio minerário 89

CAPÍTULO 7 – REGIME DE AUTORIZAÇÃO E CONCESSÃO – AUTORIZAÇÃO 95

7.1. Definição de autorização de pesquisa 95
7.2. Condições para a concessão da autorização de pesquisa 95
7.2.1. Assentimento dos órgãos ambientais em áreas especialmente protegidas 96
7.3. Obtenção de autorização de pesquisa 97
7.4. Indeferimento do requerimento de pesquisa 100
7.5. Prazos dos alvarás de pesquisa 102
7.6. Retificação do alvará de pesquisa 103
7.7. Principais obrigações do titular da autorização de pesquisa 104
7.7.1. Declaração de Investimento em Pesquisa Mineral – DIPEM 105
7.8. Ação de avaliação e renda 105
7.9. Pagamentos da autorização de pesquisa 106
7.10. Relatório final de pesquisa (RFP) 106
7.11. Renúncia do alvará de pesquisa 107
7.12. Despachos após a pesquisa 108
7.12.1. Sobrestamento 108
7.12.2. Adiamento da entrega do relatório de pesquisa 109
7.13. Plano de aproveitamento econômico (PAE) 109
7.14. Guia de utilização 110
7.14.1. Prazo de validade da guia de utilização 114
7.15. Descoberta de substância mineral diversa 114
7.15.1. Ausência de comunicação 115
7.16. Minerais radioativos 116
7.17. Faixa de fronteira 117

CAPÍTULO 8 – REGIME DE AUTORIZAÇÃO E CONCESSÃO – CONCESSÃO 121

8.1. Definição da portaria de lavra 121
8.2. Prazo para a concessão de lavra 122
8.3. Requerimento de lavra 122
8.4. Condições para outorga da concessão de lavra 123
8.5. Recusa da outorga da concessão de lavra 123
8.6. Imissão de posse na concessão de lavra 125
8.7. Obrigações do concessionário da lavra 126
8.7.1. Relatório anual de lavra (RAL) 127
8.7.1.1. Multa relacionada com o RAL 127
8.8. Interrupção, suspensão e renúncia na concessão de lavra 128
8.9. Grupamento mineiro 128

CAPÍTULO 9 – REGIME DE PERMISSÃO DE LAVRA GARIMPEIRA 131

9.1. Definição 131
9.2. Característica da permissão de lavra garimpeira 131
9.3. Minerais garimpáveis 132
9.4. Áreas destinadas à garimpagem 132
9.5. Requerimento de PLG em áreas oneradas 132
9.6. Estatuto do Garimpeiro 133
9.7. Direitos do garimpeiro 133
9.8. Deveres do garimpeiro 134
9.9. Entidades de garimpeiros 134
9.10. Contrato de parceria 134
9.11. Obrigações do permissionário de lavra garimpeira 135
9.12. Extinção da PLG 135
9.13. Renúncia e desistência 136
9.14. Cadastro Nacional do Primeiro Adquirente de bem mineral proveniente de PLG 136

CAPÍTULO 10 – REGIME DE REGISTRO DE EXTRAÇÃO 137

10.1. Definição 137

CAPÍTULO 11 – REGIME DE LICENCIAMENTO 139

11.1. Definição 139
11.2. Do requerimento do registro de licença 139
11.3. Licença municipal 140
11.4. Licença ambiental 141

11.5. Indeferimento do requerimento de registro de licença 141
11.6. Desistência do pedido de registro de licença 142
11.7. Título de licenciamento 143
11.8. Redução da área e englobamento de áreas 143
11.9. Da lavra 143
11.10. Da prorrogação do registro de licença 144
11.10.1. Indeferimento do pedido de prorrogação 144
11.11. Da extinção do registro de licença 145
11.12. Comunicação de nova substância 146
11.13. Obrigações do licenciado 146
11.14. Cancelamento do registro de licença 146

CAPÍTULO 12 – MANIFESTO DE MINA 147

TERCEIRA PARTE
SUBSTÂNCIAS ESPECIAIS 149

CAPÍTULO 13 – ÁGUA MINERAL 151

13.1. Definição 151
13.2. Código de Mineração 151
13.3. Código de Águas 152
13.4. Regime de exploração das águas 153
13.5. Princípio da prioridade 154
13.6. Processo administrativo de exploração das águas 155
13.7. Água mineral, água potável e de mesa e água oligomineral 157
13.7.1. Conceito de águas minerais 157
13.7.2. Conceito de águas potáveis de mesa 157
13.8. Classificação das águas e das fontes 158
13.9. Proteção das fontes 158
13.10. Competências do órgão técnico especializado da ANM 160
13.11. Comissão Permanente de Crenologia 160
13.12. Controle e fiscalização sanitária das águas minerais 161
13.13. Comércio de água mineral, termal, gasosa, de mesa ou destinada a fins balneários 162
13.14. Rotulagem de águas minerais e potáveis de mesa 163
13.15. Infrações contra o consumidor de água 165
13.16. *Royalties* e tributação 165

13.17. Preparo de bebidas 166
13.18. Importação e comercialização de água mineral 166
13.19. Garrafão 167

CAPÍTULO 14 - DEPÓSITO FOSSILÍFERO 169

14.1. Definição 169

CAPÍTULO 15 - CARVÃO MINERAL 173

15.1. Definição 173

CAPÍTULO 16 - OURO 175

16.1. Ativo financeiro 175
16.1.1. Tributação dos ativos financeiros 175

CAPÍTULO 17 - ASBESTO/AMIANTO 179

17.1. Definição 179
17.2. Projetos de proibição do amianto 179

CAPÍTULO 18 - DIAMANTE BRUTO 181

18.1. Histórico do Processo Kimberley 181
18.2. Definição 182
18.3. Sanções 183
18.4. Procedimentos do Processo Kimberley 184

QUARTA PARTE
PROCESSO MINERÁRIO 185

CAPÍTULO 19 - PROCESSO JUDICIAL 187

19.1. Servidão minerária 187
19.1.1. Tutela antecipada na servidão minerária 192
19.1.2. Mineroduto 192
19.1.2.1. Minerodutos *versus* ferrovias 193
19.1.3. Linha de transmissão 194
19.1.4. Desapropriação minerária 195
19.2. Avaliação e renda 196
19.2.1. Natureza do instituto 196
19.2.2. Substituição processual 198
19.2.3. Fases da ação de avaliação e renda 200
19.2.4. Valores da renda e da indenização 201

CAPÍTULO 20 – PROCESSO ADMINISTRATIVO 203

20.1. Prazos administrativos 203

20.2. Processo administrativo minerário – sigilo 203

20.3. Memorial descritivo e planta de situação 205

20.4. Anotação de Responsabilidade Técnica (ART) 205

20.5. Lei de processos administrativos 205

20.6. Dos direitos dos administrados 206

20.7. Dos deveres do administrado 207

20.8. Dos impedimentos e da suspeição 207

20.9. Do recurso administrativo e da revisão 208

CAPÍTULO 21 – SANÇÕES E PENALIDADES 211

21.1. Criminal 211

21.2. Responsabilidade civil no Direito Minerário 212

21.3. Administrativa 213

21.3.1. Instrumentos normativos 213

21.3.2. Anulabilidade e nulidades 214

21.3.3. Sanções e nulidade do Código de Mineração 215

21.3.4. A caducidade no Direito Minerário 215

QUINTA PARTE

AQUISIÇÃO SECUNDÁRIA 217

CAPÍTULO 22 – AQUISIÇÃO SECUNDÁRIA 219

22.1. Contratos de Direito Minerário 219

22.2. Da cessão e transferência do Direito Minerário 220

22.2.1. Da cessão parcial 221

22.2.2. Da cessão e transferência dos requerimentos 221

22.3. A natureza da anuência prévia da ANM 223

22.4. Arrendamento 224

22.4.1. Indeferimento 225

22.4.2. Prazo do arrendamento 226

22.4.3. Obrigações decorrentes do arrendamento 226

22.5. Garantia em financiamento da atividade minerária 226

22.5.1. Garantias do financiador 228

22.5.2. Execução dos direitos minerários 228

22.5.3. Baixa da garantia 228

22.5.4. Lei n. 14.514, de 2022 – uma nova perspectiva 229
22.6. Transferência de direitos minerários em face de incorporação, fusão, cisão, falência e sucessão *causa mortis* 229
22.7. Consórcio de mineração 230
22.8. A boa-fé e a função social nos contratos minerários 230
22.8.1. Os contornos da boa-fé objetiva 231

SEXTA PARTE
COBRANÇAS DO DIREITO MINERÁRIO 233

CAPÍTULO 23 – COMPENSAÇÃO FINANCEIRA PELA EXPLORAÇÃO DE RECURSOS MINERAIS (CFEM) ... 235
23.1. Definição 235
23.2. Natureza jurídica 235
23.3. Fato gerador, base de cálculo e alíquotas 237
23.4. Distribuição e destinação da CFEM 240

CAPÍTULO 24 – TAXA ANUAL POR HECTARE (TAH) 243
24.1. Definição 243
24.2. Natureza jurídica 243
24.3. Inadimplemento 244

CAPÍTULO 25 – TAXA DE CONTROLE, MONITORAMENTO E FISCALIZAÇÃO DAS ATIVIDADES DE PESQUISA, LAVRA, EXPLORAÇÃO E APROVEITAMENTO DE RECURSOS MINERÁRIOS (TFRM) 245
25.1. Definição 245
25.2. Ação Direta de Inconstitucionalidade n. 4785 246

CAPÍTULO 26 – PARTICIPAÇÃO NOS RESULTADOS DA LAVRA 251
26.1. Definição 251

CAPÍTULO 27 – RENDA 255
27.1. Definição 255

SÉTIMA PARTE
BARRAGENS DE MINERAÇÃO 261

CAPÍTULO 28 – BARRAGENS DE MINERAÇÃO NA LEGISLAÇÃO BRASILEIRA 263
28.1. História recente das barragens de mineração no Brasil 263
28.2. Competência para fiscalização de barragens de mineração 265
28.3. Medidas regulatórias locacionais para barragens de mineração 266

28.3.1. Mapa de inundação e Zona de Autossalvamento – ZAS 266

28.3.2. Restrições às alocações de barragem 269

28.4. Sistema integrado de gestão de barragens de mineração 270

28.5. Classificação das barragens de mineração 271

28.5.1. Categoria de risco – CRI 271

28.5.2. Dano Potencial Associado – DPA 272

28.5.3. Gestão operacional da barragem 273

28.6. Plano de Segurança de Barragens – PSB 273

28.7. Inspeções de barragens de mineração 274

28.7.1. Revisão Periódica de Segurança de Barragem – RPSB 274

28.7.2. Inspeções de Segurança Regulares – ISR e Relatório de Inspeção de Segurança Regular – RISR 275

28.7.3. Inspeções de Segurança Especiais – ISE 277

28.8. Plano de Ação de Emergência para Barragens de Mineração – PAEBM 278

28.8.1. Situações e níveis de alerta e emergência 280

28.8.2. Avaliação de Conformidade e Operacionalidade – ACO do PAEBM 281

28.9. Processo de Gestão de Risco para Barragens de Mineração – PGRBM 283

28.10. Sanções envolvendo o descumprimento de normas relacionadas às barragens de mineração 284

REFERÊNCIAS 287

PRIMEIRA PARTE

TEORIA DO DIREITO MINERÁRIO

Capítulo 1

COMPREENSÕES BÁSICAS

1.1. Natureza jurídica

A natureza jurídica do Direito Minerário, bem como sua autonomia como disciplina acadêmica, não é consenso na doutrina. Ainda assim, é fundamental nos debruçarmos sobre o assunto, no intuito de tentar contribuir para a elucidação do tema.

O surgimento de um ramo jurídico, na maioria dos casos, é correlato à aparição de questões atinentes às relações sociais, econômicas e culturais. Observamos que a alteração dos padrões sociais e culturais, as mudanças ideológicas e o desenvolvimento de ramos da economia geram reflexos no universo jurídico. Nesse sentido, a forma de resolver tais pontos, somada ao passar de determinado lapso temporal, pode gerar a consolidação de um ramo jurídico.

No plano do Direito Minerário, é inegável que o transcurso do tempo seja suficiente para a consolidação de tal ramo. Além disso, no plano econômico, é inquestionável a importância da atividade de exploração mineral para o país. E, por fim, é incontestável a existência de princípios e lógicas normativas próprias, o que, por si só, seria suficiente para a autonomia desse direito.

Sob o enfoque metodológico científico, a separação do trabalho tem o condão de facilitar os estudos relativos ao tema, organizando os assuntos e realçando as particularidades.

Ao observar o Direito Minerário alienígena, facilmente constatamos que o tema traz maior tranquilidade em outras partes do globo. Nesse sentido, Adriano Trindade ressalta:

> Em países com larga tradição na indústria mineral, como Canadá, Austrália, Estados Unidos, não é novidade alguma se falar nessa especialidade. Há muito já se desenvolve uma disciplina própria que busca regular o aproveitamento dos recursos minerais e a relação entre aquele que aproveita tais recursos e o Estado, o proprietário do solo, o meio ambiente, a coletividade e até mesmo outros atores que exercem a mesma atividade. Nossos vizinhos da América

Latina, como Chile e Peru, também já desenvolvem esse setor do direito com maior profundidade[1].

Compreendemos, portanto, que a defesa da autonomia do Direito Minerário não se trata de nenhuma inovação teórica brasileira, muito pelo contrário: a opção pela autonomia coaduna com a tendência jurídica internacional.

Adriano Trindade expõe, ainda, que o Direito Minerário pode ser concebido como um verdadeiro microssistema jurídico e, sobre a origem desse direito, explicita que ele "surge a partir do Direito Administrativo e interage com outros ramos, como o Direito Civil, o Direito Tributário, o Direito Ambiental, o Direito Internacional"[2].

Pedro Ataíde, por sua vez, fundamenta a autonomia do Direito Minerário na existência de objeto próprio e de princípios peculiares, conforme se observa:

> Por sua vez, a crescente especialização em ramos denota a existência de objeto próprio e de princípios peculiares. Quanto ao objeto, o Direito Minerário poderia ser confundido – à primeira vista – com o Direito Administrativo, principalmente nos seguintes elementos jurídicos: domínio público, concessão, autorização, licença e permissão. Contudo, tais institutos do Direito Minerário são *sui generis*, não encontrando simetria no Direito Administrativo. Conforme já destacado, a atividade minerária possui pressupostos naturais, econômicos e jurídicos próprios. Dessa forma, a concessão do Direito Minerário não poderá ser igualada à concessão administrativa, pois naquela a atividade do concessionário causará o perecimento do bem, estando condicionada ao exaurimento das jazidas. Ademais, além do objeto, o Direito Minerário possui princípios peculiares (...)[3].

Assim, explicitamos que nosso posicionamento também é pela autonomia do Direito Minerário. Insta frisar, nesse sentido, a observação de Willian Freire, que assim define:

> O Direito Minerário constitui ramo autônomo do Direito que passou considerável expansão. Mesmo sendo certo que não há autonomia absoluta a nenhum ramo do Direito, o Direito Minerário encerra princípios diferenciados e conteúdo que merece estudo por métodos próprios[4].

Ainda no plano da autonomia do Direito Minerário, Silvia Helena Serra traz a controvérsia existente na doutrina:

> A discussão, porém, sobre se deve ou não o Direito Minerário ser considerado um ramo autônomo é antiga, mas a doutrina vem se firmando favoravelmente a que se dê ao Direito Minerário um tratamento autônomo.
>
> MENEGALE e GORDILLO, sem afirmar a autonomia do Direito Minerário, apenas ressaltam sua aproximação com o Direito Administrativo.

---

1 TRINDADE, Adriano Drummond Cançado. Princípios de Direito Minerário brasileiro. In: SOUZA, Marcelo Mendo Gomes de (Coord.). *Direito Minerário em evolução*. Belo Horizonte: Mandamentos, 2009, p. 48.

2 TRINDADE, Adriano Drummond Cançado. Princípios de Direito Minerário brasileiro. In: SOUZA, Marcelo Mendo Gomes de (Coord.). *Direito Minerário em evolução*. Belo Horizonte: Mandamentos, 2009, p. 52.

3 ATAÍDE, Pedro. *Direito Minerário*. Salvador: Juspodivm, 2022, p. 71.

4 FREIRE, William (Coord.). *Mineração, energia e ambiente*. Belo Horizonte: Jurídica, 2010, p. 21.

VIVACQUA assegura que o direito das minas "*destaca-se, dentro de sua configuração científica e legal, como um complexo sistemático de princípios e fórmulas reguladoras da constituição, atribuição e funcionamento da propriedade mineral, nas suas diversas relações jurídicas de ordem privada e nas públicas, estas, cada vez mais amplas e acentuadas*".

SILVA julga imprescindível a autonomia científica do Direito Minerário, "*com vistas a definir uma linha de pesquisa mais densa sobre a propriedade mineral no Brasil*".

MARTÍNEZ defende a autonomia do Direito Mineiro dizendo que, embora seja autônomo, é interdependente e subsidiário do direito comum.

Para PAIVA, "*não obstante suas íntimas relações com vários ramos do direito público e do direito privado, pois recorre aos princípios do direito constitucional, do direito civil e, principalmente, do direito administrativo, o certo é que o direito das minas, hoje em dia, pode ser encarado como constituído e estruturado por um conjunto de princípios e normas que lhe conferem características especiais, de independência e autonomia*"[5].

Vencido o ponto correlato à autonomia do Direito Minerário, outra questão é posta: qual seja, a natureza desse direito. Assim sendo, podemos questionar em qual ramo do Direito se insere o Minerário, o Público ou o Privado.

Nesse pensar, em uma primeira análise não teríamos dificuldades para afirmar que se trata de ramo do Direito Público, muito embora tenha relação com os institutos e práticas do Direito Privado. Todavia, sob uma compreensão mais complexa do tema, observamos que conceituar o Direito Minerário na dicotomia Público/Privado do Direito é trazer perdas a seu estudo. Diante deste fato, é válido citar a posição da Comissão de Direito Minerário da OAB/MG, plasmado em recente obra de artigos:

> Assim, poderíamos ter pelo menos duas acepções para o Direito Minerário. A clássica, segundo a qual o Direito Minerário seria uma espécie do gênero Direito Administrativo, e, portanto, parte do Direito Público, delineando as regras de comportamento do minerador (particular) face ao poder concedente (União Federal) e a mais moderna, que entende o Direito Minerário como o conjunto de relações jurídicas, de diferentes espécies que cerca a atividade mineral[6].

Posto isso, podemos conceituar o Direito Minerário como sendo o complexo de técnicas, regras e instrumentos jurídicos sistematizados e informados por princípios correlatos aos fins de regular a exploração mineral, harmonizando as dimensões econômicas e ambientais e tornando a atividade sustentável.

1.2. Fonte do Direito

Ao falarmos em fonte do Direito, devemos ter em mente a natureza dúplice de tal expressão, como ensina o professor Venosa: "a expressão fontes do direto tem dois sentidos: origem histórica ou diferentes maneiras de realização do direito"[7].

---

5 SERRA, Silvia Helena. *Direitos minerários*: formação, condicionamentos e extinção. São Paulo: Signus, 2000, p. 25-26.

6 Nota dos coordenadores. In: GANDARA, Leonardo André et al. (Coord.). *Direito Minerário*: estudos. Belo Horizonte: Del Rey, 2011, p. 22.

7 VENOSA, Silvio de Salvo. *Direito Civil*: parte geral. 5. ed. São Paulo: Atlas, 2005, p. 37.

Neste tópico nos atemos às fontes que compõem o Direito Minerário, na percepção das maneiras de realização desse ramo.

A antiga Lei de Introdução ao Código Civil, hoje denominada Lei de Introdução às Normas do Direito Brasileiro[8], Decreto-Lei n. 4.657, de 1942, sob o viés do positivismo, concebe, em seu art. 4º, que, quando a lei for omissa, o juiz decidirá o caso de acordo com a analogia, os costumes e os princípios gerais de Direito. Poderíamos, então, consignar, em um primeiro momento, as leis, os costumes, a doutrina, a jurisprudência, a analogia e os princípios como sendo as fontes do Direito, muito embora existam divergências na doutrina com relação a alguns itens desse rol.

A percepção positivista não satisfaz os anseios da doutrina mais moderna. Atualmente, sob o viés do neoconstitucionalismo, concebem-se as normas em dois grandes grupos, quais sejam, as normas-regras e as normas-princípios. Assim, a concepção da força normativa dos princípios trouxe transformações para o Direito.

Compreendemos que, no plano do Direito Minerário, é essencial o estudo das normas-regras. Estão enquadradas nessa categoria as leis e os decretos – tais como o Decreto-Lei n. 227/67, o Código de Mineração (CM), e o Decreto n. 9.406/2018, o Regulamento do Código de Mineração (RCM), as portarias do então Departamento Nacional de Produção Mineral (DNPM)[9] e as Resoluções da Agência Nacional de Mineração (ANM), por exemplo. Também é importante o estudo das normas-princípios, tais como o princípio da dualidade do solo, da prioridade, entre outros que serão estudados em detalhes nesta obra.

1.3. Direito alienígena

No plano do Direito Minerário, assim como em outros ramos do Direito, é possível observar que o desenvolvimento das Ciências Jurídicas é muitas vezes correlato ao desenvolvimento econômico do bem da vida estudado, no nosso caso específico a exploração dos recursos geológicos.

Nesse sentido, cabe a afirmação de que o Direito Minerário tende a ser mais desenvolvido nos países em que a atividade de mineração é mais desenvolvida, ao passo que em países com pouca exploração geológica esse ramo das Ciências Jurídicas não guarda grande evolução técnica.

8 Nesse sentido, cabe salientar a alteração posta pela Lei n. 12.376/2010, que modificou a nomenclatura da citada lei. A tão famosa Lei de Introdução ao Código Civil (LICC) passou a ser denominada Lei de Introdução às Normas do Direito Brasileiro, adequando-se, assim, ao uso doutrinário. A norma já era utilizada pelos diversos ramos do Direito, embora a inspiração legislativa tenha sido para o Código Civil.

9 Conforme expresso na nota à 3ª edição acima, a Lei n. 13.575/2017 criou a ANM e extinguiu o DNPM. Ainda assim, o uso da sigla DNPM foi mantido em algumas passagens da presente obra. Desta forma, em muitas passagens foi respeitado o texto original das normas, que fazia menção ao DNPM. Contudo, é importante que o leitor tenha plena consciência de que as funções, obrigações e direitos do DNPM foram transferidos para a ANM.

Feitas essas considerações, passamos a observar, de forma exemplificativa, os sistemas jurídicos de alguns países, sendo escolhidos em razão da sua tradição no plano do Direito Minerário, bem como da sua atividade econômica minerária.

Destaca-se que algumas características desses sistemas jurídicos alienígenas se repetem e são similares às do ordenamento jurídico brasileiro. Assim, questões atinentes à dominialidade do bem mineral por parte do Estado e ao regime de prioridade se repetem nos direitos minerários de diversos países.

Antes de evoluirmos na análise de cada um dos sistemas, destacamos, para fins de estudos específicos, a obra *The Mining Law Review*, publicada pela Law Business Research[10], que congrega resumos dos ordenamentos jurídicos de diferentes países. Salientando que a parte do direito brasileiro é muito bem representada pelo advogado Luiz Fernando Visconti.

1.3.1. *África do Sul*

O desenvolvimento econômico mineral na África do Sul teve início em meados do século XIX, quando foram descobertas reservas de ouro e diamante no país.

Atualmente, a lei mineral mais importante da África do Sul é o Mineral and Petroleum Resources Development Act (MPRDA), que tem validade em todo o Estado sul-africano. O citado instrumento normativo prevê quatro principais autorizações disponíveis, quais sejam: a permissão para reconhecimento, o direito de prospecção, a licença de retenção e o Direito Minerário, ou seja, o direito de minerar.

A permissão para reconhecimento pode ser aplicada para a busca de minerais por meio de levantamentos geológicos e geofísicos. Tal permissão é válida pelo prazo de dois anos e não pode ser renovada.

O direito de prospecção, por sua vez, pode ser concedido por até cinco anos e pode ser renovado uma vez, por período não superior a três anos. O portador desse título de prospecção tem o direito exclusivo de requerer o Direito Minerário.

A emissão da licença de retenção poderá ser feita nos casos em que o titular do direito de prospecção não puder proceder à mineração, haja vista as condições desfavoráveis do mercado, ou seja, em razão de um critério econômico. Tal licença é válida por até três anos e pode ser renovada uma vez, por período não superior a dois anos. O titular da licença de retenção tem o direito exclusivo de requerer o Direito Minerário.

Por fim, temos a figura do Direito Minerário, sendo certo que este é concedido por um período máximo de trinta anos, podendo ser renovado por período indeterminado, seguindo a regra do máximo de trinta anos para cada período.

Outro aspecto interessante do sistema jurídico minerário da África do Sul é a preocupação com o aspecto socioambiental da atividade. O MPRDA introduziu metas e cronogramas a serem desenvolvidos na indústria, com fins a criar melhores condições sociais. Nesse sentido, destacamos desenvolvimento de recursos humanos, igualdade no

---

10 A citada obra, entre outras, foi usada como referência de estudo para fins de análise de ordenamentos jurídicos alienígenas.

ambiente de trabalho, combate à discriminação contra o trabalhador estrangeiro, desenvolvimento das comunidades localizadas perto das minas e desenvolvimento das comunidades rurais, desenvolvimento de condições de moradia e de vida, fortalecimento dos *players* sul-africanos, dentre outros.

Ainda nessa linha social, a legislação sul-africana prevê que para a concessão do Direito Minerário é necessária a apresentação de planos de trabalho e social aprovados, contendo formas de resolução dos problemas das comunidades locais.

No plano da questão ambiental, temos que, para a outorga do Direito Minerário, é necessário o estudo do impacto ambiental, bem como a confecção de um programa para a gestão de tais impactos. No plano da análise econômica são consideradas as provisões financeiras para remediar os danos ambientais.

1.3.2. *Austrália*

As primeiras leis de mineração legitimamente australianas foram promulgadas em meados do século XIX. Antes disso, os recursos minerais, com base nos títulos outorgados pelas autoridades locais, pertenciam aos proprietários dos bens imóveis em que se localizavam.

Atualmente, a competência legislativa mineral é, em regra, estadual. A Constituição Federal australiana não tratou de listar no rol de competências do parlamento a questão minerária. Ainda assim, algumas leis federais relacionadas à mineração existem, haja vista tal atividade acabar tangenciado outros assuntos.

Assim, estados e territórios na Austrália possuem legislações próprias, que regulam a exploração de recursos minerais. Outros instrumentos fundamentais para o Direito Minerário australiano são o Corporations Act 2001 e o Australian Stock Exchange, diplomas legais do Direito Empresarial que tangenciam obrigações das empresas de mineração.

No plano da propriedade dos recursos minerais, a Austrália, assim como outros países, passou por período em que a propriedade dos recursos geológicos acompanhava a propriedade do solo e, da mesma forma que em outros países, a teoria evoluiu. Assim, atualmente, a propriedade dos recursos minerais, em regra, é da Coroa, que outorga tais direitos para exploração.

1.3.3. *Canadá*

Os países com ordenamentos jurídicos anglo-saxônicos tenderam a desenvolver sistemas jurídicos mais abertos ao capital estrangeiro e à iniciativa privada, o que impulsionou o desenvolvimento de uma indústria mineral bem robusta.

O Canadá é uma monarquia constitucional dividida entre o governo federal, dez províncias governamentais e três territórios. Com exceção da substância urânio, cada província possui poder exclusivo sobre a exploração, beneficiamento, conservação e gestão dos minérios localizados dentro de seus territórios, independentemente de quem é o proprietário da área ou dos minerais.

No Canadá, os direitos minerários constituem propriedades do Estado e não podem ser alienados, apenas arrendados, a indivíduos e empresas.

Atualmente, em mais de 90% das terras do Canadá, o direito de exploração mineral é detido pelos governos. E, além disso, concebe-se o preceito da dualidade imobiliária no país – preceito este que também é aplicado no ordenamento jurídico brasileiro e será estudado em capítulo próprio.

A Constituição canadense prevê que a regulação das atividades de mineração em propriedades públicas, bem como as locações dos direitos minerários, está sob jurisdição dos governos provinciais e territoriais. Assim, a legislação minerária é separada em cada uma das treze jurisdições canadenses.

Algumas regras podem ser estabelecidas como genéricas para exploração nas diferentes partes do país. Dessa forma, em parte do Canadá, indivíduos e empresas devem obter licença de prospecção antes de iniciar a exploração minerária. Já em outras áreas do país, é possível prospectar sem licença, muito embora se faça necessária a expedição de licença prévia para adquirir direitos de exploração mineral e, assim, proteger o que for descoberto. Em algumas jurisdições, por exemplo, é exigida licença especial para se obter o direito de fazer levantamento aéreo e geofísico da região.

As unidades dos direitos minerários, na maioria dos casos, são outorgadas em áreas entre 16 e 25 hectares quadrados. No entanto, em algumas hipóteses, as áreas podem exceder bastante esses limites.

Além disso, o Canadá adota o sistema de "livre acesso", em que indivíduos interessados em realizar trabalhos de exploração da área poderão requerê-la segundo o critério do "first come, first served". Tal requerimento será autorizado desde que esteja de acordo com as formalidades necessárias e que a área solicitada não tenha sido objeto de requerimento ou licença de exploração similar anterior. O requerimento também autoriza o titular a obter um contrato de concessão minerária. Uma vez presentes todas as formalidades necessárias, este não estará sujeito à discricionariedade do governo.

A segunda dinâmica prevista no ordenamento jurídico canadense refere-se ao sistema de "discricionariedade da coroa". Em tal modelagem, indivíduos interessados em realizar trabalhos de exploração mineral devem solicitar a autorização às autoridades competentes, as quais terão discricionariedade para aprovar ou rejeitar tal solicitação.

O sistema de "livre acesso", baseado no princípio do "first come, first served", é o principal meio de aquisição do Direito Minerário no Canadá, sendo adotado por todas as províncias e territórios, com exceção de Alberta, Nova Scotia e Prince Edward Island, que utilizam o sistema de "discricionariedade da coroa".

1.3.4. *Chile*

A Constituição chilena de 1980 estabelece as bases do regime minerário. No art. 19, n. 24, incisos 6 a 10, encontram-se as normas que regulam o direito da propriedade mineira. O ordenamento jurídico chileno estabelece que o regime de concessão de direitos minerários deve ser regulado por uma lei de concessões minerárias, principalmente para determinar se as substâncias são concebíveis ou não.

O Direito Minerário chileno estabelece uma distinção entre as substâncias minerais, classificando-as em sustâncias concebíveis e não concebíveis. Tal compreensão é fundamental para o ordenamento chileno. Nesse sentido, o Direito Minerário chileno compreende três tipos de sistema distintos, que devem ser aplicados respectivamente a determinados grupos de substâncias minerais.

Às substâncias consideradas concebíveis se aplica o sistema de liberdade de minas, que constitui regra geral no ordenamento chileno. Tal sistema concebe ao Estado domínio original e superior do recurso minerário que, por sua vez, pode ser transferido ao particular, que passa a ser o proprietário da mina. Nesse sistema, o direito de preferência é outorgado ao primeiro descobridor da mina.

Além do sistema geral, que se aplica às substâncias concebíveis, o Direito Minerário chileno também prevê um sistema denominado fundiário. Tal sistema se sustenta no princípio da acessoriedade, de forma que o proprietário do solo também é o proprietário da substância que se encontra nele, ou seja, o acessório segue o principal.

Por fim, o ordenamento chileno ainda compreende um terceiro sistema, qual seja, o regaliano. Tal sistema se aplica às substâncias inconcebíveis, e preceitua que as minas são patrimônio do Estado e, assim sendo, o direito de exploração das minas é por ele detido. A expressão regaliano vem de regalia, direito dos monarcas nos regimes absolutistas. Nesses casos, existe a possibilidade de licitação do direito, muito embora, para tanto, faça-se necessária a descoberta dos recursos pelo Estado. Na maioria dos casos, o Estado outorga o direito de explorar àquele que primeiro encontrar a ocorrência mineral.

1.3.5. *França*

O ordenamento jurídico francês tem papel fundamental para a história do Direito Minerário. A Lei de 21 de abril de 1810, também conhecida como Código Minerário Napoleônico, influenciou e foi adotada por muitas outras nações europeias.

Sobre a legislação francesa, Lauro Lacerda Rocha e Carlos Alberto M. Lacerda ensinam:

> Coube à França a primazia de reconhecer no sistema de concessão industrial a lógica do progresso, cedendo e efetivando ao explorador garantias mais amplas ao seu capital, a longo prazo.
>
> O advento da obra gigantesca do Código Napoleônico, que tem resistido à crítica demolidora dos tempos, abria novos horizontes ao conceito da exploração das minas pelo Estado, cujo direito se tornava apenas tutelar ou de mero policiamento visando o interesse coletivo.
>
> (...)
>
> O disposto no art. 522 do Código Napoleônico já fixava que o proprietário do solo podia fazer qualquer plantação, construção (acima dele); escavações, construções (abaixo) tirando todos os produtos que isso pudesse fornecer, ressalvando, porém, certas servidões ou serviços prediais, bem como as modificações resultantes das leis de minas e leis de polícia[11].

Atualmente, o Direito Minerário é regido pelo Código de Mineração, Decreto de 16 de agosto de 1956, que já sofreu diversas alterações.

---

11 ROCHA, Lauro Lacerda; LACERDA, Carlos Alberto de Melo. *Comentários ao Código de Mineração do Brasil (revisto e atualizado)*. Rio de Janeiro: Forense, 1983, p. 8-9.

Em breve síntese, temos que a gestão dos recursos minerais cabe ao Estado, que concede aos particulares a exploração. Assim, o Código de Mineração define os direitos e obrigações das empresas que os exploram.

Cabe explicitarmos os ensinamentos de Silvia Helena Serra sobre a legislação francesa:

> As permissões de pesquisa (*permis exclusif de recherches*) são consentidas pela autoridade administrativa, após concorrência, pela duração de cinco anos, podendo ser prolongada por duas vezes, cada uma por mais cinco anos. Para obtê-la é preciso ter capacidade técnica e financeira necessária para a boa condução dos trabalhos de pesquisa e para responder às obrigações dela decorrentes.
>
> (...)
>
> A concessão é atribuída por decreto do Conselho de Estado depois de pesquisa pública e concorrência, exceto se atribuída ao próprio pesquisador. As condições gerais a que ficará obrigado o concessionário poderão ser completadas eventualmente por condições específicas de um caderno de encargos (*cahier des charges*).
>
> A duração das concessões de minas (*concession des mines*) é fixada pelo ato de concessão, não podendo exceder a cinquenta anos, pode ser sucessivamente prolongada, por não mais de vinte e cinco anos, cada renovação[12].

1.3.6. *Peru*

O principal instrumento normativo do Peru é o Decreto Supremo n. 014, de 1992. Ele abarca todo o aproveitamento das substâncias minerais do solo e subsolo do território nacional, assim como no domínio marítimo, excepcionando o petróleo e outras substâncias.

É de se notar que todos os recursos naturais peruanos constituem patrimônio nacional. Dessa forma, os recursos minerais pertencem ao Estado, não podendo tal titularidade ser transferida. O sistema de exploração é baseado em concessões.

No que tange à legislação peruana, Silvia Helena Serra explicita:

> O exercício das atividades mineiras, exceto a procura, a prospecção e a comercialização, realiza-se exclusivamente sob o sistema de concessão. As concessões se outorgam tanto para a ação empresarial do Estado quanto dos particulares, sem distinção nem privilégio algum.
>
> A procura (*cateo*) é a ação conducente a pôr em evidência indícios de mineralização por meio de trabalhos minerais elementares. A prospecção é a investigação conducente a determinar áreas de possível mineralização, por meio de indicadores químicos e físicos, medidos com instrumentos e técnicas de precisão.
>
> Trata-se de atividades *relativamente livres*, já que é, a princípio, livre em todo o território peruano no sentido de necessitar de ato de outorga, mas proibido em alguns locais, como em zonas urbanas ou de expansão urbana, zonas reservadas para a defesa nacional, zonas ar-

---

12 SERRA, Silvia Helena. *Direitos minerários*: formação, condicionamentos e extinção. São Paulo: Signus, 2000, p. 73.

queológicas e sobre bens de uso público, casos em que se requer *autorização prévia* da autoridade competente.

A exploração é atividade tendente a demonstrar as dimensões, posição, características mineralógicas, reservas e valores das "jazidas" minerais. A explotação é a atividade de extração dos minerais contidos numa jazida.

A concessão mineira outorga o direito à exploração e explotação dos recursos minerais concedidos.

A concessão mineira (*concesión minera*) outorga a seu titular um direito real, e é irrevogável se o titular cumprir as obrigações que a lei exige para manter sua vigência[13].

Além disso, em consonância com o sistema jurídico brasileiro, no Peru as concessões são direitos reais – distinguindo-se a propriedade do solo e a do subsolo.

Assim, ainda que o Código Civil peruano prescreva que os direitos de propriedade de um imóvel se estendam até o subsolo, isso não garante ao proprietário explorar os recursos naturais, exigindo, portanto, uma concessão – e viabilizando também que o proprietário do imóvel e o titular da concessão sejam indivíduos diferentes.

1.3.7. *Colômbia*

No ano de 2001, a Colômbia editou a Lei n. 685, o Código de Mineração. Tal iniciativa foi fundamental para tornar o ambiente de investimento mais seguro e favorável, o que redundou em significante aumento do aporte de capitais privados nacionais e estrangeiros. De acordo com a Associação Nacional de Empresários da Colômbia, a participação do setor minerário na construção do Produto Interno Bruto – PIB colombiano aumentou aproximadamente 700% nos últimos doze anos. Números significativos que ensejam uma análise mais profunda da legislação em questão.

Para melhor compreender a dinâmica mineral colombiana, há que se notar que o art. 332 da Constituição Federal da Colômbia estabelece que os recursos naturais não renováveis presentes na superfície e no subsolo são de propriedade do Estado e, para que possam ser explorados, este deve celebrar contratos de concessão com particulares – excepcionando-se os títulos de propriedade privada concedidos anteriormente.

Em que pese se tratar de dinâmica contratual, o procedimento da escolha do particular que irá contratar com o Estado baseia-se no princípio do "first come, first served". Assim, aquele que primeiro requerer a concessão de determinada área livre deverá receber o título minerário, desde que cumpra os requisitos previstos no art. 271 do Código de Mineração, importando ressaltar os seguintes aspectos estabelecidos: (i) nome, qualificação e domicílio do requerente; (ii) localização da área requerida e indicação da autoridade ambiental competente; (iii) indicação das coordenadas de delimitação da área; (iv) identificação do(s) mineral(is) existente(s); (v) identificação dos grupos indígenas que habitem permanentemente a área requerida, informando quanto à existência de interferência total ou parcial em áreas de comunidades indígenas; (vi) autorizações

---

13 SERRA, Silvia Helena. *Direitos minerários*: formação, condicionamentos e extinção. São Paulo: Signus, 2000, p. 77-78.

ou pareceres de outras autoridades quanto a certas restrições previstas no Código de Mineração; (vii) indicação dos termos de referência e diretrizes aplicáveis à exploração mineral; e (viii) estimativa dos investimentos financeiros, bem como prova de capacidade econômica.

Os referidos contratos de concessão estabelecem que o particular assume a responsabilidade pela extração dos recursos minerais por sua conta e risco. E, para que tais contratos sejam celebrados, é necessário o cumprimento de certos procedimentos previstos no Código de Mineração, que levam em torno de doze a 24 meses.

Os contratos de concessão têm prazo máximo de trinta anos, sendo renováveis por igual período a requerimento do concessionário, desde que este cumpra os requisitos previstos na lei e no Decreto n. 0943/2013. Vale ressaltar que, expirado o prazo de renovação, o concessionário terá preferência para contratar a mesma área para dar continuidade às atividades de exploração.

1.4. Histórico do Direito Minerário – Roma e Absolutismo

No Direito romano o dono do solo era o dono também dos recursos minerais, assim, a máxima "*usque sidera et ad inferos*", ou seja, de que a propriedade ia dos astros até as profundezas, explicitava bem a concepção da propriedade romana.

Todavia, nas províncias romanas, ocorria um fato particular, uma verdadeira exceção ao caráter absoluto da propriedade. Assim, uma vez conquistadas as províncias, os habitantes não romanos não possuíam direitos nas terras e, portanto, para explorar os recursos geológicos, tinham de solicitar a outorga ao povo romano mediante o pagamento da décima parte do produto explorado, a título de tributo. Nasciam, nesse contexto, as primeiras concessões de Direito Minerário.

Durante o período do Absolutismo, o Direito Minerário sofreu algumas alterações na sua forma de ser concebido. Nesse sentido, os monarcas desse regime se declaravam donos dos recursos naturais. Assim, tais recursos naturais passavam para o patrimônio do monarca. Cabe destacar que as minas, nesse momento, também passaram a ser concebidas como propriedade desses soberanos.

Os monarcas possuíam algumas regalias que se dividiam em dois grandes grupos: as regalias maiores e as regalias menores. Dentre as regalias maiores, encontrava-se a possibilidade de confecção de moedas. Já nas regalias menores, que podiam ser delegadas, compreendiam-se as outorgas de terras e a outorga de direitos sobre minas. Assim, quem queria explorar uma mina tinha de pedir autorização ao monarca, sendo outorgada, se o caso, como contrapartida ao pagamento da décima parte do produto explorado – regalia mineira.

1.5. Histórico do Direito Minerário brasileiro

A concepção hodierna do Direito Minerário é intimamente correlata à evolução científica do tema. Nesse sentido, devemos compreender que, desde o Brasil Colônia – em que os recursos minerais eram de propriedade da Coroa Portuguesa, época de vigência da Teoria do Metalismo[14] – até a concepção moderna, muitas foram as mudanças legislativas.

No que diz respeito ao Brasil Feudal, temos a clássica doutrina de Lauro Lacerda Rocha e Carlos Alberto M. Lacerda:

> No Brasil Feudal, quando as capitanias hereditárias fixavam a política conveniente ao despotismo da realeza (Ordenações Manuelinas – 1512 e Filipinas – 1603), o sistema adotado, quanto à propriedade das minas, era o regaliano ou realengo, isto é, as minas existentes nas colônias pertenciam à Coroa[15].

Ainda no plano do Brasil Colônia, devemos compreender o sistema de cobrança da Coroa portuguesa. Temos, assim, a lição de Carlos Luiz Ribeiro sobre o sistema regaliano:

> Durante todo o período colonial, os recursos minerais constituíram propriedade exclusiva da Coroa Real portuguesa. Sua exploração por particulares dependia de autorização do monarca. Esta *regalia* submetia o minerador ao pagamento do quinto (20%) do material extraído, que foi reduzido para o dízimo (10%), a partir do Alvará de 13 de maio de 1803[16].

O citado sistema regaliano, derivado da corrente doutrinária do metalismo, acabou por influenciar toda a sociedade brasileira. Neste ponto, ressaltamos que a cobrança compulsória gerou consequências em todo o cenário social/político da então colônia.

Relembramos, assim, o episódio da Inconfidência Mineira, movimento separatista combatido pela Coroa Portuguesa em 1789, tendo como um dos principais fatores de ocorrência a derrama.

A derrama – que foi a cobrança instituída pela Coroa portuguesa – previa a arrecadação, por parte da população, de valores com o fim de completar as quotas mínimas da exploração do ouro. Tal tributação foi imposta concomitantemente à decadência da exploração do citado mineral.

Devemos compreender, ainda, que o movimento teve grande relevância para a história brasileira. Tal fato pode ser comprovado com a leitura do lema escrito na bandeira do Estado de Minas Gerais, *Libertas Quae Sera Tamen* ("Liberdade ainda que tardia"), célebre frase cunhada na citada Inconfidência. Ou seja, o Estado com maior produção mineral do país tem em um dos seus principais símbolos, a bandeira, a lembrança de um movimento contrário à arbitrariedade de cobranças correlatas à exploração mineral.

Carlos Luiz Ribeiro ensina que a Lei de 20-10-1823 ratificou, de certa forma, o sistema regaliano, apenas acomodando-o ao novo país independente. Coube, portanto, à Constituição de 1824 romper com tal sistemática:

---

14 O metalismo, também conhecido como bulionismo, é uma teoria econômica que obteve muitos adeptos durante a Idade Moderna. Nesse sentido, a teoria quantificava a riqueza pela quantidade de metais preciosos possuídos. Portugal foi um dos países que adotaram a citada teoria e buscavam uma balança comercial favorável por meio do monopólio, explorando e acumulando ouro e metais preciosos de suas colônias, em especial o Brasil.

15 ROCHA, Lauro Lacerda; LACERDA, Carlos Alberto de Melo. *Comentários ao Código de Mineração do Brasil (revisto e atualizado)*. Rio de Janeiro: Forense, 1983, p. 4.

16 RIBEIRO, Carlos Luiz. *Direito Minerário*: escrito e aplicado. Belo Horizonte: Del Rey, 2006, p. 4.

A Constituição de 1824, contudo, garantiu o direito de propriedade em toda a sua plenitude, causando polêmicas. Isto significa, para importante corrente de juristas, o fim do direito do Estado à propriedade minerária, que passaria a integrar a propriedade do solo, como seu acessório, inaugurando, assim, o sistema de acessão. Tal situação teria sido confirmada pelo Decreto de 27-1-1829, que reconhecia o direito dos proprietários do solo a realizarem pesquisa mineral em suas terras[17].

A Constituição de 1891[18], por sua vez, passou a conceber a competência da União para legislar sobre as questões atinentes ao Direito Minerário, como constatamos com a leitura do art. 34:

> Art. 34. Compete privativamente ao Congresso Nacional:
>
> (...)
>
> 29º) legislar sobre terras e minas de propriedade da União;

A citada Constituição tratou, ainda, da propriedade dos Estados, bem como da propriedade mineral dos proprietários do solo, como observamos:

> Art. 64. Pertencem aos Estados as minas e terras devolutas situadas nos seus respectivos territórios, cabendo à União somente a porção do território que for indispensável para a defesa das fronteiras, fortificações, construções militares e estradas de ferro federais.
>
> (...)
>
> Art. 72. A Constituição assegura a brasileiros e a estrangeiros residentes no País a inviolabilidade dos direitos concernentes à liberdade, à segurança individual e à propriedade, nos termos seguintes:
>
> (...)
>
> § 17. O direito de propriedade mantém-se em toda a sua plenitude, salva a desapropriação por necessidade ou utilidade pública, mediante indenização prévia.
>
> As minas pertencem aos proprietários do solo, salvas as limitações que forem estabelecidas por lei a bem da exploração deste ramo de indústria.

Com a leitura da Constituição de 1891, observamos uma clara mistura da propriedade minerária e do proprietário do solo. Assim, o titular do domínio, do título da propriedade ostentaria também a propriedade dos recursos minerais correspondentes.

Podemos observar a evolução da dominialidade dos bens minerais. Em um primeiro momento, eles eram de propriedade da Coroa portuguesa. Em um segundo momento, passaram para o domínio do recente e independente Estado brasileiro e, posteriormente, para as mãos dos particulares, proprietários das superfícies em que os recursos se localizavam. Ainda assim, a Constituição de 1891 tratou de criar uma exceção para essa concepção da propriedade minerária. Ou seja, embora as minas fossem de domínio dos proprietários do solo, tal direito poderia ser limitado com fins a trazer melhorias para a indústria da mineração.

---

17 RIBEIRO, Carlos Luiz. *Direito Minerário*: escrito e aplicado. Belo Horizonte: Del Rey, 2006, p. 5.

18 Constituição dos Estados Unidos do Brasil, de 24 de fevereiro de 1891. Disponível em: http://www.planalto.gov.br/ccivil_03/constituicao/Constituiçao91.htm. Acesso em: 27 fev. 2011.

Assim, o dispositivo constitucional que estabelecia a propriedade privada dos recursos minerais, correlacionando a propriedade de tais recursos com o proprietário do solo, excepcionava, em algumas hipóteses, tal relação. A exceção prevista constitucionalmente surgia para satisfazer um interesse maior, o melhor desenvolvimento da indústria da mineração. Assim, o interesse público, qual seja, a melhor condução da indústria da mineração, quando previsto em lei, poderia limitar o direito de propriedade dos recursos minerais.

Sobre essas exceções legais, ensina Carlos Luiz Ribeiro que tais limitações surgem com "as leis conhecidas como Lei Pandiá Calógenas (Decreto n. 2.933, de 6-1-1915) e Lei Simões Lopes (Decreto n. 4.265 de 15-1-1921, regulamentado pelo Decreto n. 15.211, de 28-12-1921)"[19].

A Constituição de 1934[20], por sua vez, teve o condão de alterar abruptamente compreensões básicas do Direito Minerário vigente. O art. 118 da citada Constituição estabelecia mudança de paradigma diante da compreensão unitária da propriedade dos recursos minerais prevista na Constituição anterior. Surgia, assim, o conceito dualista, que distinguia a propriedade do solo e do subsolo, conforme observamos:

> Art. 118. As minas e demais riquezas do subsolo, bem como as quedas d'água, constituem propriedade distinta da do solo para o efeito de exploração ou aproveitamento industrial.

Outro dispositivo importante da Constituição de 1934, sob o prisma do Direito Minerário, é o art. 119, que transcrevemos:

> Art. 119. O aproveitamento industrial das minas e das jazidas minerais, bem como das águas e da energia hidráulica, ainda que de propriedade privada, depende de autorização ou concessão federal, na forma da lei. § 1º As autorizações ou concessões serão conferidas exclusivamente a brasileiros ou a empresas organizadas no Brasil, ressalvada ao proprietário preferência na exploração ou coparticipação nos lucros.

A Constituição de 1934, portanto, trouxe mudanças estruturais para a exploração mineral, ainda que concebendo alguns privilégios para o proprietário do solo, conforme observamos na leitura do § 1º do art. 119.

Em 1946, tivemos a edição de uma nova Constituição[21], que dispôs em seu art. 153 sobre o aproveitamento dos recursos minerais, como observamos:

> Art. 153. O aproveitamento dos recursos minerais e de energia hidráulica depende de autorização ou concessão federal na forma da lei.
>
> § 1º As autorizações ou concessões serão conferidas exclusivamente a brasileiros ou a sociedades organizadas no País, assegurada ao proprietário do solo preferência para a explora-

---

19 RIBEIRO, Carlos Luiz. *Direito Minerário*: escrito e aplicado. Belo Horizonte: Del Rey, 2006, p. 6.

20 Código de Mineração de 1934 (Decreto n. 24.642/34). Disponível em: http://www.planalto.gov.br/ccivil/Decreto-Lei/Del0227.htm. Acesso em: 27 fev. 2011.

21 Constituição de 1946. Disponível em: http://www.planalto.gov.br/ccivil_03/constituicao/constituiçao46.htm. Acesso em: 27 fev. 2011.

ção. Os direitos de preferência do proprietário do solo, quanto às minas e jazidas, serão regulados de acordo com a natureza delas.

Já a Constituição de 1967[22] apresentou o tema nos arts. 161 e 162, como reproduzimos:

Art. 161. As jazidas, minas e demais recursos minerais e os potenciais de energia hidráulica constituem propriedade distinta da do solo para o efeito de exploração ou aproveitamento industrial.

§ 1º A exploração e o aproveitamento das jazidas, minas e demais recursos minerais e dos potenciais de energia hidráulica dependem de autorização ou concessão federal, na forma da lei, dada exclusivamente a brasileiros ou a sociedades organizadas no País.

§ 2º É assegurada ao proprietário do solo a participação nos resultados da lavra; quanto às jazidas e minas cuja exploração constituir monopólio da União, a lei regulará a forma da indenização.

§ 3º A participação referida no parágrafo anterior será igual ao dízimo do imposto único sobre minerais.

§ 4º Não dependerá de autorização ou concessão o aproveitamento de energia hidráulica de potência reduzida.

Art. 162. A pesquisa e a lavra de petróleo em território nacional constituem monopólio da União, nos termos da lei.

No ano de 1967 também tivemos a edição de um diploma legal fundamental para o Direito Minerário, qual seja, o atual Código de Mineração (CM)[23], Decreto-Lei n. 227/67.

Por fim, no plano legislativo histórico, temos a Constituição Cidadã, de 1988, que dispôs em alguns momentos sobre a atividade de exploração minerária. Nossa atual Constituição Federal dispôs sobre os recursos minerais em artigos que trataram dos bens da União, das competências privativas desse ente, bem como no artigo atinente às competências comuns da União, dos Estados, do Distrito Federal e dos Municípios. Tratou também no plano das competências exclusivas do Congresso Nacional, dentre outros, conforme observaremos em capítulos próprios.

Todavia, não há como questionar, o dispositivo constitucional mais importante no tocante ao Direito Minerário é o art. 176, como trataremos em detalhes em capítulo específico.

---

22 Constituição de 1967. Disponível em: http://www.planalto.gov.br/ccivil_03/constituicao/Constituiçao67.htm. Acesso em: 27 fev. 2011.

23 É interessante conceber que o Código de 1967, e seu respectivo regulamento, classificaram as minas segundo a forma representativa do direito de lavra. Em uma primeira categoria, passamos a ter a Mina Manifestada, em lavra, ainda que transitoriamente suspensa em 16 de julho de 1934 e que tenha sido manifestada na conformidade do art. 10 do Decreto n. 24.642/34 e da Lei n. 94/35. Essa primeira categoria não tem muita relevância nos dias de hoje. E a segunda categoria passou a ser regra, qual seja, a Mina Concedida, isto é, a mina objeto de concessão de lavra.

Constatamos, assim, que o Direito Minerário compreendeu distintos sistemas ao longo da história do ordenamento jurídico brasileiro. Tivemos o sistema regaliano, com vigência durante todo o período colonial, sistema este que previa os recursos minerais como propriedade exclusiva da Coroa Real portuguesa. O sistema regaliano deu lugar ao sistema dominial imperial, muito similar ao anterior, adequando apenas as distinções entre o Brasil Colônia e o Brasil independente.

O sistema dominial imperial, por sua vez, deu origem ao sistema de acessão, reflexo do sistema liberal, inspirado nas revoluções burguesas, em especial a francesa, e o respectivo Código Civil Napoleônico. Assim, como ensina Carlos Luiz Ribeiro:

> Estava, desse modo, implantado o sistema de acessão ou fundiário, que concentrava, numa só unidade econômica, a propriedade do solo e a propriedade minerária, esta como acessório daquela, coerente com o princípio de que o acessório sempre segue o principal, e este era a primeira[24].

O sistema de acessão deu lugar ao sistema dominial republicano, atualmente vigente, que consagra a dualidade da propriedade, conforme estudaremos em mais detalhes em capítulo específico.

Assim, atualmente, após diversas transformações, os recursos minerais, inclusive os do subsolo, são bens da União, nos termos do art. 20, IX, da Constituição da República Federativa do Brasil de 1988 (CF/88).

1.6. Aplicação da lei minerária no tempo e no espaço

Ao tratarmos da aplicação da lei minerária no tempo e no espaço, devemos ter em mente a compreensão do Decreto-Lei n. 4.657/42, Lei de Introdução às Normas do Direito Brasileiro. Tal norma, atualmente, regula todo o plano legislativo do ordenamento jurídico, inclusive as normas minerárias.

O Decreto-Lei n. 4.657/42 estabelece diversos comandos, tais como a *vacatio legis*, ou seja, a imposição do prazo de 45 dias para o início da vigência de nova lei, salvo disposição em contrário.

Todavia, neste momento, iremos nos ater aos aspectos mais relevantes para o Direito Minerário. Entendemos, assim, que o art. 6º do citado instrumento normativo deve ser frisado, haja vista tratar de definir o ato jurídico perfeito, o direito adquirido e a coisa julgada. O art. 6º tratou de esmiuçar os preceitos previstos na Constituição de 1988.

Outro instrumento legislativo fundamental para a compatibilização de normas no Direito Minerário é a Lei n. 9.784/99, Lei de Processos Administrativos Federais, que, em seu art. 2º, parágrafo único, prevê que serão observados, nos processos administrativos, dentre outros, os critérios de:

> XIII – interpretação da norma administrativa da forma que melhor garanta o atendimento do fim público a que se dirige, vedada aplicação retroativa de nova interpretação.

---

24 RIBEIRO, Carlos Luiz. *Direito Minerário*: escrito e aplicado. Belo Horizonte: Del Rey, 2006, p. 6.

Tal previsão é um verdadeiro primado hermenêutico que deve ser observado no dia a dia das alterações normativas do Direito Minerário. Nos momentos de dúvida entre a aplicação ou não de nova regra, é essencial ter em mente que o melhor atendimento do fim público é a regra de ouro que pauta a interpretação.

No que tange à aplicação no espaço, temos que as normas do Direito Minerário brasileiro se aplicam certamente aos recursos geológicos presentes nos limites territoriais do país, bem como em determinados casos aos recursos extraídos no estrangeiro, quando da sua entrada no país. Nesse sentido, citamos como exemplo as águas minerais e os diamantes[25].

25 No plano da legislação de águas, temos o Código de Águas, em seu art. 33, e a portaria DNPM n. 159/96. Já no âmbito dos diamantes, temos a Lei n. 10.743/2003 e a Portaria Conjunta DNPM/SRF n. 397/2003, que serão estudadas detalhadamente em capítulos próprios.

Capítulo 2

ASPECTOS CONSTITUCIONAIS DO DIREITO MINERÁRIO

2.1. Introdução

O Direito hodierno experimenta a perspectiva do pós-positivismo. Dentre inúmeras características, a constitucionalização do Direito é um dos temas mais recorrentes na doutrina moderna.

Diversos estudos e livros foram publicados para explicitar esse processo de constitucionalização do Direito nos diversos ramos das Ciências Jurídicas. Até mesmo o Direito Civil, núcleo do Direito Privado, já observa as transformações da sua estrutura.

Podemos dizer que, se antes vivíamos sob a égide do positivismo clássico, em que as normas escritas eram absolutas, hoje observamos que os princípios também são considerados normas e se aplicam diretamente nos casos práticos.

2.2. Conceito da constitucionalização do Direito

Aprofundando o tema, essencial é conhecermos a base da teoria da constitucionalização do Direito, para então aplicá-la especificamente ao Direito Minerário.

Quando falamos de constitucionalização do Direito devemos ter como foco de compreensão a vertente nacional e a internacional do tema. No âmbito internacional, observamos que o marco principal para a elaboração dessa teoria foi o final da Segunda Guerra Mundial e os massacres ocorridos na maior das batalhas da história do mundo.

Embora a trajetória da humanidade seja marcada por sangue e muitas injustiças, nunca nenhuma outra guerra provocou tal número de mortos ou igual destruição. A possibilidade tecnológica e a ciência desenvolvida, unidas ao pensamento extremista, geraram fato único na história mundial, uma deplorável demonstração da capacidade de destruição do ser humano pelo próprio ser humano. Tal fato nos remonta à máxima eternizada por Hobbes, "*Homo Homini Lupus*", ou seja, o homem é o lobo do próprio homem.

A crise histórica, como sempre, gerou consequências na compreensão da realidade e se refletiu no Direito. O positivismo clássico, preocupado com a simples validade e concebendo-a como justiça, mostrou-se vazio ante os anseios humanos.

Como define o mestre Norberto Bobbio, em seu livro *Teoria da norma jurídica*:

> A doutrina segundo a qual a justiça é a vontade do mais forte tem sido refutada várias vezes no curso do pensamento ocidental. Mas talvez as páginas mais expressivas sejam aquelas que escreveu Rousseau no início do Do Contrato Social, em um capítulo justamente intitulado "*Du droit du plus fort*" (Do direito do mais forte), do qual cito alguns dos trechos mais incisivos: "A força é uma potência física: não vejo qual moralidade possa derivar dela. Ceder à força é um ato de necessidade, não de vontade: quando muito, um ato de prudência. Em que sentido poderia ser um dever?... Admitindo-se que é a força que cria o direito, o efeito muda com a causa: toda força que superar a primeira tem direito de sucedê-la. Admitindo-se que se pode desobedecer impunemente, então pode-se fazê-lo legitimamente e, uma vez que o mais forte tem sempre razão, trata-se somente de se fazer o mais forte...[1].

Vejamos, portanto, a origem do pensamento defendido pela maioria dos constitucionalistas, no sentido de que a função primordial da Constituição é proteger as minorias diante das maiorias. Nesse ambiente fértil, alguns marcos caracterizaram o surgimento do pós-positivismo.

O professor Luís Roberto Barroso define brilhantemente os marcos, tanto no âmbito internacional como no plano nacional, observando como se mostrou a transformação.

Com relação ao marco histórico, define Barroso:

> Na Europa continental, foi o constitucionalismo do pós-guerra, especialmente na Alemanha e na Itália. No Brasil, foi a Constituição de 1988 e o processo de redemocratização que ela ajudou a protagonizar[2].

Sob um ponto de vista crítico, observa-se quão retardado foi o processo no Brasil e como isso gera, até hoje, dificuldades na tutela de determinados direitos – além de dificultar a compreensão dos cidadãos, que se encontram em meio a um processo recente de entendimento do Estado Democrático de Direito.

Salienta-se também o marco filosófico, caracterizado como sendo:

> O pós-positivismo. O debate acerca de sua caracterização situa-se na confluência das duas grandes correntes de pensamento que ofereceram paradigmas opostos para o Direito: o jurisnaturalismo e o positivismo. Opostos, mas, por vezes, singularmente complementares. A quadra atual é assinada pela superação – ou, talvez, sublimação – dos modelos puros por um conjunto difuso e abrangente de ideias, agrupadas sob rótulo genérico de pós-positivismo[3].

---

1 BOBBIO, Norberto. *Teoria da norma jurídica*. 4. ed. Trad. Fernando Pavan Baptista e Ariani Bueno Sudatti. Apresentação de Alaôr Caffé Alves. Bauru (SP): Edipro, 2008, p. 61-62.

2 BARROSO, Luís Roberto. Neoconstitucionalismo e constitucionalização do Direito: o triunfo tardio do Direito Constitucional no Brasil. *Revista Eletrônica sobre a Reforma do Estado*, Salvador, n. 9, mar./maio 2007, p. 3.

3 BARROSO, Luís Roberto. Neoconstitucionalismo e constitucionalização do Direito: o triunfo tardio do Direito Constitucional no Brasil. *Revista Eletrônica sobre a Reforma do Estado*, Salvador, n. 9, mar./maio 2007, p. 5.

Por fim, observamos o Marco Teórico:

> No plano teórico, três grandes transformações subverteram o conhecimento convencional relativamente à aplicação do direito constitucional: a) o reconhecimento de força normativa à Constituição; b) a expansão da jurisdição constitucional; c) o desenvolvimento de uma nova dogmática da interpretação constitucional[4].

Tais explanações remontam à clássica distinção entre o pensamento de Ferdinand Lassalle e de Konrad Hesse: enquanto o primeiro compreendia que a Constituição era uma carta política, o segundo observa a força normativa da Constituição.

2.3. A constitucionalização do Direito Civil

Partindo dessas premissas que caracterizam o Direito como um todo, podemos citar alguns exemplos factíveis da mudança de concepção em vários ramos das Ciências Jurídicas, sendo talvez o ponto mais importante a transformação ocorrida no Direito Civil.

Em breve análise histórica, observamos que um embate entre Direito Público e Privado sempre existiu no Ocidente. Como observamos na máxima do professor e Ministro Eros Grau:

> Revanche da Grécia sobre Roma, da filosofia sobre o direito: a concepção romana, que justifica a propriedade por sua origem (família, dote, estabilidade de patrimônios), sucumbe diante da concepção aristotélica, que a justifica por seu fim, seus serviços, sua função[5].

Vejamos, ainda, que mesmo essa concepção mais pública da questão privada deve ser observada sobre outro enfoque: o do embate entre Aristóteles e Platão, entre o Estado das leis ou dos homens, entre a Isonomia formal e a material. Aristóteles, com a célebre frase "*A lei não tem paixão*", defendia o Estado das leis, compreendendo que estas não distinguiam os homens e se aplicavam da mesma forma a todos. Platão, em contrapartida, critica exatamente essa incapacidade de desigualar os desiguais das leis[6].

Durante séculos, observamos a predominância do Direito Privado e a sua evolução rumo à isonomia formal das leis. As revoluções burguesas, liberais, lutavam por isonomia formal, pela liberdade dos particulares diante do Estado. Inclusive, se observamos os marcos históricos do Direito Civil moderno, notaremos que o Código Napoleônico, por exemplo, tinha foco total sobre a propriedade e o contrato, não se importando e nem mesmo buscando estabelecer proteção ao indivíduo no que diz respeito à sua dignidade.

---

4 BARROSO, Luís Roberto. Neoconstitucionalismo e constitucionalização do Direito: o triunfo tardio do Direito Constitucional no Brasil. *Revista Eletrônica sobre a Reforma do Estado*, Salvador, n. 9, mar./maio 2007, p. 6.

5 GRAU, Eros Roberto. Função social da propriedade (direito econômico). In: FRANÇA, R. Limongi (Coord.). *Enciclopédia Saraiva de Direito*. São Paulo: Saraiva, 1977, p. 17.

6 BOBBIO, Norberto; VIROLI, Maurizio. *Direitos e deveres na República*: os grandes temas da política e da cidadania. Trad. Daniela Beccaccia Versiani. Rio de Janeiro: Elsevier, 2007, p. 30-31.

Por sua vez, a Constituição, nesses sistemas, ostentava caráter apenas programático, sem finalidade prática, sem qualquer eficácia instantânea. E assim seguiu a história, com o Direito Civil no centro do ordenamento, na valorização da propriedade e do contrato, da autonomia privada. Sempre estiveram separados por uma barreira, o Direito Civil do Direito Público.

A constitucionalização do Direito e as crises que ocorreram no mundo, já abordadas em outros tópicos, garantiram terreno fértil para a modificação de concepção no próprio Direito Privado – antes o grande personagem antagônico, aquele em que a autonomia privada prevalecia sobre tudo. Onde se observava "o que está escrito é o que vale, salvo se a lei dispuser em contrário" (princípio da legalidade privada), hoje devemos observar sob o enfoque "o que está escrito é o que vale, apenas quando em conformidade com os valores constitucionais e, acima de tudo, apenas quando cumpre a função social de defender a dignidade da pessoa humana" (princípio da juridicidade). Temos uma restrição muito maior do particular.

Sobre esse assunto, o professor Gustavo Tepedino ensina que:

> Com efeito, a escolha da dignidade da pessoa humana como fundamento da República, associada ao objetivo fundamental de erradicação da pobreza e da marginalização, e de redução das desigualdades sociais, juntamente com a previsão do parágrafo 2º, do art. 5º, no sentido da não exclusão de quaisquer direitos e garantias, mesmo pelo Texto Maior, configuram uma verdadeira cláusula geral de tutela e promoção da pessoa humana, tomada como valor máximo pelo ordenamento.
>
> A prioridade conferida à cidadania e à dignidade da pessoa humana (art. 1º, I e III, CF), fundamentos da República, e adoção do princípio da igualdade substancial (art. 3º, III), ao lado da isonomia formal do art. 5º, bem como a garantia residual estipulada pelo art. 5º, § 2º, CF, condicionou o intérprete e o legislador ordinário, modelando todo o tecido normativo infraconstitucional com a tábua axiológica eleita pelo constituinte.
>
> Com efeito, a escolha da dignidade da pessoa humana como fundamento da República, associada ao objetivo fundamental de erradicação da pobreza e da marginalização, e de redução das desigualdades sociais, juntamente com a previsão do § 2º do art. 5º, no sentido da não exclusão de quaisquer direitos e garantias, mesmo que não expressos, desde que decorrentes dos princípios adotados pelo texto maior, configuram uma verdadeira cláusula geral de tutela e promoção da pessoa humana, tomada como valor máximo pelo ordenamento.
>
> Sublinhe-se a técnica legislativa – não por acaso – empregada pelo constituinte, fixando, no Título I, princípios fundamentais que, ali situados, impõem específica função aos demais direitos constitucionais, permeando todo o sistema jurídico com os valores ali indicados, expressos nos fundamentos e objetivos da República[7].

Um novo passo, de extrema importância, foi dado com o nascer de um novo Código Civil. O Código arcaico de inspiração oitocentista de 1916, que tinha o objetivo de prever todas as questões possíveis e imagináveis, saturado de concepções que não mais condiziam com a nossa sociedade, foi modificado pelo Código de 2002, que, embora tenha sua base

---

7 TEPEDINO, Gustavo. *Temas de Direito Civil*. Rio de Janeiro: Renovar, 2001, p. 48-49.

em projeto de décadas atrás, trouxe novos ares para o civilismo pátrio. Muitos são os exemplos de modificação: cláusulas gerais, novas concepções a respeito da personalidade, dentre tantas outras questões, fazendo-nos concluir que, de fato, vivemos novos tempos.

Se a base do Direito Privado, em seu âmago, mudou sua concepção sobre o objeto a ser tutelado; se o próprio civilismo se despiu de concepções oitocentistas, da propriedade e dos contratos, chamando para si a proteção da dignidade da pessoa humana; o que dizer de outros direitos, que há tanto já dialogavam com a Constituição? Voltamos à velha máxima de que o Direito é um conjunto de escolhas sociais e seu objeto, sua composição material, é formada de anseios, escolhas, objetivos e compreensões da realidade. Vivemos a Era dos Direitos, concebe Norberto Bobbio[8].

2.4. A constitucionalização do Direito Minerário

Assim, o Direito Minerário também deve ser revisitado no intuito de se adequar às correntes mais modernas da Filosofia do Direito. A doutrina nos ensina que, atualmente, a dignidade da pessoa humana[9] é o supraprincípio que norteia todo o ordenamento jurídico. Além disso, a Constituição Federal passa a ocupar o topo da cadeia normativa, irradiando-se pelos demais diplomas normativos.

Nesse sentido, o Direito Minerário deve ser inserido como peça fundamental no processo de proteção da dignidade da pessoa humana, cuja base teórica só se sustenta quando observa esse princípio que, como já dito, norteia todo o ordenamento jurídico.

Ou seja, os direitos fundamentais de primeira dimensão, bem como de segunda e de terceira, devem ser garantidos pelo Direito Minerário. Não por outro motivo, a Carta Magna tratou de estabelecer em seu art. 176 os seguintes termos:

> Art. 176. As jazidas, em lavra ou não, e demais recursos minerais e os potenciais de energia hidráulica constituem propriedade distinta da do solo, para efeito de exploração ou aproveitamento, e pertencem à União, garantida ao concessionário a propriedade do produto da lavra.
>
> § 1º A pesquisa e a lavra de recursos minerais e o aproveitamento dos potenciais a que se refere o *caput* deste artigo somente poderão ser efetuados mediante autorização ou concessão da União, no interesse nacional, por brasileiros ou empresa constituída sob as leis brasileiras e que tenha sua sede e administração no País, na forma da lei, que estabelecerá as condições específicas quando essas atividades se desenvolverem em faixa de fronteira ou terras indígenas.
>
> § 2º É assegurada participação ao proprietário do solo nos resultados da lavra, na forma e no valor que dispuser a lei.
>
> § 3º A autorização de pesquisa será sempre por prazo determinado, e as autorizações e concessões previstas neste artigo não poderão ser cedidas ou transferidas, total ou parcialmente, sem prévia anuência do poder concedente.

---

8 BOBBIO, Norberto. *A era dos direitos*. 4. reimp. Trad. Carlos Nelson Coutinho. Apresentação de Celso Lafer. Rio de Janeiro: Elsevier, 2004.

9 Art. 1º, III, CF/88.

§ 4º Não dependerá de autorização ou concessão o aproveitamento do potencial de energia renovável de capacidade reduzida.

Desse dispositivo se depreendem diversos princípios e fundamentos teóricos, sobre os quais discorreremos posteriormente. Neste momento, cabem apenas algumas considerações.

Os recursos minerais pertencem à União e seu aproveitamento se dá mediante autorizações do citado ente federativo, no interesse nacional.

Verifica-se, portanto, a titularidade da União em todo e qualquer recurso mineral existente no território nacional, que deve ser explorado por indivíduos ou empresas, no intuito de satisfazer o interesse nacional. Portanto, conforme já fora explicitado anteriormente neste capítulo, a exploração mineral e, consequentemente, o Direito Minerário, são ferramentas essenciais para a satisfação do interesse nacional, em especial o princípio da dignidade da pessoa humana, em suas diversas vertentes.

Outro dispositivo da Constituição que cabe ser salientado neste momento é o art. 173, como lemos:

Art. 173. Ressalvados os casos previstos nesta Constituição, a exploração direta de atividade econômica pelo Estado só será permitida quando necessária aos imperativos da segurança nacional ou a relevante interesse coletivo, conforme definidos em lei.

Compreendemos, assim, que, em regra, a exploração mineral é função atribuída ao particular, que faz uso do bem da União por concessão por prazo determinado, satisfazendo os interesses nacionais. Por certo, essa dinâmica, relativamente nova no cenário brasileiro, enquadra-se perfeitamente na ideologia de um Estado regulador.

Muitos são os pontos de grande relevância que se depreendem da leitura do art. 176 da CF/88, mas trataremos de cada um deles no capítulo adequado. Neste ponto nos atemos a fundamentar a constitucionalização do Direito Minerário, expondo duas vertentes. De um lado, o Direito Minerário extrai suas raízes fundamentais, sua base axiológica, seu fundamento de existência, do texto constitucional. Por outro lado, o Direito Minerário é utilizado, com todas as suas normas, como instrumento de efetivação dos mandamentos dessa mesma Carta Magna.

Explicitado esse raciocínio, podemos concluir, ainda que de forma prematura, que qualquer regra do Direito Minerário deve ser observada sob o prisma constitucional, buscando sua fundamentação existencial e, principalmente, devendo ser aplicada para dar maior efetividade aos ditames previstos na norma superior do ordenamento.

Essa análise se aplica a qualquer norma do ordenamento jurídico, mas deve ser especialmente observada em legislações publicadas antes de 1988. O Direito Minerário, por contemplar alguns instrumentos legislativos anteriores à Constituição de 1988, elaborados sob a égide de Constituições anteriores, com ideologias por vezes diametralmente opostas ao pensamento liberal e à proteção dos direitos fundamentais, deve ser relido com os matizes dos novos tempos. A falta dessa releitura pode gerar a impossibilidade de aplicação dessas normas, por padecerem, no novo quadro, de inconstitucionalidades.

Para ilustrar esse raciocínio, relembramos que o atual Código de Mineração é de fevereiro de 1967, ou seja, foi concebido em um cenário social e político diferente da realidade brasileira do século XXI. Sem dúvida alguma, a centralidade e a falta de liberdade do regime ditatorial de alguma forma influenciaram o diploma legislativo, que deve ser revisto, sob pena de não mais se adequar aos ditames atuais.

Neste ponto, cabe explicitarmos algo que nos parece extremamente relevante. Hoje, tramita nas casas legislativas – e já é alvo de debates por todo o território nacional – a proposta do novo marco regulatório. Assim, uma nova forma de conceber o Direito Minerário está sendo articulada, certamente sob esse novo enfoque.

Alguns argumentos explicam a iniciativa de uma nova estrutura para esse ramo do Direito. Vejamos que o próprio Código de Mineração de 1967, em sua parte inicial, expõe um rol de "considerando", conforme observamos:

> CONSIDERANDO que da experiência de vinte e sete anos de aplicação do atual Código de Minas foram colhidos ensinamentos que impende aproveitar;
>
> CONSIDERANDO que a notória evolução da ciência e da tecnologia, nos anos após a 2ª Guerra Mundial, introduziram alterações profundas na utilização das substâncias minerais;
>
> CONSIDERANDO que cumpre atualizar as disposições legais de salvaguarda dos superiores interesses nacionais, que evoluem com o tempo;
>
> CONSIDERANDO que ao Estado incumbe adaptar as normas que regulam atividades especializadas à evolução da técnica, a fim de proteger a capacidade competitiva do País nos mercados internacionais;
>
> CONSIDERANDO que, na colimação desses objetivos, é oportuno adaptar o direito de mineração à conjuntura;
>
> CONSIDERANDO, mais, quanto consta da Exposição de Motivos número 6-67-GB, de 20 de fevereiro de 1967, dos Senhores Ministros das Minas e Energia, Fazenda e Planejamento e Coordenação Econômica,
>
> (...)

Ou seja, já na leitura do rol de "considerando" que abre o Decreto-Lei n. 227/67, atual Código de Mineração, podemos buscar subsídios para a edição de uma nova legislação mineral. Assim, podemos trazer o argumento dos novos ensinamentos colhidos ao longo dos anos e as alterações profundas na utilização das substâncias minerais para realidade atual.

Vejamos que os mesmos argumentos se aplicam ao novo marco regulatório e alguns outros ainda se somam, pois ninguém há de negar o aprendizado obtido de 1967 até os dias de hoje, bem como as transformações na utilização das substâncias minerais. Portanto, se o Código de 1967 surgiu por uma suposta evolução nos ensinamentos ao longo de 27 anos, os 45 anos de sua existência fundamentam uma nova legislação. Além disso, as mudanças paradigmáticas constitucional e ideológica do Direito já expostas neste capítulo se somariam aos motivos para a publicação de um novo corpo normativo.

Poderíamos, ainda, frisar que a evolução tecnológica apresentada neste período de 45 anos foi a mais revolucionária e acentuada da história da humanidade. Por certo, os métodos aplicados no setor da mineração sofreram diversas transformações, condicionando uma nova forma de compreensão do tema.

A globalização e a abertura brasileira à economia global são outros fatores importantes, podendo ser considerados preponderantes na necessidade de uma nova legislação. A globalização, movimento em que as distâncias geográficas desapareceram, unindo todos os continentes em uma nova Pangeia, trouxe grandes transformações para a atividade de mineração.

As sociedades globalizadas, baseadas no consumo, produzem em expoentes nunca antes vistos e em velocidades antes nunca imaginadas. Neste ponto, o minério se tornou, mais do que nunca, insumo extremamente importante para o crescimento das economias globais. A tecnologia viabilizou, ainda, que as grandes empresas explorassem recursos minerais em todos os países, em áreas outrora inviáveis. Além disso, observamos o fluxo de produção praticamente eliminar as fronteiras.

Com grande destaque, apontamos a questão ambiental como outro vetor de mudança na mineração. Sem dúvida alguma, desde 1972[10], a preocupação da sustentabilidade ambiental, que até então não existia, passou a ser um dos pontos das agendas dos líderes mundiais, gerando significativos reflexos na atividade minerária.

No caso brasileiro, o marco normativo inicial foi a Lei n. 6.938/81, que estabelece a Política Nacional de Meio Ambiente e que foi o primeiro diploma a disciplinar a matéria de forma organizada, a partir de uma perspectiva de que o meio ambiente constitui bem comum que deve ser preservado para esta e para as futuras gerações. Podemos dizer que, antes da entrada em vigor da citada lei, os instrumentos normativos correlatos ao meio ambiente tinham o condão de proteger o meio ambiente para futuras explorações, sem qualquer *ratio* de sustentabilidade[11].

Outros argumentos ainda poderiam ser expostos para demonstrar que nossa legislação minerária não foi elaborada com fins de atender a nossas necessidades atuais. Contudo, compreendemos que os principais pontos foram apresentados neste capítulo. Mais adiante, trataremos especificamente das mudanças de perspectiva, mas, por ora, cabe salientar que a mudança de paradigma, hoje em sede de proposta, condiz com um movimento ideológico político maior.

A regulação das atividades econômicas tem base constitucional. Nossa Carta Magna previu expressamente a criação de duas agências reguladoras[12]. Assim, na década de 1990, diversas agências reguladoras foram criadas. O movimento teve ampla relação com a privatização de diversas empresas, tendo o Estado passado a atuar como regulador das atividades econômicas, satisfazendo o art. 173 da CF/88.

---

10 Conferência da ONU de Meio Ambiente em Estocolmo, Suécia.

11 Nesse sentido, podemos citar a Lei n. 4.771, que instituiu o Código Florestal, e em sua origem não contava com uma sistemática sustentável – sistemática esta que passou a ser adotada após diversas alterações legislativas.

12 O art. 21, XI, da CF/88 prevê a Agência de Telecomunicações e o art. 177, § 2º, III, prevê a Agência do Petróleo.

Ou seja, o Estado deixa de atuar diretamente na economia, passando a regular as atividades econômicas, fomentando, balizando e penalizando, com fins a satisfazer os melhores interesses sociais, os direitos fundamentais de primeira, segunda e terceira dimensão.

No campo minerário, essa nova perspectiva gerou reflexos, tendo influenciado na venda de ativos minerários estatais, que passaram a ser administrados pela iniciava privada. No âmbito da expansão da regulação, podemos dizer que o Direito Minerário foi até pioneiro, pois o DNPM[13], de alguma forma, já podia ser entendido como o embrião de uma agência reguladora.

O modelo de agências reguladoras, de origem norte-americana, sofreu algumas transformações na importação, apresentando, no modelo brasileiro, características próprias, que serão abordadas em capítulo específico.

O DNPM, de certa forma, já apresenta características que dão uma conotação de agência reguladora, tais como poder regulamentar – exercido pelas portarias – e poder sancionador. Em capítulo próprio trataremos de especificar as bases teóricas da regulação e suas respectivas características, mas já adiantamos que o novo marco regulatório deveria dar plenas características de regulação para o DNPM, transformando-o em uma legítima agência reguladora. Por certo, não se deve deixar que tal marco acabe por aumentar a intervenção estatal mediante conceito subjetivo sem base técnica. Ao contrário, a regulação deve ser feita com fins a trazer maior segurança jurídica, tecnicidade e transparência para tal ramo econômico.

Nesse aspecto, entendemos que o novo marco regulatório é uma mudança necessária para o Direito Minerário, muito embora deva ser elaborado com todo o cuidado necessário, sob pena de se tornar um desastre para uma das atividades essenciais da economia brasileira.

2.5. Resolução de antinomias

Partindo da premissa de que o Direito Minerário deve ser observado pelo prisma constitucional, compreendemos que algumas questões passarão por conflitos principiológicos nos planos mais abstratos. Assim sendo, é essencial estudarmos o conceito de antinomia e a forma que nos parece mais cabível para a resolução desses problemas, no intuito de criarmos uma base teórica para resolvermos as questões mais complexas atinentes ao Direito Minerário – em especial, no que diz respeito ao conflito entre os princípios de proteção ambiental e o princípio de exploração minerária.

2.6. Conceito de antinomia

O conceito de antinomia não é novo, tendo origem nas tragédias gregas. O termo fora esculpido em *Antígona*, nome da personagem filha de Édipo[14]. Nessa obra, uma lei

---

13 A criação do Departamento Nacional da Produção Mineral (DNPM) deu-se pelo Decreto n. 23.979, de 8-3-1934.

14 SÓFOCLES. *Antígona*. Trad. Millôr Fernandes. Rio de Janeiro: Paz e Terra, 2007.

dita natural e uma lei emanada por um Rei são postas de forma contrária. Assim, a tragédia trata da controvérsia existente entre uma lei divina, universal e natural, e um édito baixado por Creonte, rei de Tebas, proibindo esse ato.

Tecnicamente, a antinomia pode ser compreendida como a posição ou disposição totalmente contrária, oposição[15]. Dessa forma, no âmbito especificamente jurídico, o termo é compreendido como a contradição real ou aparente entre leis, ou entre disposições de uma mesma lei, dificultando sua interpretação.

É natural que, em ordenamentos jurídicos plurais, existam antinomias, como no caso do brasileiro. Devemos observar que, em ordenamentos mais pasteurizados, em locais onde as tintas presentes nas normas são de matizes menos diferenciados, em que faltam cores e forças antagônicas, a antinomia é menor. No caso brasileiro, principalmente no período pós-Constituição de 1988, as antinomias se fizeram presentes em pontos viscerais.

A própria Constituição Federal da República do Brasil, postulado base de todo o ordenamento, se mostra em determinados pontos uma contradição completa. Ao abarcar muitas correntes de pensamento em um mesmo documento, temos de conviver com paradoxos. Conforme já explicitado neste estudo, as próprias dimensões de direitos fundamentais podem gerar contradições.

Por certo, optar por conviver, coexistir com muitas ideias e ideologias, é também permitir-se não ter uma visão hermética. Quanto mais complexo um sistema, mais difícil é aplicá-lo; as regras mais simples são sempre mais fáceis de compreender. Para tanto, é de extrema importância entender como aplicar determinados dispositivos.

2.7. O CRITÉRIO DO TUDO OU NADA E A PONDERAÇÃO

O princípio da supremacia do interesse público, norte da atividade minerária, que será especificado em capítulo próprio, não deve ser compreendido como absoluto, tampouco hierarquicamente superior aos demais princípios. Aceitar essa premissa é passar por cima da Constituição e subverter o sistema jurídico pátrio e internacional.

Partir de pressupostos que tornam o Direito Minerário, ou qualquer outro, superior às demais dimensões do Direito, é concluir absurdos. Por mais óbvia que pareça a premissa exposta, muitas vezes ela é contrariada, principalmente no plano da proteção ambiental.

Se assim fosse, poderíamos aceitar qualquer prática por parte do Estado para proteger o meio ambiente – por exemplo, a proibição de um empreendimento que traria benefícios incontáveis para determinada população em primazia da proteção de apenas uma árvore. Embora o exposto aparente ser um *reductio ad absurdum*, procuraremos demonstrar que a premissa de crer na superioridade do meio ambiente, ou de qualquer outro direito, gera consequências moralmente inaceitáveis.

---

15 HOUAISS, Antônio. *Dicionário Houaiss da língua portuguesa*. Rio de Janeiro: Objetiva, 2001, p. 236.

Vejamos: para compreender a questão podemos buscar os direitos fundamentais de primeira geração (liberal) e os direitos fundamentais de segunda geração (estado social). Em primeira análise, podemos dizer que há críticas ao uso da palavra geração para designar os tipos de direitos fundamentais. Ingo Wolfgang Sarlet demonstra que o termo "geração" não seria o mais adequado para designar a mutação histórica experimentada pelos direitos fundamentais, pois geraria a ideia equivocada de que o reconhecimento progressivo de novos direitos fundamentais teria um caráter de alternância, quando, na verdade, o progresso é de complementaridade. Por essa razão, o termo mais adequado seria dimensão, existindo, segundo ele, três dimensões de direitos fundamentais – embora exista uma tendência em reconhecer-se também uma quarta dimensão. De qualquer modo, a primeira dimensão está relacionada com os direitos individuais e políticos; a segunda diz respeito aos direitos econômicos, sociais e culturais. E a terceira dimensão refere-se aos direitos de solidariedade e fraternidade[16].

Voltando à temática de exposição deste momento, podemos dizer que, se buscarmos as bases axiológicas de primeira e segunda dimensão, será possível observar termos contrários e um verdadeiro paradoxo no tema "direitos fundamentais". Para conceber essa ideia, devemos relacionar as dimensões com os momentos históricos de suas concepções, bem como os modelos políticos adotados pelos seus defensores. Sem grandes reflexões, observamos que os direitos de primeira dimensão nos remetem às revoluções burguesas do século XVIII, momento em que se buscava um estado liberal, um individualismo e o fim da concepção organicista da sociedade, com atuação negativa por parte do Estado. Em um momento adverso, posteriormente às revoluções industriais, é factível remontar as lutas dos trabalhadores e organizações sindicais, celebrando de uma vez por todas os direitos sindicais, que, de alguma forma, buscam uma atuação positiva do Estado para a satisfação dos anseios sociais.

Em verdade, temos que as dimensões de direitos fundamentais são contraditórias e, por advirem de concepções filosóficas distintas, carregam bases axiológicas de pura contradição. Todavia, a grande chave de compreensão do tema dos direitos fundamentais não é a busca de uma compreensão estática e pura de conflitos internos. Os direitos fundamentais, hoje, podem ser concebidos não mais como naturais, mas sim como frutos de um processo histórico que pontuou questões importantes, anseios a ser tutelados.

É sob essa ótica que surge o conflito, em virtude mesmo da natureza contraditória e paradoxal dos direitos fundamentais. Nasce, portanto, a necessidade latente de se encontrar um novo parâmetro para solucionar conflitos entre normas. É de máxima importância citar a controvérsia existente, bem como observar o sistema mais aceito, atualmente, pela doutrina.

Os direitos fundamentais estão dentro de outra temática mais complexa. Vejamos que, no Brasil, os direitos fundamentais são tidos como princípios e se encontram diretamente esculpidos em nossa Constituição – não todos, mas uma grande parte. Obviamente, seria impossível incluir em rol taxativo todos os direitos fundamentais, inclusive

---

16 SARLET, Ingo Wolfgang. *A eficácia dos direitos fundamentais*. 3. ed. Porto Alegre: Livraria do Advogado, 2003, p. 49 e s.

por sua natureza construtiva e não estática. Observemos, portanto, que se porventura um direito não estiver expresso na Constituição, ainda assim terá força de aplicação, em vistas do pós-positivismo e da força normativa dos princípios.

Essa nova temática e aplicação, concebendo princípios com força normativa, traz novos dilemas e compreensões. O império das leis e da visão positivista há muito se vê em xeque, e é nesse contexto que novas teorias nascem. O mito liberal[17] da legalidade mostrou-se insatisfatório para os anseios pluralistas dos novos tempos; a inflação legislativa e a falta de legitimação, unidas à crise da democracia representativa, trouxeram dilemas. Uma das formas de resolver a desconfiança das leis foi a atribuição de valor normativo para os princípios.

Como ocorrera de forma absoluta no passado e hoje ainda ocorre – mas, agora, paralelo a outros conflitos –, a resolução do conflito entre leis se dá por três critérios clássicos: o critério hierárquico, aplicando as leis superiores e afastando as de nível mais baixo, concebidas sob uma visão kelsiana, sempre sob a máxima de que *Lex superior derogat inferiori*; o critério cronológico, em que as leis mais novas revogam leis mais antigas, sob a máxima de que *Lex posteriori revogat lex priori*; e o critério da especialidade, na máxima de que *Lex expecialis derrogat generalis*, lembrando que a lei especial nunca revoga a geral: ela apenas cria um escudo de não incidência da geral. Todos esses critérios tratam de formas simples a resolução de conflitos.

Sobre esses conflitos, costuma-se constantemente utilizar a expressão cunhada por Ronald Dworkin, *all or nothing*, ou seja, um critério do tudo ou nada. Nesse tipo de concepção, nunca no universo jurídico duas normas podem incidir no mesmo momento; uma conduta não pode apresentar dois tipos antagônicos, antinômicos: sempre uma lei vai prevalecer sobre a outra, não coexistindo faticamente a abstração da norma.

Todavia, o problema nasce no conflito entre princípios, e essa é a situação mais corriqueira de problemas envolvendo Direito Minerário e ambiental. O Ministro Eros Roberto Grau costuma conceber a colisão de princípios como uma antinomia jurídica imprópria. O mestre Canotilho define da seguinte forma a questão:

> Assim, p. ex., se o princípio democrático obtém concretização através do princípio majoritário, isso não significa desprezo da proteção das minorias (...); se o princípio democrático, na sua dimensão econômica, exige a intervenção conformadora do Estado através de expropriações e nacionalizações, isso não significa que se posterguem os requisitos de segurança inerentes ao princípio do Estado de Direito (princípio de legalidade, princípio de justa indenização, princípio de acesso aos tribunais para discutir a medida da intervenção)[18].

---

17 Podemos conceber que o princípio da legalidade tem íntima ligação com a Revolução Francesa. O surgimento dessa concepção encontra raízes históricas na doutrina de Jean Jacques Rousseau e John Locke. Trata-se do mito de criar mecanismos, no caso a lei, para limitar a atuação de administrador do Estado; na hipótese em tela, o Poder Executivo.

18 CANOTILHO apud ESPÍNDOLA, Ruy Samuel. *Conceito de princípios constitucionais*. São Paulo: Revista dos Tribunais, 1999, p. 242.

O professor Robert Alexy[19] ensina que em um conflito entre princípios é possível utilizar um sem revogar o outro. No caso de conflitos entre princípios, não se deve utilizar o critério da validade, mas sim o critério do mandado de otimização. Para o autor, as normas não são dotadas de peso, mas devem ser, sim, mandados de otimização de determinado valor.

Vejamos que Alexy compreende que, diferentemente das normas jurídicas clássicas, lei no sentindo amplo, em que se define uma consequência jurídica objetiva para determinada situação, os princípios exigem que determinada conduta seja tratada judicialmente de maneira a garantir a aplicação de determinado princípio existente.

O mais importante dessa teoria é compreender que na colisão entre dois princípios nenhum deles deve ser anulado em favor do outro, ou seja, não é necessário se optar por um princípio a ser aplicado no caso concreto. Muito pelo contrário: diferentes das leis que se regem pela regra de impossibilidade de incidência concomitante de normas contrárias, no universo dos princípios, duas normas podem coexistir.

Traçando um paralelismo metajurídico, podemos dizer que as leis se encontram no mundo físico, no qual dois corpos não podem ocupar o mesmo lugar no espaço. Portanto, duas normas contraditórias não podem incidir produzindo efeitos em uma mesma conduta ao mesmo tempo. No entanto, os princípios podem ser compreendidos como normas sem matéria, que produzem efeitos em um mesmo fato. Mesmo quando são paradoxais entre si, não há incompatibilidade na aplicação concomitante.

Alexy esculpiu uma teoria que pode ser compreendida como axiológica, no momento em que vislumbra nos princípios um mandado de otimização de valores – teoria esta que pode ser contraposta à de Dworkin, que, como já observado, atribuiu aos princípios características estritamente normativas, ou seja, deontológicas.

Para finalizar o tema, citamos como exemplo paradigmático o Código Civil português, que traz uma regra que bem ilustra o tema tratado neste tópico, em específico no art. 335. Trata-se de regra positivada para a resolução de colisão entre direitos. Assim sendo, havendo colisão de direitos iguais ou da mesma espécie, devem os titulares ceder na medida do necessário para que todos produzam igualmente seu efeito, sem maior detrimento para qualquer das partes. E se os direitos forem desiguais ou de espécie diferente, prevalece o que deva considerar-se superior.

2.8. Meio ambiente *versus* mineração

No plano das antinomias do Direito Minerário, não há dúvidas de que o principal contraponto reside no desenvolvimento da atividade minerária, em contrapartida ao princípio da proteção ambiental. Embora hoje o conceito de sustentabilidade guarde em si a premissa do desenvolvimento, a questão continua a ser delicada, haja vista o inevitável impacto causado pela atividade.

---

19 ALEXY, Robert. *Teoría de los derechos fundamentales*. Trad. Carlos Bernal Pulido. 2. ed. S.l: CEPC, 2007.

Todavia, essa antinomia estrutural não deve levar à conclusão da inviabilidade de nenhum dos dois princípios. Nesse sentido, algumas atitudes estatais vêm sendo tomadas no sentido de diminuir o abismo existente entre esses princípios. Vários são os instrumentos normativos que vêm sendo editados como forma de aproximá-los.

A Portaria Conjunta n. 104/2009, do DNPM, Ibama e ICMBio é a materialização dos esforços conjuntos para compatibilizar os princípios de exploração geológica e preservação ambiental. Esse diploma normativo criou o Comitê Permanente de Mineração e Meio Ambiente – CP/MIMA, órgão colegiado consultivo, que tem como objetivo avaliar, monitorar, elaborar e aplicar atos normativos com vistas a solucionar conflitos entre as gestões dos recursos minerais e dos recursos ambientais no interesse público, social e econômico.

Tal norma nasce da necessidade de criação de instância colegiada consultiva e paritária, composta de representantes das áreas governamentais de gestão mineral e de gestão ambiental, que tenha como objetivo principal compatibilizar, mediante a avaliação, orientação, proposição e elaboração e aplicação de atos normativos, instrumentos e procedimentos adotados por DNPM, Ibama e ICMBio, sempre buscando a convergência de interesses.

Ainda nesse sentido, vale referir-se à portaria conjunta DNPM e Ibama, de número 1, e editada no ano de 2005, que constituiu grupo de trabalho para propor diretrizes para ações conjuntas, visando ao aproveitamento dos recursos minerais de forma sustentável. Esses são apenas alguns exemplos de medidas para mitigar as diferenças existentes entre mineração e meio ambiente, criando, assim, mecanismos para nova compreensão do tema. Por certo, vislumbramos perspectivas futuras animadoras, em que os conceitos de mineração e meio ambiente se completarão, não mais sendo apresentados de forma antagônica.

O inevitável impacto ambiental da atividade minerária pode ser mitigado, gerando recursos para melhor e mais eficiente proteção ambiental.

Esse raciocínio acompanha o entendimento da doutrina e até mesmo do Banco Mundial, conforme expressamos:

> A mineração representa hoje atividade indispensável à evolução sustentável do país, chegando a afirmar a doutrina que:
>
> A Mineração é uma atividade de utilidade pública e como tal deve ser reconhecida, pois é inimaginável a vida sem minerais, metais e compostos metálicos, essenciais para a vida das plantas, dos animais e dos seres humanos. O combate à fome depende da agricultura e esta dos fertilizantes. Também dependem de produtos minerais a habitação, o saneamento básico, as obras de infraestrutura viária, os meios de transporte e de comunicação.
>
> Para os padrões, métodos e processos de desenvolvimento econômico e social, com qualidade ambiental, hoje existente no mundo, a disponibilidade de bens minerais é simplesmente essencial: não há progresso sem a mineração e seus produtos.
>
> Como enfatiza o Banco Mundial:
>
> É quase impossível imaginar a vida sem minerais, metais e compostos metálicos. Dos 92 elementos que ocorrem naturalmente, 70 são metais; muitos são essenciais para a vida das plantas, dos animais e dos seres humanos. Estas substâncias fazem parte da atividade humana desde que pequenos pedaços de cobre foram martelados pela primeira vez e transformados em ferramentas simples, ao redor do ano 6000 a.C.

Atualmente, a sociedade precisa de minerais e metais para cada vez mais finalidades. Minerais industriais, como a mica, são componentes essenciais de materiais industriais avançados. A agricultura necessita de fertilizantes à base de minerais. A indústria depende dos metais para seus maquinários e de concreto para as fábricas necessárias à industrialização. Nenhuma aeronave, automóvel, computador ou aparelho elétrico funcionaria sem metais. O titânio é fundamental para motores de aeronaves. Um mundo sem o chip de silício, hoje, é inimaginável. Os metais continuarão a atender às necessidades das gerações futuras, através de novas aplicações nos setores de eletrônica, telecomunicações e aeroespacial[20].

2.8.1. *Mineração e unidades de conservação*

Para ilustrar o tema de mineração e meio ambiente, citamos a questão correlata à exploração mineral em unidades de conservação. O tema é polêmico, mas deve ser enfrentado, haja vista trazer para a questão concreta o embate entre o princípio da proteção ambiental e o princípio da exploração mineral, e desenvolvimento econômico. A procuradoria federal já tratou do tema em parecer próprio.

Conforme relata Maurício Pellegrino de Souza, o Parecer 145, de 2006, tratou do tema e assim reconhece:

> A possibilidade da atividade extrativa mineral em Unidade de Conservação de Uso Sustentável, restringindo, todavia, a outorga dos títulos àqueles que atendam às restrições impostas pela legislação de referência[21].

É interessante frisar o entendimento da procuradoria, que expressou que, na hipótese de projeto de criação de nova unidade de conservação em área utilizada para a mineração, seria necessário fazer-se uma avaliação criteriosa conjunta dos órgãos envolvidos, de modo a bem constatar cabalmente os interesses envolvidos, como a eventualidade de ocorrência mineral singular ou estratégica na área. Segundo a procuradoria, a análise deve ser realizada mediante intercâmbio de informação entre instituições competentes, quais sejam: DNPM, Ibama, MME, MMA e órgãos ambientais estaduais e municipais.

Assim sendo, a previsão se firmou no intuito de buscar a ponderação nas hipóteses de criação de unidades de conservação em áreas de exploração mineral. Ou seja, o direito ao meio ambiente equilibrado e o de exploração geológica são postos em equivalência, vistos a partir do vetor da conciliação, no intuito de satisfazer o interesse social.

O Parecer 500/2009/HP/Proge/DNPM tratou da questão da mineração em unidades de conservação. Nesse parecer, a procuradoria compreendeu que, em unidades de conservação de proteção integral ou reserva extrativista, é vedada a outorga de qualquer título minerário. Por outro lado, entenderam que, em unidades de conservação de uso

---

20 Citações feitas no Parecer Proge/DNPM n. 145/2006, elaborado pela Procuradora Federal Cristina Campos Esteves e pela Procuradora Federal Jenny Magnani de Oliveira, fls. 3 e 4. Esse parecer foi aprovado pelo Diretor-Geral, Miguel Antonio Cedraz Nery, e publicado no *DOU*, com fins de tornar público o entendimento firmado pelo DNPM acerca do assunto tratado no bojo do parecer.

21 SOUZA, Maurício Pellegrino de. Da dispensa de anuência prévia do órgão gestor da área de proteção ambiental para a outorga de autorização de pesquisa mineral. In: SOUZA, Marcelo Mendo Gomes de (Coord.). *Direito Minerário em evolução*. Belo Horizonte: Mandamentos, 2009, p. 188.

sustentável, exceto reserva extrativista, ou zona de amortecimento, a outorga de qualquer título minerário não depende da comprovação, pelo requerente, da prévia autorização do órgão gestor da unidade. A execução das atividades minerárias, porém, está condicionada à observância das exigências previstas na legislação ambiental, e no plano de manejo, se existente – inclusive a obtenção de licenças, anuências, autorizações e permissões que se fizerem necessárias perante os órgãos ambientais competentes. Isso posto, a outorga de títulos minerários que autorizam lavra ou extração mineral, independentemente de recaírem em unidade de conservação ou não, depende da apresentação ao DNPM da licença ambiental exigida pela legislação aplicável.

O Parecer 525/2010/FM/Proge/DNPM[22] também tratou das questões atinentes à mineração em unidades de conservação. O citado parecer explicita que, no caso de criação de unidades de conservação de proteção integral, reserva extrativista ou reserva particular do patrimônio natural, os requerimentos de direitos minerários devem ser indeferidos, e os autos arquivados, independentemente de procedimento administrativo prévio. Já os títulos minerários devem, após procedimento administrativo prévio, em que se assegure o exercício ao contraditório e à ampla defesa, ser objeto de ato declaratório de decaimento, dando-se baixa na transcrição do título e determinando-se o arquivamento dos autos.

O Parecer 525 explicita que a mineração é admitida *a priori* nas unidades de conservação de uso sustentável, com exceção das reservas extrativistas e reservas particulares do patrimônio natural. E, na hipótese de criação dessas unidades de conservação de uso sustentável, as atividades minerárias deverão atender às restrições e condições estabelecidas pela legislação específica e pelo órgão ambiental. Além disso, as referidas restrições e condições não impedem a outorga do título minerário, mas devem ser atendidas antes do início da atividade minerária.

A mineração nas zonas de amortecimento, nas áreas circundantes e nos corredores ecológicos de quaisquer unidades de conservação, sejam elas de proteção integral ou de uso sustentável, é admitida *a priori*, conforme expressa o Parecer 525.

O Parecer 525 ainda tratou das eventuais indenizações devidas em decorrência do decaimento do título minerário, estabelecendo que estas deverão ser arcadas integralmente pelo ente público responsável pela efetiva implantação da respectiva UC.

Assim, a exploração mineral não é posta em desfavor do princípio de proteção ambiental. Em verdade, ambos são compatibilizados, pois os dois são essenciais para a satisfação do interesse coletivo.

2.9. Mineração em territórios indígenas e quilombolas

Além das questões relacionadas ao desenvolvimento de atividades de mineração em áreas de Unidades de Conservação, tema bastante relevante e controverso é a possibili-

22 Vale observar que o Parecer 525/2010 alterou alguns posicionamentos expressos no Parecer 500/2009.

dade de que tais atividades sejam empreendidas em territórios destinados aos povos tradicionais indígenas e quilombolas.

Apesar da existência de pontos de convergência, acreditamos ser interessante uma abordagem individual acerca da mineração em terras indígenas e a mineração em terras quilombolas, de modo a ilustrar o panorama atual em cada contexto.

2.9.1. *Mineração em territórios indígenas*

A mineração em territórios indígenas sempre foi um tema bastante palpitante na política nacional, por um lado, em razão da grande extensão dos territórios indígenas[23] e da disponibilidade de recursos minerais nestes territórios, e por outro, pela preservação ambiental destes territórios, dos costumes e características das sociedades indígenas e, principalmente, pela necessidade de participação das populações indígenas nos resultados da lavra.

Neste diapasão, cumpre esclarecer que não há no ordenamento jurídico brasileiro uma vedação absoluta ao desenvolvimento da atividade minerária em terras indígenas. Contudo, a CF/88 determinou que a pesquisa e a lavra das riquezas minerais em terras indígenas só podem ser efetivadas com autorização do Congresso Nacional, ouvidas as comunidades afetadas, ficando-lhes assegurada participação nos resultados da lavra, na forma da lei (art. 231, § 3º). Desta sorte, enquanto não for promulgada lei que autorize o aproveitamento mineral em território indígena, bem como discipline a oitiva das comunidades afetadas e a sua participação nos resultados da lavra, qualquer exploração em território indígena é ilegal.

Desde a entrada em vigor da CF/88, uma série de projetos de lei para regulamentação da exploração em terras indígenas já tramitou pelo Congresso Nacional. Mais recentemente, o PL n. 121/2020 chegou a ter aprovada sua tramitação em regime de urgência. Não obstante, um cenário político pouco favorável, agravado pela crise humanitária da população Yanomami, em Roraima, fez com que o PL fosse retirado de pauta.

Sendo assim, uma vez que o art. 49, XVI, da CF/88, outorgou competência exclusiva do Congresso Nacional para "autorizar, em terras indígenas, a exploração e o aproveitamento de recursos hídricos e a pesquisa e lavra de riquezas minerais", enquanto não for materializada a autorização legislativa, a exploração minerária em terras indígenas segue proibida.

A ANM, por sua vez, vem adotando parcialmente as recomendações do Parecer n. 469/2015/HP/PROGE/DNPM, tendo a Superintendência de Outorga de Títulos Minerários, determinado, por meio do Ofício-circular n. 25/2023/SOT-ANM/ANM, o indeferimento de plano de todos os pleitos pendentes de decisão, bem como pedidos que venham a ser

---

23 De acordo com o IBGE, o Brasil tem uma extensão territorial de cerca de 851 milhões de ha, ou, mais especificamente, 8.547.403,5 km². As terras indígenas do Brasil ocupam uma área de 991.498 km² de extensão, maior do que o território da França (543.965 km²) e da Inglaterra (130.423 km²) juntos. Instituto Brasileiro de Geografia e Estatística – IBGE: Território brasileiro e povoamento.

apresentados no futuro, incluindo aqueles formulados pelos próprios indígenas totalmente incidentes com terras indígenas.

Cabe ressaltar, no entanto, que as terras indígenas não possuem, por lei, zona de amortecimento, de modo que, aqueles requerimentos que possuem interferência apenas parcial com um território indígena podem ser objeto de desistência parcial pelos seus titulares.

2.9.2. *Mineração em territórios quilombolas*

A Constituição da República trouxe importantes institutos visando à proteção dos povos remanescentes das comunidades quilombolas, determinando o tombamento dos sítios que contenham traços históricos, assim como a necessidade de regularização da situação fundiária das áreas ocupadas pelas comunidades quilombolas:

> Art. 216. Constituem patrimônio cultural brasileiro os bens de natureza material e imaterial, tomados individualmente ou em conjunto, portadores de referência à identidade, à ação, à memória dos diferentes grupos formadores da sociedade brasileira, nos quais se incluem:
>
> (...)
>
> § 5º Ficam tombados todos os documentos e os sítios detentores de reminiscências históricas dos antigos quilombos.
>
> Ato das Disposições Constitucionais Transitórias
>
> Art. 68. Aos remanescentes das comunidades dos quilombos que estejam ocupando suas terras é reconhecida a propriedade definitiva, devendo o Estado emitir-lhes os títulos respectivos.

Diante da previsão de tombamento das áreas que contenham reminiscências históricas dos antigos quilombos, questionou-se a eventual necessidade de que fosse observado algum tipo de procedimento especial para outorga de títulos de lavra em territórios destinados às comunidades quilombolas, sejam aqueles por elas já titulados ou apenas demarcados.

Ao analisar o tema, a Procuradoria Federal vinculada ao antigo DNPM emitiu o Parecer n. 457/2010/HP/PROGE/DNPM, concluindo que a titulação ou demarcação das áreas destinadas às comunidades quilombolas, conforme previsto no art. 68 do ADCT, não teria o condão de gerar o tombamento automático desses territórios, sendo necessário um ato específico para tanto. Existiria, portanto, uma distinção entre os objetos tratados pelos artigos da Constituição.

Assim, a Procuradoria conclui que não há impedimento legal ao exercício da atividade econômica, conduzida de forma sustentável, em área demarcada ou de propriedade quilombola, ressalvados os casos em que haja o tombamento específico, hipótese em que serão observadas as orientações contidas no Parecer n. 456/2010/HP/PROGE/DNPM[24].

---

24 O Parecer n. 456/2010/HP/PROGE/DNPM trata do procedimento e condições para expedição de títulos de lavra em áreas com patrimônio histórico tombado.

O Parecer também aponta que o desenvolvimento das atividades de lavra, de forma sustentável, é compatível com o direito das comunidades quilombolas à melhoria da sua qualidade de vida, na medida em que a atividade mineral proporciona o recebimento de rendas pela ocupação e a participação nos resultados da lavra[25].

Por oportuno, trazemos as conclusões contidas no Parecer:

> a) não há impedimento legal ao desenvolvimento de atividades de mineração em terras que foram objeto de titulação decorrente de ocupação por remanescentes das comunidades de quilombos, assim como de áreas já demarcadas com essa finalidade, porém, ainda não tituladas; b) a expedição de alvarás de pesquisa e títulos de lavra para aproveitamento de recursos minerais nas referidas áreas independe da adoção de um procedimento especial, com a criação de fases, etapas ou requisitos não previstos expressamente na legislação.

O desenvolvimento de atividades de lavra em territórios quilombolas é um tema que sempre gera controvérsias e debates nos mais diversos setores. Embora seja possível, a exploração mineral em territórios quilombolas demanda cuidados especiais e uma constante interlocução entre minerador e representantes dessas comunidades, a fim de que haja um alinhamento e respeito entre os interesses envolvidos.

---

25 O pagamento das rendas pela ocupação e a participação nos resultados da lavra são tratados em tópicos específicos.

Capítulo 3

PRINCÍPIOS DE DIREITO MINERÁRIO

3.1. Introdução

Vencida a parte teórica geral do tema constitucionalização, princípios e antinomia, passamos a expor os princípios específicos do Direito Minerário. Como já explicitado, no plano teórico alguns princípios que parecem colidir, em verdade, devem ser vistos a partir do vetor da compatibilização, sendo ponderados nos casos práticos.

Por uma questão didática, dividiremos os princípios fundamentais do Direito Minerário em dois grandes grupos, quais sejam: princípios gerais e específicos. No plano dos princípios gerais, abordaremos aqueles já bem conhecidos e debatidos nos diversos ramos do Direito, mediante enfoque de sua aplicação.

No plano dos princípios específicos, passaremos a abordar os que se aplicam exclusivamente a esse ramo jurídico e, portanto, não se aplicam a outros ramos.

3.2. Princípios gerais

Como já explicitado, o Direito Minerário tem íntima relação com o Direito Administrativo e, assim sendo, acaba carreado de princípios inerentes a este. Neste livro, focaremos dois aspectos principais, quais sejam, os novos contornos dos princípios do Direito Administrativo e as peculiaridades destes quando aplicados ao Direito Minerário.

3.2.1. *Legalidade*

O princípio da legalidade, por um longo tempo intocável no Direito Administrativo, constitui fundamento basilar em que se sustentavam diversas concepções.

Vale ressaltar a clássica divisão entre reserva legal privada e pública, negativa e positiva, sendo certo que, na primeira, o particular poderia fazer tudo aquilo que a lei não limitasse; e, na segunda, o administrador só poderia atuar sob a égide mandamental de uma previsão legal. Conforme ensina o mestre Hely Lopes Meirelles, "enquanto na administração particular é lícito fazer tudo que a lei não proíbe, na Administração Pública só é permitido fazer o que a lei autoriza"[1].

Tais visões são fruto da concepção liberalista, forjadas ainda no movimento iluminista. Essas ideias ascenderam do plano teórico para o prático na Revolução Francesa, momento em que a desconfiança da burguesia deu origem ao primado da legalidade, pressuposto de justiça para tal classe.

Hoje, a percepção concebida no momento de receio do absolutismo, em que era fundamental se criar mecanismos para controlar o chefe do Executivo, perdeu sua razão de existir. A premissa de que sociedades baseadas nas leis, votadas pelos representantes do povo, traria a justiça, foi refutada pelos movimentos nazifascistas do século passado, alguns deles legitimados pelo pano do positivismo.

E até mesmo em países democráticos, como o Brasil do século XXI, a lei se mostrou insatisfatória para atender aos anseios sociais. Esses e outros fatores trouxeram grandes questionamentos para a doutrina mais moderna de Direito Administrativo, gerando uma corrente que prega o alargamento do princípio da legalidade administrativa, dando origem ao princípio da juridicidade.

Nesse sentido, o professor Alexandre Aragão explicita que:

> Com efeito, evoluiu-se para se considerar a Administração Pública vinculada não apenas à lei, mas a todo um bloco de legalidade, que incorpora os valores, princípios e objetivos jurídicos maiores da sociedade, com diversas Constituições (por exemplo, a alemã e a espanhola) passando a submeter a Administração Pública expressamente à "lei e ao Direito", o que também se infere implicitamente da nossa Constituição e expressamente da Lei do Processo Administrativo Federal (art. 2º, parágrafo único, I). A esta formulação dá-se o nome de Princípio da Juridicidade ou da legalidade em sentido amplo[2].

Entendemos que essa doutrina mais moderna deve ser observada na aplicação do dia a dia do Direito Minerário, devendo a atuação da Administração Pública minerária não apenas dar-se por meio das previsões legais, mas sim sob o enfoque do ordenamento jurídico como um todo.

3.2.2. *Impessoalidade*

O princípio da impessoalidade é fundamental para orientar a atuação da Administração Pública. Nesse sentido, o aclamado Hely Lopes Meirelles explicita:

> O princípio da impessoalidade, referido na Constituição de 1988 (art. 37, *caput*), nada mais é que o clássico princípio da finalidade, o qual impõe ao administrador público que só pratique o ato para seu fim legal. E o fim legal é unicamente aquele que a norma de Direito indica expressa ou virtualmente como objetivo do ato, de forma impessoal[3].

---

1 MEIRELLES, Hely Lopes. *Direito Administrativo brasileiro*. 22. ed. São Paulo: Malheiros, 1997, p. 82.

2 ARAGÃO, Alexandre Santos de. A concepção pós-positivista do princípio da legalidade. *Revista de Direito Administrativo*, Rio de Janeiro, n. 236, abr./jun. 2004, p. 63.

3 MEIRELLES, Hely Lopes. *Direito Administrativo brasileiro*. 27. ed. São Paulo: Malheiros, 2002, p. 89-90.

A doutrina mais moderna entende que o princípio deve ser conceituado com orientação obrigatória na atividade administrativa, correlacionando as práticas ao interesse público, ainda que este esteja implícito na lei. Ou seja, alarga a aplicação da atuação administrativa. O professor Diogo de Figueiredo expõe que "pode-se conceituar o princípio da finalidade como a orientação obrigatória da atividade administrativa ao interesse público especificamente explícito ou implícito na lei"[4].

Já o também consagrado professor Celso Antônio Bandeira de Mello, compreende que o princípio da impessoalidade "não é senão que o próprio princípio da igualdade ou isonomia. Nele, se traduz a ideia de que a Administração tem de tratar a todos os administrados sem discriminações, benéficas ou detrimentosas"[5].

Embora a melhor doutrina do Direito Administrativo apresente divergências sobre o princípio da impessoalidade, todos compartilham do entendimento da sua aplicabilidade.

No plano do Direito Minerário, o princípio deve ser respeitado, inviabilizando, assim, as condutas discriminatórias em relação aos administrados, bem como condutas de favorecimento a determinados indivíduos na relação minerador e DNPM, sob pena de questionamento no Judiciário.

3.2.3. *Moralidade*

O princípio da moralidade é também essencial para o Direito Administrativo, pautando a conduta da Administração. Nesse sentido, observamos o posicionamento do professor Hely Lopes Meirelles:

> A moralidade administrativa constitui hoje em dia pressuposto da validade de todo ato da Administração Pública (Const. Rep., art. 37, *caput*). Não se trata – diz Hauriou, o sistematizador de tal conceito – da moral comum, mas sim de uma moral jurídica, entendida como "o conjunto de regras de conduta tiradas da disciplina interior da Administração". Desenvolvendo a sua doutrina, explica o mesmo autor que o agente administrativo, como ser humano dotado da capacidade de atuar, deve, necessariamente, distinguir o Bem do Mal, o honesto do desonesto. E, ao atuar, não poderá desprezar o elemento ético de sua conduta. Assim, não terá que decidir somente entre o legal e o ilegal, o justo e o injusto, o conveniente e o inconveniente, o oportuno e o inoportuno, mas também entre o honesto e o desonesto. Por considerações de direito e de moral, o ato administrativo não terá que obedecer somente à lei jurídica, mas também à lei ética da própria instituição, porque nem tudo que é legal é honesto, conforme já proclamavam os romanos – *non omne quod licet honestum est*. A moral comum, remata Hauriou, é imposta ao homem para sua conduta externa; a moral administrativa é imposta ao agente público para a sua conduta interna, segundo as exigências da instituição a que serve, e a finalidade de sua ação: o bem comum.
>
> (...)

---

4 MOREIRA NETO, Diogo de Figueiredo. *Curso de Direito Administrativo*. 10. ed. Rio de Janeiro: Forense, 1992, p. 68-69.

5 MELLO, Celso Antônio Bandeira de. *Curso de Direito Administrativo*. 14. ed. São Paulo: Malheiros, 2002, p. 70.

O certo é que a moralidade do ato administrativo, juntamente com a sua legalidade e finalidade, constituem pressupostos de validade, sem os quais toda atividade pública será ilegítima[6].

Nesse plano, o conceito de moralidade deve ser amplo, impondo um juízo de valor dos atos que perfaça a satisfação da concorrência, da exploração, do equilíbrio ambiental, dentre outros, tornando os atos da administração adequados ao sistema jurídico como um todo.

A própria moralidade surge para criar um filtro de compreensão além do plano da simples legalidade. Partindo da compreensão romana, teríamos que "*non omne quod licet honestum est*", ou seja, nem tudo o que é legal é honesto.

Nesse sentido, os princípios devem ser somados, com fins a trazer a Administração Pública para o enquadramento dos conceitos almejados pela sociedade, e pensados pela doutrina.

O DNPM deve buscar essa percepção sobre o honesto e o desonesto, devendo atuar de forma a atender ao princípio da moralidade, sob pena de invalidade dos seus atos. Cabe ressaltar que a importância da atividade minerária para o Brasil gera um dever ainda maior para o administrador público, que não pode descuidar dos princípios, sob pena de efeitos catastróficos para o país.

3.2.4. *Publicidade*

A publicidade é outro princípio descrito no art. 37 da CF/88, essencial ao regime democrático. O sentido de sua existência é levar informação aos administrados. Nesse sentido, Egon Bockmann demonstra que:

> A finalidade do princípio da publicidade é levar a informação, definida e precisa, ao conhecimento das pessoas interessadas (potencialmente ou em concreto). O princípio não será atendido caso haja divulgação restrita (seja no que diz respeito ao conteúdo da informação, seja no que diz respeito ao número de pessoas alcançadas por ela)[7].

No plano do Direito Minerário, tal princípio se mostra aplicável, com vistas a manter a transparência da Administração Pública. Todavia, como qualquer princípio, ele não é absoluto e comporta mitigações. Neste ponto, citamos como exemplo a Portaria DNPM n. 201/2006, que previu que os processos administrativos minerários são considerados sigilosos, a partir da outorga do título.

As regras relativas ao sigilo dos processos administrativos minerários atualmente se encontram previstas na Portaria DNPM n. 155/2016, que, sob influência da Lei de Acesso à Informação (Lei n. 12.527/2011), impõe o caráter público a esses processos, determinando o sigilo de informações específicas, como os dados do Relatório Final de Pesquisa e aqueles ligados aos resultados da lavra e da comercialização de minério.

---

6 MEIRELLES, Hely Lopes. *Direito Administrativo brasileiro*. 15. ed. São Paulo: Revista dos Tribunais, 1990, p. 79-80.

7 MOREIRA, Egon Bockmann. *Processo administrativo*: princípios constitucionais e a Lei n. 9.784/1999. 2. ed. São Paulo: Malheiros, 2003, p. 125.

Essa restrição do princípio da publicidade é justificada no princípio da concorrência e de proteção da propriedade industrial. A publicidade integral e irrestrita dos processos minerários poderia gerar impactos negativos na indústria minerária.

Ainda assim, reiteramos que o princípio da publicidade é a regra geral, e se aplica nos demais momentos do processo administrativo minerário, sendo o sigilo uma exceção, que deve ser utilizada nos limites previstos na Portaria n. 155/2016.

3.2.5. Eficiência

O princípio da eficiência, o último a entrar no rol do art. 37, é, talvez, o mais delicado. Parte da doutrina compreende que ele não tem aplicabilidade prática; nesse sentido, o professor Celso Antônio Bandeira de Mello explicita que o princípio "mais parece um adorno agregado ao art. 37"[8].

Para outros autores, o citado princípio é um divisor de águas no plano administrativo e, consequentemente, no plano minerário.

Embora a eficiência seja um conceito aberto, de difícil definição e mesmo de difícil visualização prática, representa uma mudança de mentalidade ideológica. Esse princípio impõe uma atuação muito mais pensada, mais elaborada, se comparada ao que se exigia anteriormente do administrador público, ou seja, trata-se de uma mudança paradigmática.

A sociedade que outrora exigia uma atuação nos ditames da legalidade negativa, em que a Administração Pública atuava apenas nos preceitos e limites da lei, como mera executora, passa a exigir uma conduta além. Ou seja, não há de se falar em cumprimento legal apenas, mas sim cumprimento eficiente. Em outras palavras, a sociedade não quer a atuação pública agindo no mínimo para satisfação legal, e sim uma administração proativa, que atua no máximo de suas capacidades para saciar os anseios sociais, que cada vez se ampliam mais.

A atuação passa a ser pautada pela eficiência, pela produtividade, pela qualidade e pelo tempo. A equação qualitativa e temporal passa a fazer parte do controle da Administração Pública. Não basta fazer, há de se fazer da melhor forma, no menor tempo possível.

Nesse sentido, Lúcia Valle Figueiredo ensina:

> É de perquirir o que muda com a inclusão do princípio da eficiência, pois, ao que se infere, com segurança, à Administração Pública sempre coube agir com eficiência em seus cometimentos.
>
> Na verdade, no novo conceito instaurado de Administração Gerencial, de "cliente", em lugar de administrado, o novo "clichê" produzido pelos reformadores, fazia-se importante, até para justificar perante o país as mudanças constitucionais pretendidas, trazer ao texto o princípio da eficiência[9].

Essa linha de raciocínio acaba se aplicando ao Direito Minerário, pois, como observamos anteriormente, o Direito Minerário é peça fundamental para o desenvolvimento e, consequentemente, para a satisfação social, de forma que a eficiência dos atos

---

8 MELLO, Celso Antônio Bandeira de. *Curso de Direito Administrativo*. 14. ed. São Paulo: Malheiros, 2002, p. 104.

9 FIGUEIREDO. Lúcia Valle. *Curso de Direito Administrativo*. 5. ed. São Paulo: Malheiros, 2001, p. 63.

praticados pelos órgãos e autarquias que compõem a matéria influenciará a satisfação de toda a sociedade.

A agilidade no trâmite dos processos e a qualidade da regulação desse ramo têm reflexos diretos na geração de riquezas para o país. O legislador tentou nivelar administração particular e pública com o advento do princípio da eficiência. Hoje, o anseio dos órgãos e autarquias minerárias deve ser equivalente aos anseios do minerador.

Assim, cada atraso na prestação da Administração Pública, ou conduta carreada em desdém, gera reflexos negativos para ambos os lados, para a autarquia e para o minerador. A eficiência é um elo que une os interesses privados e públicos, pois o desenvolvimento e a exploração minerária são interesses do particular e da Administração Pública, conforme prescrição da Carta Magna.

3.2.6. Supremacia do interesse público sobre o privado

O princípio da supremacia do interesse público sobre o privado é uma das bases axiológicas do Direito Minerário que, como veremos posteriormente, fundamenta uma série de medidas previstas na legislação desse ramo do Direito.

Insta ressaltar, primeiramente, que a supremacia do interesse público sobre o privado diz respeito ao interesse público primário e não o secundário. O interesse primário, como ensina a doutrina, é o Estado em prol da sociedade, da satisfação das necessidades coletivas, tais como satisfação dos direitos fundamentais sejam eles de primeira, segunda ou terceira dimensão. Já o interesse público secundário é aquele disposto nos direitos e obrigações do Estado, ou seja, o Estado enquanto fim em si.

Partindo dessas classificações, o interesse público secundário não merece posição de privilégio diante dos interesses do particular, diferentemente do interesse público primário, que, ao contrário, merece e goza de posição de destaque, de supremacia, diante dos interesses privados.

Fundamental, então, é pesquisar a natureza do Direito Minerário, ou melhor, a natureza do interesse público que o alberga. Primeiramente, cabe destacarmos que a atividade minerária é desenvolvida por particulares, comportando, assim, um interesse preponderante, qual seja, o lucro – eminentemente particular. Todavia, em paralelo, existe o interesse da União em explorar os seus bens, interesse este público. Se esse interesse público de exploração mineral fosse considerado secundário, as ações pautadas na supremacia do interesse público não seriam legítimas e, assim, não subsistiriam.

Contudo, a supremacia é essencial para a subsistência da atividade de mineração, haja vista a rigidez locacional, conforme abordaremos ainda neste tópico. E, além disso, a atividade minerária, atualmente, é fundamental para a economia brasileira, sendo certo que sua interrupção geraria significativos impactos à economia do país. Portanto, dúvidas[10] não restam de que o interesse de que se reveste a atividade mine-

---

10 Nesse ponto, é interessante ressaltar o posicionamento apresentado pelo professor Alexandre Santos de Aragão, que distingue o princípio da supremacia do interesse público das meras regras jurídicas, constitucionais ou legais, que já realizam uma pré-ponderação entre os valores envolvidos e optam, em deter-

rária é primário, e assim se sustenta o raciocínio teórico da supremacia do interesse público nesse ramo do Direito.

É na supremacia do interesse público que se fundam as ações de instituição de servidão minerária, ou mesmo as de avaliação e renda, por exemplo. Trata-se de procedimentos judiciais que visam a viabilizar a atividade minerária e, portanto, visam também à satisfação do interesse público a ela intrínseco, ainda que em desacordo com a vontade do particular proprietário do solo.

Ainda no intuito de reforçar o argumento de que o interesse público envolve a atividade de mineração, ressaltamos o Decreto-Lei n. 3.365/41, que dispõe sobre a desapropriação por utilidade pública, e, em seu art. 5º, f, considera como caso de utilidade pública o aproveitamento industrial das minas e das jazidas minerais, das águas e da energia hidráulica. Sob este mesmo raciocínio, o art. 3º, VIII, b, da Lei n. 12.651, de 2012, (Novo Código Florestal) estabelece como de utilidade pública a mineração.

Resta concebermos neste tópico que, assim como alguns outros princípios, a supremacia do interesse público vem sendo revisitada pela doutrina mais moderna, no sentido de reforçar a diferença entre o interesse público primário e o interesse público secundário, com miras a justificar, melhor caracterizar, e, consequentemente, reforçar a legitimidade da supremacia. Nesse sentido, citamos a posição do professor Luís Roberto Barroso:

> O debate contemporâneo acerca da noção de interesse público impõe reavivar uma distinção fundamental e pouco explorada, que o divide em primário e secundário. O interesse público *primário* é a razão de ser do Estado e sintetiza-se nos fins que cabe a ele promover: justiça, segurança e bem-estar social. Estes são os interesses de toda a sociedade. O interesse público *secundário* é o da pessoa jurídica – quer se trate da União, quer se trate do Estado-membro, do Município ou das suas autarquias. Em ampla medida, pode ser identificado como o interesse do erário, que é o de maximizar a arrecadação e minimizar as despesas[11].

Entendemos, assim, que é fundamental a manutenção dessa premissa de primazia do interesse público da atividade minerária, sob pena de inviabilizarmos a exploração dos recursos geológicos. Como explicitamos anteriormente, em muitos casos o único meio de viabilizar a exploração mineral será pela supressão de alguns interesses privados, em especial o interesse do proprietário do solo onde se localiza a mina, quando este se mostrar em oposição à atividade minerária. Válido reiterar que a supressão desse interesse somente se dará enquanto mantida a premissa do interesse público.

Todavia, conforme observamos, a supremacia do interesse público existe para satisfazer o interesse público primário, interesse este que é atingido com o atendi-

---

minadas hipóteses, pela preponderância de determinado interesse público sobre os interesses particulares. Aragão exemplifica a questão com as normas constitucionais que preveem a desapropriação. Assim, partindo de tal raciocínio, poderíamos compreender que a prevalência da exploração minerária em detrimento da vontade do proprietário do solo seria uma regra jurídica que previamente pré-ponderou os valores, não sendo assim necessária a utilização do princípio da supremacia do interesse público (ARAGÃO, Alexandre Santos de. *Direito dos serviços públicos*. Rio de Janeiro: Forense, 2008, p. 206).

11 BARROSO, Luís Roberto. *Curso de Direito Constitucional contemporâneo*: os conceitos fundamentais e a construção do novo modelo. São Paulo: Saraiva, 2009, p. 69.

mento das finalidades administrativas. Assim, no âmbito do Direito Minerário é essencial que o interesse público primário esteja sempre exposto nos diferentes atos do Poder Público. A Administração Pública deve buscar legitimar, ao máximo, sua atuação, com fins a evitar qualquer tipo de deturpação do primado da supremacia do interesse público.

Cabe ressaltar, neste momento, que a atividade minerária envolve uma característica peculiar diante de outros ramos econômicos, qual seja, a rigidez locacional. Assim, a impossibilidade de alterar a localização física da jazida justifica, por si só, a adoção de medidas excepcionais. No que tange à rigidez locacional, temos a lição de William Freire:

> Rigidez locacional significa que o empreendedor não pode escolher livremente o local onde exercer sua atividade produtiva, porque as minas devem ser lavradas onde a natureza as colocou. Isso faz com que o legislador tenha que criar marcos regulatórios especiais para a mineração. A sociedade, dependente dos bens minerais, deve propiciar condições para seu desenvolvimento.
>
> (...)
>
> O empreendedor não escolhe a comunidade, o ambiente político, o ambiente geográfico onde deseja se instalar.
>
> Exemplo interessante é a atividade mineral em Áreas de Preservação Permanente. Nenhum minerador, por vontade própria, deseja ter uma jazida nesse espaço territorial ambientalmente protegido. Mas a realidade é que vários minérios se concentram nesse tipo de região. A título de exemplo, estima-se que oitenta por cento de todas as reservas de minério de ferro do mundo estão localizadas em regiões com as características de Área de Preservação Permanente.
>
> Não é difícil perceber, portanto, que há necessidade de regras especiais para a atividade mineral, criando condições para transformar o recurso mineral em riqueza[12].

E no plano específico da supremacia do interesse público minerário, cabe ainda destacar a posição de Adriano Trindade, que ensina:

> Essa preponderância do interesse público sobre o privado vem traduzida, por exemplo, no artigo 27 do Código de Mineração, que garante aos titulares de autorização de pesquisa ou de concessão de lavra o direito de entrar e permanecer em áreas públicas e privadas, desde que, neste último caso, arquem com o pagamento de renda pela ocupação da área e indenização por danos causados. Também o artigo 59 do Código de Mineração representa essa mesma preponderância, ao assegurar ao titular de concessão de lavra (e de autorização de pesquisa) beneficiar-se de servidões minerárias[13].

Portanto, é a supremacia do interesse público sobre o privado que viabiliza a exploração dos recursos geológicos que, por muitas vezes, se encontram em áreas de terceiros em desacordo com a exploração. Tal supremacia faz com que eventuais interesses

---

12 FREIRE, William. *Código de Mineração anotado*. 4. ed. Belo Horizonte: Mandamentos, 2009, p. 51-52.

13 TRINDADE, Adriano Drummond Cançado. Princípios de Direito Minerário brasileiro. In: SOUZA, Marcelo Mendo Gomes de (Coord.). *Direito Minerário em evolução*. Belo Horizonte: Mandamentos, 2009, p. 59.

privados contrários ao empreendimento minerário não o impeçam de se concretizar, não tornando a atividade minerária impossível. Assim não fosse, a mineração correria grande risco de ser inviabilizada, fato que traria danos irreparáveis para a economia brasileira, o que repercutiria em toda a atuação estatal.

3.2.7. Princípio da confiança legítima

Um dos temas que geram grande debate atualmente na doutrina do Direito Administrativo é a aplicação do princípio da confiança legítima. Tal princípio, de origem alemã, hoje vem ganhando espaço em todo o globo.

A justificativa para a existência de tal princípio repousa na premissa de que os atos praticados pela Administração Pública geram determinadas expectativas por parte dos administrados, expectativas estas que são legítimas e, portanto, devem ser tuteladas pelo Direito, com fins a proteger a segurança jurídica. Assim, em muitos casos o administrado vai estabelecer um planejamento de atuação com base em uma diretriz, em um ato, da Administração Pública, e uma eventual mudança de transcurso repentina pode gerar impactos desastrosos, rompendo com a segurança jurídica do sistema.

Por certo, devemos conceber que não há como pensar em inviabilizar a faculdade da Administração de revogar ou alterar suas normas para as situações que ainda não ocorreram. Contudo, no que tange aos efeitos das novas normas para as situações pretéritas, é cabível a utilização do princípio da confiança legítima.

Vale ressaltar, também, que a Carta Magna já prevê a proteção do ato jurídico perfeito, do direito adquirido e da coisa julgada, conforme prescrição do art. 5º, XXXVI, ou seja, a segurança jurídica nesses casos já é tutelada. Assim, nas questões que envolvem um direito adquirido do administrado não há de se falar em princípio da confiança legítima. Todavia, nas questões de penumbra, em que ainda não há direito adquirido, mas apenas uma expectativa de direito, uma promessa, o princípio da confiança legítima poderá ser arguido.

A garantia do princípio da proteção da confiança legítima, portanto, vem para albergar os direitos que se encontram em zona cinzenta. Nesse sentido, é fundamental que as alterações normativas venham com normas transitórias justas, ou seja, que oportunizem que o administrado se programe, evitando rupturas em planejamentos legitimamente pré-constituídos.

Embora o tema seja alvo de grande tensão por parte da doutrina, observamos que a corrente que prega sua aplicação vem crescendo. Nesse andar, é essencial que o Direito Minerário incorpore tal compreensão.

O princípio da confiança legítima ganha enorme aplicabilidade na relação DNPM e minerador. É essencial que as normas dispostas sejam respeitadas, e que novas portarias ou qualquer novo tipo de instrumento normativo não altere repentinamente a estrutura antes posta. O administrado tem pleno direito de confiar na estabilidade das regras postas e, eventualmente, programar-se com base na legislação atual, sendo certo que mudanças são cabíveis, necessárias e desejáveis, desde que, contudo, sejam precedidas de espaços de transitoriedades, ou seja, períodos para que os administrados se adaptem.

3.2.8. *Princípio do devido processo legal e do contraditório*

O princípio do devido processo legal foi importado do Direito anglo-saxônico, em específico da figura do "*due process of Law*". Tal primado surge no ano de 1215, na Inglaterra, ano em que foi assinada a Carta Magna, pelo então Rei João Sem-Terra, instrumento jurídico este que limitava os direitos do monarca diante dos direitos dos barões.

O capítulo 39 da citada Carta previa:

> *Ne corpus liberi hominis capiatur nec imprisonetur nec disseisiatur nec autlagetur nec exuleter, nec aliquo modo destruatur, nec rex eat vel mittat super eum vi, nisi per judicium parium suorum, vel per legem terrae.*

Traduzindo o primado para o português, a Carta Magna expressou que:

> Nenhum homem livre será detido ou sujeito à prisão ou privado de seus bens ou colocado fora da lei ou exilado ou de qualquer modo molestado, e nós não procederemos nem mandaremos proceder contra ele, senão mediante um julgamento regular pelos seus pares ou de harmonia com as leis da terra.

Assim nasceu o princípio do devido processo legal que viria a inspirar diversos ordenamentos jurídicos ao longo do globo.

O Direito brasileiro incorporou o devido processo legal, como podemos observar, por exemplo, da dicção do art. 5º, LIV, que estabelece que ninguém será privado da liberdade ou de seus bens sem o devido processo legal. E logo em seguida, no inciso LV, a CF/88, ao estabelecer que aos litigantes, em processo judicial ou administrativo, e aos acusados em geral, são assegurados o contraditório e a ampla defesa, com os meios e recursos a ela inerentes.

Sobre esse tema, na ADI 1.511-MC, o Ministro Carlos Velloso manifestou seu voto com as seguintes palavras:

> Abrindo o debate, deixo expresso que a Constituição de 1988 consagra o devido processo legal nos seus dois aspectos, substantivo e processual, nos incisos LIV e LV, do art. 5º, respectivamente. (...) *Due process of Law*, com conteúdo substantivo – *substantive due process* – constitui limite ao Legislativo, no sentido de que as leis devem ser elaboradas com justiça, devem ser dotadas de razoabilidade (*reasonableness*) e de racionalidade (*rationality*), devem guardar, segundo W. Holmes, um real e substancial nexo com o objetivo que se quer atingir. Paralelamente, *due process of Law*, com caráter processual – *procedural due process* – garante às pessoas um procedimento judicial justo, com direito de defesa.

O contraditório, por sua vez, deve ser observado sob suas duas facetas, quais sejam, a formal e a material. Assim, o contraditório, em seu aspecto formal, pode ser compreendido na lição de Ada Pelegrini Grinover, Antônio Cintra e Cândido Rangel Dinamarco:

> O juiz, por força de seu dever de imparcialidade, coloca-se entre as partes, mas equidistante delas: ouvindo uma, não pode deixar de ouvir a outra, somente assim se dará a ambas a possibilidade de expor suas razões, de apresentar suas provas, de influir sobre o convenci-

mento do juiz. Somente com a soma da parcialidade das partes (uma representando a tese e a outra a antítese) o juiz pode corporificar a síntese, em um processo dialético[14].

O contraditório, em seu aspecto material, ou substancial, por sua vez, consiste na possibilidade de a parte efetivamente influenciar a decisão do juiz. Ou seja, é essencial que seja oportunizado às partes trazer elementos que contribuam no processo decisório, reforçando a legitimidade dos provimentos judiciais. Feitas essas considerações, citamos a lição de Carlos Alberto Álvaro de Oliveira sobre o contraditório:

> Dentro dessas coordenadas, o conteúdo mínimo do princípio do contraditório não se esgota na ciência bilateral dos atos do processo e na possibilidade de contraditá-los, mas faz também depender a própria formação dos provimentos judiciais da efetiva participação das partes. Para isso, para que seja atendido esse mínimo, insta a que cada uma das partes conheça as razões e argumentações expendidas pela outra, assim como os motivos e fundamentos que conduziram o órgão judicial a tomar determinada decisão, possibilitando-se sua manifestação a respeito em tempo adequado[15].

No plano específico minerário, o TRF da 1ª Região, no MS 2001.41.00.004576/RO, compreendeu que, embora seja facultado à Administração Pública anular seus atos quando eivados de vícios que os tornaram ilegais, ou revogá-los por motivo de conveniência ou oportunidade, deverá observar, em qualquer caso, o devido processo legal.

Nesse julgado foi estabelecido que o DNPM não pode revogar a autorização de registro de licença sem a observância dos princípios constitucionais do contraditório e da ampla defesa – o que, no caso em exame, não havia sido observado.

Em julgado similar, qual seja, o MS 2003.34.00.012282-2/DF, o TRF da 1ª Região manteve entendimento sobre o respeito do princípio da ampla defesa e do contraditório nas decisões do DNPM. Assim sendo, podemos concluir que não existem dúvidas em relação à aplicação dos princípios do contraditório e da ampla defesa em sede dos processos administrativos minerários.

3.3. Princípios específicos

Vencidos os princípios gerais de Direito que se aplicam, também, ao Direito Minerário, passamos a estudar os princípios próprios desse ramo do Direito. Cabe salientar que não há de se falar em hierarquia entre um grupo e outro, já que a divisão feita é apenas para fins acadêmicos, devendo sempre reforçar que os princípios possuem cargas abstratas que permitem a existência de antinomias, conforme já estudado anteriormente.

---

14 CINTRA, Antônio Carlos Araújo; GRINOVER, Ada Pellegrini; DINAMARCO, Cândido Rangel. *Teoria geral do processo*. 20. ed. São Paulo: Malheiros, 2004, p. 55.

15 OLIVEIRA, Carlos Alberto Álvaro de. Garantia do contraditório. In: TUCCI, José Rogério Cruz e. *Garantias constitucionais do processo civil*. São Paulo: Revista dos Tribunais, 1999, p. 144.

3.3.1. Função socioambiental da propriedade minerária

A propriedade minerária deve ser estudada e compatibilizada com a teoria geral da propriedade. Nesse sentido, hodiernamente, é inviável concebermos a propriedade como valor absoluto.

Ainda que parte da doutrina compreenda que, em determinados momentos, a propriedade tenha tido um caráter absoluto, em especial no período pós-revoluções burguesas, de vigência da premissa do Código Napoleônico, a propriedade, na grande maioria dos ordenamentos modernos, sofreu limitações, em alguns mais e em outros menos. Nesse sentido, vale destacar a lição do professor Marcos Alcino:

> Embora se tenha atribuído ao direito de propriedade o caráter de absoluto, apesar de alguns afirmarem não ser esta a característica maior do direito de propriedade como direito real, uma vez que todos os direitos oponíveis *erga omnes* são considerados como absolutos e assim também o são os direitos, v. g. da personalidade, os de família puros. Segundo o magistério de Moreira Alves, em Roma a propriedade já continha limites, assegurando Cretella Junior que "o traço individualista dos primeiros tempos vai sofrendo contínuas atenuações, cedendo lugar à penetração do elemento social"[16].

Isso posto, resta claro que, atualmente, a função social, ou função socioambiental, denominação também explicitada pela doutrina, constitui valor fundamental da propriedade, tendo em vista inclusive a prescrição do art. 5º, XXIII, que preconiza que a propriedade atenderá à sua função social. E mais: a doutrina mais moderna compreende que a função social é um elemento intrínseco da propriedade, pressuposto do conceito de propriedade, verdadeiro elemento estrutural do instituto. Ou seja, propriedade sem função social não é propriedade. Esse raciocínio também é encontrado na obra do professor Marcos Alcino:

> Para conceituar a propriedade contemporânea devemos ter como meta um conceito aberto, atemporal, necessariamente axiológico, que se densifica, adquirindo concretização, uma vez que a função social que lhe é inerente não tem natureza de princípio programático nem de limite exterior ao direito, mas integra sua estrutura como preconiza a boa doutrina, de forma que sua ausência traz consequência para o próprio conceito, situação que poderá ser identificada como uma outra forma de apropriação, mas não direito de propriedade[17].

Feitas as considerações sobre a função social da propriedade, passamos a avançar no estudo das diferentes formas de concepção de propriedade. Atualmente, é inviável falar em propriedade enquanto instituto único, com apenas um significado. Muito pelo contrário: a complexidade das sociedades modernas e os distintos bens da vida impõem uma compreensão mais complexa do tema. Assim, a multiplicidade dominial vem se

---

16 TORRES, Marcos Alcino. Impacto das novas ideias na dogmática do Direito de Propriedade. A multiplicidade dominial. In: MOTA, Maurício (Org.). *Transformação do Direito de Propriedade Privada*. Rio de Janeiro: Elsevier, 2009, p. 95.

17 TORRES, Marcos Alcino. Impacto das novas ideias na dogmática do Direito de Propriedade. A multiplicidade dominial. In: MOTA, Maurício (Org.). *Transformação do Direito de Propriedade Privada*. Rio de Janeiro: Elsevier, 2009, p. 97.

apresentando como tema de extremo interesse pela doutrina. Citamos mais uma vez o professor Marcos Alcino, para engrandecer este tópico:

> Há multiplicidade dominial que varia conforme a natureza do bem e sua destinação econômica e social e multiplicidade dominial, que varia conforme o titular. O reconhecimento da noção pluralista do direito de propriedade implica o nascimento de diversos estatutos proprietários, evidenciando e moldando a particularidade proprietária de cada situação[18].

Assim, a propriedade mineral deve ser compreendida à luz da multiplicidade dominial. As especificidades da mineração levam o operador do Direito a fazer as devidas adaptações da teoria geral da propriedade, concebendo, assim, a teoria da propriedade minerária.

O termo propriedade minerária pode ser utilizado para conceber os recursos geológicos, propriedades da União, de natureza pública, bem como para conceber o produto da lavra, de titularidade do minerador e, portanto, de natureza privada, e até mesmo para conceituar as próprias propriedades imóveis impactadas pelos empreendimentos. Ou seja, nem mesmo o tema propriedade minerária apresenta um significado unívoco.

E essas três vertentes devem servir em primeiro lugar ao interesse público, que se exterioriza na exploração dos recursos da União. Todavia, esse interesse principal não pode ser concebido de forma divorciada da sustentabilidade ambiental, sem o respeito às comunidades locais, o respeito aos municípios impactados e sem a compatibilização com o interesse privado do minerador. Ou seja, direitos sociais, econômicos e ambientais devem ser compatibilizados de forma que a função socioambiental da propriedade minerária seja preservada e ressaltada.

Citamos ainda a posição da doutrina de Adriano Trindade, que, sobre o tema princípio da função social da propriedade minerária, ensina:

> Em suma, não basta que a exploração mineral esteja embasada pelo interesse público. É necessário contemplar esse mesmo interesse público sob um ponto de vista dinâmico, condicionando-o ao exercício da função social da propriedade mineral. Os direitos qualificados pelo interesse público subjacente à mineração encontram, assim, um dever jurídico contraposto de que a atividade mineral resguarde o exercício da função social. Como consectário, a exploração mineral torna-se legitimada na medida em que a função social da propriedade mineral seja exercida, e não poderá ser atacada enquanto as circunstâncias assim permanecerem. Ao mesmo tempo, gerará, tanto no Estado como no empreendedor mineral, o dever e a expectativa de manter a exploração mineral ajustada a essa mesma função social[19].

3.3.2. *Dualidade imobiliária*

Como se sabe, os recursos minerais são bens da União, ao passo que a propriedade do solo pertence, em regra, aos particulares e, mesmo que de titularidade dos entes

---

18 TORRES, Marcos Alcino. Impacto das novas ideias na dogmática do Direito de Propriedade. A multiplicidade dominial. In: MOTA, Maurício (Org.). *Transformação do Direito de Propriedade Privada*. Rio de Janeiro: Elsevier, 2009, p. 101.

19 TRINDADE, Adriano Drummond Cançado. Princípios de Direito Minerário brasileiro. In: SOUZA, Marcelo Mendo Gomes de (Coord.). *Direito Minerário em evolução*. Belo Horizonte: Mandamentos, 2009, p. 73.

federativos, não deve gerar a confusão entre a propriedade do solo e a propriedade do subsolo.

Para ilustrar a questão, devemos imaginar determinada propriedade rural onde se localiza uma jazida de diamantes. Nesse exemplo, a propriedade do solo é de determinado particular. Todavia, esses diamantes, até que sejam extraídos do solo, constituem bens da União, que só podem ser explorados mediante concessão outorgada pela União.

Ou seja, juridicamente observamos a existência de uma dupla propriedade: a do solo, do particular, e a minerária, encontrada no subsolo, de propriedade da União, conforme previsão do art. 20, IX, da CF/88:

> Art. 20. São bens da União:
>
> (...)
>
> IX – Os recursos minerais, inclusive os do subsolo.

Esses bens são, portanto, bens públicos, enquanto *in natura*. Bens de propriedade da União.

Desse raciocínio nasce o princípio da dualidade imobiliária, que prevê a existência desse convívio harmonioso dessas duas propriedades. Cabe ressaltar, no entanto, que, conforme já explicitado, sob o pretexto do princípio da supremacia do interesse público sobre o privado, a vontade do particular pode ser suplantada pelo interesse público, como forma de garantir a exploração do bem da União.

Já explicitamos que hoje vige o sistema dominial republicano, que sucedeu o sistema de acessão, de tal forma que a dualidade da propriedade constitui o elemento fundamental que divide esses sistemas. Nesse sentido, ensina Adriano Trindade:

> Mais especificamente na Constituição de 1988, todavia, não só o princípio da dualidade foi empregado, mas também foi atribuída a propriedade dos recursos minerais à União. Essa inovação representou o fim de um debate, pois até então o ordenamento jurídico nacional previa que a propriedade dos recursos minerais era independente da propriedade do solo. Contudo, o ordenamento não atribuía a propriedade dos recursos minerais a nenhum ente, dando margem à interpretação de que os recursos minerais estariam inseridos na categoria de *res nullius*. O atual texto constitucional deixa claro que a propriedade dos recursos minerais é da União e que essa mesma propriedade da efetiva exploração, reporta-se a "jazidas, em lavra ou não, e demais recursos minerais"[20].

3.3.2.1. Solo e subsolo

Nesse contexto de dualidade imobiliária, cabe fazermos uma distinção teórica entre solo e subsolo. Conforme expressamos, tal distinção nasce na Carta Magna e é descrita por parte da doutrina como "dicotomia solo e subsolo".

Em verdade, tal distinção entre solo e subsolo é acentuada diante dos recursos minerais, que, como vimos, constituem bens da União. Assim, pode-se dizer que a propriedade

---

20 TRINDADE, Adriano Drummond Cançado. Princípios de Direito Minerário brasileiro. In: SOUZA, Marcelo Mendo Gomes de (Coord.). *Direito Minerário em evolução*. Belo Horizonte: Mandamentos, 2009, p. 63.

do solo não implica propriedade ou autorização para explorar o subsolo. Nessa linha, é vedado ao proprietário do solo impedir o aproveitamento da jazida, que não lhe pertence, ressalvando, entretanto, seu domínio sobre a propriedade da superfície.

Nesse contexto, destacamos que, muitas vezes, o princípio da dualidade é exposto pela doutrina como sendo apenas a composição do binômio solo e subsolo. Vale ressaltar, no entanto, que tal perspectiva é equivocada. Na posição de Adriano Trindade, a "dualidade diz respeito à propriedade do solo e dos recursos minerais, e não ao binômio solo-subsolo"[21].

E, portanto, os recursos minerais, mesmo que na superfície, estariam ainda sujeitos ao primado do princípio da dualidade, de tal forma que a linha de condução do primado está conexa à distinção entre minério *in natura* e propriedade do solo.

3.3.2.2. Jazida e mina

Outra distinção essencial para o Direito Minerário é a diferença conceitual entre jazida e mina. Ressalta-se que se considera jazida toda massa individualizada de substância mineral ou fóssil, com valor econômico, aflorando à superfície ou existente no interior da terra, nos termos do art. 4º do CM.

Por outro lado, mina é a jazida em lavra, em atividade, ainda que temporariamente suspensa. Em outras palavras, trata-se de reserva mineral em fase de aproveitamento industrial e econômico, a ser exercido por meio de operações coordenadas que vão desde a extração das substâncias minerais úteis até seu beneficiamento.

O art. 6º do CM especifica que se consideram parte integrante da mina os edifícios, construções, máquinas, aparelhos e instrumentos destinados à mineração e ao beneficiamento do produto da lavra, servidões indispensáveis ao exercício da lavra, animais e veículos empregados no serviço, materiais necessários aos trabalhos de lavra, quando dentro da área concedida, bem como as provisões necessárias aos trabalhos da lavra, para um período de 120 dias.

Ainda no plano da conceituação de jazida, a previsão do art. 84 do CM explicita que a jazida é bem imóvel, distinto do solo onde se encontra, não abrangendo deste o minério ou a substância mineral útil que a constitui. Ou seja, trata-se de previsão que reforça o princípio da dualidade.

No plano dos limites subterrâneos da jazida ou mina, estabelece o Código de Mineração, em seu art. 85, que estes correspondem ao plano vertical coincidente com o perímetro definidor da área titulada, admitida, em caráter excepcional, a fixação de limites em profundidade por superfície horizontal.

Além disso, a iniciativa de propor a fixação de limites no plano horizontal da concessão poderá dar-se por iniciativa do titular dos direitos minerários preexistentes ou do DNPM, *ex officio*, cabendo sempre ao titular a apresentação do plano dos trabalhos de

---

21 TRINDADE, Adriano Drummond Cançado. Princípios de Direito Minerário brasileiro. In: SOUZA, Marcelo Mendo Gomes de (Coord.). *Direito Minerário em evolução*. Belo Horizonte: Mandamentos, 2009, p. 65.

pesquisa, no prazo de noventa dias, contado da data de publicação da intimação no *DOU*, para fins de prioridade na obtenção do novo título.

Em caráter excepcional, *ex officio* ou por requerimento de parte interessada, poderá o DNPM, no interesse do setor mineral, efetuar a limitação de jazida por superfície horizontal, inclusive em áreas já tituladas.

Prescreve ainda o Código de Mineração que o DNPM estabelecerá, em portaria, as condições mediante as quais os depósitos especificados no *caput* poderão ser aproveitados, bem como os procedimentos inerentes à outorga da respectiva titulação, respeitados os direitos preexistentes e as demais condições estabelecidas nesse artigo. Assim, a Portaria n. 155/2016 trata da fixação de limites da jazida ou mina em profundidade por superfície horizontal.

3.3.3. *Propriedade privada dos produtos derivados da mineração*

Reforçamos em diversos momentos que os recursos minerais são de propriedade da União, muito embora sua exploração seja feita por particulares, mediante títulos outorgados pela Administração Pública.

Nesse ponto, portanto, passamos a tecer considerações sobre a natureza dos recursos minerais após sua explotação. Conforme já referido, dúvidas não restam de que se enquadram na categoria privada, de forma que a eles se aplica o regime comum do Direito, salvo restrições impostas pelo Código de Mineração, conforme previsão de seu art. 83.

Nesse passo, o Direito Minerário estabelece fenômeno interessante e não usual, mediante o qual determinado bem público é explorado por particular, transmutando-se o produto da exploração ao universo dos bens privados e, portanto, impondo radical transformação nas suas características.

Assim, a fonte pública do bem mineral não contamina a natureza jurídica privada do produto da lavra. Nesse sentido, expomos o posicionamento de Maurício Werkema e Leonardo Gandara:

> A União não confere propriedade de seus recursos minerais ao titular da concessão, mas este passa a ter um direito sobre o produto da lavra destes recursos minerais até que estes se esgotem ou até que haja eventual descumprimento de obrigações legais.
>
> Fica claro, portanto, o conteúdo econômico da concessão de lavra, pois ao receber esta concessão o particular fica investido na propriedade, ainda que potencial, do produto da lavra. Este direito possui valor econômico e deve ser incorporado ao patrimônio do particular[22].

3.3.4. *Princípio da Lex Mercatoria*

O comércio internacional, com suas especificidades, é feito por meio de práticas comerciais internacionais desenvolvidas ao longo de gerações. Tais práticas ganham

---

22 WERKEMA, Maurício Sirihal e GANDARA, Leonardo André. Direito Minerário como garantia: considerações sobre a possibilidade de diálogo de institutos de Direito Minerário com instrumentos financeiros. In: GANDARA, Leonardo André et al. (Coord.). *Direito Minerário*: estudos. Belo Horizonte: Del Rey, 2011, p. 155-156.

força normativa de forma que os *players* internacionais de determinados segmentos econômicos respeitam tais práticas, estabelecendo, assim, segurança jurídica para tais relações.

Esse conjunto de normas que regem o comércio internacional é conhecido como *Lex Mercatoria* que pode ser compreendido da seguinte forma, nas palavras do professor Barroso:

> (...) o primado dos usos no comércio internacional e se materializando também por meio dos contratos e cláusulas-tipo, jurisprudência arbitral, regulamentação de profissionais elaboradas por suas associações representativas e princípios gerais comuns às legislações dos países[23].

Assim, a *Lex Mercatoria* passou a integrar o ordenamento jurídico internacional, sendo sua compreensão e aplicação essenciais para o desenvolvimento da economia mundial, sendo utilizada de forma genérica para o comércio e transporte de produtos, em especial as *commodities*, conforme as especificidades de cada caso. No plano do Direito do Petróleo, a doutrina ensina que a *Lex Mercatoria* ganhou contornos próprios, consubstanciando-se em uma *Lex Petrolea*.

Nesse sentido, as professoras Marilda Rosado e Maristela Basso defendem que a importância do capital do comércio da indústria petrolífera no mundo, bem como as especificidades de sua indústria, impõem uma classificação própria no plano da *Lex Mercatoria*.

No plano internacional, o termo *Lex Petrolea* foi cunhado no tribunal arbitral, no caso Aramco *versus* Arábia Saudita, de 1958, em que se entendeu que a lei nacional aplicável ao caso deveria ser interpretada e complementada pelos princípios gerais do Direito, pelos costumes e pelas boas práticas da indústria do petróleo. Desse ponto em diante, a *Lex Petrolea* passou a ser utilizada nas questões envolvendo a atividade petrolífera, cujo caráter internacional impôs sua aplicação pelos diferentes estados e empresas que atuam no ramo.

Especificamente no plano do Direito Minerário, o estabelecimento de analogia com a *Lex Petrolea* seria essencial para resolver conflitos nacionais e internacionais, já que a atividade minerária é, em si, inserida no contexto do comércio internacional e, portanto, comporta normas desenvolvidas e baseadas nos costumes.

Assim, a aplicação desses costumes internacionais é essencial para a manutenção da segurança jurídica do setor e mesmo para a manutenção da boa-fé das relações desenvolvidas pelos seus *players*.

Entendemos, portanto, que a *Lex Mercatoria*, em especial na sua vertente minerária, com suas especificidades, deve ser aplicada ao Direito Minerário. Assim, compreendemos que na resolução das questões atinentes ao Direito Minerário, tanto no plano nacional como internacional, devem ser consideradas as práticas e especificidades deste mercado, ainda que em

---

23 BARROSO, Luís Roberto. Fundamentos teóricos e filosóficos do novo Direito Constitucional brasileiro (pós-modernidade, teoria crítica e pós-positivismo). *Revista Forense*, v. 358, nov./dez. 2001, p. 93, notas.

alguns casos tais condutas não estejam previstas na legislação pátria ou mesmo nos contratos celebrados entre os mineradores.

A *Lex Mercatoria* no Direito Minerário pode ser concebida como sendo o conjunto de princípios gerais do Direito Minerário, costumes e boas práticas da indústria da mineração que se mostram presentes nas relações estabelecidas entre minerador e Administração Pública, e mesmo nas relações entre os próprios mineradores. Sendo certo, ainda, que a *Lex Mercatoria* em muitos casos pode apresentar-se de forma implícita, e, mesmo assim, deve ser levada em consideração na resolução de casos concretos.

3.3.5. *Princípio da prioridade*

Vencidos os demais princípios, partimos para abordagem do último princípio específico da mineração. Cabe constatar que não existe uma ordem de prevalência entre os princípios, de tal forma que deixamos a prioridade para o final por uma questão meramente metodológica.

O princípio da prioridade é correlato à dinâmica do sistema de outorgas de direitos reais do Direito Minerário e está intimamente ligado a toda a estrutura desse ramo do Direito. É importante frisar que em certos aspectos, o projeto do novo marco regulatório pretende mudar a dinâmica da prioridade, como se explicará mais adiante.

A lógica do sistema minerário preceitua que as áreas livres estão, em regra, à disposição de qualquer particular que vise a pesquisar determinado local, com fins a buscar a ocorrência de determinados recursos minerais. Assim, o princípio da prioridade preceitua que a outorga de direito de pesquisa, e posteriormente de lavra, deve respeitar a ordem de requisições feitas pelos particulares junto ao poder concedente. A proteção do respeito à ordem de requisições gera o direito de prioridade, direito este que o particular passa a fazer jus no momento em que demonstra ser o primeiro a requerer a pesquisa em determinada área.

Destaca-se que tal princípio está positivado no Código de Mineração, conforme observamos:

> Art. 11. Serão respeitados na aplicação dos regimes de Autorização, Licenciamento e Concessão:
>
> a) *o direito de prioridade* à obtenção da autorização de pesquisa ou de registro de licença, atribuído ao interessado cujo requerimento tenha por objeto área considerada livre, para a finalidade pretendida, à data da protocolização do pedido no Departamento Nacional da Produção Mineral (D.N.P.M), atendidos os demais requisitos cabíveis, estabelecidos neste Código; (grifo nosso).

No plano teleológico, o direito de prioridade vem para suprir a inviabilidade prática do Estado em promover a pesquisa geológica em toda a extensão territorial do país, cujas dimensões continentais inviabilizam que a União exerça, *de per si*, a atividade de pesquisa, de forma a buscar a compreensão de todo o seu potencial geológico, para só então oferecer ao particular.

Assim, tendo em vista serem os recursos geológicos bens da União, e compreendendo, portanto, o interesse público que reveste a exploração de tal potencial, há de se conceber uma forma isonômica para a concessão dos direitos de exploração aos particulares já que, como referido, a União não dispõe de meios para executá-lo *de per se*.

Nesse passo, é relevante referir o processo licitatório, que se vê mitigado diante dos fatores acima expostos. A licitação é levada a termo com fim de garantir o atendimento de dois aspectos principais, quais sejam, o oferecimento de condições iguais aos particulares, critério isonômico; e a escolha, pela Administração Pública, da melhor proposta – preceitos que se encontram esculpidos no art. 37, XXI, da CF/88, como transcrevemos:

> XXI – ressalvados os casos especificados na legislação, as obras, serviços, compras e alienações serão contratados mediante processo de licitação pública que assegure igualdade de condições a todos os concorrentes, com cláusulas que estabeleçam obrigações de pagamento, mantidas as condições efetivas da proposta, nos termos da lei, o qual somente permitirá as exigências de qualificação técnica e econômica indispensáveis à garantia do cumprimento das obrigações.

Assim, os princípios que se exteriorizam pela licitação são mitigados em favor do princípio da prioridade, que, na prática, se mostrou o melhor meio de garantir-se a isonomia. Portanto, o processo licitatório que visa a garantir a isonomia, com fundamento na premissa de que os administrados têm direito subjetivo a um tratamento equitativo e igualitário na atividade administrativa – sendo vedado à Administração Pública favorecer indevidamente uma ou mais pessoas privadas em detrimento de outras no ordenamento – se mostra inviável na dinâmica minerária, na maior parte das vezes.

Contudo, podemos observar que algumas premissas que embasam a licitação mostram-se também aplicáveis, guardadas as adaptações, nos editais de disponibilidade, em hipóteses que analisaremos em capítulo próprio.

Como bem observa William Freire, o princípio da prioridade, no ordenamento jurídico pátrio, em determinados casos, é desvirtuado, não cumprindo, assim, a função pretendida:

> Ocorre que, no Brasil, esse Princípio foi desvirtuado dando chance aos especuladores. As tentativas anteriores de acabar com as filas para guardar lugar nos protocolos foram ineficazes[24].

Ainda assim, o princípio da prioridade se mostra essencial para o Direito Minerário, como observamos nas palavras de Adriano Trindade:

> Conquanto atenuada, a aplicação do princípio da prioridade não pode ser desconsiderada. As situações em que a modalidade negocial é empregada, como nos processos de disponibilidade, devem ser entendidas como exceção ao princípio – até porque, uma vez decorrido o período para a apresentação de propostas sem que surjam interessados, novamente

---

24 FREIRE, William. O marco regulatório da mineração, o direito de prioridade estudado a partir do direito comparado e a oportunidade de acabar com as filas na porta do DNPM e reduzir sensivelmente as especulações. In: FREIRE, William (Coord.). *Mineração, energia e ambiente*. Belo Horizonte: Jurídica, 2010, p. 206.

voltará à cena o princípio da prioridade. Assim, o princípio da prioridade se revela como uma das formas de democratização da exploração mineral, buscando ampliar o acesso de interessados em geral aos direitos minerários, tendo sido essa a opção política feita pelo legislador e sobre a qual foi construído o ordenamento jurídico ora vigente[25].

---

25 TRINDADE, Adriano Drummond Cançado. Princípios de Direito Minerário brasileiro. In: SOUZA, Marcelo Mendo Gomes de (Coord.). *Direito Minerário em evolução.* Belo Horizonte: Mandamentos, 2009, p. 67.

Capítulo 4

AMBIENTE REGULATÓRIO

4.1. Conceito de regulação

Em capítulos anteriores, explicitamos que o Direito Minerário passa por um momento de transformações estruturais. No ano de 2017, após o trâmite de diversas propostas e projetos de lei, alguns aspectos da legislação minerária foram alterados. Todo esse processo de debates que durou mais de uma década passou a ser denominado de novo marco regulatório.

O que se pretendeu, ao fim de tudo, foi pautar a atividade econômica atinente à mineração sob o prisma da regulação. Cabe observar que o processo de regulação, nos moldes como concebido hoje, ganhou força no ordenamento jurídico na década de 1990, com a criação das agências reguladoras independentes.

Entendemos que, metodologicamente, é essencial compreender a questão da regulação antes de apontar as especificidades introduzidas no Direito Minerário.

Utilizamos as lições do professor Alexandre dos Santos Aragão para conceituar a regulação, que assim compreende:

> A regulação estatal da economia é o conjunto de medidas legislativas, administrativas e convencionais, abstratas ou concretas, pelas quais o Estado, de maneira restritiva da liberdade privada ou meramente indutiva, determina, controla, ou influencia o comportamento dos agentes econômicos, evitando que lesem os interesses sociais definidos no marco da Constituição e orientando-os em direções socialmente desejáveis[1].

Assim, conforme já explicitado, o fenômeno das agências reguladoras independentes no Brasil é recente, surgindo efetivamente na década de 1990, com o Programa Nacional de Desestatização (PND). Destacamos, ainda, que, conforme ensina Alexandre dos Santos Aragão, antes mesmo da criação das agências reguladoras independentes, outros órgãos e entidades já possuíam características reguladoras no ordenamento jurídico pátrio:

> Todavia, antes das agências reguladoras independentes que começaram a ser criadas no bojo do Programa Nacional de Desestatização – PND, já havia sido criada uma série de órgãos e

---

1 ARAGÃO, Alexandre Santos de. *Agências reguladoras e a evolução do Direito Administrativo econômico*. Rio de Janeiro: Forense, 2009, p. 37.

entidades reguladores, tais como o Conselho Monetário Nacional – CMN, Banco Central do Brasil, o Instituto do Açúcar e do Álcool – IAA, o Instituto Brasileiro do Café, IBC e a Comissão de Valores Imobiliários – CVM. Nenhum deles, contudo, tinha ou tem o perfil de independência frente ao Poder Executivo afirmado pelas recentes leis criadoras das agências reguladoras e pela jurisprudência do Supremo Tribunal Federal – STF[2].

Contudo, as transformações estruturais só foram efetivamente feitas no governo do então presidente Fernando Henrique Cardoso (FHC), que pregava a adoção de ideologia economicamente liberal. A vontade de diminuir o Estado e transformá-lo em um verdadeiro fiscal da economia, e não mais um ator expressivo do mercado, corroborou a necessidade de implantação de novos sistemas administrativos.

Nesse sentido, as agências reguladoras independentes, de forte inspiração norte-americana, foram incorporadas como uma ótima solução para os novos dilemas. Cabe ressaltar, por oportuno, que a Constituição Federal de 1988 já havia estabelecido as premissas jurídicas, posteriormente encampadas e desenvolvidas durante o governo de FHC.

Ainda assim, há de se destacar que algumas alterações no plano constitucional foram fundamentais para essa mudança de paradigma ideológico. No plano do Direito Minerário, exemplificativamente, vale referir a Emenda Constitucional n. 6/95, que alterou a redação do art. 176, permitindo que a pesquisa de lavra de recursos minerais, assim como o aproveitamento dos potenciais de energia elétrica, fossem concedidos e autorizados a empresas constituídas sob as leis brasileiras, não se exigindo mais o controle do capital nacional.

Assim, é correto afirmar que a década de 1990 foi um marco para a mudança de paradigma no que diz respeito à atuação do Estado na economia. O Estado atuante na economia enquanto *player* dá espaço ao Estado regulador, que direciona as forças empreendedoras aos seus interesses. O particular assume a posição de destaque no desenvolvimento dos potenciais econômicos e o Estado passa a fomentar, criar balizas e defender os interesses da sociedade.

Nesse raciocínio, vale referir o posicionamento do professor Eros Grau:

> Evidente a inviabilidade do capitalismo liberal, o Estado, cuja penetração na esfera econômica já se manifesta na instituição do monopólio estatal da emissão de moeda – *poder emissor* –, na consagração do *poder de polícia* e, após, nas codificações, bem assim na ampliação do escopo dos serviços públicos, assume nitidamente o papel de agente regulador da economia[3].

Essa nova ideologia foi revolucionária para os padrões brasileiros. Sob o enfoque histórico, podemos dizer que o Brasil nunca havia experimentado uma visão tão liberal, já que teve sua trajetória marcada pelo paternalismo estatal e desenvolvimento econômico pautado nos investimentos públicos.

---

2 ARAGÃO, Alexandre Santos de. *Agências reguladoras e a evolução do Direito Administrativo econômico*. Rio de Janeiro: Forense, 2009, p. 265.

3 GRAU, Eros Roberto. *A ordem econômica na Constituição de 1988 (interpretação e crítica)*. 13. ed. São Paulo: Malheiros, 2008, p. 23-24.

Comparando o modelo de Direito Administrativo brasileiro com o americano, nota-se que o nacional sofreu grande influência do Direito francês, amplamente desenvolvido após a Revolução Francesa, momento em que a desconfiança da burguesia em relação ao Estado fez surgir um sistema amplamente legalista e amarrado.

Por outro lado, o modelo americano desenvolveu-se como sistema de poucas regras predefinidas, haja vista ter se pautado no liberalismo em toda a sua ortodoxia. Todavia, durante o *New Deal* e, especialmente após a grande crise econômica de 1929, o Estado americano passou por um momento de forte regulação estatal. Por outro lado, na década de 1980 o país sofreu o movimento da *deregulation*. Hoje, pode-se dizer que os EUA vivem uma situação de equilíbrio no que diz respeito à regulação[4].

Vale explicitar que a primeira agência reguladora independente de que se tem notícia foi a *Interstate Commerce Commission*, criada nos EUA em 1887 e focada na regulamentação dos serviços interestaduais de transporte ferroviário[5].

4.1.1. *Especificidades das agências reguladoras independentes*

Uma vez apresentado o tema da regulação, com ênfase no fenômeno de criação das agências reguladoras independentes no Brasil, passamos a estudar as peculiaridades das citadas agências no ordenamento jurídico pátrio.

Inicialmente, observamos que as agências reguladoras estão conexas com um processo de descentralização normativa, conforme ensina Alexandre dos Santos Aragão:

> A necessidade de descentralização normativa, principalmente de natureza técnica, é a razão de ser das entidades reguladoras independentes, ao que podemos acrescentar o fato de a competência normativa, abstrata ou concreta, integrar o próprio conceito de regulação[6].

Ou seja, o legislador, que detém o poder/dever de legislar, outorga essa sua função, em parte, para o Executivo, especificamente em matérias que careçam de conhecimentos técnicos profundos, reduzindo a interferência política no processo decisório e legislativo, e garantido uma "independência", uma maior autonomia em relação à de que normalmente são dotadas as entidades da Administração Indireta[7].

Assim, a complexidade social impõe nova forma de legislar as relações econômicas, por meio de agências reguladoras, e não apenas pelo Poder Legislativo – o que não constitui tese unânime, já que se reveste de muita crítica por parte da doutrina pátria.

Partindo da premissa de que, de fato, estamos diante de uma descentralização normativa, no caso específico da mineração, seus contornos se exteriorizariam pela outorga de

---

4 ARAGÃO, Alexandre Santos de. *Agências reguladoras e a evolução do Direito Administrativo econômico*. Rio de Janeiro: Forense, 2009, p. 227.

5 ARAGÃO, Alexandre Santos de. *Agências reguladoras e a evolução do Direito Administrativo econômico*. Rio de Janeiro: Forense, 2009, p. 229.

6 ARAGÃO, Alexandre Santos de. *Agências reguladoras e a evolução do Direito Administrativo econômico*. Rio de Janeiro: Forense, 2009, p. 380.

7 ARAGÃO, Alexandre Santos de. *Agências reguladoras e a evolução do Direito Administrativo econômico*. Rio de Janeiro: Forense, 2009, p. 298.

poderes do Poder Legislativo para o Poder Executivo – especificamente para legislar sobre temas afetos a tal atividade econômica. A doutrina costuma ensinar que, nesse processo de transferência de poder, são estabelecidos determinados "*standards*", que devem guiar a prática do dia a dia das agências, ou seja, marcos guias que devem ser respeitados, sob pena de nulidade dos atos praticados.

É interessante observar que uma eventual agência reguladora independente de mineração estaria regulando a exploração privada de um bem público, e, assim sendo, teria características semelhantes à Agência Nacional do Petróleo (ANP). Assim, cabe fazer uma analogia, em especial no que diz respeito ao poder normativo da citada agência. Citamos, para tanto, a lição do professor Alexandre dos Santos Aragão:

> Na determinação dos meios para a realização dos fins estabelecidos na lei setorial e da Política Nacional do setor (ex.: art. 8º, inciso I, IX e X, Lei do Petróleo), a Agência possui, via de regra, ampla margem de discricionariedade, não só para a emissão de normas gerais e abstratas, como para a fixação das cláusulas dos contratos de concessão, dos editais de licitação e dos termos das autorizações (ex.: art. 4º, IV, Lei n. 9.984/2000).
>
> A margem de normatização da Agência é, no entanto, menor nos casos em que a própria Lei houver predeterminado os meios (leia-se, as normas e cláusulas) dos quais deverá valer-se para atendimento dos objetivos nela fixados[8].

Portanto – conforme expusemos em outras edições da presente obra –, uma agência reguladora independente de mineração deveria ser composta na forma de colegiado, composto, majoritariamente, de técnicos com forte conhecimento do assunto, escolhidos com fins a regular da melhor forma o setor. Conforme observaremos no âmbito da análise pormenorizada da Lei n. 13.575/2017, tal primado foi respeitado pelo legislador.

As agências reguladoras também contam com especificidades no que diz respeito à ausência do controle ministerial das decisões tomadas, ou seja, ausência de previsões de recursos hierárquicos impróprios[9]. Também no curso de edições passadas do presente curso, expressávamos que, se assim fosse compreendida, as decisões tomadas pela agência reguladora de mineração não seriam submetidas às revisões pelo Ministério de Minas e Energia (MME). Destacávamos em tal oportunidade, que as decisões tomadas pelo DNPM se submetiam ao controle ministerial, enfraquecendo, portanto, sua independência.

Ainda no plano da independência das agências reguladoras, referíamos em outras oportunidades que seria fundamental que a nomeação dos dirigentes se desse por termo certo e mediante procedimento especial, com a prévia aprovação das indicações pelo Poder Legislativo. Além disso, destacávamos a importância da previsão de vedação de exonerações *ad nutum*, com fins de viabilizar uma autonomia reforçada dos dirigentes das citadas agências, que, então, poderiam ter a segurança de optar por decisões técnicas e

---

8 ARAGÃO, Alexandre Santos de. *Agências reguladoras e a evolução do Direito Administrativo econômico*. Rio de Janeiro: Forense, 2009, p. 391.

9 ARAGÃO, Alexandre Santos de. *Agências reguladoras e a evolução do Direito Administrativo econômico*. Rio de Janeiro: Forense, 2009, p. 349.

não políticas[10]. Mais uma vez, de maneira adequada, a Lei n. 13.575/2017 assegurou tais premissas.

Por fim, pode-se dizer que existem outras características próprias das agências reguladoras que as diferenciam de outras formas existentes na Administração Indireta – muito embora tenhamos priorizado as peculiaridades que julgamos mais relevantes. Todavia, cabe ressaltar que nem sempre todas essas particularidades são consideradas na prática e, em determinadas hipóteses, a falta de utilização de algumas ferramentas acaba por gerar certa subordinação da agência ao Executivo, desnaturando em certo aspecto o instituto. Dito isso, reiteramos que os aspectos relacionados com a ANM serão detalhadamente abordados ao longo do capítulo 5.

---

10 ARAGÃO, Alexandre Santos de. *Agências reguladoras e a evolução do Direito Administrativo econômico*. Rio de Janeiro: Forense, 2009, p. 341.

Capítulo 5

ÓRGÃOS E AUTARQUIAS MINERÁRIAS

5.1. Ministério de Minas e Energia

O Ministério de Minas e Energia (MME) tem sua origem em 1960, com a Lei n. 3.782, passando, assim, a ser responsável por assuntos que antes eram tratados pelo Ministério da Agricultura. Em 1990 foi extinto, voltando a ser criado em 1992.

Por sua vez, a Lei n. 10.683, de 2003, definiu como competência do MME as áreas de geologia, recursos minerais e energéticos, aproveitamento de energia hidráulica, mineração e metalúrgica, petróleo, combustíveis e energia elétrica, bem com a nuclear, sendo sua estrutura regulamentada pelo Decreto n. 5.267/2004.

Ressaltamos, ainda, que o Departamento Nacional de Produção Mineral (DNPM) era, nos termos da revogada Lei n. 8.876/94, vinculado ao MME. Da mesma forma, o art. 1º da Lei n. 13.575/2017, que criou a ANM, prevê que a nova estrutura se mantém vinculada ao Ministério de Minas e Energia.

Salienta-se que, durante os debates que trataram do novo marco regulatório da mineração (como, por exemplo, o PL n. 5.807/2013), algumas vozes importantes do setor sugeriram que a mineração – por ser uma atividade industrial – deveria passar a ser vinculada ao Ministério da Indústria, Comércio Exterior e Serviço. Cabe notar que a relação entre mineração e energia – que redundou na criação do MME – remonta ao período em que o carvão mineral possuía grande importância econômica para a matriz energética nacional. Trata-se, portanto, de raiz histórica que se manteve com a mudança legislativa.

A Lei n. 13.575/2017 também tratou da competência do MME em relação ao setor mineral, conforme a transcrição:

> Art. 3º Compete ao Ministro de Estado de Minas e Energia:
>
> I – decidir requerimento de lavra e outorgar concessões de lavra, ressalvado o disposto no inciso XXXIII do *caput* do art. 2º desta Lei;
>
> II – declarar a caducidade e a nulidade de concessões de lavra e manifestos de mina, ressalvado o disposto no inciso XIX do *caput* do art. 2º desta Lei; e
>
> III – conceder anuência prévia aos atos de cessão ou transferência de concessões de lavra e manifestos de mina, conforme estabelecido no § 3º do art. 176 da Constituição Federal, ressalvado o disposto no inciso XXXIII do *caput* do art. 2º desta Lei.

> Parágrafo único. Nos procedimentos definidos no *caput* deste artigo, a fim de agilizar o andamento processual, todas as análises técnicas necessárias deverão ser realizadas pela ANM, conforme dispõe o inciso III do *caput* do art. 2º desta Lei.

Ao que tudo indica, parece ter ocorrido um erro de grafia no âmbito do inciso I do art. 3º, visto que o texto deveria fazer menção ao inciso XVIII do art. 2º, e não ao inciso XXXIII do mesmo artigo. Feita essa breve consideração, o que se constata é que a expedição dos títulos de pesquisa fica a cargo da ANM, bem como a expedição de portaria de lavra de algumas substâncias, quais sejam as que podem ser aproveitadas pelo regime de licenciamento. Em relação às demais, cabe ao MME conceder a lavra. Ainda assim, toda a análise técnica, em tais hipóteses, deverá ser realizada pela agência.

Tal estrutura foi evidenciada pelo atual RCM:

> Art. 13. Os regimes de aproveitamento de recursos minerais são:
>
> I – regime de concessão, destinado às atividades de lavra mineral precedidas de pesquisa, outorgada por ato do Ministro de Estado de Minas e Energia, ou da ANM, na hipótese de a concessão ter por objeto as substâncias minerais de que trata o art. 1º da Lei n. 6.567, de 1978;
>
> II – regime de autorização, destinado às atividades de pesquisa mineral, outorgada por ato da ANM; (Redação dada pelo Decreto n. 10.965, de 2022)
>
> III – regime de licenciamento, destinado às atividades de lavra das substâncias minerais de que trata o art. 1º da Lei n. 6.567, de 1978, outorgado por licença expedida em conformidade com regulamentos administrativos locais e por registro da licença na ANM;
>
> IV – regime de permissão de lavra garimpeira, destinado à atividade de lavra mineral prevista na Lei n. 7.805, de 1989, outorgada por título expedido pela ANM; e
>
> V – regime de monopolização, quando, em decorrência de lei especial, depender de execução direta ou indireta do Poder Executivo federal.

Vale destacar que, no âmbito do MME, a competência para outorga das concessões de lavra foi delegada para a Secretaria de Geologia, Mineração e Transformação Mineral – SGM, órgão vinculado à estrutura ministerial, por meio da Portaria MME n. 432/2016.

Em se tratando de outorga de concessões de lavra que envolvam ferro, manganês, níquel, cobre, zinco, ouro, platina, fosfato, potássio, bauxita, nióbio ou carvão mineral, além daquelas concessões que forem de grande relevância para o interesse nacional ou de considerável repercussão socioeconômica, a Portaria MME n. 432/2016 prevê a possibilidade de avocação da prática do ato, pelo Ministro de Minas e Energia, sem qualquer prejuízo da delegação de competência estabelecida pela norma.

5.2. DNPM e ANM

Após oito décadas de existência, o DNPM foi substituído pela ANM. Para fins históricos, metodológicos e comparativos, passamos a analisar as competências do extinto DNPM, no item 5.2.1, e as da nova agência, no item 5.2.2.

O Decreto n. 23.979/34, hoje não mais em vigor, revolucionou a estrutura minerária estatal, criando, inclusive o próprio DNPM.

Os conceitos evoluíram e durante muitas décadas o DNPM foi a autarquia responsável por promover o planejamento e o fomento da exploração e do aproveitamento dos recursos minerais, assim como por supervisionar as pesquisas geológicas, minerais e de tecnologia mineral. Tinha por função assegurar, controlar e fiscalizar o exercício das atividades de mineração em todo o território nacional, na forma do que dispunha o Código de Águas Minerais, o Código de Mineração, o respectivo regulamento e a legislação que os complementava, conforme previsão da revogada Lei n. 8.876/94.

5.2.1. Competência e órgãos do extinto DNPM

Para fins comparativos mantivemos o presente item. Cabe salientar que o antigo RCM (Decreto n. 62.934/68) previa, em seu capítulo XVIII, a competência do DNPM. O art. 114 assim estabelecia:

> Art. 114. Compete ao D.N.P.M. a execução deste Regulamento, bem como a fiscalização das atividades concernentes à mineração, ao comércio e à industrialização das matérias-primas minerais.

Já o art. 116 do RCM prescrevia que o DNPM era o responsável por dirimir dúvidas sobre a classificação e especificação das jazidas, prevendo, ainda, contra as suas decisões, recurso hierárquico ao Ministro das Minas e Energia.

A Lei n. 8.876 autorizava o Poder Executivo a instituir, como autarquia, o Departamento Nacional de Produção Mineral (DNPM), prevendo, dessa forma, que este teria sua sede e foro no Distrito Federal, além das unidades regionais.

Nada inovou a citada lei ao prever que o DNPM ficaria vinculado ao MME e seria dotado de personalidade jurídica de Direito Público, autonomia patrimonial, administrativa e financeira.

No plano das funções do DNPM, o citado instrumento normativo estabelecia o art. 3º, conforme a transcrição:

> Art. 3º A autarquia DNPM terá como finalidade promover o planejamento e o fomento da exploração e do aproveitamento dos recursos minerais, e superintender as pesquisas geológicas, minerais e de tecnologia mineral, bem como assegurar, controlar e fiscalizar o exercício das atividades de mineração em todo o território nacional, na forma do que dispõe o Código de Mineração, o Código de Águas Minerais, os respectivos regulamentos e a legislação que os complementa, competindo-lhe, em especial:
>
> I – promover a outorga, ou propô-la à autoridade competente, quando for o caso, dos títulos minerários relativos à exploração e ao aproveitamento dos recursos minerais, e expedir os demais atos referentes à execução da legislação minerária;
>
> II – coordenar, sistematizar e integrar os dados geológicos dos depósitos minerais, promovendo a elaboração de textos, cartas e mapas geológicos para divulgação;
>
> III – acompanhar, analisar e divulgar o desempenho da economia mineral brasileira e internacional, mantendo serviços de estatística da produção e do comércio de bens minerais;
>
> IV – formular e propor diretrizes para a orientação da política mineral;
>
> V – fomentar a produção mineral e estimular o uso racional e eficiente dos recursos minerais;

> VI – fiscalizar a pesquisa, a lavra, o beneficiamento e a comercialização dos bens minerais, podendo realizar vistorias, autuar infratores e impor as sanções cabíveis, na conformidade do disposto na legislação minerária;
>
> VII – baixar normas, em caráter complementar, e exercer fiscalização sobre o controle ambiental, a higiene e a segurança das atividades de mineração, atuando em articulação com os demais órgãos responsáveis pelo meio ambiente e pela higiene, segurança e saúde ocupacional dos trabalhadores;
>
> VIII – implantar e gerenciar bancos de dados para subsidiar as ações de política mineral necessárias ao planejamento governamental;
>
> IX – baixar normas e exercer fiscalização sobre a arrecadação da compensação financeira pela exploração de recursos minerais, de que trata o § 1º do art. 20 da Constituição Federal;
>
> X – fomentar a pequena empresa de mineração;
>
> XI – estabelecer as áreas e as condições para o exercício da garimpagem em forma individual ou associativa.

Por sua vez, o Decreto n. 7.092, de 2 de fevereiro de 2010, tratava novamente das competências da citada autarquia, explicitando as competências dos órgãos que compunham o DNPM.

Conforme prescrição dos art. 32 da Lei n. 13.575/2017, o acervo técnico, documental e patrimonial do DNPM foi transferido para a ANM. Além disso, a ANM passou a ser sucessora das obrigações, dos direitos, das receitas do DNPM, das lides em curso e daquelas ajuizadas posteriormente ao ato de criação da ANM.

5.2.2. Principais aspectos da ANM

Conforme exposto anteriormente, a ANM foi criada pela Lei n. 13.575/2017, fruto da conversão da MP n. 791/2017. No item 4.1. acima tratamos do conceito de regulação, cabendo nesta parte abordarmos os aspectos relacionados à competência, estrutura, funcionamento e receitas da nova agência.

5.2.2.1. Competência

O art. 1º da Lei n. 13.575/2017 cria a ANM, dispondo que a agência integra a Administração Pública Federal indireta, e é submetida ao regime autárquico especial[1]. O parágrafo único, que originalmente na MP previa que a ANM teria sede e foro no Distrito Federal e poderia contar com unidades administrativas regionais, foi vetado. Assim sendo, a norma é omissa em relação aos aspectos geográficos de como a nova agência deve se estruturar.

No plano da competência, a Lei n. 13.575/2017 estabeleceu o art. 2º, conforme a transcrição:

> Art. 2º A ANM, no exercício de suas competências, observará e implementará as orientações e diretrizes fixadas no Decreto-Lei n. 227, de 28 de fevereiro de 1967 (Código de Minera-

1 No item 4.1.1. analisamos as especificidades relacionadas com o regime autárquico especial.

ção), em legislação correlata e nas políticas estabelecidas pelo Ministério de Minas e Energia, e terá como finalidade promover a gestão dos recursos minerais da União, bem como a regulação e a fiscalização das atividades para o aproveitamento dos recursos minerais no País, competindo-lhe:

I – implementar a política nacional para as atividades de mineração;

II – estabelecer normas e padrões para o aproveitamento dos recursos minerais, observadas as políticas de planejamento setorial definidas pelo Ministério de Minas e Energia e as melhores práticas da indústria de mineração;

III – prestar apoio técnico ao Ministério de Minas e Energia;

IV – requisitar, guardar e administrar os dados e as informações sobre as atividades de pesquisa e lavra produzidos por titulares de direitos minerários;

V – gerir os direitos e os títulos minerários para fins de aproveitamento de recursos minerais;

VI – estabelecer os requisitos técnicos, jurídicos, financeiros e econômicos a serem atendidos pelos interessados na obtenção de títulos minerários;

VII – estabelecer os requisitos e os critérios de julgamento dos procedimentos de disponibilidade de área, conforme diretrizes fixadas em atos da ANM;

VIII – regulamentar os processos administrativos sob sua competência, notadamente os relacionados com a outorga de títulos minerários, com a fiscalização de atividades de mineração e aplicação de sanções;

IX – consolidar as informações do setor mineral fornecidas pelos titulares de direitos minerários, cabendo-lhe a sua divulgação periódica, em prazo não superior a um ano;

X – emitir o Certificado do Processo de Kimberley, de que trata a Lei n. 10.743, de 9 de outubro de 2003, ressalvada a competência prevista no § 2º do art. 6º da referida Lei;

XI – fiscalizar a atividade de mineração, podendo realizar vistorias, notificar, autuar infratores, adotar medidas acautelatórias como de interdição e paralisação, impor as sanções cabíveis, firmar termo de ajustamento de conduta, constituir e cobrar os créditos delas decorrentes, bem como comunicar aos órgãos competentes a eventual ocorrência de infração, quando for o caso;

XII – regular, fiscalizar, arrecadar, constituir e cobrar os créditos decorrentes:

a) da Compensação Financeira pela Exploração de Recursos Minerais (CFEM), de que trata a Lei n. 7.990, de 28 de dezembro de 1989;

b) da taxa anual, por hectare, a que se refere o inciso II do *caput* do art. 20 do Decreto-Lei n. 227, de 28 de fevereiro de 1967 (Código de Mineração); e

c) das multas aplicadas pela ANM;

XIII – normatizar, orientar e fiscalizar a extração e coleta de espécimes fósseis a que se refere o inciso III do *caput* do art. 10 do Decreto-Lei n. 227, de 28 de fevereiro de 1967 (Código de Mineração), e o Decreto-Lei n. 4.146, de 4 de março de 1942, e adotar medidas para promoção de sua preservação;

XIV – mediar, conciliar e decidir os conflitos entre os agentes da atividade de mineração;

XV – decidir sobre direitos minerários e outros requerimentos em procedimentos administrativos de outorga ou de fiscalização da atividade de mineração, observado o disposto no art. 3º desta Lei;

XVI – julgar o processo administrativo instaurado em função de suas decisões;

XVII – expedir os títulos minerários e os demais atos referentes à execução da legislação minerária, observado o disposto no art. 3º desta Lei;

XVIII – decidir requerimentos de lavra e outorgar concessões de lavra das substâncias minerais de que trata o art. 1º da Lei no 6.567, de 24 de setembro de 1978;

XIX – declarar a caducidade dos direitos minerários, cuja outorga de concessões de lavra seja de sua competência;

XX – estabelecer as condições para o aproveitamento das substâncias minerais destinadas à realização de obras de responsabilidade do poder público;

XXI – aprovar a delimitação de áreas e declarar a utilidade pública para fins de desapropriação ou constituição de servidão mineral;

XXII – estabelecer normas e exercer fiscalização, em caráter complementar, sobre controle ambiental, higiene e segurança das atividades de mineração, atuando em articulação com os demais órgãos responsáveis pelo meio ambiente e pela higiene, segurança e saúde ocupacional dos trabalhadores;

XXIII – definir e disciplinar os conceitos técnicos aplicáveis ao setor de mineração;

XXIV – fomentar a concorrência entre os agentes econômicos, monitorar e acompanhar as práticas de mercado do setor de mineração brasileiro e cooperar com os órgãos de defesa da concorrência, observado o disposto na Lei n. 12.529, de 30 de novembro de 2011, e na legislação pertinente;

XXV – regular e autorizar a execução de serviços de geologia e geofísica aplicados à atividade de mineração, visando ao levantamento de dados técnicos destinados à comercialização, em bases não exclusivas;

XXVI – estabelecer os requisitos e procedimentos para a aprovação e decidir sobre o relatório final de pesquisa;

XXVII – apreender, destruir, doar a instituição pública substâncias minerais e equipamentos encontrados ou provenientes de atividades ilegais ou promover leilão deles, conforme dispuser resolução da ANM, com acompanhamento de força policial sempre que necessário, ficando autorizado o leilão antecipado de substâncias minerais e equipamentos, no caso de risco de depreciação, mantido o valor apurado em depósito até o término do procedimento administrativo de perdimento pertinente;

XXVIII – normatizar, fiscalizar e arrecadar os encargos financeiros do titular do direito minerário e os demais valores devidos ao poder público nos termos desta Lei, bem como constituir e cobrar os créditos deles decorrentes e efetuar as restituições devidas;

XXIX – normatizar e reprimir as infrações à legislação e aplicar as sanções cabíveis, observado o disposto nesta Lei;

XXX – instituir o contencioso administrativo para julgar os créditos devidos à ANM em 1ª instância administrativa e os recursos voluntários, assim como os pedidos de restituição do indébito, assegurados o contraditório e a ampla defesa;

XXXI – manter o registro mineral e as averbações referentes aos títulos e aos direitos minerários;

XXXII – expedir certidões e autorizações;

XXXIII – conceder anuência prévia aos atos de cessão ou transferência de concessão de lavra cuja outorga seja de sua competência, conforme estabelecido pelo § 3º do art. 176 da Constituição Federal;

XXXIV – regulamentar o compartilhamento de informações sobre a atividade de mineração entre órgãos e entidades da União, dos Estados, do Distrito Federal e dos Municípios;

> XXXV – normatizar o sistema brasileiro de certificação de reservas e recursos minerais, no prazo de até um ano, contado da publicação desta Lei;
>
> XXXVI – aprovar seu regimento interno;
>
> XXXVII – regulamentar a aplicação de recursos de pesquisa, desenvolvimento tecnológico e inovação do setor mineral;
>
> XXXVII – regulamentar a aplicação de recursos de pesquisa, desenvolvimento tecnológico e inovação do setor mineral; (Redação dada pela Lei n. 14.514, de 2022)
>
> XXXVIII – regular, normatizar, autorizar, controlar e fiscalizar as atividades de pesquisa e lavra de minérios nucleares no País, exceto em relação às questões de segurança nuclear e proteção radiológica, observado o disposto no art. 6º da Lei n. 14.222, de 15 de outubro de 2021; (Incluído pela Lei n. 14.514, de 2022)
>
> XXXIX – fiscalizar os titulares de concessões de lavra quanto à ocorrência de elementos nucleares; (Incluído pela Lei n. 14.514, de 2022)
>
> XL – (VETADO).

Dentre a lista apresentada anteriormente, alguns pontos comportam observações. O primeiro a ser mencionado diz respeito à competência para aprovar a delimitação de áreas e declarar de utilidade pública para fins de desapropriação. Os institutos da servidão minerária e da desapropriação, com as respectivas alterações da Lei n. 13.575/2017, são detalhadamente abordados no âmbito do capítulo 19.

A segunda questão a ser analisada diz respeito à competência para fiscalizar, em caráter complementar, sobre controle ambiental. É importante aguardar as normas da ANM que tratarão do tema para verificar se tal dispositivo não viola de alguma forma os primados constitucionais e mesmo a Lei Complementar n. 140/2011, notadamente o art. 17, que preconiza que:

> Art. 17. Compete ao órgão responsável pelo licenciamento ou autorização, conforme o caso, de um empreendimento ou atividade, lavrar auto de infração ambiental e instaurar processo administrativo para a apuração de infrações à legislação ambiental cometidas pelo empreendimento ou atividade licenciada ou autorizada.

Até o momento, entendemos que a atuação da ANM, em matéria ambiental, tal como previsto na Lei n. 13.575/2017, tem se dado de forma complementar aos órgãos ambientais. Exemplo disso são as hipóteses de infração trazidas pela Resolução n. 122/2022, da ANM, nas quais é possível constatar a atuação complementar da agência em temas ambientais:

> Art. 25. Constitui infração do Grupo IV, cuja base de cálculo está definida no art. 56, inciso III:
>
> I – deixar de realizar recuperação do ambiente degradado, compreendendo, entre outras atividades, o fechamento da mina e o descomissionamento de todas as instalações, incluídas as barragens de rejeitos;
>
> (...)
>
> IV – deixar de cumprir com as obrigações e as responsabilidades até o fechamento da mina, cujo plano será aprovado pela ANM e pelo órgão ambiental licenciador;

> Art. 26. Constitui infração do Grupo V, cuja base de cálculo está definida no art. 56, inciso III:
>
> (...)
>
> II – realizar trabalhos de extração mineral sem título autorizativo e sem observar a legislação ambiental;

De todo modo, fica bastante claro que a ANM poderá lavrar autos de infração e aplicar sanções caso, no exercício de sua competência de entidade fiscalizadora da atividade mineral, sejam apurados desrespeitos às normas ambientais, sem prejuízo de uma atuação, conjunta ou paralela, dos órgãos ligados ao meio ambiente.

Além disso, o § 3º do art. 2º estabelece que a "ANM deverá, ao tomar conhecimento de fato que possa configurar indício de infração penal, comunicá-lo imediatamente à autoridade competente". As sanções criminais relacionadas à mineração são abordadas no âmbito do item 21.1. Salienta-se, desta forma, a preocupação do legislador com a fiscalização de possíveis infrações no âmbito da atividade minerária.

O art. 4º prevê que, no exercício das competências de fiscalização da ANM, "poderão ser requisitados e examinados livros, mercadorias, arquivos ou documentos que repercutam no objeto da fiscalização, e poderão ser realizadas vistorias ou inspeções nas instalações dos titulares de direitos minerários". O *caput* e respectivos parágrafos do mencionado dispositivo são procedimentais, não comportando maiores comentários.

Outro tema de grande importância diz respeito à competência da ANM para fomentar a concorrência entre os agentes econômicos, prevista no inciso XXIV, reiterada no § 1º do art. 2º – que prevê que a agência "deverá, ao tomar conhecimento de fato que possa configurar indício de infração da ordem econômica, comunicá-lo imediatamente ao Conselho Administrativo de Defesa Econômica (Cade)" –, demonstrando clara preocupação do legislador em relação ao estímulo da concorrência no setor mineral, tema antes pouco observado no cotidiano do DNPM. Desta forma, em atenção ao § 2º do art. 2º, nas hipóteses de comunicação decorrentes de cessão de direitos minerários – instituto analisado na quinta parte da presente obra – "que não atenda aos critérios previstos na legislação de defesa da concorrência brasileira, a anuência da cessão estará vinculada à decisão terminativa proferida pelo Cade publicada em meio oficial". Ou seja, o Cade passa a ter papel fundamental no que diz respeito às aquisições secundárias de Direito Minerário.

Obrigação relevante que foi conferida à ANM diz respeito ao dever de normatizar o sistema brasileiro de certificação de reservas e recursos minerais. Inclusive o inciso XXXV estabeleceu o prazo de até um ano, contado da publicação da Lei n. 13.575/2017, para que tal regulamentação ocorra. No item 6.5., que trata de bloqueio minerário, analisamos os desafios de se valorarem os títulos minerários. No entanto, ao que tudo indica, o que o legislador pretendeu criar com a citada obrigação da nova agência diz respeito ao estabelecimento de um sistema, em consonância com o JORC (Joint Ore Reserves Committee)[2], norma australiana para preparação de relatórios de recursos minerais e de reservas de mi-

---

2 Disponível em: www.jorc.org/docs/historical_documents/jorc_portuguese.pdf. Acesso em: 3 jan. 2018.

nério. Trata-se, portanto, de medida muito importante para o desenvolvimento do setor mineral brasileiro.

Referida normatização, no entanto, somente veio a ocorrer em 2022, por meio da edição da Resolução n. 94/2022. De qualquer forma, a Resolução trouxe um importante avanço em prol do fomento da indústria mineral brasileira e atração de investimentos estrangeiros, ao regulamentar a classificação das reservas minerais, com base em padrões internacionalmente aceitos de declaração de resultados.

Por meio da Resolução, a ANM atualizou os conceitos relacionados aos recursos e reservas minerais, criou o Sistema Brasileiro de Recursos e Reservas Minerais e estabeleceu novas diretrizes para elaboração dos documentos técnicos a serem apresentados no âmbito dos processos minerários.

Além das referidas inovações, a Resolução n. 94/2022 criou a Declaração Pública dos Resultados de Exploração, Recursos e Reservas Minerais, documento contendo o resumo das informações relativas aos resultados da atividade mineral, que será incluído no Sistema Brasileiro de Recursos e Reservas, e tem como objetivo conferir maior transparência às atividades de pesquisa e exploração mineral no Brasil.

A apresentação da referida declaração será de caráter opcional, no entanto, uma vez apresentada, o acesso ao seu conteúdo será público, sendo considerada como tácita a aceitação da divulgação de tais informações. As informações deverão seguir as orientações e recomendações dos modelos e guias de elaboração de relatórios públicos para declaração de resultados de exploração, recursos e reservas minerais publicados pelo *Committee for Mineral Reserves International Reporting Standards* (CRIRSCO), representada no Brasil pela Comissão Brasileira de Recursos e Reservas (CBRR).

Por fim, cabe mencionar a competência da ANM para mediar, conciliar e decidir os conflitos entre os agentes da atividade de mineração. O tema foi previsto não só no art. 2º, XIV, como também no art. 17 da Lei n. 13.575/2017, que estabelece que a ANM disponha sobre os procedimentos a serem adotados para a solução de conflitos entre agentes da atividade de mineração, com ênfase na conciliação e na mediação.

Desde a sua criação, no entanto, a ANM pouco avançou em relação à regulamentação e estabelecimento efetivo dos procedimentos para resolução dos conflitos envolvendo agentes minerários, seja por meio da mediação, conciliação ou arbitragem.

Em 6-1-2020, a Resolução n. 21/2020 efetivou alterações no âmbito do Regimento Interno da ANM, entre elas a criação da Assessoria de Resolução de Conflitos (ARCO), cujas competências incluem: a coordenação, orientação e execução de procedimentos de mediação e conciliação entre titulares de direitos minerários (conforme estabelecido no art. 2º, XIV da Lei n. 13.575/2017, que criou a ANM).

O procedimento específico para o exercício das referidas competências ainda está pendente de regulamentação específica, em que pese já ter sido objeto de Tomada de Subsídios vigente durante o período de 13-5-2021 e 11-6-2021 (Tomada de Subsídios n. 03/2021), assim introduzida:

> Com o objetivo de obter contribuições da sociedade, do setor regulado e dos demais órgãos públicos acerca da minuta de Resolução que consolida as regras relacionadas aos "Meios alternativos de solução de conflitos: arbitragem, conciliação e TAC", a ANM torna pública

a abertura da Tomada de Subsídios n. 3/2021 que ficará disponível para participação no período de 13/05/2021 a 11/07/2021.

No final de 2022, o Regimento Interno da ANM foi objeto de novas alterações, tendo sido criada a Divisão Nacional de Mediação e Conciliação, que é vinculada à Superintendência de Ordenamento Mineral e Disponibilidade de Áreas. A nova divisão substituiu a ARCO nas questões relacionadas à resolução de conflitos.

A regulamentação dos meios alternativos de resolução de conflitos, em especial a mediação e a conciliação, foi incluída no cronograma de projetos prioritários da agenda da ANM, para o biênio 2022/2023. A agenda foi prorrogada até o final de 2024, contudo, finalizado o período, não houve avanço no tema relacionado à regulamentação dos meios alternativos de resolução de conflitos.

A matéria não foi incluída na agenda de temas prioritários para o biênio 2025/2026, o que pode indicar que o tema não será efetivamente tratado em curto prazo.

5.2.2.2. Estrutura organizacional, funcionamento e receitas da ANM

Por sua vez, do art. 5º ao 17 são previstas a estrutura organizacional e o funcionamento da ANM. Desta forma, a ANM é dirigida por Diretoria Colegiada, composta por um Diretor-Geral e quatro Diretores. O Diretor-Geral da ANM exercerá a representação da ANM, a presidência da Diretoria Colegiada e o comando hierárquico sobre o pessoal e os serviços, e caber-lhe-á desempenhar as competências administrativas correspondentes e a presidência das sessões da Diretoria Colegiada, sem prejuízo das deliberações colegiadas para matérias definidas no regimento interno. Insta frisar que, segundo consta na Lei n. 13.575/2017, a estrutura organizacional da ANM será definida em decreto e contará com Procuradoria, Ouvidoria, Corregedoria, Auditoria e unidades administrativas.

O art. 7º, em consonância com o que já era previsto na lei de criação de outras agências reguladoras, prevê que os membros da Diretoria exercerão mandatos de quatro anos, não coincidentes, permitida única recondução. O que se constata, portanto, é a grande preocupação de manter a independência dos dirigentes da ANM, assegurando a ausência de controles políticos.

Com o intuito de não oportunizar a captura regulatória – ou seja, não permitir que os interesses da ANM se submetam aos desejos particulares de empresas de mineração que, a partir de informações privilegiadas e/ou relações contratuais com dirigentes, exerçam pressão de forma não pública para influenciar os destinos da regulação mineral –, o art. 8º estabelece que os membros da Diretoria Colegiada ficam impedidos de exercer atividade ou de prestar qualquer serviço no setor regulado pela ANM, pelo período de seis meses, contado da data de exoneração ou do término de seus mandatos, assegurada a remuneração compensatória.

O art. 9º, fundado na mesma premissa de proteger a autonomia da ANM, veda a indicação para a Diretoria Colegiada: (i) de Ministro de Estado, Secretário de Estado, Secretário Municipal, dirigente estatutário de partido político e titular de mandato no Poder Legislativo de qualquer ente federativo, ainda que licenciados dos cargos – estendendo-se tal vedação aos parentes consanguíneos ou afins até o terceiro grau; (ii) de pessoa que tenha atuado, nos últimos seis meses, como participante de estrutura decisória de partido político; (iii) de pessoa que tenha participação, direta ou indireta, em empresa ou entidade que atue no setor sujeito à regulação exercida pela ANM; (iv) de pessoa que se enquadre nas hipóteses de inelegibilidade previstas no inciso I do *caput* do art. 1º da Lei Complementar n. 64/90; e (v) de membro de conselho ou de diretoria de associação, regional ou nacional, representativa de interesses patronais ou trabalhistas ligados às atividades reguladas pela ANM.

Da mesma forma, conforme previsão do art. 10, é vedado ao membro da Diretoria Colegiada: (i) receber, a qualquer título e sob qualquer pretexto, honorários, percentagens ou custas; (ii) exercer outra atividade profissional, ressalvado o exercício do magistério, se houver compatibilidade de horários; (iii) participar de sociedade simples ou empresária ou de empresa de qualquer espécie, na forma de controlador, diretor, administrador, gerente, membro de conselho de administração ou conselho fiscal, preposto ou mandatário; (iv) emitir parecer sobre matéria de sua especialização, ainda que em tese, ou atuar como consultor de qualquer tipo de empresa; (v) exercer atividade sindical; (vi) exercer atividade político-partidária; e (vii) estar em situação de conflito de interesse, nos termos da Lei n. 12.813/2013.

No que se refere à organização e ao funcionamento da Diretoria Colegiada, preconiza o art. 11 que estes serão estabelecidos na estrutura regimental da ANM. O § 1º estabelece que compete à Diretoria Colegiada: (i) exercer a administração da ANM; (ii) editar as normas sobre matérias de competência da ANM; e (iii) decidir, em última instância, na esfera da ANM, sobre as matérias de sua competência, exceto nas hipóteses em que o regulamento ou resolução da ANM estabelecer o Diretor-Geral como última instância recursal. O § 2º, por sua vez, pontua que a Diretoria Colegiada deliberará por maioria absoluta de seus membros, e caberá ao Diretor-Geral, além do voto ordinário, o voto de qualidade. E, por fim, o § 3º expressa que o regimento interno da ANM estabelecerá a competência da Diretoria Colegiada, do Diretor-Geral, dos Diretores e de outras autoridades da ANM para a prática dos atos atribuídos ao DNPM pelo Código de Mineração e pelo Código de Águas Minerais, por regulamentos e legislação minerária correlatos, inclusive quanto ao processamento e à decisão de recursos administrativos.

Ainda no âmbito das atribuições da ANM, prevê o art. 13 que, por meio de resolução, a agência disporá sobre os processos administrativos em seu âmbito de atuação, notadamente sobre: (i) requisitos e procedimentos de outorga de títulos minerários, de fiscalização da atividade de mineração e sobre outros requerimentos relacionados a direitos minerários; (ii) regras e procedimentos de aplicação de medidas acautelatórias e sanções administrativas; (iii) hipóteses e critérios para a apresentação de garantias financeiras ou a contratação de seguros para cobertura dos riscos de atividades minerárias; (iv) hipóteses e critérios para realização de consulta pública e audiência pública para os atos normativos da agência; e (v) apreensão e leilão de substâncias minerais e de equipamentos encontrados ou provenientes de lavra ilegal[3].

Mesmo que parte dos referidos temas ainda esteja pendente de regulamentação, entendemos que já houve considerável avanço por parte da ANM, como, por exemplo, em relação às regras e procedimentos para aplicação de medidas cautelares e sanções administrativas, e ao oferecimento de Direitos Minerários como garantia financeira, cuja normatização foi concluída com a publicação das Resoluções n. 122/2022 e n. 90/2021, respectivamente.

No que diz respeito ao custeio da ANM, previu o art. 19 que constituem receitas da ANM: (i) o produto de operações de crédito efetuadas no País e no exterior; (ii) a venda de publicações, os recursos oriundos dos serviços de inspeção e fiscalização ou provenientes de palestras e cursos ministrados e as receitas diversas estabelecidas em lei, regulamento ou contrato; (iii) o produto do pagamento da TAH, dos emolumentos devidos como condição necessária para o conhecimento e o processamento de requerimentos e pedidos formulados à ANM, e o das multas de sua competência; (iv) os recursos provenientes de convênios, acordos ou contratos celebrados com entidades, organismos ou empresas, públicos ou privados, nacionais ou internacionais; (v) as doações, os legados, as subvenções e outros recursos que lhe forem destinados, incluídas as doações de bens e equipamentos destinados à ANM, conforme previsto em acordos firmados pela União para fins de ressarcimento de danos causados por usurpação de recursos minerais por lavra ilegal; (vi) as dotações consignadas no orçamento geral da União, os créditos especiais, as transferências e os repasses que lhe forem conferidos; (vii) os valores apurados na venda ou na locação dos bens móveis e imóveis de sua propriedade; (viii) o produto do leilão de bens e equipamentos encontrados ou apreendidos decorrentes de atividade de mineração ilegal; (ix) as receitas provenientes das áreas colocadas em disponibilidade, de qualquer natureza; e (x) o valor recolhido a título de CFEM, a ser repassado à ANM, por intermédio do MME, na forma estabelecida no inciso III do § 2º do art. 2º da Lei n. 8.001/90.

5.2.2.3. Participação do setor e análise de impacto regulatório

A questão da participação do setor nas mudanças regulatórias e a análise de impacto regulatório foram previstas na Lei n. 13.575/2017. O art. 12 preconiza que os atos normativos da ANM que afetarem, de forma substancial e direta, direitos de agentes econômicos do setor de mineração deverão ser acompanhados da exposição formal dos motivos que os justifiquem e ser submetidos a consulta ou a audiência pública.

---

3 Dispõe o parágrafo único do art. 13 que a resolução sobre a apreensão e o leilão incluirá, para hipóteses excepcionais devidamente justificadas: (i) as regras para designação de fiel depositário, para dispensa de realização de apreensão ou de leilão, para doação de bem mineral ou equipamento apreendido com o objetivo de atender a interesse público relevante; e (ii) a possibilidade de celebração de termo de ajustamento de conduta com vistas a autorizar que o próprio infrator promova a venda do bem apreendido, situação em que o valor de venda deverá ser integralmente revertido à ANM.

Da mesma forma, o art. 14 prescreve que as sessões deliberativas da Diretoria Colegiada afetas às atividades de mineração serão públicas e terão suas datas, pautas e atas divulgadas. Em tais sessões é assegurada a manifestação da Procuradoria da ANM, das partes envolvidas no processo e de terceiros interessados, na forma estabelecida no regulamento da ANM.

A análise de impacto regulatório, AIR, foi prevista no art. 15 da Lei n. 13.575/2017. A respeito dos principais objetivos do instituto, Rafael Véras de Freitas e Sérgio Guerra assim lecionam:

> A AIR tem como principais objetivos: (i) corrigir eventuais "falhas de mercado" (monopólios, externalidades negativas, bens públicos e assimetria de informações); e (ii) coibir "falhas de governo", notadamente a "captura política" dessas entidades pelos órgãos centrais de governo. Esses objetivos são avaliados e procedimentalizados, previamente, pelo regulador, de modo a que se possa aferir se a medida regulatória alcançará patamares desejáveis de eficiência. À luz da Análise Econômica do Direito – AED pode-se afirmar que o regulador, ao realizar a Análise do Impacto Regulatório, deve adotar o critério de eficiência de Kaldor-Hicks, segundo o qual as normas regulatórias devem produzir o máximo de bem-estar para o maior número de pessoas[4].

Desta forma, o art. 15 prevê que a adoção das propostas de alterações de atos normativos de interesse geral dos agentes econômicos será, nos termos do regulamento, precedida da realização de AIR, que conterá informações e dados sobre os possíveis efeitos do ato normativo.

A norma prevê que o Regulamento irá dispor sobre o conteúdo e a metodologia da análise de impacto regulatório, os quesitos mínimos a serem objeto de exame, os casos em que será obrigatória sua realização e aqueles em que poderá ser dispensada. Além disso, a Diretoria Colegiada da ANM manifestar-se-á, em relação ao relatório de análise de impacto regulatório, sobre a adequação da proposta de ato normativo aos objetivos pretendidos, e indicará se os impactos estimados recomendam a sua adoção e, quando for o caso, os complementos necessários. Além disso, nos casos em que não for realizada a análise de impacto regulatório, deverá ser disponibilizada, no mínimo, nota técnica ou documento equivalente que fundamente a proposta de decisão.

Ainda no âmbito das lições de Rafael Véras de Freitas e Sérgio Guerra, cabe mencionar que os autores salientam a percepção da AIR como ferramenta e na qualidade de um processo decisório, conforme se observa:

> Enquanto ferramenta, a AIR analisa os custos e benefícios do exercício da regulação. Nessa qualidade, a AIR se materializa em um relatório analítico – na forma de uma lista de verificação (*checklist*) –, que, ao estabelecer, prospectivamente, as possíveis consequências desta intervenção indireta do Estado no Domínio Econômico, visa a incrementar a racionalidade

---

4 FREITAS, Rafael Véras de; GUERRA, Sérgio. O modelo institucional do Setor Portuário: os institutos da Análise do Impacto Regulatório (AIR) e da Concorrência de Serviços como mecanismos de equalização do controle político sobre as agências reguladoras. In: RIBEIRO, Leonardo Coelho; FEIGELSON, Bruno; FREITAS, Rafael Véras de (Coords.). *A nova regulação da infraestrutura e da mineração*: portos, aeroportos, ferrovias, rodovias. Belo Horizonte: Fórum, 2015, p. 109.

da regulação. Por outro lado, na qualidade de um processo decisório, a AIR se encaixa no ciclo de elaboração de políticas públicas, oferecendo dados empíricos para a tomada de decisões do Poder Público[5].

Desde a sua criação, a ANM já implementou a AIR com vistas à elaboração de normas acerca de diversos temas importantes ao setor minerário, como no caso da AIR acerca do aproveitamento de estéril e rejeitos e concernente ao Sistema Brasileiro de Recursos e Reservas.

Destacamos que, em 2019, a Lei n. 13.874 estabeleceu o dever de realização da prévia da AIR, pelas entidades da Administração Pública Federal em geral, quando da elaboração de propostas de edição e de alteração de atos normativos de interesse geral de agentes econômicos ou de usuários dos serviços prestados.

---

5 FREITAS, Rafael Véras de; GUERRA, Sérgio. O modelo institucional do Setor Portuário: os institutos da Análise do Impacto Regulatório (AIR) e da Concorrência de Serviços como mecanismos de equalização do controle político sobre as agências reguladoras. In: RIBEIRO, Leonardo Coelho; FEIGELSON, Bruno; FREITAS, Rafael Véras de (Coords.). *A nova regulação da infraestrutura e da mineração*: portos, aeroportos, ferrovias, rodovias. Belo Horizonte: Fórum, 2015, p. 108.

SEGUNDA PARTE

AQUISIÇÃO PRIMÁRIA

Capítulo 6

CONCEPÇÕES PRELIMINARES SOBRE AQUISIÇÃO PRIMÁRIA

6.1. O direito de prioridade

O direito de prioridade é aquele decorrente do princípio da prioridade – que guarda consonância com o primado internacional do "first come, first served" – e que estabelece, em favor do primeiro a requerer a área, a prioridade de pesquisa. Como visto, ele é classificado como princípio específico do direito minerário e pauta a relação entre particulares e Poder Público. É essencial repetir que tal princípio está correlato à dinâmica do sistema de outorgas de direito reais e se encontra insculpido no art. 11 do CM, como se observa:

> Art. 11. Serão respeitados na aplicação dos regimes de Autorização, Licenciamento e Concessão:
>
> a) o direito de prioridade à obtenção da autorização de pesquisa ou de registro de licença, atribuído ao interessado cujo requerimento tenha por objeto área considerada livre, para a finalidade pretendida, à data da protocolização do pedido no Departamento Nacional da Produção Mineral (DNPM), atendidos os demais requisitos cabíveis, estabelecidos neste Código.

Ressaltamos que, para a prioridade ser fixada, é essencial que o pedido ao Poder Público esteja devidamente instruído, assim como que a área, objeto do requerimento, seja considerada livre – isto é, não seja objeto de requerimento anterior. Portanto, preenchidos os requisitos, o direito de pesquisa e eventual explotação da jazida serão detidos a quem primeiro promover o protocolo do requerimento da área.

6.1.1. *Efeitos da prioridade*

O direito de prioridade – que nasce em decorrência do princípio de mesmo nome – pode ser analisado pela perspectiva dos seus diferentes efeitos, sendo três os principais reflexos: (i) patrimonial; (ii) obrigacional; e (iii) isonômico.

6.1.1.1. Patrimonial

O processo minerário não é um rito comum – tendo em vista especialmente os grandes riscos econômicos e altos valores de investimento necessários ao exercício de tal atividade. A respeito do tema, importante destacar o posicionamento do professor Carlos Ari Sundfeld, que, no âmbito de artigo, concluiu pela incorporação dos direitos ao longo do processo minerário ao patrimônio de quem os adquiriu. Valendo, portanto, observar os fundamentos utilizados pelo jurista:

> O arcabouço normativo construído pelo Código de Minas prevê que cada etapa a ser percorrida com vistas à obtenção da concessão de lavra envolve a realização de atividades que demandam o dispêndio de recursos vultosos. Dentre eles, podem ser citados os referentes ao pagamento de emolumentos e taxas, mas também – e principalmente – os decorrentes de alocação, na área objeto da pesquisa, de equipamentos pesados e pessoal especializado. É justo, portanto, que os direitos emergentes do cumprimento de cada passo (como o direito à autorização de pesquisa e o direito à própria concessão de lavra, resultante da aprovação do relatório) sejam incorporados ao patrimônio de quem os adquiriu. Nessa medida, empresa em estado de falência quando da aprovação de seu relatório de pesquisa – isto é, na condição de titular de direito à concessão de lavra – não perde esses direitos de outorga, porque, como já dito, eles são dotados de valor econômico e patrimonial, razão pela qual são insuscetíveis de supressão pura e simples no curso do processo falimentar, sob pena de lesão tanto à própria empresa (caso venha a se reerguer e retomar plenamente sua operação) quanto aos seus credores (uma vez que, na hipótese de liquidação, o valor total do ativo a ser liquidado sofreria redução indevida)[1].

Dessa forma, a evolução das etapas do processo administrativo minerário enseja maior valoração do direito de prioridade.

Tal perspectiva econômica se observa especialmente no momento dos atos de transferência de títulos, em que o mercado atesta os valores envolvidos por meio das importâncias pagas no bojo dos contratos feitos.

Assim, um dos principais efeitos do direito da prioridade é o patrimonial. O que implica dizer que eventuais impactos no âmbito de prioridades já declaradas ensejam necessariamente as restituições das importâncias devidas aos seus titulares.

6.1.1.2. Obrigacional

O efeito obrigacional se observa no fato de que a prioridade enseja o cumprimento de deveres por parte dos particulares requerentes, assim como pelo Poder Público.

O indivíduo que requer determinada área, salvo exceções, se obriga a executar a pesquisa até o final, com vista a entregar relatório final de pesquisa, ainda que negativo – tal regra visa a ampliar o conhecimento geológico do país. Além disso, o pagamento de emolumento e o respeito aos demais ditames legais demonstram que o direito de prioridade acarreta necessárias obrigações àquele que o detém. Todas as obrigações serão estudadas de forma detalhada nesta obra.

---

1 SUNDFELD, Carlos Ari. *Direito administrativo econômico* (Coleção Pareceres, v. 1). São Paulo: Revista dos Tribunais, 2013, p. 503.

Em relação ao Poder Público, há diversas obrigações a serem satisfeitas, com vistas a viabilizar um transcurso satisfatório do processo administrativo minerário. Cabe ressaltar uma obrigação em especial, qual seja a de outorgar os títulos subsequentes.

Isso significa dizer que o particular que trafega por toda a fase de pesquisa e consegue ter um relatório final dessa pesquisa e um plano de aproveitamento econômico aprovados faz jus à portaria de lavra, por exemplo. Sendo certo que tais atos são vinculados e não comportam nenhum juízo de discricionariedade.

6.1.1.3. Isonômico

A característica isonômica presente no direito de prioridade destoa dos reflexos patrimonial e obrigacional no sentido de que comporta efeitos mais amplos, que não se restringem ao titular e ao Poder Público.

A isonomia prevista no art. 5º da Constituição, no âmbito da exploração de bens públicos, implica a observância de igualdade de participação nos pleitos, assegurando-se, portanto, que não haja favoritismos.

Conforme abordado anteriormente, a licitação no âmbito minerário se afasta em muitas hipóteses por conta da falta de conhecimento geológico existente, o que por sua vez inviabiliza a concorrência. Ainda assim, a isonomia entre os particulares deve ser garantida – o que se faz por meio do princípio da prioridade.

Tal garantia se atesta com o direito de prioridade. É a satisfação desse direito que viabilizará a plena satisfação do primado da isonomia. A expedição de uma portaria de lavra, portanto, além de gerar aumento patrimonial ao seu titular, tem o condão de demonstrar que o ordenamento jurídico pátrio respeita o indivíduo que legitimamente primeiro se habilita em determinada área.

6.2. Área livre e área em disponibilidade

Como vimos, o direito de prioridade – consequência do princípio da prioridade – constitui elemento fundamental para a dinâmica do sistema de outorgas. Todavia, para a sua compreensão, faz-se necessário o prévio entendimento de uma distinção teórica, qual seja, a diferença entre áreas livres e áreas em disponibilidade.

Conforme explicitado, o direito de prioridade é outorgado em favor do primeiro que proceder com o pedido, regularmente instruído, de determinada área livre. Contudo, nem sempre as áreas serão consideradas livres.

Assim sendo, passamos a diferenciar o conceito de área livre e área em disponibilidade. Em primeiro momento, devemos compreender que, em ambos os casos, as áreas não estão vinculadas a qualquer título minerário vigente ou a um requerimento válido, de modo que os recursos minerais lá existentes poderão ser objeto de requerimentos de autorização de pesquisa ou de concessão de lavra, conforme o caso. Em outras palavras, não há prioridade fixada.

Todavia, as situações que motivam a disponibilidade das áreas são diferentes daquelas referentes às áreas livres, de modo que caberá aos interessados requerê-las nas condições legais diversas para cada uma das situações.

Ressalta-se que, quando uma área for, por algum motivo, desonerada por meio de publicação de despacho no *DOU*, a área ficará em disponibilidade. Nessa hipótese haverá a oferta pública da área, por meio da inclusão em Edital de Disponibilidade, e, havendo mais de um interessado, será levada a leilão eletrônico. A disponibilidade será estudada detalhadamente em tópico próprio.

Observamos, portanto, que a lógica imposta para a concessão de áreas em disponibilidade é diametralmente oposta ao modo ordinário de requerimentos do Direito Minerário, baseado na prioridade. Enquanto, naquele caso, a outorga dependerá de processo concorrencial segundo critérios objetivos, neste, ao primeiro que formular requerimento válido será outorgado o direito de pesquisa.

Como a lógica do Direito Minerário é baseada na prioridade, coube à legislação encontrar mecanismos para incorporar até mesmo as áreas em disponibilidade à sistemática geral. Assim, mesmo nos casos de disponibilidade, não havendo nenhuma manifestação de interesse na área colocada em oferta pública, a área se tornará livre a partir do dia útil subsequente àquele do término do prazo para tanto, sujeitando-se, portanto, ao primeiro requerimento válido que vier a ser formulado, nos termos do art. 46 do RCM.

A própria sistemática das ofertas públicas de áreas em disponibilidade, vale dizer, não se afasta inteiramente da dinâmica da prioridade, uma vez que, efetivamente, o que está sendo ofertado "é o direito de prioridade para requerer as áreas", conforme explicitado na Nota Técnica SEI n. 3/2019-GREG/SRDM, elaborada pela antiga Gerência de Regulação da ANM.

Assim sendo, transmutada a hipótese da área em disponibilidade, vige a aplicação do critério genérico da prioridade, baseado na precedência do requerimento.

6.3. Procedimento de disponibilidade

Até o ano de 2020, o procedimento relativo à disponibilidade de áreas era regulamentado pela Portaria n. 155/2016, que aprovou a Consolidação Normativa do então DNPM e revogou, entre outras normas, a Portaria n. 268/2008, que até então regulamentava o referido procedimento.

Cabe destacar que a disponibilidade excepciona a lógica do sistema de prioridade, tão particular do Direito Minerário. Assim, a disponibilidade muito se assemelha à lógica da licitação[2], que rege, de forma genérica, o Direito Administrativo. A justificativa para tal inversão repousa no fato de a Administração Pública, no procedimento licitatório afeto à disponibilidade, contar com relevantes dados sobre os recursos geológicos, fato

2 O Parecer Proge/DNPM 203/2005 – CCE estabelece que o processo de disponibilidade nada mais é do que um processo licitatório.

que não ocorre nas áreas livres. Nessas hipóteses, a Administração Pública conta com mais ferramentas para realizar a busca pela melhor proposta para a satisfação do interesse público.

Reiteramos, assim, que a lógica da prioridade decorre da impossibilidade fática de a União pesquisar em todo o território nacional para, só então, buscar na iniciativa privada interessados para lavras. Todavia, o procedimento afeto à disponibilidade denota que o Direito Minerário, quando conta com condições adequadas, se enquadra na lógica genérica do Direito Administrativo e Constitucional, de forma que as particularidades que lhe são afetas são carreadas por aspectos fáticos que incompatibilizam a aplicação genérica do princípio da licitação.

Em termos gerais, o art. 261 da Portaria n. 155/2016 estabelecia que a disponibilidade poderia ocorrer para fins de pesquisa ou lavra, nos regimes de autorização, concessão de lavra e permissão de lavra garimpeira. Previa, ainda, a possibilidade da ocorrência da disponibilidade em área menor que a desonerada, bem como da hipótese de regime diverso do originário.

A norma em voga previa, nos arts. 262 e 263, a existência das comissões julgadoras, integradas por três técnicos qualificados e habilitados dentre os servidores do DNPM, sendo um designado pelo Presidente.

Conforme art. 265 da referida Portaria, a instauração dos procedimentos de disponibilidade de área se dava após a decisão de desoneração da área, reduzido a edital, respeitando, assim, o princípio da publicidade. É válido ressaltar que, sob o prisma da segurança jurídica, os procedimentos de disponibilidade só serão iniciados quando não mais couberem recursos no processo de desoneração. Por certo, dar publicidade a um processo que ainda comporta recursos, e consequentemente, revisões das decisões que geraram a disponibilidade, poderia gerar ônus ao minerador.

Os interessados tinham o prazo de sessenta dias para apresentar propostas, prazo este contado da publicação do edital. Nesse sentido, poderão obter vistas e cópias dos processos pertinentes para, então, habilitarem-se para a totalidade ou parcialidade da área colocada em disponibilidade, objetivando, assim, qualquer substância mineral compatível com o ambiente geológico existente na área.

Com relação ao julgamento das propostas, o art. 269 da Portaria n. 155/2016 previa a existência de duas fases: a primeira fase compreendia a análise da documentação relativa à habilitação dos proponentes e do mérito das propostas técnicas; e a segunda fase, a decisão, comportando, ainda, a interposição de recursos. Nota-se, portanto, que a escolha dos interessados utilizava o critério de melhor proposta (projeto) técnica, o que muitas vezes gerava insatisfação em decorrência da carência de objetividade para a decisão.

Com a criação da ANM, a Lei n. 13.575/2017 incluiu, entre as competências da agência, o estabelecimento dos requisitos e critérios de julgamento para os procedimentos de disponibilidade de área. Por outro lado, o novo RCM, editado em 2018, determinava que a disponibilização de áreas desoneradas, por meio de leilão eletrônico, observaria critérios objetivos de seleção e julgamento, nos termos a seguir:

Art. 45. A área desonerada e aquela decorrente de qualquer forma de extinção do direito minerário será disponibilizada a interessados, por meio de critérios objetivos de seleção e julgamento, definidos por meio de Resolução da ANM, observado o disposto no art. 26 do Decreto-Lei n. 227, de 1967 – Código de Mineração.

Parágrafo único. O não cumprimento das obrigações relacionadas com o processo seletivo, no prazo estabelecido, sujeitará o proponente vencedor à perda imediata do direito de prioridade sobre a área e às sanções previstas na Lei n. 8.666, de 21 de junho de 1993, conforme dispuser o edital ou a Resolução da ANM.

Art. 46. Com vistas a avaliar o potencial de atratividade da área desonerada para leilão eletrônico, a ANM poderá, a seu critério, submetê-la a oferta pública prévia, conforme estabelecido em Resolução da ANM.

§ 1º A manifestação de interesse pela área ofertada deverá ocorrer de forma eletrônica e será protegida de sigilo, de modo a resguardar a quantidade e a identidade dos interessados.

Tais disposições foram incluídas com o claro intuito de alterar a dinâmica dos procedimentos de disponibilidade até então vigente, bastante lento e oneroso, além de carente de critérios objetivos para a seleção das propostas, o que sempre gerou um cenário de incerteza aos interessados.

Assim, seguindo a competência estabelecida pela Lei n. 13.575/2017, em fevereiro de 2020, a ANM publicou a Resolução n. 24/2020, que veio disciplinar o procedimento de oferta pública de áreas em disponibilidade.

Tal como na Portaria n. 155/2016, a nova Resolução também prevê que as áreas desoneradas serão declaradas em disponibilidade por meio de ato administrativo, o que somente poderá ocorrer após o final do prazo para interposição de recurso ou seu trânsito em julgado.

Conforme art. 3º, § 1º, da Resolução n. 24/2020, a critério da ANM, as áreas poderão ser declaradas em disponibilidade de forma individual ou como blocos de áreas, bem como para regimes diversos do título originário.

A principal mudança trazida pela Resolução, inserida em seus arts. 4º e 5º, consiste na previsão de que o procedimento de disponibilidade envolverá duas etapas, sendo elas: (1) etapa de oferta pública prévia, na qual serão recebidas as manifestações de interesse em relação a cada uma das áreas ofertadas, no prazo de 60 dias; e (2) etapa de leilão eletrônico, na qual os interessados apresentarão suas propostas. O critério para seleção das propostas será o maior valor financeiro apresentado, o que tem como objetivo empregar maior objetividade ao julgamento.

Em situações excepcionais, o procedimento de desempate observará critérios objetivos "de natureza técnica, econômica e social, a juízo da ANM, para áreas em situações específicas, como poligonais contíguas, inscritas ou circunscritas a projetos de pesquisa, concessões de lavra ou grupamentos mineiros, observado o melhor aproveitamento mineral", conforme previsão contida no art. 4º, § 2º, da tratada Resolução.

Havendo apenas uma manifestação de interesse em determinada área, o RCM determina que o interessado será notificado para protocolizar o seu requerimento de título minerário no prazo de trinta dias, contado da data de recebimento da notificação, dispensada a realização do leilão eletrônico.

Os procedimentos de disponibilidade serão conduzidos pela Comissão de Edital de Disponibilidade, vinculada à Superintendência de Ordenamento Mineral e Disponibilidade de Áreas, sendo cabíveis recursos administrativos contra os atos decisórios por ela praticados.

A Resolução estabelece, ainda, que caberá à Diretoria Colegiada da ANM: (1) revogar os Editais de Disponibilidade por razões de interesse público; (2) anular os referidos editais por ilegalidade, de ofício ou mediante provocação de terceiros; e (3) suspender o procedimento de disponibilidade, por motivos de interesse público ou por determinação judicial.

Até 2024, a Resolução estabelecia, em seu art. 5º, que a participação dos interessados se daria exclusivamente em plataforma eletrônica mantida pela própria ANM. Contudo, a Resolução n. 190/2024 trouxe uma interessante alteração ao excluir a necessidade de que a plataforma seja mantida pela Agência, o que permite a celebração de parcerias para a realização de leilões em plataformas mantidas por entidades com maior *expertise*, como é o caso do contrato celebrado com a B3 (Brasil Bolsa Balcão) para realização de leilões de disponibilidade já em 2025.

Cabe esclarecer, por fim, que todos os procedimentos de disponibilidade iniciados antes da entrada em vigor da Resolução n. 24/2020, e pendentes de julgamento, observarão o procedimento previsto na Portaria n. 155/2016.

6.4. Bloqueio minerário

O art. 42 do CM estabelece que a autorização de pesquisa será recusada se a lavra for considerada prejudicial ao bem público ou se comprometer interesses que superem a utilidade da exploração industrial, a juízo do Governo. O citado artigo prescreve que, nessas hipóteses, o pesquisador terá direito de receber do Governo a indenização das despesas feitas com os trabalhos de pesquisa, uma vez que haja sido aprovado o Relatório.

Vale dizer que o art. 42 do CM é instrumento para compatibilizar situações de conflito entre mineração e outras atividades de interesse público.

O Parecer Proge 500/2008-FMM-LBTL-MP-SDM-JA dispõe sobre os pedidos de bloqueio de área, conforme previsão do art. 42 do CM, no que tange ao conflito entre atividades de exploração de recursos minerais e de geração e transmissão de energia elétrica.

O parecer explicita que a mineração e os serviços de geração e transmissão de energia elétrica encontram-se no mesmo patamar jurídico-constitucional, não havendo como, a partir da análise da legislação em vigor, afirmar de antemão a prevalência de qualquer uma das duas atividades. O parecer também estabelece que a aplicação do art. 42 do CM, nesses casos, dependeria de dois requisitos cumulativos, quais sejam, a incompatibilidade entre as atividades e a superação da utilidade do aproveitamento mineral na área pelo interesse envolvido no projeto energético.

A procuradoria entendeu que, embora a incompatibilidade entre a atividade minerária e energética não esteja expressa no citado art. 42, tal requisito seria essencial para a aplicação do referido dispositivo legal, uma vez que só haverá conflito entre tais atividades se a coexistência de ambas for efetivamente inviável. Caso contrário, o interesse público impõe a manutenção das duas atividades, buscando-se, assim, o desenvolvimento de ambos os setores de forma sustentável.

Portanto, a superação da utilidade do aproveitamento mineral na área pelo interesse envolvido no projeto energético depende de definição caso a caso, considerando os diversos interesses, valores e fatores envolvidos e mediante critérios de conveniência e oportunidade. Nesse sentido, o interesse prioritário ou prevalecente deverá ser definido, em princípio, pelo Ministro de Minas e Energia – por ser a autoridade responsável pela elaboração e definição das políticas energéticas e minerais no país e chefe do órgão ao qual se vinculam tanto o DNPM como a Aneel, autarquias responsáveis pelos setores de mineração e de energia elétrica.

Assim sendo, a Procuradoria compreendeu que a prevalência de um dos interesses estaria a cargo de uma avaliação discricionária da Administração Pública, com fins a atender melhor à política energética e minerária do país. Trata-se, portanto, de uma ponderação a ser feita no caso concreto.

Seria admitida, ainda, a outorga de títulos minerários por prazo determinado, em caráter precário, a juízo da ANM, nos casos em que o interessado em processo minerário interferente com a área objeto do pedido de bloqueio apresentasse "termo de renúncia", segundo a Procuradoria. Além disso, quando a atividade energética fosse realizada diretamente pela União, por intermédio de empresas estatais, competiria àquele ente federativo arcar com o custo das indenizações devidas aos titulares de direito minerário. Todavia, tratando-se de concessão de serviço público, caberia ao concessionário arcar com todos os custos decorrentes do empreendimento, inclusive aqueles relativos ao pagamento de indenização.

Por fim, o entendimento da Procuradoria foi no sentido de explicitar que o deferimento final do pedido de bloqueio de área depende da apresentação do termo de declaração e assunção de responsabilidade em nome da concessionária.

No plano do Judiciário, algumas decisões relevantes sobre o tema foram proferidas pelos Tribunais Superiores, dentre as quais destacamos o RE 140.254/SP, em que o STF explicitou que, nas hipóteses de instituição de servidão de passagem de linhas de transmissão de energia elétrica, em área com jazida, devem ser considerados os seguintes aspectos para fins de indenização:

> Objeto de indenização há de ser o título de concessão de lavra, enquanto bem jurídico suscetível de apreciação econômica, e não a jazida em si mesma considerada, pois esta, enquanto tal, acha-se incorporada ao domínio patrimonial da União Federal.
>
> A concessão de lavra, que viabiliza a exploração empresarial das potencialidades das jazidas minerais, investe o concessionário em posição jurídica favorável, eis que, além de conferir-lhe a titularidade de determinadas prerrogativas legais, acha-se essencialmente impregnada, quanto ao título que a legitima, de valor patrimonial e de conteúdo econômico. Essa situação subjetiva de vantagem atribui, ao concessionário da lavra, direito, ação e pretensão à indenização, toda vez que, por ato do Poder Público, vier o particular a ser obstado na legítima fruição de todos os benefícios resultantes do processo de extração mineral.

O RE 189.964-6/SP, em sentido similar expôs que:

> I – Jazidas de minerais, areia, pedras e cascalho: não são indenizáveis, em princípio, salvo existência de concessão de lavra.

Assim, a indenização na hipótese de concessão de lavra outorgada se mostra consolidada na jurisprudência, restando espaço para os debates acerca do pagamento de indenização quando da existência apenas de alvará de pesquisa outorgado.

Vale anotar que, em junho de 2022, o Ministério de Minas e Energia publicou a Portaria n. 660/GM/MME[3], por meio da qual foi instituído o Grupo de Trabalho – Compatibilização de Projetos de Mineração e do Setor Energético (GT CPMSE). O GT tem como objetivo a apresentação de uma proposta de ato normativo que contenha "diretrizes e ações visando à solução técnica quando identificada interface ou sobreposição de projetos de Mineração, Energia Elétrica e Petróleo e Gás".

A iniciativa do MME foi recebida com entusiasmo pelo setor de mineração, atividade que, sob o paradigma atual, não raro se vê prejudicada em situações de conflito locacional envolvendo projetos de geração e transmissão de energia. No momento, aguarda-se o avanço das atividades do GT e disponibilização da proposta normativa.

Outra questão sensível em relação ao bloqueio diz respeito à valoração do título minerário, sendo certo que o cálculo de valoração desses títulos não é ponto pacífico. Desta forma, mensurar a dimensão econômica de determinado título minerário não é tarefa simples.

Em que pese o Brasil ainda não contar com um sistema próprio de valoração dos títulos minerários, as experiências internacionais são extremamente valorosas para a melhor compreensão do tema. Destaca-se que os avanços da valoração dos títulos minerários estão muitas vezes conexos com os financiamentos da atividade minerária, que passam a gerar maior segurança para instituições financeiras que visem investir em determinados projetos.

Neste sentido, importante frisar a experiência australiana, que de forma pioneira desenvolveu o Código VALMIN, através do Instituto AusIMM, norma de valoração especificamente elaborada para as indústrias de extração. O citado código foi publicado pela primeira vez em 1995 e foi atualizado em 1998. Atualmente, encontra-se válida a versão de 2005[4].

Outros exemplos, tais como África do Sul, Canadá e Europa, também poderiam ser referidos como paradigmas. Todavia, entendemos que, sem maiores pesquisas em outros ordenamentos e apenas com inspiração no VALMIN, poderia ser possível a criação de uma norma nacional que trouxesse maior segurança jurídica para assuntos relacionados com financiamentos, bem como para fins de indenização decorrentes de bloqueios minerários.

---

3 Disponível em: https://www2.aneel.gov.br/cedoc/prt2022660mme.pdf. Acesso em: 3 maio 2023.

4 Disponível em: http://www.valmin.org/code.asp. Acesso em: 5 nov. 2012.

Válido notar que, em que pese o propósito de o VALMIN ser utilizado ordinariamente para fins de valoração correlata a investimentos, este pode ser facilmente empregado para hipóteses de bloqueio, conforme se observa na leitura dos propósitos do referido código:

> The purpose of the VALMIN Code is to provide a set of fundamental principles and supporting recommendations regarding good professional practice to assist those involved in the preparation of Independent Expert Reports that are public and required for the assessment and/or valuation of Mineral and Petroleum Assets and Securities so that the resulting Reports will be reliable, thorough, understandable and include all the Material information required by investors and their advisers when making investment decisions.

No entanto, até que se tenha uma codificação própria para fins de valoração de títulos minerários, especialmente com relação às concessões de lavra, a questão atinente à indenização decorrente dos bloqueios minerários encontra-se fragilizada.

Ressaltamos que, embora o Parecer/Proge n. 500 trate do conflito entre mineração e energia elétrica, os seus termos são utilizados como guia para todos os conflitos existentes entre mineração e outras atividades de interesse público. Por exemplo, entende-se que a implantação de empreendimento portuário ou ferroviário poderia gerar pedidos de bloqueio nos parâmetros definidos no citado parecer.

Em diversos casos práticos, a ANM já se manifestou de forma positiva aos pedidos de bloqueio minerário intentados como forma de viabilizar a implantação de projetos não afetos à geração ou transmissão de energia elétrica. Dessa forma, a prática já vem se traduzindo na ampliação da aplicabilidade dos preceitos materializados pelo Parecer/Proge n. 500 – o que, por outro lado, traz consequências que devem ser analisadas com atenção.

Isso porque, do alargamento da utilização do instituto do bloqueio para atividades não geridas pelo Ministério das Minas e Energia – MME surge uma questão que deve ser mais bem compreendida, qual seja, a competência para analisar o bloqueio.

Na hipótese de geração e transmissão de energia elétrica, a competência do Ministério das Minas e Energia é justificada pela subordinação comum de ambos os órgãos reguladores, ANM e Aneel. Todavia, na hipótese portuária, por exemplo, a discussão abrangeria duas áreas distintas, vinculadas a dois ministérios distintos. Ou seja: enquanto a ANM é vinculada ao Ministério das Minas e Energia, a ANTAQ é vinculada ao Ministério dos Transportes.

Parece-nos elementar que, mesmo nessas hipóteses, o pedido de bloqueio deve ser inicialmente submetido a ANM, haja vista se tratar da autarquia responsável por conceder – e negar – os títulos minerários, cumprindo-lhe, por conseguinte, a análise inicial, para ser posteriormente submetida ao MME, de forma que, na hipótese de concordância, seriam estes os responsáveis pelo bloqueio. No entanto, na hipótese de negatória da ANM e do MME, o tema poderia ser levado para a análise da ANTAQ e, posteriormente, ao Ministério dos Transportes.

A justificativa para o pedido de bloqueio ser apresentado ao Ministério dos Transportes, ou a qualquer outro ministério, dependendo da atividade que se pretenda desenvolver na área, se dá pela premissa de que não há subordinação entre ministérios. Em verdade, quando qualquer interesse público se insurge em face de determinado empreendimento minerário, a prerrogativa inicial do bloqueio é do ministério concedente do título minerário, qual seja, o MME. Todavia, em qualquer hipótese – deferimento ou indeferimento do pedido de bloqueio –, a decisão não será vinculativa para o ministério relacionado com a atividade de interesse público incompatível com a mineração.

Assim, cabível a defesa de que o ministério relacionado com a atividade pública incompatível com a mineração seja ouvido com relação ao bloqueio. Nessas hipóteses, observaríamos dois caminhos: (i) a ratificação da negativa de bloqueio; ou (ii) o entendimento pelo bloqueio.

Nessa segunda hipótese, estaríamos diante de um conflito entre ministérios, tendo em vista o MME expor entendimento pela prevalência da atividade minerária ao passo que o outro ministério compreenderia pelo bloqueio. Nestes casos, entendemos que a resolução da questão caberia ao chefe do Executivo federal.

Capítulo 7

REGIME DE AUTORIZAÇÃO E CONCESSÃO – AUTORIZAÇÃO

7.1. Definição de autorização de pesquisa

A pesquisa mineral é definida no art. 14 do CM, sendo compreendida como a execução dos trabalhos necessários à definição da jazida, sua avaliação e a determinação da exequibilidade do seu aproveitamento econômico. Ou seja, esse instrumento permite e obriga o titular à estrita observância do plano de pesquisa apresentado e aprovado, observados dois pontos, quais sejam: a viabilidade geológica e econômica da jazida.

Assim sendo, com a finalidade de atender ao requisito que trata da viabilidade geológica da jazida, os trabalhos a serem executados na fase de pesquisa compreendem, dentre outros, atividades de campo e de laboratório; levantamentos geológicos; estudos de afloramentos e suas correlações; levantamentos geofísicos e geoquímicos; execução de escavações visitáveis e de sondagens no corpo mineral, com coleta sistemática de amostras para análises físicas e químicas; e ensaios de beneficiamento das substâncias minerais úteis para obtenção de concentrados de acordo com as especificações do mercado ou aproveitamento industrial.

No plano econômico, a demonstração da exequibilidade econômica do aproveitamento resultará da análise preliminar dos custos da produção, dos fretes e do mercado.

A pesquisa mineral só pode ser feita pelo minerador após outorgada a autorização de pesquisa, que tem por título uma via autêntica do alvará de pesquisa, publicado no *DOU* e transcrito no livro próprio da ANM. O alvará de pesquisa contém indicações das propriedades compreendidas na respectiva área, definida esta pela sua localização, limitação e extensão superficial em hectares.

Desde já, destacamos que a pesquisa mineral tem por objetivo desenvolver dois principais produtos, quais sejam: o relatório final de pesquisa (RFP) e o plano de aproveitamento econômico (PAE).

7.2. Condições para a concessão da autorização de pesquisa

Uma vez outorgado o direito de pesquisa, seu exercício está condicionado a algumas premissas, quais sejam: (i) o título pessoal poderá ser objeto de cessão e transferência, desde que o cessionário satisfaça os requisitos legais exigidos; (ii) a autorização terá prazo determinado, contado da publicação, no *DOU*, do alvará de pesquisa, podendo ser renovada, mediante requerimento do interessado, protocolizado até sessenta dias antes de expirar o prazo da autorização, observadas as seguintes condições: a) apresentação de relatório dos trabalhos realizados e dos resultados obtidos; b) justificativa do prosseguimento da pesquisa; c) pagamento dos emolumentos do novo alvará e da taxa de publicação; (iii) os trabalhos de pesquisa só poderão ser executados na área definida no alvará; (iv) a pesquisa em leitos de rios navegáveis e flutuáveis, nos lagos e na plataforma submarina somente será autorizada sem prejuízo ou com ressalva dos interesses da navegação ou flutuação, ficando sujeita às exigências impostas pelas autoridades competentes.

Ao concluir os trabalhos, no prazo de vigência da autorização e sem prejuízo das informações pedidas pela ANM, o titular da pesquisa apresentará Relatório dos trabalhos realizados, elaborado por profissional legalmente habilitado.

7.2.1. *Assentimento dos órgãos ambientais em áreas especialmente protegidas*

Tema polêmico da pesquisa, e da mineração em geral, é a questão das licenças ambientais, assim como do assentimento dos órgãos ambientais em áreas especialmente protegidas. Sobre o tema, Uile Reginaldo Pinto ensina:

> O Direito Positivo não exige prévia anuência como condição para a outorga e publicação do alvará de pesquisa, quando a área abrange total ou parcialmente área de preservação ambiental.
>
> Se a área pleiteada para pesquisa mineral abranger área de conservação ambiental, o DNPM não pode exigir prévio licenciamento ambiental para outorgar e publicar o alvará de pesquisa. Todavia, para que o titular do alvará possa iniciar os trabalhos de prospecção, deve obter autorização prévia do órgão que administra a área de conservação ambiental[1].

O Parecer Proge 192/2004-PA tratou da questão atinente às áreas de preservação permanente. Esse parecer explicita que os requerimentos de autorização de pesquisa em áreas de preservação permanente devem ser indeferidos, com base no art. 42 do CM, gerando bloqueio das respectivas áreas para futuros requerimentos.

Vale ressaltar, no entanto, que, conforme estudado, a aplicação do art. 42 do CM depende de dois requisitos cumulativos, quais sejam: a incompatibilidade entre as atividades e a superação da utilidade do aproveitamento mineral na área.

No plano das incompatibilidades entre a mineração e as áreas de preservação permanente, compartilhamos do entendimento de Uile Reginaldo Pinto, que assim expressa:

> Todavia, é perfeitamente possível compatibilizar a exploração mineral com a preservação do meio ambiente, sendo desaconselhável e sem amparo legal que uma Unidade de Conservação Ambiental fique bloqueada para a prospecção e exploração mineral[2].

---

1 PINTO, Uile Reginaldo. *Comentários sobre a jurisprudência do setor mineral*. Brasília: LGE, 2009, p. 175.

2 PINTO, Uile Reginaldo. *Comentários sobre a jurisprudência do setor mineral*. Brasília: LGE, 2009, p. 176.

Cabe explicitarmos, por oportuno, que Uile Reginaldo, ao comentar a decisão, explicitou a questão atinente às Unidades de Conservação[3] e não citou especificamente as áreas de preservação permanente – tema inclusive em debate antes da publicação do novo Código Florestal, daí por que o posicionamento de Édis Milaré sob uma perspectiva histórica é pertinente:

> Para o Código Florestal, a área de preservação permanente é aquela "protegida nos termos dos arts. 2º e 3º desta Lei, coberta ou não por vegetação nativa, com a função ambiental de preservar os recursos hídricos, a paisagem, a estabilidade geológica, a biodiversidade, o fluxo gênico de fauna e flora, proteger o solo e assegurar o bem-estar das populações humanas".
>
> Os arts. 2º e 3º do Código Florestal tratam, portanto, das florestas e demais formas de vegetação que não podem ser removidas, tendo em vista a sua localização[4].

Uile Reginaldo conclui que a exigência de prévia autorização como condição para a outorga e publicação do alvará de pesquisa somente é cabível em duas hipóteses, quais sejam: "1º quando a área pleiteada estiver na Faixa de Fronteira; e 2º quando abranger Área Indígena. Nestes casos, os processos ficam aguardando no DNPM até que seja regulamentada a pesquisa e lavra em terras indígenas".

Hoje, em atenção à Lei n. 12.651, de 2012, o novo Código Florestal, especificamente no art. 8º, a intervenção ou supressão de vegetação nativa em área de preservação permanente somente ocorrerá nas hipóteses de utilidade pública – que é o caso da mineração –, interesse social ou de baixo impacto ambiental.

7.3. Obtenção de autorização de pesquisa

Conforme já assentado, os recursos minerários pertencem à União, sendo sua exploração procedida por particulares mediante concessões de direitos reais de uso. Assim sendo, é fundamental o sistema de títulos para a exploração dos recursos da União.

Esses títulos são expedidos aos particulares, podendo ser obtidos basicamente de duas formas, quais sejam: por meio das aquisições primárias, isto é, mediante requerimento formulado diretamente à ANM, e das aquisições secundárias, isto é, pela transferência de títulos outorgados a terceiros. Neste capítulo tratamos apenas das aquisições primárias.

Em que pesem os diversos debates relacionados à edição de um novo marco regulatório da mineração – que não prosperaram em alterações legislativas –, manteve-se até a presente data a prática baseada no princípio da prioridade. Assim sendo, passaremos a estudar a aplicação de tal direito nas práticas do processo administrativo minerário.

---

3 A Lei n. 9.985/2000 institui o Sistema Nacional de Unidades de Conservação (SNUC). A citada norma dividiu as unidades de conservação em dois grandes grupos, quais sejam: as Unidades de Proteção Integral e as Unidades de Uso Sustentável. O tema Mineração e Unidades de Conservação é tratado em tópico específico.

4 MILARÉ, Édis. *Direito do ambiente*: doutrina, jurisprudência, glossário. 4. ed. São Paulo: Revista dos Tribunais, 2005, p. 360.

É correto afirmar que as áreas livres ficam no aguardo, à espera do rompimento da barreira da inércia, que é quebrada pelo particular mediante o impulsionamento do processo administrativo minerário, o que se dá mediante requerimento formulado à ANM, dando início ao citado processo administrativo de outorga.

Ou seja: o requerimento do título de autorização de pesquisa é o marco inicial que rompe a "tranquilidade" do sistema, dando origem ao processo administrativo minerário. Pode ser feito por pessoa jurídica ou física, conforme previsão do art. 15 do CM, que assim prevê:

> Art. 15. A autorização de pesquisa será outorgada pelo DNPM a brasileiros, pessoa natural, firma individual ou empresas legalmente habilitadas, mediante requerimento do interessado.

A partir de 2020, as autorizações de pesquisa passaram a ser requeridas por meio do Requerimento Eletrônico de Pesquisa Mineral – REPEM, criado pela ANM com o objetivo de sistematizar e agilizar a outorga dos títulos de pesquisa.

O interessado deverá delimitar a área a ser pesquisada e, não havendo qualquer interferência com outras áreas ou restrições, como de caráter ambiental, o requerimento de pesquisa será aprovado em até 34 dias. Havendo interferências ou restrições, o requerimento será enviado ao setor de controle de áreas, para retirada de interferências e eventual aprovação do pedido. Nesse último caso, o prazo de 34 dias não será aplicável.

Como o Código de Mineração elegeu o princípio da prioridade, aquele que primeiro apresentar os documentos exigidos pela legislação passa a fazer jus ao direito à análise do pedido para a outorga do título. Nos casos de área livre, é admitida titulação para a substância mineral pretendida, desde que respeitados os limites máximos de área estabelecidos pela Portaria n. 155/2016. Assim, para a pesquisa das substâncias minerais metálicas, substâncias minerais fertilizantes, carvão, diamante, rochas betuminosas e pirobetuminosas, turfa e sal-gema, por exemplo, poderão ser requeridas áreas de até 2 mil hectares. Para as substâncias relacionadas no art. 1º da Lei n. 6.567/78, águas minerais e águas potáveis de mesa, areia – quando adequada ao uso na indústria de transformação –, feldspato, gema (exceto diamante) e pedras decorativas, de coleção e para confecção de artesanato mineral e mica, 50 hectares; e, para rochas para revestimento e demais substâncias minerais, mil hectares. Nos termos do art. 42, § 1º, da Portaria n. 155/2016, nas áreas localizadas na Amazônia Legal, o limite máximo estabelecido para as substâncias minerais metálicas, substâncias minerais fertilizantes, carvão, diamante, rochas betuminosas e pirobetuminosas, turfa, sal-gema e substância mineral caulim, é de 10 mil hectares.

Na hipótese de cumprimento das obrigações legais devidas, o minerador passa a fazer jus ao direito de obter a autorização de pesquisa, com o fim de realizar os trabalhos de sondagem na área requerida ou em extensão inferior, em caso de interferência com outra superfície prioritária. Em breve síntese, observamos que a aprovação do relatório final de pesquisa (RFP), do julgamento satisfatório do plano de aproveitamento econômico (PAE), bem como do respectivo requerimento de lavra condicionam a outorga da concessão de lavra, que permite a extração dos recursos minerais.

Por outro lado, caso a área em apreço esteja onerada, as autorizações de pesquisa e as concessões de lavra, o registro de licença e a permissão de lavra garimpeira poderão ser cedidos ou transferidos, total ou parcialmente, mediante preenchimento, pelo cedente, dos requisitos legais. Nesse sentido, existe uma discussão a respeito da possibilidade jurídica da cessão do requerimento, ponto que abordaremos em detalhe em capítulo próprio.

Como dito, o requerimento deve ser elaborado por meio do sistema REPEM, disponível no *site* da ANM, devendo conter os elementos específicos, indicados na legislação vigente, contando, dentre outros, com a assinatura de responsável legalmente habilitado e a apresentação da respectiva anotação de responsabilidade técnica (ART) junto ao Crea.

Os requerimentos devem conter dados da qualificação da pessoa física ou jurídica, tais como nome, nacionalidade, estado civil, profissão, domicílio, CPF ou CNPJ, NIRE no órgão de registro de comércio competente e endereço. Além disso, devem ser apresentados comprovantes do recolhimento dos emolumentos, designação da substância que se quer pesquisar e descrição da área pretendida, delimitada por vértices definidos por coordenadas geodésicas. A apresentação da planta de situação, prevista no art. 16, VI, do CM, foi dispensada a partir da implantação do REPEM, mas a inserção do memorial descritivo ainda é necessária, conforme regulamentado pela Resolução n. 119/2022, por meio do qual também serão automaticamente obtidos os dados relativos à extensão superficial da área requerida (em hectares), bem como a identificação do município e da unidade federativa. Além disso, o sistema também identifica, de forma automática, o pagamento dos emolumentos necessários ao processamento do pedido, não sendo mais necessário apresentar o respectivo comprovante.

Devem constar no requerimento, ainda, os planos de trabalhos de pesquisa, o orçamento previsto e o cronograma de execução, assim como[5]: (i) nome, indicação da nacionalidade, do estado civil, da profissão, do domicílio e do número de inscrição no CPF, do requerente, pessoa natural. Em se tratando de pessoa jurídica, razão social, número do registro de seus atos constitutivos no Órgão de Registro de Comércio competente, endereço e número de inscrição no CNPJ/MF; (ii) designação das substâncias a pesquisar; (iii) memorial descritivo da área pretendida, nos termos definidos da Portaria n. 155/2016; e (iv) plano dos trabalhos de pesquisa, acompanhado do orçamento e cronograma previstos para sua execução.

A ANM poderá formular exigências a respeito de dados complementares ou elementos necessários à melhor instrução do processo (art. 16 da Resolução n. 119/2022). O CM ainda prevê que os trabalhos de pesquisa serão executados sob a responsabilidade de engenheiro de minas ou de geólogo, habilitado a exercer a profissão.

Em razão da implantação do REPEM e a nova sistemática introduzida, a Resolução n. 119/2022 alterou o art. 10 da Portaria n. 155/2016, de modo a excluir a autorização de pesquisa do rol de títulos minerários que devem ser requeridos por meio da apresentação de pré-requerimento eletrônico dirigidos à ANM.

---

5 Elementos de instrução previstos no art. 16 do Código de Mineração.

7.4. Indeferimento do requerimento de pesquisa

Como estudado, o requerimento de pesquisa é o instrumento mediante o qual se deflagra o processo administrativo minerário de outorgas. Dessa forma, é correto afirmar que ele é essencial para a dinâmica da exploração mineral.

De acordo com o art. 17 do CM, o poder concedente pode indeferir de plano o requerimento do título autorizativo de pesquisa, quando estiver desacompanhado de qualquer dos elementos de instrução, referidos nos incisos I a VII do art. 16 do CM (excetuando-se a planta de situação, cuja apresentação foi dispensada pela Resolução n. 119/2022), elementos estes já estudados em detalhe em tópicos anteriores. No entanto, nessas hipóteses, por cautela – e no intuito de reforçar a legitimidade do ato de indeferimento – a ANM deverá formular exigências ao minerador. A formulação de exigências permite que o requerente sane determinada falta de documento, e inviabilize o indeferimento.

Será de sessenta dias, a contar da data da publicação da respectiva intimação no *DOU*, o prazo para cumprimento de exigências formuladas pela ANM sobre dados complementares ou elementos necessários à melhor instrução do processo. Esgotado esse prazo, sem que haja o requerente cumprido a exigência formulada, o requerimento será indeferido pela ANM.

Do despacho que indeferir o pedido de autorização de pesquisa ou de sua renovação, em respeito ao princípio do contraditório administrativo, caberá pedido de reconsideração, no prazo de sessenta dias contados da publicação do despacho no *DOU*. Além disso, em atenção ao princípio do duplo grau de jurisdição administrativa, do despacho que indeferir o pedido de reconsideração caberá recurso ao MME, recurso hierárquico, no prazo de trinta dias, contados da publicação do despacho no *DOU*.

Ainda nesse sentido, o art. 19, § 2º, do CM estabelece que a interposição de pedido de reconsideração sustará a tramitação de requerimento de autorização de pesquisa que, objetivando área abrangida pelo requerimento concernente ao despacho recorrido, haja sido protocolizado após o indeferimento em causa, até que seja decidido o pedido de reconsideração ou o eventual recurso. E, uma vez provido o pedido de reconsideração ou o recurso, caberá o indeferimento do requerimento de autorização de pesquisa superveniente.

O Parecer Conjur/MME 172/2007 tratou especificamente da comprovação dos atos constitutivos registrados no Órgão de Registro do Comércio, elemento de instrução previsto no art. 16, I, do CM, conforme observamos na sua respectiva ementa:

> Indeferimento de plano do Requerimento de Autorização de Pesquisa, com fundamento no *caput* do art. 17 do Código de Mineração. Comprovação de que a pessoa jurídica tenha seus atos constitutivos registrados no Órgão de Registro de Comércio constitui elemento essencial à instrução do Requerimento de Autorização de pesquisa, não podendo ser regularizada, por intermédio de formulação de exigência, ao interessado.

O Parecer Conjur/MME 557/2006 também tratou da exigência dos atos constitutivos, conforme se observa:

Constitucional, administrativo e comercial. Código de Mineração. Exigência de que a pessoa jurídica tenha seus atos constitutivos registrados no Órgão de Registro do Comércio. Recepção pela nova ordem constitucional. Há tratamento jurídico diferenciado na legislação vigente para empresa registrada e não registrada. Não verificação de ofensa à Constituição.

Atualmente, conforme previsto na Resolução n. 119/2022, os elementos de instrução previstos no art. 16, I, do CM, compreenderão as informações já registradas no Sistema de Dados Cadastrais vinculado ao Módulo de Protocolo Digital da ANM. Vale anotar que, com a implantação do protocolo digital, em 2019, a apresentação de documentos relacionados aos processos minerários passou a se dar de forma eletrônica. Assim, para apresentação de novos requerimentos, nos termos da Resolução n. 16/2019, tornou--se obrigatório o cadastramento prévio de pessoas físicas e jurídicas no Módulo de Protocolo Digital da ANM.

Tema mais controverso, que também foi alvo de parecer do então DNPM, é o indeferimento de plano do requerimento de pesquisa fora das hipóteses do art. 17 do CM.

O Parecer Proge 204/2005 – SSA expressa que seria possível o indeferimento do requerimento de pesquisa em hipóteses não previstas no citado artigo, abrandando, assim, a aplicação do princípio da legalidade em favor da aplicação do princípio da finalidade. Cita-se, assim, a possibilidade de indeferimento de determinado requerimento para se evitar a especulação com o patrimônio da União, hipótese esta não prevista no art. 17 do CM.

Nesse sentido, salienta-se que, embora o parecer tenha respeitado fundamento e busque inviabilizar uma prática nefasta e condenável, sua aplicação deve ser precedida de muita cautela, já que o princípio da legalidade, em que pesem os questionamentos atuais da doutrina, ainda é instrumento fundamental para a proteção do particular diante das possíveis arbitrariedades da Administração Pública.

Inclusive, tal entendimento expresso no parecer supracitado encontra severas críticas na doutrina. Uile Reginaldo Pinto, sobre o assunto, comenta:

> Neste sentido, é importante lembrar que, no Direito Público, é incabível a interpretação extensiva da norma legal, como fez indevidamente o Parecer Jurídico. O Direito Mineral, um dos ramos do Direito Público, somente suporta a interpretação restritiva[6].

Corroborando esse entendimento, o próprio MME já se posicionou de forma diferente, conforme refere a lição de Uile Reginaldo Pinto:

> Prosseguindo como os comentários, relata mais o Parecer Conjur/MME n. 347/2008 que a procuração não é elemento essencial de instrução do requerimento de autorização de pesquisa, pois não está listada no artigo 16, do Código de Mineração, dentre os documentos que obrigatoriamente devem instruir o requerimento de autorização de pesquisa no ato de sua protocolização.

---

6 PINTO, Uile Reginaldo. *Comentários sobre a jurisprudência do setor mineral*. Brasília: LGE, 2009, p. 143.

Dessa forma, entende acertadamente esse Parecer Jurídico que o indeferimento de plano do requerimento de autorização de pesquisa somente pode ocorrer se houver ausência de qualquer dos elementos relacionados no artigo 16, do Código de Mineração[7].

Outra possibilidade de indeferimento do requerimento de pesquisa é a hipótese de interferência total da área requerida com áreas prioritárias. Nesse sentido, caso a administração outorgue, equivocadamente, título em área onerada e, posteriormente, observe o equívoco, deverá anular o alvará indevidamente outorgado, em prestígio ao poder de autotutela da administração, conforme entendimento do Parecer Proes 55/2004-AMP. Todavia, nessas hipóteses, o poder concedente deverá respeitar o princípio do devido processo legal, abrindo assim espaço para manifestação daquele que vai sofrer com a anulação.

Nesse sentido, o RE 158543-9/RS, citado na obra de Uile Reginaldo Pinto[8], assim prescreve:

> Ato administrativo – Repercussões – Presunção de legitimidade – Situação constituída – Interesses contrapostos – Anulação – Contraditório.
>
> Tratando-se da anulação de ato administrativo cuja formalidade haja repercutido no campo de interesses individuais, a anulação não prescinde da observância do contraditório, ou seja, da instauração de processo administrativo que enseje a audição daqueles que terão modificada situação já alcançada. Presunção de legitimidade do ato administrativo praticado, que não pode ser afastada unilateralmente, porque é comum à Administração e ao particular.

Cabe ressaltar que, não estando livre a área pretendida, o requerimento será indeferido pela ANM. Nas interferências parciais, em algumas hipóteses, em que seja técnica e economicamente viável, a ANM realizará estudos de retiradas de interferência, nos termos do art. 14, § 2º, da Resolução n. 119/2022, devendo ser o requerente notificado, com o encaminhamento do memorial descritivo.

Caso a retirada de interferência resultar em mais de uma área remanescente, a ANM formulará exigência para que o requerente faça a opção por uma delas, sendo que as demais áreas ficarão livres para novos requerimentos.

7.5. Prazos dos alvarás de pesquisa

O Código de Mineração, art. 22, III, estabelecia que os prazos dos alvarás de pesquisa não serão inferiores a um ano nem, tampouco, serão superiores a três anos, sendo certo que a fixação do seu prazo, respeitados esses limites, dependerá de análise da ANM, que deverá considerar as características especiais da situação da área e da pesquisa mineral objetivada. Ressaltamos que, em 2022, com a edição da Lei n. 14.514/2022, o prazo máximo da autorização de pesquisa foi alterado para 4 anos.

O prazo inicialmente concedido poderá ser prorrogado, devendo respeitar as regras dispostas nas alíneas *a*, *b* e *c* do art. 22, III, do CM e art. 21 do RCM, que estabelecem

7 PINTO, Uile Reginaldo. *Comentários sobre a jurisprudência do setor mineral*. Brasília: LGE, 2009, p. 146.

8 PINTO, Uile Reginaldo. *Comentários sobre a jurisprudência do setor mineral*. Brasília: LGE, 2009, p. 153.

que a prorrogação poderá ser concedida tendo por base a avaliação do desenvolvimento dos trabalhos, devendo ser requerida até sessenta dias antes do termo final do título outorgado e devendo o competente requerimento ser instruído com um relatório dos trabalhos efetuados, bem como uma justificativa do prosseguimento da pesquisa. Além disso, a prorrogação da pesquisa independe da expedição de novo alvará, contando-se o respectivo prazo a partir da data da publicação, no *DOU*, do despacho que a deferir. Conforme disciplina o art. 21, § 3º do RCM, tendo sido apresentado tempestivamente o pedido de prorrogação, a autorização de pesquisa permanecerá válida até que haja uma decisão da ANM.

A Portaria n. 23/97, revogada pela Portaria n. 155/2016 – que aprovou a Consolidação Normativa do DNPM –, tratou de estabelecer instruções sobre a prorrogação do prazo de vigência da autorização de pesquisa, prevendo que, na avaliação do desenvolvimento dos trabalhos de pesquisa visando à prorrogação do prazo de validade do título autorizativo, serão observados critérios tais como as características especiais de localização da área, a natureza da substância mineral e a justificativa técnica do prosseguimento da pesquisa. O art. 90 da Portaria n. 155/2016 manteve tal posicionamento.

Da mesma forma, o citado diploma normativo previu, ainda, que, quando se tratar de um conjunto de autorizações de pesquisa em áreas contíguas ou próximas, reunidas em um único relatório, a análise abrangerá todo o conjunto e não as áreas individualmente.

Admite-se ainda, nos termos do art. 92 da Portaria n. 155/2016, a formulação de exigência para ensejar a devida instrução do requerimento de prorrogação do prazo de validade da autorização de pesquisa.

Em 2008, a Portaria n. 564/2008, também revogada pela Portaria n. 155/2016, criou um novo fundamento para a prorrogação do alvará de pesquisa, qual seja, a ausência de ingresso judicial na área atinente à autorização de pesquisa ou o assentimento do órgão gestor da unidade de conservação. É certo que, nesses casos, o titular deverá demonstrar, mediante documentos comprobatórios, que atendeu a todas as diligências e intimações promovidas no curso do processo de avaliação judicial ou determinadas pelo órgão gestor da unidade de conservação, conforme o caso, e que não contribuiu, por ação ou omissão, para a falta de ingresso na área ou expedição do assentimento.

Tais previsões foram mantidas no âmbito do art. 91 da Portaria n. 155/2016 e incluídas no RCM editado em 2018. Vale anotar que tais fundamentos, conforme estabelecido pelo regulamento, são as únicas hipóteses que dão ensejo à concessão de mais prorrogação do prazo da autorização de pesquisa.

7.6. Retificação do alvará de pesquisa

As autorizações de pesquisa comportam retificações. Para tanto, é necessário despacho publicado no *DOU*. Cabe ressaltar que a retificação, por si só, não acarreta modificação no prazo original do respectivo alvará. Ainda assim, conforme expressa o art. 24 do CM, a juízo da ANM, quando houver alteração significativa no polígono delimitador da área, pode ocorrer alteração de prazo. Nesses casos de alteração, serão expedidos alvarás retificadores, contando-se o prazo de validade da autorização a partir da data da publicação, no *DOU*, do novo título.

Embora o art. 24 do CM expresse que a alteração de prazo ocorre a juízo da ANM, é importante frisar que tal opção pela modificação de prazo deve guardar relação com as questões técnicas do caso prático. Assim, é correto afirmar que é defeso à autarquia alterar o prazo sem que, para tanto, esteja amparada em fundamento técnico, sob pena de carecer o ato de motivação. Além disso, é importante frisar que a alteração no prazo não tem efeito exclusivamente na esfera de direitos do minerador que possui a outorga, mas também gera consequências nos direitos de terceiros, que, por exemplo, poderiam se habilitar no caso de não cumprimento do prazo do alvará original, e a partir da prorrogação perdem tal direito. Nesse mesmo sentido, a ANM também não poderia deixar de alterar o prazo na hipótese de as questões técnicas apontarem para tal necessidade.

Portanto, eventual alteração do polígono pode ensejar a alteração do prazo concedido, desde que o ato seja justificado do ponto de vista técnico. Por outro lado, conforme art. 23, § 1º, do RCM, se a retificação da autorização de pesquisa acarretar a redução da área, sem o seu deslocamento, não ocorrerá a prorrogação do prazo original.

7.7. Principais obrigações do titular da autorização de pesquisa

A exploração geológica constitui interesse particular da pessoa de direito privado que faz o requerimento, mas também é essencialmente um interesse público. Antes de constituir uma prerrogativa outorgada ao particular, titular da autorização de pesquisa, a exploração geológica reflete interesse público. Nesse sentido, a autorização de pesquisa outorga direitos ao seu titular, mas também gera obrigações que devem ser satisfeitas de forma a garantir a preservação do interesse social que a reveste.

Destacamos, assim, as principais obrigações do titular da autorização de pesquisa. Primeiramente, cabe ao minerador iniciar os trabalhos no prazo de sessenta dias, contados da publicação do alvará no *DOU*, ou contados do ingresso judicial na área de pesquisa e, respectivamente, informar esse início, imediatamente, à ANM. Essa obrigação tem o condão de proteger a satisfação do interesse público, evitando que o minerador, com título outorgado, não inicie os trabalhos em um prazo adequado. No mesmo sentido, o minerador fica obrigado a não interromper os trabalhos sem justificativa, depois de iniciados, por mais de três meses consecutivos, ou por 120 dias acumulados e não consecutivos.

Ressaltamos, ainda, o dever do minerador de efetuar o pagamento da Taxa Anual por Hectare (TAH), até a entrega do relatório final de pesquisa (RFP). A citada taxa tem o condão de evitar especulações econômicas com os títulos minerários, e será abordada em detalhes em capítulo próprio.

Observa-se, ainda, a obrigação do minerador de facilitar aos agentes da ANM a inspeção de instalações e equipamentos, entre outros, e a obrigação de custear as vistorias realizadas pela agência, no exercício da fiscalização dos trabalhos de pesquisa. A ART da execução de pesquisa no Crea também é obrigação do minerador.

É importante, também, o dever que o minerador passa a ter de comunicar a descoberta de outra substância mineral útil – além da obrigação de comunicar à Autoridade Nacional de Segurança Nuclear (ANSN), à ANM e às Indústrias Nucleares do Brasil (INB), qualquer descoberta de minerais nucleares. A questão atinente aos minerais nucleares, e seu respectivo tratamento, será igualmente estudada em capítulo próprio.

Cabe ao minerador, ainda, apresentar o relatório final de pesquisa (RFP) dentro do prazo de vigência do alvará ou de sua prorrogação, conforme o caso.

7.7.1. Declaração de Investimento em Pesquisa Mineral - DIPEM

A Portaria n. 519, de 2013, dispõe a respeito da Declaração de Investimento em Pesquisa Mineral – DIPEM. Importa dizer que a instituição de tal declaração decorre da obrigação de as pessoas naturais ou jurídicas, que exerçam atividades de pesquisa de reservas minerais, de fornecer informações à ANM sobre as condições técnicas e econômicas da execução dos serviços ou da exploração de tais atividades, de acordo com o art. 13, II, do Código de Mineração.

Na DIPEM, a ser apresentada à ANM pelos titulares de alvarás de pesquisa por meio de formulário específico, deverão constar, nos termos do art. 1º da Portaria, as seguintes informações: (i) nome ou razão social, CPF ou CNPJ e endereço completo do titular; (ii) em se tratando de pessoa jurídica, a origem do capital controlador, bem como a participação percentual desse capital, associando o nome e CNPJ do grupo empresarial vinculado, quando for o caso; (iii) a(s) substância(s) pesquisada(s), o nome do município e a unidade da federação (UF) em que se localiza(m) a(s) área(s) e os números dos processos no DNPM aos quais os alvarás de pesquisa estejam vinculados; (iv) o valor do investimento aplicado por substância mineral, discriminando aqueles relativos a infraestrutura, topografia, cartografia e desenho, geologia, mapeamento geológico, trincheiras e poços, prospecção geoquímica, prospecção geofísica, sondagens, análises químicas, análises físicas do minério, ensaios de beneficiamento, galerias e *shafts*, e outros, município e UF, no ano-base referido; e (v) nome e cargo ou função do responsável pelas informações apresentadas.

No entanto, o valor do investimento informado não necessitará ser o mesmo do previsto no plano de pesquisa. E o valor referente ao pagamento da TAH não deverá ser incluído no montante dos investimentos informados na DIPEM.

Em atenção ao art. 2º da referida norma, a DIPEM deverá ser encaminhada à ANM até o dia 30 de abril de cada ano, contendo informações sobre os investimentos aplicados nas áreas objeto de alvarás de pesquisa vigentes no exercício anterior, denominado ano-base.

Inovação trazida com a Portaria n. 519 diz respeito à previsão de que a DIPEM somente poderá ser apresentada por meio eletrônico. Salienta-se que o art. 96 da Portaria n. 155/2016 reiterou a obrigatoriedade da DIPEM.

7.8. Ação de avaliação e renda

A ação de avaliação e renda é utilizada para viabilizar a pesquisa dos trabalhos e, também, as obras e serviços auxiliares necessários em terrenos de domínio público ou particular, abrangidos pelas áreas a pesquisar – desde que pague aos respectivos proprietários ou posseiros renda pela ocupação dos terrenos e uma indenização pelos danos e prejuízos que possam ser causados pelos trabalhos de pesquisa.

Por uma escolha metodológica, mais especificidades sobre esse tema serão abordadas em capítulo próprio.

7.9. Pagamentos da autorização de pesquisa

Nos termos do art. 20 do CM, a autorização de pesquisa implica obrigatoriedade de alguns pagamentos. O minerador interessado pela pesquisa, quando do requerimento, deverá pagar emolumentos em quantia equivalente a 270 vezes a expressão monetária Ufir.

Além disso, conforme previsão do art. 20, II, do CM, uma vez outorgada a autorização de pesquisa, o titular do alvará deverá pagar a taxa anual por hectare (TAH), admitida a fixação em valores progressivos em função da substância mineral objetivada, extensão e localização da área e de outras condições, até a entrega do relatório final dos trabalhos à ANM. O tema será estudado em detalhes em capítulo específico.

Cabe ressaltar, desde já, que o não pagamento dos valores decorrentes da autorização de pesquisa enseja a aplicação de sanções. Tratando-se da TAH, o não pagamento implicará multa, no valor máximo previsto no art. 64 do CM, e nulidade *ex officio* do alvará de autorização de pesquisa, após imposição de multa.

7.10. Relatório final de pesquisa (RFP)

Por relatório final de pesquisa (RFP), entende-se o trabalho elaborado por profissionais devidamente habilitados, que deverá, obrigatoriamente, ser apresentado à ANM dentro do prazo de validade do título de autorização. Destaca-se que o RFP deverá ser apresentado independentemente do resultado das atividades de pesquisa, sob pena de multa, salvo exceções que serão estudadas em tópico próprio.

O art. 22, V, do CM determina que o RFP deverá conter estudos geológicos e tecnológicos quantificativos da jazida e demonstrativos da exequibilidade técnico-econômica da lavra. O conteúdo mínimo do relatório era detalhado no art. 26 do antigo RCM (Decreto n. 62.934/1968), contudo, o atual regulamento indica que o conteúdo mínimo e demais orientações para elaboração do documento serão definidos em resolução da ANM, cuja edição ainda é aguardada.

Com relação à quantificação das reservas, a Resolução n. 94/2022, visando à adequação da realidade brasileira aos padrões internacionais, trouxe novas classificações para os resultados obtidos, a saber, os recursos medido, indicado e inferido.

De acordo com a Resolução, considera-se recurso inferido a parte de um recurso mineral estimado com base em evidências geológicas, técnicas apropriadas de pesquisa e amostragem limitadas que sugerem, mas não atestam, a continuidade geológica, teor ou qualidade do bem mineral. O recurso inferido tem o nível de confiabilidade mais baixo que aquele referente ao recurso indicado.

Já o recurso indicado, que possui nível de confiabilidade mais baixo que o recurso medido, é a parte de um recurso mineral estimado com base em técnicas adequadas de pesquisa derivadas de exploração, amostragem e testes com detalhamento adequado, confiáveis e suficientes para assumir a continuidade geológica, teor ou qualidade, densidade, forma e características físicas do depósito mineral entre os pontos de observação, permitindo a aplicação de fatores modificadores em detalhe suficiente para embasar o planejamento da mina e a avaliação preliminar da viabilidade econômica do depósito.

Por sua vez, considera-se recurso medido a parte de um recurso mineral estimado com base em técnicas apropriadas de pesquisa derivadas de exploração, amostragem e testes detalhados e confiáveis o suficiente para confirmar a continuidade geológica, teor ou qualidade, densidade, forma e características físicas do depósito mineral entre os pontos de observação, permitindo a aplicação de fatores modificadores para o planejamento de mina detalhado e a avaliação final da viabilidade econômica do depósito. O recurso medido possui maior grau de confiabilidade entre os demais.

A partir da edição do atual RCM, mesmo após a entrega do RFP e encerramento do prazo da autorização de pesquisa, o minerador permanece autorizado a continuar os trabalhos de pesquisa, objetivando obter o melhor conhecimento da jazida mineral, inclusive, para a identificação de novas substâncias. Os dados obtidos com a pesquisa realizada após a entrega do RFP, contudo, não ensejam a retificação ou complementação do documento entregue.

7.11. Renúncia do alvará de pesquisa

O art. 22, II, do CM admite a renúncia à autorização, sem prejuízo do cumprimento, pelo titular, das obrigações estabelecidas pelo Código de Mineração, tornando-se operante o efeito de extinção do título autorizativo na data da protocolização do instrumento de renúncia, com desoneração da área.

Conforme já explicitado, a outorga do título minerário implica não só direitos, mas também obrigações impostas ao seu titular. Assim, a renúncia do alvará de pesquisa, por si só, não faz com que o particular deixe de estar obrigado a cumprir determinadas imposições legais decorrentes do título, e que já foram estudadas em tópico específico.

Vale destacar que o art. 22, parágrafo único, do RCM, estabelece que o titular da autorização que renuncia ao título poderá ficar desobrigado de apresentar o RFP conforme critérios fixados em resolução da ANM.

A Portaria n. 22/97, revogada pela Portaria n. 155/2016 – que aprovou a Consolidação Normativa do DNPM –, dispunha sobre as hipóteses de dispensa de apresentação do RFP quando da renúncia ao título autorizativo. A Portaria n. 155/2016, em seu art. 98, reiterou as duas hipóteses em que haverá renúncia à autorização de pesquisa e dispensa de apresentação do respectivo relatório.

A primeira hipótese de dispensa pode ocorrer a qualquer tempo, desde que o titular instrua o requerimento com documentos comprobatórios de que atendeu a todas as diligências e intimações promovidas no curso do processo de avaliação judicial e que não concorreu, por ação ou omissão, para a falta de ingresso na área.

Por sua vez, a segunda hipótese de dispensa deve ocorrer antes de transcorrido 1/3 do prazo de vigência da autorização de pesquisa, contado da publicação no DOU do título autorizativo. Nesses casos, o titular não precisa fazer nenhum tipo de prova, sendo o transcurso do prazo o elemento essencial para a dispensa da apresentação do relatório de pesquisa.

Ressalta-se, ainda, que a Portaria n. 22/97 utilizava a expressão "poderá ser dispensada", ao se referir às duas hipóteses de dispensa de relatório de pesquisa acima previstas. Ainda assim, em outras edições da presente obra defendíamos que a dispensa do DNPM (atual ANM), nesses casos, deveria ser compreendida como ato vinculado, que não poderia ficar adstrita à discricionariedade da autarquia. Em consonância com tal posicionamento, a redação vigente dada ao art. 98 da Portaria n. 155/2016 passou a empregar a expressão "será dispensada".

Cabe destacar que, uma vez protocolado o pedido de renúncia, torna-se inviável a desistência de tal pleito. Esse entendimento foi expresso no Parecer/Proge 25/2005 – SSA, conforme observa-se:

> A renúncia ao título minerário produz seus efeitos extintivos na exata data em que aquela foi protocolizada, e estes são indiferentes ao futuro pronunciamento desta Autarquia, porque tudo que da renúncia se espera já se produziu no ato de sua protocolização.

7.12. Despachos após a pesquisa

Uma vez finalizada a pesquisa e apresentado o RFP, a ANM verificará sua exatidão e, à vista de parecer conclusivo, proferirá despacho de: (i) aprovação do relatório, quando ficar demonstrada a existência de jazida; (ii) não aprovação do relatório, quando ficar constatada insuficiência dos trabalhos de pesquisa ou deficiência técnica na sua elaboração; (iii) arquivamento do relatório, quando ficar demonstrada a inexistência de jazida, passando a área a ser livre para futuro requerimento, inclusive com acesso do interessado ao relatório que concluiu pela referida inexistência de jazida; (iv) sobrestamento da decisão sobre o relatório, quando ficar caracterizada a impossibilidade temporária da exequibilidade técnico-econômica da lavra, conforme previsto no inciso III do art. 23 do CM.

Na hipótese de despacho de sobrestamento da decisão sobre o RFP, a ANM fixará prazo para o interessado apresentar novo estudo da exequibilidade técnico-econômica da lavra, sob pena de arquivamento do relatório.

Caso, mesmo após a apresentação de novo RFP, não ficar demonstrada a exequibilidade técnico-econômica da lavra, a ANM poderá conceder ao interessado, sucessivamente, novos prazos, ou colocar a área em disponibilidade, na forma do art. 32, se entender que terceiro poderá viabilizar a lavra. Nesse sentido, no entanto, a ANM deverá expor motivadamente essa escolha, na medida em que estará relativizando o direito de prioridade em favor do interesse público da exploração, devendo revestir-se, portanto, de motivação à luz do princípio da finalidade.

Comprovada a exequibilidade técnico-econômica da lavra, a ANM proferirá, *ex officio* ou mediante provocação do interessado, despacho de aprovação do RFP.

7.12.1. *Sobrestamento*

O art. 99 da Portaria n. 155/2016 expressa que, quando caracterizada a impossibilidade temporária da exequibilidade técnico-econômica da lavra, conforme previsão do inciso III do art. 23 do CM, será proferido despacho de sobrestamento da decisão sobre o relatório pelo prazo de até 3 anos.

Assim, sobrestada a decisão sobre o relatório, o interessado ficará obrigado a apresentar novo estudo de exequibilidade técnico-econômica da lavra no prazo estabelecido para o sobrestamento, independente de nova exigência da ANM, sob pena de arquivamento do relatório.

7.12.2. *Adiamento da entrega do relatório de pesquisa*

O Parecer Proge 265/2006-FMM consigna não existir previsão legal para o adiamento da entrega do RFP e que nem mesmo a relevância econômica e social do empreendimento justificariam o descumprimento de prazos legais.

Trata-se, evidentemente, de posição legalista, compreendendo que a inexistência de previsão do Código de Mineração inviabiliza uma excepcionalidade quanto ao prazo de entrega do RFP. Em que pesem os argumentos expostos no citado parecer, entendemos que o interesse público pode ser elemento a justificar a dilação do prazo.

7.13. Plano de aproveitamento econômico (PAE)

Como já explicitado, a exploração dos recursos minerais depende da comprovação da viabilidade geológica e econômica, fato que deve ser estudado durante a fase de pesquisa.

O plano de aproveitamento econômico (PAE), portanto, constitui um dos elementos obrigatórios do requerimento de concessão de lavra. Trata-se de relatório elaborado sob responsabilidade de um engenheiro de minas, cujo conteúdo é o estudo técnico do aproveitamento de uma jazida mineral e a análise econômica de viabilidade do empreendimento.

Destina-se, assim, a demonstrar como será executado o empreendimento com eficiência, eficácia e efetividade, de modo a otimizar o aproveitamento econômico dos recursos minerais.

A realização de lavra em desacordo[9] com o PAE aprovado resultará na aplicação, pela ANM, de sanções que poderão ir desde a advertência à caducidade do título, sem prejuízo das penalidades previstas na legislação criminal. Contudo, é facultado ao minerador propor, a qualquer tempo, mudanças no PAE, desde que justificada pelo melhor conhecimento da jazida obtido durante a lavra ou diante da necessidade de adequação da escala de produção às condições do mercado, tudo a ser regularmente avaliado e aprovado pela ANM, em pedido de retificação de PAE.

---

9 O art. 48 do Código de Mineração estabelece que se considera ambiciosa a lavra conduzida sem observância do plano preestabelecido, ou efetuada de modo a impossibilitar o ulterior aproveitamento econômico da jazida.

Assim, conforme expressa o art. 39 do CM e o art. 32 do RCM, o PAE da jazida será apresentado em duas vias contendo memorial explicativo[10], projetos ou anteprojetos referentes: (i) ao método de mineração a ser adotado, fazendo referência à escala de produção prevista inicialmente e à sua projeção; (ii) à iluminação, ventilação, ao transporte, à sinalização e segurança do trabalho, quando se tratar de lavra subterrânea; (iii) ao transporte na superfície e ao beneficiamento e aglomeração do minério; (iv) às instalações de energia, de abastecimento de água e condicionamento de ar; (v) à higiene da mina e dos respectivos trabalhos; (vi) às moradias e suas condições de habitabilidade para todos os que residem no local da mineração; (vii) às instalações de captação e proteção das fontes, adução, distribuição e utilização da água, para as jazidas da Classe VIII.

A partir de 2020, em razão das alterações trazidas pela Lei n. 14.066/2020, o CM também passou a exigir a apresentação de projetos ou anteprojetos referentes à construção de barragem de rejeitos, quando houver, ou de aumento na sua altura, vedada a utilização da técnica de alteamento a montante. Além disso, caso seja prevista a construção e a operação de barragens de rejeitos, o plano de aproveitamento econômico deverá incluir o Plano de Ação de Emergência, em caráter conceitual, elaborado pelo empreendedor. As questões relacionadas às barragens serão abordadas em tópico específico, por finalidade didática.

Além disso, o PAE deverá conter um cronograma com indicação das datas previstas para o início e conclusão de cada um dos projetos ou anteprojetos, bem como da data de início do trabalho de lavra.

O dimensionamento das instalações e equipamentos previstos no PAE da jazida deverá ser condizente com a produção justificada no memorial explicativo, e apresentar previsão das ampliações futuras.

Por fim, reiteramos que, quando o melhor conhecimento da jazida obtido durante os trabalhos de lavra justificar mudanças no plano de aproveitamento econômico, ou as condições do mercado exigirem modificações na escala de produção, deverá o concessionário propor as necessárias alterações à ANM, para exame e eventual aprovação do novo plano.

Assim, o PAE é um instrumento econômico-financeiro, mediante o qual se avalia a viabilidade econômica da exploração da jazida já que, por óbvio, se o resultado esperado for negativo, a atividade se mostrará mais prejudicial do que proveitosa para o interesse público. Ou seja, o PAE busca evitar abandonos de jazidas e não recuperações de áreas, dentre outras condutas lesivas ao interesse público.

7.14. Guia de utilização

Por guia de utilização, entende-se o título que, excepcionalmente, permite, durante o prazo de validade do alvará de pesquisa – ou após seu esgotamento e antes da outorga da concessão de lavra –, a explotação em área onerada. Assim estabeleceu o art. 22 do CM:

---

10 No memorial explicativo deverão estar referidas as servidões necessárias. O tema será mais bem detalhado em capítulo próprio.

§ 2º É admitida, em caráter excepcional, a extração de substâncias minerais em área titulada, antes da outorga da concessão de lavra, mediante prévia autorização do DNPM, observada a legislação ambiental pertinente.

O instituto da guia de utilização era tratado no âmbito da Portaria n. 144/2007, norma essa que, como muitas outras já tratadas em outros itens, foi revogada pela Portaria n. 155/2016. O art. 2º, parágrafo único, da Portaria n. 144/2007 explicitava que eram consideradas excepcionais as seguintes situações: (i) a aferição da viabilidade técnico-econômica da lavra de substâncias minerais no mercado nacional e/ou internacional; (ii) a extração de substâncias minerais para análise e ensaios industriais antes da outorga da concessão de lavra; e (iii) a comercialização de substâncias minerais diante de necessidade de fornecimento continuado da substância visando à garantia de mercado, bem como para custear a pesquisa.

Cabe mencionar que os dois primeiros itens acima foram mantidos no âmbito do art. 102, § 1º, da Portaria n. 155/2016. No entanto, o terceiro item foi alterado, passando à seguinte redação: "a comercialização de substâncias minerais, a critério da ANM, de acordo com as políticas públicas, antes da outorga de concessão de lavra". Dessa forma, o critério objetivo anteriormente adotado foi substituído por uma decisão mais subjetiva. Tal crítica em relação à falta de segurança da nova redação ensejou que, ainda no ano de 2016, uma nova portaria detalhasse o que se consideram "políticas públicas" para tais fins.

Dito isso, salienta-se que, atualmente, o § 2º do art. 102 da mencionada Portaria n. 155/2016 – alterado pela Resolução n. 37/2020 – preconiza a comercialização de substâncias minerais quando ocorrer uma das seguintes hipóteses: (i) em situação de formalização da atividade e fortalecimento das micro e pequenas empresas, de acordo com os objetivos estratégicos do Plano Nacional de Mineração 2030; (ii) que visarem à promoção do desenvolvimento da pequena e média mineração por meio de ações de extensionismo mineral, formalização, cooperativismo e arranjos produtivos locais; (iii) que se destinarem à pesquisa dos minerais estratégicos (abundantes, carentes e portadores de futuro), de acordo com os objetivos do Plano Nacional de Mineração 2030; (iv) que visarem à garantia de oferta de insumos para obras civis de infraestrutura, para o desenvolvimento agrícola e da construção civil; (v) com investimentos em setores relevantes para a balança comercial brasileira, contendo substâncias necessárias ao desenvolvimento local e regional; e (vi) com projetos que promovam a diversificação da pauta de exportação brasileira e o fortalecimento de médias empresas, visando à conquista do mercado internacional. Contribuindo para o superávit da balança comercial.

Merece referência o posicionamento doutrinário de Solange Costa, que concebe o instituto da guia de utilização da seguinte forma:

> Guia de Utilização é o documento mediante o qual o minerador é autorizado, pelo Departamento Nacional de Produção Mineral – DNPM, à extração em caráter excepcional, de

substâncias minerais em áreas oneradas antes da outorga da concessão de lavra, fundamentado em critérios ambientais e mercadológicos[11].

Uma vez satisfeitos os requisitos previstos em lei, quais sejam, aqueles previstos na Portaria n. 155/2016 do DNPM, a decisão pela expedição ou não da guia não está adstrita aos critérios da conveniência e oportunidade. Ou seja, à ANM passa a ser defeso fazer um juízo de valor para a concessão da guia de utilização, na medida em que o ato de emissão da guia de utilização é ato vinculado. Solange Costa, em consonância com a Portaria n. 144 – revogada pela Portaria n. 155/2016 –, explicitava que "relativamente à natureza jurídica da guia de utilização, verificamos que se trata, portanto, de ato administrativo vinculado e definitivo"[12].

O Anexo IV da Portaria n. 155/2016 fixa as substâncias minerais e respectivas quantidades máximas que poderão ser objeto de guia de utilização. Ressalta-se que, a critério da Diretoria Colegiada da ANM, poderá ser concedida guia de utilização para outras substâncias não relacionadas no Anexo IV, mediante parecer fundamentado. As quantidades máximas previstas também poderão sofrer acréscimo quando da emissão de novas guias de utilização, desde que comprovadamente demonstrada a necessidade de incremento da produção para atendimento do mercado.

Tema outrora controvertido foi aquele atinente à exigência prévia da licença ambiental para sua respectiva expedição. Nesse sentido, o TRF da 1ª Região assim compreendeu:

> III – A imprescindibilidade de prévio licenciamento ambiental para emissão, por parte do Departamento Nacional de Produção Mineral, de qualquer autorização para extração de substância mineral, afigura-se, em princípio, amparada pela tutela cautelar constitucional prevista no art. 225, § 1º, V e respectivo § 3º, da Constituição Federal, na linha autoaplicável de imposição ao Poder Público e à coletividade o dever de defender e preservar o meio ambiente ecologicamente equilibrado, como bem de uso comum do povo e essencial à sadia qualidade de vida, para as presentes e gerações futuras (CF, art. 225, *caput*)[13].

A polêmica de tal decisão, naquele momento, pode ser compreendida na lição de Uile Reginaldo, conforme expomos:

> Vale lembrar que a Instrução Normativa DNPM n. 1, de 24 de janeiro de 2000, publicada no *Diário Oficial da União* de 25 de janeiro de 2000, que estabelecia instruções sobre a outorga de guia de utilização e de guia de embarque de amostras, preceituava em seus artigos 5º e 6º que a guia de utilização poderia ser fornecida sem o prévio licenciamento ambiental,

11 COSTA, Solange Maria Santos. Guia de utilização, evolução histórica, regulamentação e natureza jurídica. In: SOUZA, Marcelo Mendo Gomes de (Coord.). *Direito Minerário em evolução*. Belo Horizonte: Mandamentos, 2009, p. 207.

12 COSTA, Solange Maria Santos. Guia de utilização, evolução histórica, regulamentação e natureza jurídica. In: SOUZA, Marcelo Mendo Gomes de (Coord.). *Direito Minerário em evolução*. Belo Horizonte: Mandamentos, 2009, p. 217.

13 Apelação Cível 2000.34.00.023222-7.

mas que a efetiva extração de substância mineral somente poderia ser iniciada depois da obtenção da específica licença ambiental[14].

Vale referir, ainda, que a Portaria DNPM n. 367/2003, que revogou a Instrução Normativa DNPM n. 1, manteve entendimento com relação à questão atinente ao licenciamento ambiental e às guias de utilização. No entanto, a Portaria DNPM n. 144/2007, que revogou a portaria DNPM n. 367, alterou posicionamento, prevendo, então, que as guias de utilização serão expedidas depois de instruído o pedido com a devida licença ambiental, dando fim aos debates sobre o tema. Por sua vez, a Portaria DNPM n. 155/2016, em seus arts. 106 e 107, inicialmente, reiterou a necessidade de licença ambiental.

No entanto, o art. 107 da referida Portaria, que determinava que a guia de utilização somente seria deferida com a apresentação da licença ambiental, foi alterado pela Resolução n. 37/2020. Com a nova redação, apenas a eficácia da guia de utilização ficará condicionada à obtenção do licenciamento ambiental, o que possibilita o seu deferimento prévio.

Apesar de ainda vigente, destacamos que a dispensa da licença ambiental prévia ao deferimento tem sido tema de recorrentes questionamentos, especialmente por parte de setores ambientalistas, que apontam, entre outros itens, que a alteração ensejou uma emissão descontrolada de guias de utilização, dificultando o controle dos órgãos competentes e possibilitando a ocorrência de danos ao meio ambiente.

A modificação trazida pela Resolução n. 37/2020 também trouxe dúvidas em relação à contagem do prazo de vigência das guias de utilização, uma vez que, de acordo com a nova redação do art. 107 da Portaria n. 155/2016, o início da vigência das guias coincidirá com a data da outorga do licenciamento ambiental. A dúvida se dá em relação ao termo trazido pela Resolução, considerando-se que é cabível a interpretação de que apenas a eficácia (ou seja, o vigor) das guias de utilização estaria ligado ao licenciamento, e não a vigência em si.

Em razão de tais questionamentos, a área técnica ANM emitiu a Nota Técnica n. 5/2021-GPOR/SRG-ANM/DIRC, na qual sugeriu-se a adoção do entendimento de que a "vigência da GU inicie na data de sua publicação no DOU, independente da ausência do documento ambiental que lhe confere eficácia". Ou seja, restou proposto que a apresentação da licença ambiental condicione a eficácia (vigor) da Guia, e não a sua vigência.

O entendimento sugerido na referida Nota Técnica tem sido seguido pela ANM, e, inclusive, as guias de utilização vêm sendo emitidas, em grande parte, contendo a ressalva de que o prazo de vigência deverá ser contado a partir da publicação da guia de utilização, de maneira que somente a eficácia se dará a partir do licenciamento ambiental.

De qualquer forma, o tema permanece em discussão no âmbito da ANM, já havendo proposta, formulada pelo antigo diretor Ronaldo Lima, para que a emissão das guias de utilização volte a ser condicionada à obtenção da licença ambiental.

---

14 PINTO, Uile Reginaldo. *Comentários sobre a jurisprudência do setor mineral*. Brasília: LGE, 2009, p. 182.

7.14.1. Prazo de validade da guia de utilização

O art. 24 do RCM determina que o prazo de validade da guia de utilização será de até 3 anos, admitida uma prorrogação por até igual período.

O art. 111 da Portaria n. 155/2016, em consonância com o revogado art. 11 da Portaria n. 144, estabelecia que o prazo da guia de utilização não poderia ser superior à vigência da licença ambiental apresentada ou do alvará de pesquisa, quando em vigor, prevalecendo o prazo que vier a vencer primeiro. No entanto, em razão das mencionadas alterações quanto à exigência do licenciamento ambiental prévio, o art. 111 da Portaria n. 155/2016 foi revogado pela Resolução n. 37/2020.

Por sua vez, o art. 120 trata do procedimento para prorrogação da guia de utilização, expressando que tais pedidos deverão ser instruídos com os seguintes documentos: (i) relatório parcial de atividades de pesquisa mineral até então desenvolvidas ou RFP, sendo o caso, incluindo informações sobre as atividades de extração; (ii) nova justificativa técnico-econômica, apenas se for prevista modificação nas condições operacionais; (iii) comprovação do recolhimento da CFEM, referente à quantidade da substância mineral extraída; (iv) planta topográfica da área lavrada pela GU na mesma escala da primeira planta fornecida quando do requerimento da GU; e (v) comprovante do pagamento dos respectivos emolumentos.

Para que não haja interrupção das atividades de extração, o titular deverá protocolizar o requerimento de uma nova guia de utilização, instruído com os documentos exigidos pela legislação, no prazo de até sessenta dias antes do vencimento da vigente. A Portaria n. 201/2015 inovou ao alterar o texto da Portaria n. 144/2007, estabelecendo o prazo de um ano para a continuidade dos trabalhos de extração fixados na guia de utilização, quando da ausência de decisão sobre o requerimento de nova guia. Tal marco temporal se manteve com a edição da Portaria n. 155/2016.

7.15. Descoberta de substância mineral diversa

O Código de Mineração previu, no art. 47, IV, como obrigação do titular da concessão, a imediata comunicação à ANM de descobrimento de qualquer outra substância mineral não incluída no decreto de concessão. Portanto, o titular de concessão de lavra só poderá explorar a substância descrita no título minerário.

O art. 34, § 1º, do RCM explicita que a nova substância encontrada poderá ser explorada pelo titular de concessão, dependendo, no entanto, de aditamento do título de lavra. Portanto, o aditamento do título de lavra expande as possibilidades do titular de concessão de lavra, que passa a poder explorar outras substâncias que não apenas a requerida inicialmente.

Por sua vez, a Portaria n. 155/2016 – que revogou a Portaria n. 269/86 – regulou o tema em seu art. 129, reiterando a obrigação de comunicar o descobrimento de substância mineral diversa daquela prevista na concessão, acrescentando que o aditamento a que se refere o RCM depende da realização prévia de trabalhos de pesquisa, comprovada mediante relatório elaborado por profissional regularmente habilitado.

Além disso, expôs a portaria que o aditamento do título somente será concedido após aprovação do relatório de pesquisa, mediante apresentação de PAE, elaborado por profissional legalmente habilitado, com indicação das possíveis alterações que a lavra da nova substância acarretará do primitivo plano de lavra. E, assim, o aditamento será averbado à margem da transcrição do respectivo título, sendo essa averbação pressuposto para o aproveitamento da nova substância, sob pena de sanções.

7.15.1. *Ausência de comunicação*

Tal qual o parágrafo único do art. 29 do Código de Mineração prevê para a fase de pesquisa, o art. 47, IV, inserido no capítulo III, estabelece a obrigação de comunicação, no âmbito da lavra. Enquanto na fase de pesquisa a comunicação tem caráter meramente protocolar, instrumentalizando o poder de polícia da ANM e não sendo ato constitutivo, na fase de lavra, ao contrário, o aditamento é da essência do aproveitamento da nova substância (art. 34, § 1º, do RCM).

Ou seja, na fase de pesquisa, uma vez comunicada a ocorrência de nova substância, não cabe à autarquia aprovar ou não a sua pesquisa. Ao contrário, na fase de lavra, o pedido de aditamento deve ser instrumentalizado com estudos que comprovem não só a existência do corpo mineral como a viabilidade econômica da sua exploração, de sorte que a lavra da nova substância só será lícita se precedida do necessário ato autorizativo da ANM – aditamento do título.

Tal diferenciação de tratamento se deve ao fato de que o requerimento de pesquisa marca o início do processo minerário e tem o condão de marcar o direito de prioridade, direito este que nasce em decorrência do princípio de mesmo nome.

Independentemente da substância requerida inicialmente, o requerimento válido que fixa a prioridade tem o condão de estabelecer a preferência, a prioridade para pesquisa de qualquer nova substância, entre aquelas passíveis de pesquisa, que venha a ser encontrada na mesma área. Ou seja, em que pese o requerimento ser formulado em relação a apenas uma substância, passa o titular a ter preferência em relação à pesquisa e eventual aproveitamento de qualquer nova substância, ainda que não prevista no título.

Assim, forçoso concluir que a comunicação da nova substância tem o mero condão informativo, já que, quando ocorre, a prioridade já foi firmada em favor do titular. Paralelamente, em relação à ANM, a comunicação tem a função de possibilitar o exercício do poder de polícia da autarquia em relação à atividade de pesquisa. Por esse motivo, a ausência de comunicação da ocorrência de outra substância mineral, não constante na autorização de pesquisa, constitui infração administrativa, nos termos do art. 54, XXV, do RCM.

Nesse sentido, como leciona Mauricio Pellegrino de Souza, a comunicação de nova substância é ato que se relaciona com o "efetivo exercício do poder de polícia pelo DNPM"[15] que, em nenhum sentido, comporta crivo ou juízo de valor por par-

---

15 SOUZA, Maurício Pellegrino de. Autorização de pesquisa mineral: obrigações do titular e prazo para apresentar relatório final. In: SOUZA, Marcelo Mendo Gomes de (Coord.). *Direito minerário em evolução*. Belo Horizonte: Mandamentos, 2009, p. 246.

te da própria ANM e tampouco altera a esfera de direitos já incorporados ao seu titular. A ela não se segue qualquer ato deliberativo da autarquia, ou seja, trata-se de mera publicidade que o empreendedor faz em relação a um direito seu de forma a possibilitar o exercício do poder de polícia pela ANM, direito este já criado e incorporado ao seu patrimônio por força da amplitude que a prioridade lhe confere, de forma que a sua ausência, em nenhum aspecto, tem o condão de macular os atos subsequentes.

7.16. Minerais radioativos

O art. 90 do CM tratou dos minerais radioativos, especificando que, quando se verificar em jazida em lavra a concorrência desses minerais, ou apropriados ao aproveitamento dos misteres da produção de energia nuclear, a concessão só será mantida caso o valor econômico da substância mineral, objeto do decreto de lavra, seja superior ao dos minerais nucleares que contiver.

Caso o valor econômico da substância mineral constante do título de lavra não se mostre superior ao dos minerais radioativos, a mina poderá ser desapropriada.

Ressaltamos, ainda, que a comunicação da descoberta de minerais radioativos ou nucleares associados ao Ministério das Minas e Energia constitui obrigação dos titulares de autorização de pesquisa, que, caso descumprida, dará ensejo a aplicação de sanção.

A Lei n. 6.189/1974 também dispõe sobre a ocorrência de minerais nucleares, referindo, no art. 4º, que a não comunicação da descoberta de urânio e tório dos minerais nucleares à Autoridade Nacional de Segurança Nuclear (ANSN), à Agência Nacional de Mineração (ANM) e às Indústrias Nucleares do Brasil S.A. (INB) enseja a pena de revogação da autorização para pesquisa ou lavra.

Salientamos que a ANSN, criada em 2022, a partir do desmembramento da Comissão Nacional de Energia Nuclear (CNEN), é responsável por monitorar, regular e fiscalizar as atividades e instalações nucleares no Brasil. Por sua vez, a CNEN é autarquia federal, criada em 10 de outubro de 1956, e se encontra vinculada ao Ministério de Ciência, Tecnologia e Inovação. Como entidade superior de planejamento, orientação, supervisão e fiscalização, a CNEN estabelece normas e regulamentos em radioproteção e licencia, fiscaliza e controla a atividade nuclear no Brasil. Além disso, a CNEN desenvolve pesquisas na utilização de técnicas nucleares em benefício da sociedade.

Dessa forma, constituem objetivos da CNEN e da ANSN garantir o uso seguro e pacífico da energia nuclear, assim como desenvolver e disponibilizar tecnologias nuclear e correlatas, visando ao bem-estar da sociedade.

O art. 90 do CM estabelece a prevalência da substância com valor econômico superior, acrescentando apenas o critério estratégico como parâmetro para a opção de prevalência. Assim, é preciso ponderar se a substância objeto do título tem valor econômico ou estratégico superior ao mineral nuclear. O antigo RCM previa, ainda, a indenização dos investimentos efetuados no caso de revogação da concessão em favor dos minerais nucleares, disposição que não foi trazida pelo atual regulamento. Ressalta-se que o Código de Mineração fala em desapropriação e não revogação. Cabe esclarecer, no entanto, que a nomenclatura revogação é mais técnica e, portanto, deve ser utilizada.

Vale dizer que constituem monopólio da União, conforme prescreve o art. 177, V, da CF/88, a pesquisa, a lavra, o enriquecimento, o reprocessamento, a industrialização e o comércio de minérios e minerais nucleares e seus derivados.

7.17. Faixa de fronteira

O art. 20, § 2º, da CF/88 estabelece que a "faixa de até cento e cinquenta quilômetros de largura, ao longo das fronteiras terrestres, designada como faixa de fronteira, é considerada fundamental para defesa do território nacional, e sua ocupação e utilização serão reguladas em lei".

Já o art. 91, § 1º, III, da CF/88 previu como competência do Conselho de Defesa Nacional (CDN),

> (...) propor os critérios e condições de utilização de áreas indispensáveis à segurança do território nacional e opinar sobre seu efetivo uso, especialmente na faixa de fronteira e nas relacionadas com a preservação e a exploração dos recursos naturais de qualquer tipo.

Em suma, determinada faixa de terra ao longo das fronteiras terrestres foi estabelecida como fundamental para a defesa do território nacional, tal fato atraiu a competência do CDN.

Nesse sentido é que a Lei n. 6.634/79, norma que dispôs sobre a faixa de fronteira, especifica os procedimentos a serem seguidos para a prática de atos que necessitem de assentimento prévio do Conselho de Segurança Nacional (CSN)[16]. Vale dizer que o assentimento prévio é uma autorização, exigida para a prática de atos previstos no art. 2º da Lei n. 6.634/79, dentre os quais destacamos a instalação de empresas que se dediquem às atividades de pesquisa, lavra, exploração e aproveitamento de recursos minerais, salvo as de imediata aplicação na construção civil. Ressaltamos que a ausência de assentimento prévio inviabiliza a prática de atividades minerárias em faixa de fronteira.

Em consonância com a citada Lei n. 6.634/79, o Decreto n. 85.064/80 tratou de detalhar mais o tema, especificando, assim, os procedimentos a serem seguidos para a prática de atos que necessitem de assentimento prévio do CSN.

O art. 3º da Lei n. 6.634/79 determina que as empresas que operam na Faixa de Fronteira deverão satisfazer às condições de que pelo menos 51% de seu capital pertença a brasileiros e que o quadro de pessoal será sempre constituído de, pelo menos, 2/3 de trabalhadores brasileiros. As mesmas previsões eram encontradas no Decreto n. 85.064/80, até o ano de 2022.

---

16 O Parecer AGU/JD-3/2003, de 18 de agosto de 2003, explicita que o assentimento prévio para os atos referentes a pesquisa, lavra, exploração e aproveitamento de recursos minerais em faixa de fronteira é do Presidente da República, tendo em vista inclusive a extinção do Conselho de Segurança Nacional. Ressalta-se que o parecer compreendeu que tal competência pode ser atribuída a algum órgão executivo que tenha afinidade com a matéria.

Na hipótese de exploração por pessoas físicas ou empresa individual, estas devem ser obrigatoriamente brasileiras.

A composição majoritária de capital brasileiro nas empresas de mineração que visam à exploração em áreas de faixa de fronteira, embora prevista legalmente, comporta algumas críticas. A doutrina não é unânime ao sustentar pela não aplicação de tais dispositivos, tendo em vista a incompatibilidade dessas previsões com o princípio da isonomia.

Vale dizer que sociedades regularmente criadas e registradas no país gozam da nacionalidade brasileira, independentemente da composição de seu capital. Ou seja, o nascimento de uma sociedade minerária em solo brasileiro condiciona a aplicação do sistema normativo pátrio tanto para direitos quanto para obrigações. É nesse sentido que a norma que estabelece distinção entre tais pessoas jurídicas parece afrontar o princípio da isonomia, gerando verdadeira desigualdade que não pode ser comportada no ordenamento democrático. Nesse sentido, algumas disposições do Decreto n. 85.064/80 não coadunam com a Constituição Federal de 1988 e, assim, não foram recepcionadas por esta.

A Constituição Democrática de 1988 prevê que a exploração de recursos minerais deve ser feita por empresas brasileiras, mas não explicita em nenhum momento a composição do capital de tais sociedades. A Constituição apenas faz referência, na parte final do § 1º do art. 176, às condições específicas, no plano infraconstitucional, para exploração de áreas de faixa de fronteira, não prevendo assim distinções entre sociedades brasileiras e estrangeiras, interpretação que pode ser retirada do silêncio eloquente do constituinte neste ponto, como observamos:

> § 1º A pesquisa e a lavra de recursos minerais e o aproveitamento dos potenciais a que se refere o *caput* deste artigo somente poderão ser efetuados mediante autorização ou concessão da União, no interesse nacional, por brasileiros ou empresa constituída sob as leis brasileiras e que tenha sua sede e administração no País, na forma da lei, *que estabelecerá as condições específicas quando essas atividades se desenvolverem em faixa de fronteira ou terras indígenas* (grifo nosso).

Ou seja, a Constituição previu que a exploração em todo território deve ser feita por empresas brasileiras, independentemente da composição do capital e que, nas áreas de faixa de fronteira, a lei estabeleceria condições específicas. Evidentemente, a delegação, no plano infraconstitucional, do estabelecimento de tais condições não tem o condão de autorizar afrontas aos princípios que regem a própria Constituição Federal. Nesse sentido, por exemplo, não poderia a lei estabelecer distinção entre as formas de composição do capital das empresas, se nacional ou estrangeiro, já que, independentemente da forma, desde que constituída no Brasil a empresa será considerada sociedade brasileira. Assim, a norma infraconstitucional, nesse ponto, não pode ir além do que estabelece a Constituição, criando vedações e limites que a própria Constituição não impôs.

Sobre o tema, Uile Reginaldo Pinto cita parecer da AGU, expressando compreensão da União sobre a questão:

> Neste sentido, o Parecer n. AGU/JD-1/2004, devidamente aprovado pelo Excelentíssimo Presidente da República e publicado na íntegra no *Diário Oficial da União* no dia 4 de junho de 2004, assegura que as exigências, contidas no artigo 3º, dessa Lei n. 6.634, de 2 de maio de 1979, foram recepcionadas pela atual Constituição Federal[17].

Assim, em que pese o entendimento da União sobre o tema, a exigência de maioria de capital brasileiro das sociedades que desejam explorar minerais em faixa de fronteira é contrária à Constituição de 1988, devendo, portanto, ser afastada.

As disposições da Lei n. 6.634/79 ainda permanecem válidas, no entanto, em 2022, com o intuito de desburocratizar o arquivamento, nas Juntas Comerciais, dos atos constitutivos de empresas que operam na Faixa de Fronteira, o Decreto n. 85.064/80 foi alterado pelo Decreto n. 11.076/2022, passando-se a não ser mais exigido o assentimento prévio para tanto. De acordo com a nova redação constante no Decreto n. 85.064/80, caberá à Junta Comercial, no ato do arquivamento dos atos constitutivos, verificar se a empresa atende aos requisitos constantes no art. 3º da Lei n. 6.634/79.

---

17 PINTO, Uile Reginaldo. *Comentários sobre a jurisprudência do setor mineral*. Brasília: LGE, 2009, p. 131-132.

Capítulo 8

REGIME DE AUTORIZAÇÃO E CONCESSÃO – CONCESSÃO

8.1. Definição da portaria de lavra

O Capítulo III do Código de Mineração tratou da lavra. O art. 36 explicita que a lavra é o conjunto de operações coordenadas, objetivando o aproveitamento industrial da jazida, desde a extração das substâncias minerais úteis que contiver até o beneficiamento delas.

Neste ponto, essencial é explicitar o debate doutrinário acerca da natureza jurídica da concessão de lavra. A este respeito, Silvia Helena Serra aborda a controvérsia:

> Discordamos, *data venia*, dos que atribuem à concessão de lavra um caráter vinculado. É a posição de TEIXEIRA, segundo a qual, atendidos determinados requisitos legais, "*a concessão só poderá ser negada se houver interesses que superem a utilidade da exploração mineral ou se for considerada prejudicial ao bem público (artigo 42). Trata-se, portanto, de um ato vinculado do qual o poder público só se pode eximir ocorrendo as hipóteses do artigo 42 do Código*".
>
> Neste sentido, FREIRE, para quem a concessão de lavra "*é ato vinculado e definitivo (em contraposição ao ato administrativo discricionário e precário). Uma vez obtida a prioridade e cumpridas as obrigações do Código, o minerador tem direito à obtenção da concessão de lavra*".
>
> E também MARTÍNEZ, considerando a concessão de lavra como "*ato jurídico vinculado*", mas que "*nada tem que ver com as concessões administrativas*".
>
> Já BEDRAN entende que "*o fato de serem preenchidos os requisitos capitulados no Código de Minas ou decorrentes de norma administrativas (...), isso não assegura ao requerente, mesmo que este seja proprietário do solo, o direito líquido e certo de obter o respectivo decreto de autorização ou concessão. Essa possível recusa, por parte da União, quando ocorre, nada contém de absurdo e nem arbitrário. (...) O seu ato é de império. É discricionário*".
>
> Como já exposto, a faculdade de o administrador se utilizar de uma apreciação subjetiva, em cada caso concreto, só pode caracterizar seu poder discricionário[1].

Nossa posição é no sentido de conceber a concessão de lavra como ato vinculado. Assim, uma vez cumpridas as obrigações legais, o minerador tem direito à obtenção da

---

1 SERRA, Silvia Helena. *Direitos minerários*: formação, condicionamentos e extinção. São Paulo: Signus, 2000, p. 97.

concessão, salvo se incorrer em hipótese disciplinada em lei que inviabilize tal direito, não cabendo, portanto, à Administração Pública fazer um juízo de conveniência e oportunidade.

8.2. Prazo para a concessão de lavra

O art. 31 do CM estabelece que o titular, uma vez aprovado o relatório, terá um ano para requerer a concessão de lavra, e, dentro desse prazo, poderá negociar seu direito a essa concessão. O parágrafo único do citado artigo prevê que a ANM poderá prorrogar esse prazo por igual período, mediante solicitação justificada do titular, manifestada antes de findar-se o prazo inicial ou a prorrogação em curso.

Transcorrido o prazo previsto no art. 31 do CM, sem que o titular, ou seu sucessor, haja requerido concessão de lavra, caducará o direito, cabendo à ANM, mediante Edital publicado no *DOU*, declarar a disponibilidade da jazida pesquisada para fins de requerimento de concessão de lavra, conforme prescrição do art. 32 do CM. A área em disponibilidade para requerimento de concessão de lavra será incluída em futuro procedimento de oferta pública, conforme procedimento mencionado anteriormente.

8.3. Requerimento de lavra

O art. 38 do CM e o art. 28 do RCM prescrevem que o requerimento de autorização de lavra será dirigido ao Ministro das Minas e Energia pelo titular da autorização de pesquisa, ou seu sucessor, devendo ser instruído com os seguintes elementos de informação e prova: (i) certidão de registro da entidade constituída; (ii) designação da substâncias minerais a lavrar, com indicação do alvará de pesquisa outorgado, e de aprovação do respectivo relatório; (iii) denominação e descrição da localização do campo pretendido para a lavra, relacionando-o, com precisão e clareza, aos vales dos rios ou córregos, constantes de mapas ou plantas de notória autenticidade e precisão, e estradas de ferro e rodovias, ou, ainda, a marcos naturais ou acidentes topográficos de inconfundível determinação; suas confrontações com autorização de pesquisa e concessões de lavra vizinhas, se as houver, e indicação do Distrito, Município, Comarca e Estado, e, ainda, nome e residência dos proprietários do solo ou posseiros; (iv) definição gráfica da área pretendida, delimitada por figura geométrica formada, obrigatoriamente, por segmentos de retas com orientação Norte-Sul e Leste-Oeste verdadeiros, com dois de seus vértices, ou excepcionalmente um, amarrados a ponto fixo e inconfundível do terreno, sendo os vetores de amarração definidos por seus comprimentos e rumos verdadeiros, e configuradas, ainda, as propriedades territoriais por ela interessadas, com os nomes dos respectivos superficiários, além de planta de situação; (v) planta de situação; (vi) servidões de que deverá gozar a mina; (vii) PAE, com descrição das instalações de beneficiamento; (viii) declaração de disponibilidade de fundos ou da existência de compromissos de financiamento, necessários para execução do PAE e operação da mina.

Salienta-se que, conforme já estudado, na hipótese de área situada na Faixa de Fronteira, a concessão de lavra fica, ainda, sujeita a critérios e condições especiais.

Conforme mencionado anteriormente, a competência para outorga das concessões de lavra foi delegada para a Secretaria de Geologia, Mineração e Transformação Mineral – SGM, órgão vinculado à estrutura do MME.

Além disso, sendo o caso de outorga de concessões de lavra que envolvam ferro, manganês, níquel, cobre, zinco, ouro, platina, fosfato, potássio, bauxita, nióbio ou carvão mineral, além daquelas concessões que forem de grande relevância para o interesse nacional ou de considerável repercussão socioeconômica, o Ministro de Minas e Energia poderá avocar a competência para a prática do ato, sem prejuízo da delegação de competência estabelecida pela norma.

Vale referir, ainda, que o art. 30 do RCM definiu que o requerimento de lavra poderá ser formulado por empresário individual, sociedade empresária constituída sob as leis brasileiras e com sede e administração no País ou cooperativa. Nos termos do CM, não haverá restrições quanto ao número de concessões outorgadas a uma mesma pessoa jurídica.

Ponto interessante a ser abordado nesse momento é o possível limite do número de concessões que podem ser outorgadas a uma mesma empresa. Certo é que não existe limite legal máximo, muito embora seja fundamental que o concessionário comprove, em todos e cada um dos títulos, individualmente considerados, sua capacidade técnica e financeira para desenvolver a lavra.

8.4. Condições para outorga da concessão de lavra

Para a outorga da concessão de lavra, algumas condições prévias devem ser satisfeitas, sendo três as principais. A primeira é que a jazida deverá estar pesquisada, com RFP aprovado há, no máximo, um ano, podendo esse prazo ser prorrogado por igual período mediante solicitação justificada do titular, manifestada antes do seu termo final. A segunda condição diz respeito ao PAE, sendo, assim, essencial que tenha sido julgado satisfatório. É certo, portanto, que as duas primeiras condições são correlatas à comprovação da viabilidade econômica e geológica da mina. Esse binômio é o fundamento que deve ser buscado na fase de pesquisa e, quando alcançado, viabiliza a expedição da portaria de lavra.

A terceira condição decorre da viabilidade ambiental, ou seja, para que seja outorgada a concessão de lavra, é imprescindível que a licença ambiental tenha sido expedida pelo órgão ambiental competente e apresentada à ANM.

Vale ressaltar que, embora a extração dos recursos minerais esteja limitada às áreas autorizadas na concessão de lavra, os trabalhos de beneficiamento e estruturas acessórias poderão ser instalados em áreas fora desses limites, desde que comprovadamente necessárias ao desenvolvimento da atividade. O acesso a esses imóveis, se não obtido amigavelmente por meio de negociação, pode ser obtido mediante a instituição de servidões de mina, questão tratada em capítulo apartado.

8.5. Recusa da outorga da concessão de lavra

A outorga do direito de lavrar pode ser negada caso seu desenvolvimento seja considerado prejudicial ao bem público ou se comprometer interesses que superem a utilidade da exploração industrial, conforme preconiza o art. 42 do CM. Neste último caso, o pesquisador terá direito a receber do Governo a indenização das despesas feitas com os trabalhos de pesquisa, caso o RFP já tenha sido aprovado.

A indenização pelas despesas incorridas com os trabalhos de pesquisa decorre da presunção da continuidade regular do processo administrativo minerário. Ou seja, desde que observadas todas as exigências, deve ser respeitada a confiança legítima do minerador na regular maturação do processo minerário, tratando-se, portanto, de verdadeira expectativa de direito que, em prestígio ao princípio da confiança legítima, deve ser indenizada quando frustrada.

Há, ainda, que se observar que a Administração Pública pode recusar a outorga da concessão da lavra com fundamento nos prejuízos que o seu desenvolvimento pode causar ao bem público ou os possíveis comprometimentos que se possam causar aos interesses que superem a utilidade da exploração industrial. Evidentemente que, embora se trate de dispositivo legal aberto, não detalhando a forma de atuação da Administração em casos práticos, certo é que a decisão deverá ser fundamentada e devidamente motivada.

Ou seja, a Administração não pode simplesmente negar as concessões com base em juízo de foro íntimo ou com argumentos fúteis. Muito pelo contrário, já que, ao negar a legítima outorga de concessão de lavra, invade a esfera patrimonial do empreendedor, que deverá, portanto, ser indenizado.

Lauro Lacerda Rocha e Carlos Alberto M. Lacerda explicitam que duas são as hipóteses de fundamentos de ordem pública ou de fatores imponderáveis que podem ocorrer no curso do processamento de uma concessão, resultando, daí, o impedimento da lavra mineral, cuja outorga será afinal recusada, conforme observamos:

> A primeira hipótese é de proteção ao bem-estar da coletividade: quando incidir a exploração sobre vias públicas, sobre trechos de estradas de ferro ou de rodagem, sobre mananciais de água potável, logradouros públicos, cursos de rios navegáveis ou flutuáveis, zonas de reserva nacional (art. 54), áreas compreendidas em Monumentos ou Parques Nacionais, áreas de reserva indígena, salvo se nestas últimas houver assentimento do órgão ou autoridade competente.
>
> A segunda hipótese, quando o aproveitamento econômico da lavra possa abastardar, comprometer ou prejudicar interesse maior – princípio de ordem pública ou segurança geral (uso nocivo à vida da população com prejuízo imediato à coletividade, faixas de domínio, zonas de fronteiras ou militar, fortificações) – chegando destarte a ultrapassar a própria utilidade da lavra, que neste caso resulta praticamente incompossível[2].

Ainda no estudo das hipóteses de recusa da outorga do direito de lavra, vale trazer o entendimento expresso no Parecer Proge n. 101/2009 – AS:

> 1. A aplicação do artigo 42 do Código de Mineração nas hipóteses de conflito entre as atividades de exploração de recursos minerais e qualquer outra atividade exige o atendimen-

---

2 ROCHA, Lauro Lacerda; LACERDA, Carlos Alberto de Melo. *Comentários ao Código de Mineração do Brasil (revisto e atualizado)*. Rio de Janeiro: Forense, 1983, p. 365.

to, no caso concreto, a dois requisitos, quais sejam: (a) a incompatibilidade entre as atividades e (b) superação da utilidade do aproveitamento mineral na área pelo interesse envolvido no projeto específico.

2. Apesar de não constar expressamente no art. 42 do Código de Mineração, a incompatibilidade entre as atividades é requisito essencial para a aplicação do referido dispositivo legal, uma vez que só haverá conflito se a coexistência de ambas for efetivamente inviável. Caso contrário, o interesse público impõe a manutenção das duas atividades, buscando-se, assim, o desenvolvimento de vários setores simultaneamente, de forma sustentada.

Também ressaltamos outras posições apresentadas no parecer em voga:

17. Não obstante o artigo 42 fazer referência expressa somente à "recusa da lavra", esta Procuradoria-Geral do DNPM já se manifestou no sentido de que essa regra deve ser estendida a outras fases do processo minerário. O Parecer Proge 203/2007 abordou situação em que se pretendia aplicar o art. 42 do Código de Mineração para extinguir uma concessão de lavra já outorgada. Na ocasião restou entendido que "o dispositivo acima transcrito [art. 42] encontra-se situado no Código de Mineração no Capítulo referente à lavra (capítulo III, Parte I), todavia, referente especificamente à autorização. É certo também afirmar que ao referir-se a autorização faz alusão à lavra na medida em que 'autorização será recusada se a lavra for considerada prejudicial ao bem público ou comprometer o interesse que superem a utilidade da exploração industrial, a juízo do Governo'".

18. Assim, a interpretação a ser dada ao art. 42 deve ser, nesse aspecto, extensiva, de modo a abarcar o indeferimento de outros requerimentos e a revogação de títulos minerários. Afinal, independentemente do tipo do requerimento ou do título minerário envolvido, todo o processo minerário visa à futura realização de lavra de recursos minerais. Além disso, há que se considerar o fato de inexistirem direitos absolutos no âmbito do arcabouço normativo brasileiro.

Nosso entendimento particular, em que pese o posicionamento exarado informalmente por alguns membros do governo, é no sentido de não compreender que o referido art. 42 seja instrumento hábil a paralisar todos os processos administrativos minerários em curso na hipótese da entrada em vigor de novo marco regulatório. Ou seja, o Executivo federal não poderia negar em massa a continuidade dos processos com tal fundamento, visto que a paralisação do transcurso natural dos processos é exceção, que deve ser amplamente fundamentada e pode ocorrer apenas nas hipóteses acima tratadas.

8.6. Imissão de posse na concessão de lavra

Conforme já estudado, a concessão de lavra se traduz em portaria assinada pelo Ministro de Estado de Minas e Energia. O art. 44 do CM estabelece que o titular da concessão de lavra deverá requerer à ANM a posse da jazida dentro de noventa dias a contar da data da publicação da respectiva portaria no *DOU*.

Para tanto, o titular deverá pagar taxa de emolumentos prevista no § 1º do referido artigo. Cumpridos esses requisitos, a imissão de posse em favor do titular deverá se processar de acordo com o procedimento preestabelecido art. 45 do CM. Primeiramente, serão intimados, com oito dias de antecedência, por meio de ofício ou telegrama, os concessionários das minas limítrofes – se as houver – para que, por si ou seus representantes, presenciem o ato de transferência de posse e, em especial, para assistir à demarcação – já que, em dia e hora determinados, serão fixados, definitivamente, os marcos dos limites da jazida, transferindo-se em seguida, formalmente, a posse da jazida ao concessionário.

Ato contínuo, a ANM lavrará termo que deverá ser assinado pelo titular, pelas testemunhas e pelos concessionários das minas limítrofes presentes ao ato. Os marcos, então, deverão ser conservados bem visíveis e só poderão ser mudados com autorização expressa da ANM.

Em face da imissão de posse, caberá recurso ao Ministro das Minas e Energia, dentro do prazo de quinze dias contados da data do ato de imissão. O citado recurso terá o condão de anular a imissão de posse, se provido.

8.7. Obrigações do concessionário da lavra

A outorga de portaria de lavra carrega, em seu bojo, direitos e deveres ao titular. Em relação aos deveres, estabelece o Código de Mineração que as principais obrigações do titular são: (i) requerer à ANM, no prazo de noventa dias, contados da data da publicação da Portaria de Lavra no *DOU*, que lhe seja dada posse da jazida – imissão de posse; (ii) iniciar os trabalhos previstos no Plano de Lavra até seis meses após a publicação da Portaria de Lavra no *DOU*, salvo motivo de força maior, a juízo da ANM; (iii) lavrar a jazida conforme o Plano de Lavra (Plano de Aproveitamento Econômico) aprovado pela ANM, sob pena de aplicação de sanções, pelo citado órgão, que poderão ir desde a advertência até a caducidade do título; (iv) manter a segunda via autenticada do Plano de Lavra no local da mina; (v) extrair somente substâncias minerais constantes do título e comunicar à ANM a presença de outras não tituladas, se úteis; (vi) solicitar aditamento ao título de lavra de qualquer substância mineral descoberta na mina, não incluída no título, e passível de aproveitamento econômico.

Também podem ser relacionadas as seguintes obrigações: (vii) executar os trabalhos de lavra com observância das normas regulamentares, notadamente aquelas relativas ao licenciamento ambiental; (viii) confiar a direção dos trabalhos de lavra a técnico legalmente habilitado; (ix) não dificultar ou impossibilitar o aproveitamento posterior da jazida, sob pena de configuração de "lavra ambiciosa"; (x) responder pelos danos e prejuízos a terceiros causados, direta ou indiretamente, pela lavra; (xi) promover a segurança e a salubridade das habitações locais, evitando o extravio das águas e drenando as que possam ocasionar danos e prejuízos aos vizinhos; (xii) evitar que os trabalhos de lavra causem poluição do ar ou da água; (xiii) proteger e conservar as fontes, bem como utilizar as águas segundo os preceitos técnicos, quando se tratar de lavra de jazida de águas minerais; (xiv) tomar as providências indicadas pela Fiscalização dos Órgãos Federais; (xv) não suspender os trabalhos de lavra sem prévia comunicação à ANM, mantendo a mina em bom estado, de modo a permitir a retomada das operações; (xvi) apresentar relatório anual de lavra (RAL) à ANM, sob pena de aplicação das sanções previstas no Código de Minas, inclusive de multa; (xvii) não interromper os trabalhos de lavra, uma vez iniciados, por mais de seis meses consecutivos, salvo motivo de força maior; (xviii) pagar a CFEM; (xix) pagar a participação nos resultados da lavra ao proprietário do solo; (xx) recuperar a área lavrada de acordo com o plano de recuperação de área degradada (Prad) aprovado pelo órgão ambiental competente; (xxi) providenciar a ART no Crea do local da lavra.

8.7.1. Relatório anual de lavra (RAL)

O relatório anual de lavra (RAL) constitui uma obrigação legal imposta aos detentores dos títulos de lavra ou dos seus arrendatários, bem como aos detentores de guia de utilização, independentemente da situação operacional das minas – estando em atividade ou não – por meio eletrônico, conforme previsão do art. 68 da Portaria n. 155/2016 e art. 26, IX, da Resolução n. 122/2022. O art. 47, XVI, do CM prescreve que o titular da concessão deve apresentar ao DNPM, até o dia 15 de março de cada ano, relatório das atividades realizadas no ano anterior, sob pena de sanções.

É importante frisar que o trabalho técnico de elaboração do RAL deverá ser confiado a profissional legalmente habilitado ao exercício da profissão, titular de Anotação de Responsabilidade Técnica (ART).

O relatório anual das atividades realizadas no ano anterior deverá tratar, dentre outros, dos seguintes tópicos: (i) método de lavra, transporte e distribuição no mercado consumidor das substâncias minerais extraídas; (ii) modificações verificadas nas reservas, características das substâncias minerais produzidas, inclusive o teor mínimo economicamente compensador e a relação observada entre a substância útil e o estéril; (iii) quadro mensal, em que figurem, pelo menos, os elementos de: produção, estoque, preço médio de venda, destino do produto bruto e do beneficiado, recolhimento do Imposto Único e o pagamento do dízimo do proprietário; (iv) número de trabalhadores da mina e do beneficiamento; (v) investimentos feitos na mina e nos trabalhos de pesquisa; (vi) balanço anual da empresa.

8.7.1.1. Multa relacionada com o RAL

A não apresentação do RAL ou sua apresentação fora do prazo estabelecido sujeitam à aplicação de sanções, conforme inteligência do art. 47, XVI, do CM:

> Art. 47. Ficará obrigado o titular da concessão, além das condições gerais que constam deste Código, ainda, às seguintes, sob pena de sanções previstas no Capítulo V:
>
> (...)
>
> XVI – Apresentar ao Departamento Nacional da Produção Mineral – D.N.P.M. – até o dia 15 (quinze) de março de cada ano, relatório das atividades realizadas no ano anterior.

O Parecer 495/2009/HP/Proge/DNPM, de 2009, tratou das questões atinentes à autuação e aplicação de multa pela não apresentação do RAL ou por sua entrega com atraso. A Procuradoria Federal compreendeu que não existe amparo legal para a imposição de tais multas nas hipóteses de autorização de pesquisa com guia de utilização. Por outro lado, os detentores de concessão de lavra e permissão de lavra garimpeira estariam sujeitos a tais multas.

Segundo o Parecer n. 495, no regime de registro de licenciamento a multa do RAL só é cabível quando a ANM tiver exigido a entrega de PAE.

Já o Parecer Proge 298/2007 – FMM explicitou que a sanção a ser imposta pela ANM deve ser proporcional à gravidade da obrigação descumprida. Na hipótese analisada por esse parecer, entendeu-se pela conversão da pena de multa em advertência, haja vista o titular ter apresentado os relatórios anuais de lavra com a indicação do número do processo equivocada.

A aplicação de multa pela não apresentação do RAL ou por sua entrega com atraso, portanto, deverá se pautar no primado da proporcionalidade. Erros de natureza formal, por exemplo, não justificariam a cobrança de multa.

Com a edição da Resolução n. 122/2022, restou positivada a imposição de que, para os cálculos dos valores das multas aplicadas, deve-se observar proporcionalidade entre a natureza da infração e a intensidade da penalidade, considerando-se eventuais atenuantes e agravantes.

8.8. Interrupção, suspensão e renúncia na concessão de lavra

Conforme estabelece o art. 49 do CM, os trabalhos de lavra, uma vez iniciados, não poderão ser interrompidos por mais de seis meses consecutivos sem amparo administrativo ou judicial, salvo motivo comprovado de força maior, sob pena de ensejar a própria caducidade do título minerário.

O art. 58 do CM e o art. 50 do RCM prescrevem que o titular da portaria de concessão de lavra, mediante requerimento justificado ao Ministro de Minas e Energia, poderá obter a suspensão temporária da lavra, ou comunicar a renúncia ao seu título.

Nas hipóteses de suspensão, o requerimento deverá ser instruído com o relatório dos trabalhos efetuados, do estudo da mina e de suas possibilidades futuras.

Feito o requerimento, e após verificação *in loco*, a ANM emitirá parecer conclusivo para apreciação e decisão final do Ministro das Minas e Energia. Cabe ressaltar que, na hipótese de renúncia, por se tratar de mera comunicação, o Ministro das Minas e Energia não poderá recusar o requerimento.

Já nas hipóteses de suspensão temporária, o requerimento poderá ser recusado. Assim, caberá à ANM sugerir ao Ministro das Minas e Energia medidas que se fizerem necessárias à continuação dos trabalhos e à aplicação de sanções, se for o caso.

8.9. Grupamento mineiro

O art. 37 do RCM define grupamento mineiro como a reunião, em uma só unidade de mineração denominada grupamento mineiro, de duas ou mais de suas concessões de lavra da mesma substância mineral, em áreas de um mesmo jazimento ou zona mineralizada. Cabe referir que a constituição do grupamento mineiro ficará a critério da ANM, e será autorizada pelos Gerentes das Unidades Administrativas Regionais, conforme inteligência do art. 1º da Portaria ANM n. 1.056/2022.

O requerimento de constituição de grupamento mineiro deverá ser instruído com: (i) a qualificação do interessado; (ii) a planta onde figurem as áreas de lavra a serem agrupadas, com indicação dos decretos de concessão; e (iii) o plano integrado de aproveitamento econômico de jazida que, dentre outros, deverá conter memorial explicativo e método de mineração a ser adotado, com referência à escala de produção prevista e à sua projeção.

A constituição do grupamento mineiro gera consequências importantes para as concessões de lavra. Assim, o RAL do grupamento mineiro deverá referir-se à lavra no seu conjunto. Além disso, o titular do grupamento mineiro poderá, a juízo da ANM, e desde que por este autorizado, concentrar suas atividades em uma ou algumas das concessões, contanto que a intensidade da lavra seja compatível com a importância da reserva total das jazidas agrupadas.

Observa-se que essa possibilidade de concentração das atividades em uma das concessões faz com que o grupamento mineiro se torne ferramenta estratégica do minerador, em especial em grandes projetos. Nesses casos, é comum que o minerador seja detentor de vários títulos que, evidentemente, não poderão ser explorados ao mesmo tempo. Isso posto, a constituição do grupamento mineiro, e a consequente contagem de prazo em conjunto dos títulos, evita sanções como a caducidade, que será estudada em capítulo próprio.

Capítulo 9

REGIME DE PERMISSÃO DE LAVRA GARIMPEIRA

9.1. Definição

A Lei n. 7.805/89 alterou o Código de Mineração e criou o regime de permissão de lavra garimpeira – PLG, extinguindo, assim, o regime de matrícula, antes previsto no art. 1º, III, do CM.

A definição mais atual do regime de permissão de lavra garimpeira é aquele aplicável ao caso de aproveitamento imediato de jazimento mineral que, por sua natureza, dimensão, localização e utilização econômica, possa ser lavrado, independentemente de prévios trabalhos de pesquisa, segundo critérios fixados pela ANM.

9.2. Característica da permissão de lavra garimpeira

O regime de PLG tem características próprias. De acordo com a Lei n. 7.805/89, a PLG somente será outorgada a brasileiro, ou à cooperativa de garimpeiros autorizada a funcionar como empresa de mineração; a outorga vigorará por até 5 (cinco) anos, podendo, a critério da ANM, ser sucessivamente renovada; a área da PLG não poderá exceder 50 (cinquenta) hectares, salvo quando outorgada a cooperativa de garimpeiros, nem 1.000 (mil) hectares para cooperativa de garimpeiros, salvo quando o requerimento se situar na amazônia legal, onde são admitidos até 10.000 (dez mil) hectares.

Além disso, como os demais títulos minerários, a PLG é pessoal e transmissível a terceiros mediante anuência prévia da ANM. Ressalte-se que, quando outorgada à cooperativa de garimpeiros, a transferência dependerá ainda da autorização expressa da Assembleia Geral da respectiva cooperativa.

Caso a área objeto de requerimento de PLG seja considerada urbana, a Lei n. 7.805/89 condiciona o deferimento da PLG ao assentimento da autoridade local do município de situação da jazida.

Apesar de a realização de pesquisa mineral não ser necessária para a outorga de PLG, a ANM pode julgar necessária a realização de trabalhos de pesquisa – situação na qual, por meio de ofício, intimará o interessado a apresentar projeto de pesquisa no prazo de noventa dias, contados a partir da data de publicação da intimação no *DOU*. Na hipótese de não atendimento, poderá a ANM cancelar ou reduzir a área da permissão.

Quando na faixa de fronteira, além do disposto nesta Lei, fica ainda sujeita aos critérios e condições estabelecidos na Lei n. 6.634/79.

9.3. Minerais garimpáveis

É imprescindível ressaltar que o regime de PLG não se aplica à exploração de todas as substâncias minerais, tendo o legislador criado esse regime para a exploração de substâncias minerais específicas classificadas como garimpáveis (art. 10, § 1º, da Lei n. 7.805/89). São considerados garimpáveis: ouro, diamante, cassiterita, columbita, tantalita, wolframita (nas formas aluvionar, eluvional e coluvial), scheelita, demais gemas, rutilo, quartzo, berilo, moscovita, espodumênio, lepidolita, feldspato, mica e outros tipos de ocorrência que vierem a ser indicados a critério da ANM.

Vale dizer que o local em que ocorre a extração de minerais garimpáveis é denominado, genericamente, garimpo.

9.4. Áreas destinadas à garimpagem

A ANM pode estabelecer áreas destinadas à garimpagem levando em consideração a ocorrência de bem mineral garimpável, o interesse do setor mineral e as razões de ordem social e ambiental, bem como o prévio licenciamento pelo órgão ambiental competente.

Nas respectivas áreas, os trabalhos deverão ser realizados, preferencialmente, em forma associativa, com prioridade para as cooperativas de garimpeiros.

9.5. Requerimento de PLG em áreas oneradas

Outra característica do regime de PLG é o fato de que a ANM, a seu critério, poderá admitir o requerimento de permissão de lavra garimpeira em área já onerada por manifesto de mina ou de concessão de lavra.

Nesse caso, deve haver viabilidade técnica e econômica no aproveitamento por ambos os regimes, e o requerimento de PLG deverá ser instruído com autorização do titular da concessão de lavra ou do manifesto de mina.

No entanto, havendo recusa por parte do titular da concessão ou do manifesto, a ANM concederá o prazo de 90 (noventa) dias para que o titular do título minerário apresente projeto de pesquisa para efeito de futuro aditamento de nova substância ao título original, se for o caso. Caso o titular não apresente o projeto de pesquisa, a ANM poderá conceder a PLG ao requerente.

Vale dizer, é admitida, também a critério da ANM, a concessão de lavra em área objeto de permissão de lavra garimpeira, com autorização do titular, quando houver viabilidade técnica e econômica no aproveitamento por ambos os regimes.

9.6. Estatuto do Garimpeiro

A Lei n. 11.685/2008 tratou de instituir o Estatuto do Garimpeiro, que aborda temas como as modalidades de trabalho do garimpeiro, seus direitos e deveres e as entidades desses trabalhadores.

Assim, é considerado garimpeiro toda pessoa física de nacionalidade brasileira que, individualmente ou em forma associativa, atue diretamente no processo da extração de substâncias minerais garimpáveis. Já garimpo é a localidade onde é desenvolvida a atividade de extração de substâncias minerais garimpáveis, com aproveitamento imediato do jazimento mineral que, por sua natureza, dimensão, localização e utilização econômica, possam ser lavradas, independentemente de prévios trabalhos de pesquisa, segundo critérios técnicos da ANM.

O exercício da atividade de garimpagem só poderá ocorrer após a outorga do título minerário, sendo o referido título indispensável para a lavra e a primeira comercialização dos minerais garimpáveis extraídos. Ressalta-se que o estatuto dos garimpeiros prevê cinco modalidades de trabalho por meio dos quais os garimpeiros poderão realizar as atividades de extração de substâncias minerais garimpáveis, quais sejam: (i) autônomo, (ii) em regime de economia familiar, (iii) individual, (iv) com formação de relação de emprego, (v) mediante contrato de parceria formalizado por instrumento particular, registrado em cartório e em cooperativa ou outra forma de associativismo.

9.7. Direitos do garimpeiro

Estabelece o art. 5º da Lei n. 11.685/2008 que as cooperativas terão prioridade na obtenção da permissão de lavra garimpeira nas áreas nas quais estejam atuando, desde que a ocupação tenha ocorrido em áreas livres, em áreas requeridas com prioridade, até a data de 20 de julho de 1989 e, ainda, em espaços onde sejam titulares de permissão de lavra garimpeira, sendo facultado ao garimpeiro associar-se a mais de uma cooperativa que tenha atuação em áreas distintas.

No que diz respeito ao aproveitamento de rejeitos em jazidas cujo título minerário esteja em processo de baixa na ANM e que, comprovadamente, contenham, nos seus rejeitos, minerais garimpáveis que possam ser objeto de exploração garimpeira, poderão ser tornadas disponíveis, por meio de edital, em favor das cooperativas de garimpeiros, mediante a manifestação de interesse, conforme dispuser o regulamento da ANM.

As jazidas vinculadas a títulos minerários declarados caducos em conformidade com o art. 65 do CM, relativos às substâncias minerais garimpáveis que possam ser objeto de atividade garimpeira, poderão ser tornadas disponíveis, por meio de edital, em favor de cooperativas de garimpeiros, mediante a manifestação do seu interesse.

Nas áreas de manifesto de mina e em áreas oneradas por alvarás de pesquisa e portarias de lavra, a critério da ANM, será admitido o aproveitamento de substâncias minerais garimpáveis por cooperativas de garimpeiros, desde que o titular anua e que reste comprovada, por meio de trabalhos técnicos, a exequibilidade da lavra por ambos os regimes.

É importante destacar que, assim como nos casos de áreas em disponibilidade para requerimentos de pesquisa ou concessão de lavra, as áreas destinadas aos requerimentos de permissão de lavra garimpeira também serão objeto de oferta pública, nos termos da Resolução n. 24/2020.

9.8. Deveres do garimpeiro

A Lei n. 11.685/2008 também tratou de deveres dos garimpeiros. Assim, o garimpeiro, a cooperativa de garimpeiros e a pessoa que tenha celebrado contrato de parceria com garimpeiros, em qualquer modalidade de trabalho, ficam obrigados a recuperar as áreas degradadas por sua atividade, atender ao disposto no Código de Mineração no que lhe couber e cumprir a legislação vigente em relação à segurança e à saúde do trabalho.

Além disso, o diploma legal prescreve que é proibido o trabalho de menor de 18 anos na atividade de garimpagem, podendo tal norma ser compreendida com uma obrigação imposta aos personagens do garimpo, que devem assegurar tal cumprimento, não aceitando assim o trabalho de menores de 18 anos nessa atividade.

9.9. Entidades de garimpeiros

O art. 14 da Lei n. 11.685/2008 estabelece que é livre a filiação do garimpeiro às associações, confederações, sindicatos, cooperativas ou outras formas associativas devidamente registradas. Em realidade, a Lei n. 11.685/2008 nada mais fez do que reproduzir o mandamento constitucional, reproduzindo-o para a atividade garimpeira.

As cooperativas legalmente constituídas que sejam titulares de direitos minerários deverão informar à ANM, anualmente, a relação dos garimpeiros cooperados, exclusivamente para fins de registro. A apresentação intempestiva de tais informações, ou aquelas com informações inverídicas, implicam pagamento de multa no valor de R$ 2.000,00, aplicada pela própria ANM. No caso de reincidência, a multa será aplicada em dobro ou, ainda, ensejará a caducidade do título.

Conforme disciplina o art. 15 da Lei n. 7.805/89, cumpre, ainda, ao Poder Público a obrigação de favorecer a organização da atividade garimpeira em cooperativas, devendo promover o controle, a segurança, a higiene, a proteção ao meio ambiente na área explorada e a prática de melhores processos de extração e tratamento.

9.10. Contrato de parceria

Os contratos de parceria entre garimpeiro e titular de direito minerário têm características próprias, que, por vezes, os diferenciam dos demais contratos de direito minerário. A principal diferença é a ausência de previsão de anuência prévia ou averbação perante a ANM para tais instrumentos.

Ainda assim, estabelece o art. 16 da Lei n. 11.685/2008, que o garimpeiro titular de contrato de direito minerário deverá comprovar a regularidade de sua atividade na área titulada, mediante cópias autenticadas do contrato e do respectivo título minerário.

Além disso, conforme estabelece o art. 17 da Lei n. 11.685/2008, o titular de direito minerário fica obrigado a enviar, anualmente, à ANM a relação dos garimpeiros que atuam em sua área, sob a modalidade de contrato de parceria, com as respectivas cópias desses contratos. A apresentação intempestiva ou que contenha informações inverídicas implica aplicação de multa por parte da ANM no valor de R$ 1.000,00 (mil reais). Nas hipóteses de reincidência, a multa será aplicada em dobro, podendo, no caso de não pagamento ou nova ocorrência, ensejar a caducidade do título.

9.11. Obrigações do permissionário de lavra garimpeira

Conforme estabelece o art. 9º da Lei n. 7.805/89, cumpre ao permissionário de lavra garimpeira o adimplemento de algumas obrigações, dentre as quais destacamos: (i) iniciar os trabalhos de extração no prazo de noventa dias, contado da data da publicação do título no *DOU*, salvo motivo justificado; (ii) extrair somente as substâncias minerais indicadas no título; (iii) comunicar imediatamente à ANM a ocorrência de qualquer outra substância mineral não incluída no título, sobre a qual, nos casos de substâncias e jazimentos garimpáveis, o titular terá direito de aditamento ao título permissionado; (iv) executar os trabalhos de mineração com observância às normas técnicas e regulamentares, baixadas pela ANM e pelo órgão ambiental competente; (v) evitar o extravio das águas servidas, drenar e tratar as que possam ocasionar danos a terceiros; (vi) diligenciar no sentido de compatibilizar os trabalhos de lavra com a proteção do meio ambiente; (vii) adotar as providências exigidas pelo Poder Público; (viii) não suspender os trabalhos de extração por prazo superior a 120 dias, salvo motivo justificado; (ix) apresentar à ANM, até o dia 15 de março de cada ano, informações quantitativas de produção e comercialização, relativas ao ano anterior; e (x) responder pelos danos causados a terceiros, resultantes, direta ou indiretamente, dos trabalhos de lavra.

Cabe ressaltar que, na hipótese de não cumprimento de quaisquer das obrigações impostas pela permissionária de lavra garimpeira, aplica-se, genérica e progressivamente, a sanção de advertência, multa e de cancelamento da permissão.

9.12. Extinção da PLG

A PLG poderá ser extinta no caso de ausência de pedido de renovação, instruído conforme o art. 211 da Portaria DNPM n. 155/2016, ou na hipótese de pedido protocolizado fora do prazo de vigência do título.

Nesse caso, a ANM procederá à baixa na transcrição do título, devendo a área ser colocada em disponibilidade na forma do art. 26 do CM.

Além disso, a PLG pode ser extinta por motivo de ordem pública, ou, em se verificando malbaratamento de determinada riqueza mineral, poderá o Ministro das Minas e Energia, por proposta do Diretor-Geral da ANM, determinar o fechamento de certas áreas às atividades de garimpagem, faiscação ou cata, ou excluir destas a extração de determinados minerais.

9.13. Renúncia e desistência

A renúncia ao título de PLG deverá ser requerida por meio de expediente no protocolo eletrônico da ANM, no qual deverão ser descritas as medidas a serem adotadas com vistas à desmobilização das instalações, máquinas e equipamentos existentes, condições de segurança e recuperação da área lavrada.

Cabe ressaltar que a renúncia só será homologada após a convalidação pela ANM do relatório final do plano de fechamento de mina e pelo órgão ambiental do plano de recuperação de áreas degradadas ou documento equivalente.

Já com relação à desistência de requerimento outorgada às cooperativas, estas precisam ser precedidas da oitiva da Assembleia Geral, órgão com poderes para decidir os negócios relativos ao objeto da sociedade, bem como de outros órgãos sociais, se assim estabelecer o estatuto.

Tal exigência se justifica no sentido de satisfazer a necessidade de participação da maioria dos garimpeiros no processo decisório. Essa posição é, inclusive, objeto de um parecer aprovado pelo Diretor-Geral do antigo DNPM, qual seja, o Parecer Proge n. 476/2007.

9.14. Cadastro Nacional do Primeiro Adquirente de bem mineral proveniente de PLG

Para evitar o comércio ilegal, no mercado interno ou externo, de pedras preciosas, de metais nobres e de outros minerais especificados, o Poder Executivo federal, por intermédio da ANM, criou o Cadastro Nacional do Primeiro Adquirente de bem mineral proveniente do Regime de Permissão de Lavra Garimpeira.

Por conseguinte, para adquirir bem mineral extraído sob o Regime de Permissão de Lavra Garimpeira, toda pessoa física ou jurídica, nacional ou estrangeira, deverá se inscrever, previamente, no Cadastro, sendo proibido aos titulares de PLG comercializar bens minerais para pessoas não cadastradas junto à ANM.

O descumprimento dessa determinação sujeita o titular às sanções de multa e cancelamento do título previstas no art. 9º, § 1º, da Lei n. 7.805/89 e na Resolução ANM n. 122/2022.

Capítulo 10

REGIME DE REGISTRO DE EXTRAÇÃO

10.1. Definição

O regime de registro de extração, disciplinado no art. 2º, parágrafo único, do CM, caracteriza--se como a permissão para a extração de substâncias minerais de emprego imediato na construção civil, para uso exclusivo em obras públicas executadas diretamente pelos órgãos da Administração direta e autárquica da União, dos Estados, do Distrito Federal e dos Municípios, respeitados os direitos minerários em vigor nas áreas onde devam ser executadas as obras e vedada a comercialização do produto mineral.

Nesse sentido, estabelece o art. 1º da Portaria n. 23/2000 que as substâncias minerais de emprego imediato na construção civil são: (i) areia, cascalho e saibro, quando utilizados *in natura* na construção civil e no preparo de agregado e argamassas; (ii) material sílico-argiloso, cascalho e saibro, empregados como material de empréstimo; (iii) rochas, quando aparelhadas para paralelepípedos, guias, sarjetas, moirões ou lajes para calçamento; e (iv) rochas, quando britadas para uso imediato na construção civil.

Em caso de área livre, a extração depende de registro na ANM. O art. 4º da Resolução n. 1/2018 prevê que o registro de extração será pleiteado em requerimento dirigido à ANM, mediante preenchimento do requerimento eletrônico e entregue via protocolo digital.

Na hipótese de área onerada, será admitido, em caráter excepcional, o registro de extração – desde que o titular do direito minerário preexistente autorize expressamente a extração, nos termos do art. 3º da Resolução n. 1/2018.

A área máxima para o regime de extração é de 5 hectares e o prazo é determinado, a juízo da ANM, considerando as necessidades da obra pública devidamente especificada e a extensão da área objetivada no requerimento, admitida uma única prorrogação.

A cessão ou transferência do título ou de seu requerimento, bem como a contratação de terceiros para executá-la, conforme estabelece a Resolução n. 1/2018, são vedados. Por outro lado, a Resolução admite o aditamento de nova substância mineral de emprego imediato na construção civil, ao registro de extração vigente, observadas as condições do registro original.

Capítulo 11

REGIME DE LICENCIAMENTO

11.1. Definição

O regime de licenciamento mineral tem por finalidade permitir a lavra de substâncias minerais específicas sem prévia realização de trabalhos de pesquisa, mediante registro na ANM de licença específica expedida pela autoridade administrativa local do município de situação da jazida.

Outra condição excepcional relacionada ao regime de licenciamento diz respeito ao acesso ao solo. O art. 2º da Lei n. 6.567/78 estabelece que o aproveitamento mineral, por meio da modalidade de licenciamento, é facultado, exclusivamente, ao proprietário do solo ou a quem dele tiver expressa autorização. Nas palavras de Pedro Ataíde[1]:

> Não há, portanto, a possibilidade de o titular ingressar em terreno de domínio alheio independentemente da vontade do proprietário, como ocorre nos regimes de autorização e concessão, pois a anuência do proprietário é condição *sine qua non* para a concessão do título.

O art. 1º da Lei n. 6.567/78 elenca rol taxativo de substâncias que podem ser exploradas pelo regime de licenciamento: (i) areias, cascalhos e saibros para utilização imediata na construção civil, no preparo de agregados e argamassas, desde que não sejam submetidos a processo industrial de beneficiamento, nem se destinem como matéria-prima à indústria de transformação; (ii) rochas e outras substâncias minerais, quando aparelhadas para paralelepípedos, guias, sarjetas, moirões e afins; (iii) argilas para indústrias diversas; (iv) rochas, quando britadas para uso imediato na construção civil, e os calcários empregados como corretivo de solo na agricultura; (v) rochas ornamentais e de revestimento; (vi) carbonatos de cálcio e de magnésio empregados em indústrias diversas.

Cabe ressaltar, ainda, que o aproveitamento das citadas substâncias minerais, no regime de licenciamento, fica adstrito à área máxima de 50 hectares.

11.2. Do requerimento do registro de licença

O registro de licença, conforme prescreve o art. 163 da Portaria n. 155/2016, deverá ser pleiteado mediante formulário padronizado de pré-requerimento eletrônico, disponível

1 ATAÍDE, Pedro. *Direito Minerário*. 4. ed. rev., atual. e ampl. Salvador: Juspodivm, 2022, p. 246.

para preenchimento no *site* da ANM na internet, e apresentado por meio do protocolo digital da ANM.

A Portaria n. 155/2016 em nada inovou em relação à Portaria n. 266/2008, que anteriormente regulamentava o referido procedimento, mantendo a exigência, no âmbito do requerimento de registro de licença, dos seguintes documentos: (i) licença específica expedida pela autoridade administrativa competente dos municípios de situação da área requerida; (ii) declaração de ser o requerente proprietário de parte ou da totalidade do solo e/ou instrumento de autorização dos proprietários para lavrar a substância mineral indicada no requerimento em sua propriedade; e (iii) assentimento da pessoa jurídica de Direito Público, quando a esta pertencer parte ou a totalidade dos imóveis, excetuando-se as áreas em leito de rio.

De acordo com o art. 39 do RCM, estando a área livre, a efetivação do registro de licença será concluída em até 60 dias, contados a partir da licença ambiental cabível, desde que o requerimento esteja devidamente instruído. Caso o prazo de 60 dias se encerre sem que a ANM tenha se manifestado, cumpridos os referidos requisitos, serão produzidos os efeitos da efetivação do registro de licenciamento.

11.3. Licença municipal

Prevê o regime de licenciamento uma especificidade, qual seja, a necessidade de obtenção, pelo interessado, de licença específica, expedida pela autoridade administrativa local, no município de situação da jazida e da efetivação do competente registro[2].

Em se tratando de aproveitamento de jazida situada em imóvel pertencente a pessoa jurídica de Direito Público, o licenciamento ficará sujeito ao seu prévio assentimento e, se for o caso, à audiência da autoridade federal sob cuja jurisdição se achar o imóvel na forma da legislação específica.

Assim, uma vez autorizado o licenciamento pela ANM, será efetuado o registro da licença em livro próprio, do qual se formalizará extrato a ser publicado no *DOU*, valendo este como título do licenciamento.

Cumprirá à autoridade municipal exercer vigilância para assegurar que o aproveitamento da substância mineral só se efetive depois de apresentado ao órgão local competente o título de licenciamento.

No que tange à licença municipal, vale referência à definição de Silvia Helena Serra:

> Esta licença municipal, conhecida como *licença específica*, é ato administrativo unilateral, vinculado e constitutivo de direito, pelo qual a autoridade municipal faculta o exercício da atividade mineira, a fim de promover o adequado ordenamento territorial[3].

---

2 É importante notar que o regime de licenciamento fora substancialmente alterado por conta da Medida Provisória n. 790/2017. No entanto, tal norma, conforme exposto anteriormente, não foi votada pelo Congresso Nacional. Assim, a apresentação da autorização municipal, por exemplo, foi mantida como obrigação no mencionado regime.

3 SERRA, Silvia Helena. *Direitos minerários*: formação, condicionamentos e extinção. São Paulo: Signus, 2000, p. 117.

A licença municipal cumpre também um outro importante papel, preponderante em termos de legislação minerária, posto que sua expedição grava a prioridade do requerente sobre a área do requerimento do registro de licença. O art. 8º, IV, do RCM considera onerada a área vinculada à licença, cujo registro seja requerido no prazo de trinta dias, contado da data de sua expedição.

Com efeito, da data da expedição da licença até o 30º dia subsequente, o titular da licença tem gravada sua prioridade sobre a respectiva área. Por óbvio, é preciso que o titular da licença realize o protocolo válido do registro de licença junto à ANM dentro desse período, sob pena de perda da prioridade.

11.4. Licença ambiental

Estabelece o art. 166 da Portaria n. 155/2016 que deverá o requerente apresentar à ANM, no prazo de até sessenta dias contados da protocolização do pedido de registro de licença, a licença ambiental de instalação ou de operação, ou comprovar, mediante cópia do protocolo do órgão ambiental competente, que ingressou com o requerimento de licenciamento ambiental, dispensada qualquer exigência por parte da ANM, sob pena de indeferimento do requerimento de registro de licença.

Constatamos, ainda, que, nas Superintendências em que o órgão ambiental competente exigir para outorga da licença ambiental manifestação prévia da ANM sobre a prioridade da área, após a análise final do requerimento, em sendo o caso, será encaminhada ao interessado, com aviso de recebimento, uma declaração de que o requerente se encontra apto a receber o título. E, nesse sentido, o prazo de sessenta dias será computado a partir da data constante do aviso de recebimento da declaração ou, se for o caso, da data de ciência nos autos.

E, uma vez apresentada, pelo requerente, cópia do protocolo do órgão ambiental competente, a qualquer tempo a ANM poderá formular exigência para que comprove que tem adotado todas as providências necessárias para a emissão da licença ambiental, sob pena de indeferimento do requerimento de registro de licença.

11.5. Indeferimento do requerimento de registro de licença

A Portaria n. 155/2016, em seu art. 167, dispõe sobre os indeferimentos do requerimento de registro de licença. Assim, tal requerimento será indeferido sem oneração da área quando: (i) objetivar substância não contemplada no regime de licenciamento; (ii) desacompanhado de quaisquer dos elementos essenciais do requerimento; (iii) a descrição da área requerida não atender aos ditames legais; (iv) uma mesma licença municipal estiver instruindo mais de um requerimento; e (v) quando constatada a interferência total da área requerida com áreas prioritárias.

No que tange à interferência total com processos prioritários, vale referência ao entendimento do Parecer Conjur 121/98, explicitando que o cancelamento de autorização de regime de licenciamento, por interferência total com processo prioritário, constatado após a efetivação do ato, deve observar o devido processo legal – sob pena de anulação do despacho de cancelamento – para instauração do prévio procedimento administrativo.

Já o art. 167, II, da Portaria n. 155/2016 estabelece que o registro de licença será indeferido com oneração de área, que será colocada em disponibilidade para pesquisa mineral, quando: (i) não atendida exigência de forma satisfatória ou no prazo próprio; (ii) a licença municipal, a autorização do proprietário do solo ou o assentimento da entidade de Direito Público tiverem sido cassados, revogados ou anulados; (iii) expirar o prazo de validade exigido pela legislação, sem que o titular tenha protocolizado nova documentação no prazo hábil; (iv) não apresentada licença ambiental ou o comprovante do seu requerimento.

Em prestígio ao duplo grau de jurisdição administrativa, caberá recurso contra o indeferimento do pedido de registro de licença no prazo de dez dias contados da publicação da decisão no *DOU*.

Sobre o recurso contra indeferimento, é relevante mencionar o Parecer da PF do 1º Distrito 34/2004-SDM, comentado por Uile Reginaldo:

> Relata esse Parecer Jurídico que uma empresa formulou requerimento de registro de licença e, por não estar a área pleiteada livre, o pedido foi indeferido com fulcro no § 1º, do artigo 18, do Código de Mineração.
>
> Em seguida, a empresa interpôs pedido de reconsideração alegando que a área objetivada era objeto de portaria de lavra declarada caduca e que foi colocada em disponibilidade somente treze anos após a declaração de caducidade do título concessivo.
>
> Vale lembrar que, do indeferimento do requerimento de registro de licença cabe pedido de reconsideração e recurso hierárquico, nos prazos previstos no artigo 19, do Código de Mineração, conforme preconizava o artigo 8º, da Instrução Normativa DNPM n. 1, de 21 de fevereiro de 2001, então em vigor.
>
> Além disso, apesar de não estar elencada nas hipóteses de áreas oneradas do artigo 18, do Código de Mineração, a área de portaria de concessão de lavra declarada caduca não fica desonerada. Assim, é necessário que essa área seja colocada em disponibilidade, nos termos do artigo 26, do Código de Mineração, a teor do que preceitua o § 1º, do artigo 65, do Código de Mineração[4]:

11.6. Desistência do pedido de registro de licença

O registro de licença comporta desistência, conforme estabelece o art. 169 da Portaria n. 155/2016. Assim, o requerente poderá, a qualquer tempo, desistir do pedido de registro de licença, mediante expediente específico a ser protocolizado no distrito competente ou remetido pelo correio.

A desistência do pedido de registro de licença terá caráter irrevogável e irretratável e produzirá seus efeitos na data de sua protocolização ou da postagem do expediente, sendo a área colocada em disponibilidade. Ressaltamos, ainda, que a desistência do pe-

---

4 PINTO, Uile Reginaldo. *Comentários sobre a jurisprudência do setor mineral*. Brasília: LGE, 2009, p. 198.

dido de registro de licença não implicará a devolução dos emolumentos recolhidos quando da protocolização do requerimento.

11.7. Título de licenciamento

Conforme informado anteriormente, a licença ambiental é essencial para a expedição da outorga do registro de licença. Nesse sentido, a outorga ficará condicionada à apresentação da licença ambiental expedida pelo órgão ambiental competente.

Assim sendo, satisfeitas as obrigações ambientais e as demais previstas na legislação, o registro de licença será autorizado pela ANM e efetuado em livro próprio, do qual se formalizará extrato a ser publicado no *DOU*, valendo como título de licenciamento.

Destaca-se, ainda, que, nos termos do art. 172 da Portaria n. 155/2016, o registro de licença deverá conter alguns dados, dentre os quais ressaltamos: (i) o número do registro de licença; (ii) o nome do licenciado e do proprietário do solo ou posseiro; (iii) a data da licença; (iv) o número da licença, quando houver; (v) o prazo do licenciamento; (vi) a localidade, Município e Estado em que se situa a área; (vii) a designação da substância mineral licenciada; (viii) o número de inscrição do contribuinte licenciado no órgão competente do Ministério da Fazenda; (ix) o endereço do licenciado; (x) o número do processo; (xi) a área licenciada, em hectares; e (xii) o memorial descritivo da área licenciada.

11.8. Redução da área e englobamento de áreas

Conforme estabelece o art. 174 da Portaria n. 155/2016, a redução de área no regime de licenciamento é admitida, a qualquer tempo, sendo certo que nesses casos o titular, quando da protocolização do pedido, deverá apresentar novo memorial descritivo.

Assim sendo, o registro de licença será retificado e a área descartada colocada em disponibilidade. Vale lembrar que, até a publicação do novo registro de licença, o titular deverá cumprir todas as obrigações legais referentes à área descartada, bem como promover a recuperação ambiental da área em referência.

O englobamento de áreas contíguas a registros de licença de um mesmo titular é admitido, respeitado o limite máximo de 50 hectares de área total, na forma do art. 175 da Portaria n. 155/2016. Nas hipóteses de englobamento, um dos registros será retificado com a ampliação de sua área, sendo que os demais serão arquivados.

11.9. Da lavra

Outorgado o título de licenciamento, na forma do art. 177 da Portaria n. 155/2016, a extração efetiva da substância ficará condicionada à emissão e à vigência da licença ambiental de operação. A responsabilidade dos trabalhos de lavra deve ser confiada a técnico legalmente habilitado ao exercício da profissão, sob pena e sanção, nos termos da Resolução n. 122/2022 e RCM.

Além disso, a juízo da ANM, conforme previsão do art. 179 da Portaria n. 155/2016, poderá ser exigida do titular do registro de licença, a qualquer tempo, a apresentação de plano de aproveitamento econômico, assinado por profissional legalmente habilitado e acompanhado da devida anotação de responsabilidade técnica.

11.10. Da prorrogação do registro de licença

O registro de licença poderá ser sucessivamente prorrogado, em atenção ao art. 181 da Portaria n. 155/2016. Para tanto, o pedido de prorrogação do registro de licença deverá ser protocolizado, por meio do protocolo digital da ANM, até o último dia da vigência do título ou da prorrogação anteriormente deferida, instruído com prova de recolhimento dos emolumentos fixados em norma da ANM.

A nova licença municipal, autorização do proprietário do solo ou assentimento do órgão público, conforme o caso, deverão ser apresentados à ANM em até trinta dias após o último dia de vigência do título ou da prorrogação anteriormente deferida, dispensando-se quaisquer exigências por parte da ANM, sob pena de indeferimento do pedido de prorrogação.

Estabelece o art. 182, § 2º, da Portaria n. 155/2016 que, quando ocorrer criação, incorporação, fusão ou desmembramento de municípios durante a vigência do registro de licença, deverá ser apresentada licença do novo município e dos demais, quando abrangidos pela área licenciada. E, se algum dos documentos essenciais tiver expirado, antes da decisão do pedido de prorrogação o titular deverá protocolizar, em até trinta dias contados do vencimento dele, novo documento, dispensando-se quaisquer exigências por parte da ANM, sob pena de indeferimento do pedido de prorrogação.

Segundo o art. 183 da Portaria n. 155/2016, a prorrogação do registro de licença independe da outorga de novo título e será objeto de decisão a ser exarada no prazo de até 120 dias contados da protocolização do pedido. Deferida, a prorrogação será anotada à margem do registro da licença em livro próprio ou em meio magnético.

Para todos os fins, considera-se prorrogado o prazo do registro de licença até a manifestação definitiva da ANM, desde que atendido o disposto no art. 184 da Portaria n. 155/2016, devendo ser respeitado o menor prazo dentre os previstos na nova licença municipal, na nova autorização do proprietário do solo ou no novo assentimento do órgão público, de acordo com o caso.

Conforme estabelece o art. 185 da Portaria n. 155/2016, uma vez deferido o pedido de prorrogação do registro de licença, sua vigência será limitada ao menor prazo de validade dentre aqueles previstos na licença específica expedida pelo município, na autorização do proprietário do solo ou no assentimento da pessoa jurídica de Direito Público, e computado da data do vencimento do título anterior.

Não formulado pedido de prorrogação do registro de licença dentro do prazo de sua vigência, será efetuada a baixa na transcrição do título.

11.10.1. *Indeferimento do pedido de prorrogação*

Preceitua o art. 187 da Portaria n. 155/2016 a possibilidade de o pedido de prorrogação do título de licenciamento ser indeferido quando: (i) o titular estiver com débito inscrito em dívida ativa relativo à CFEM; (ii) a nova licença municipal, a autorização do proprietário do solo ou o assentimento do órgão público não forem apresentados nos prazos legais estabelecidos; (iii) os prazos de validade dos documentos essenciais estiverem vencidos sem que o titular tenha apresentado novo documento e (iv) não atendida exigência de forma satisfatória ou no prazo próprio.

Da decisão que indeferir o pedido de prorrogação, caberá recurso, no prazo de dez dias contados da publicação da decisão no *DOU*, conforme estabelece o art. 188 da Portaria n. 155/2016.

11.11. Da extinção do registro de licença

Assim como em outros regimes, o titular do registro de licença deverá cumprir todas as obrigações legais devidas até a data da extinção do título, promovendo, inclusive, a recuperação ambiental da área.

O registro de licença poderá, na forma do art. 190 da Portaria n. 155/2016, ser cancelado, anulado ou cassado, por meio de procedimento que garanta ao titular a oportunidade de contraditório e ampla defesa. Em tais hipóteses, o titular será notificado, por meio de ofício com aviso de recebimento, da instauração do mencionado procedimento. E, assim sendo, o notificado poderá apresentar defesa no prazo de trinta dias contados da data da publicação do ato de instauração do procedimento. Contra a decisão que cancelar, anular ou cassar o registro de licença caberá, na forma do art. 190, § 3º, da Portaria n. 155/2016, recurso.

O registro de licença, como estabelece o art. 192 da Portaria n. 155/2016, será anulado quando outorgado em desacordo com as normas legais pertinentes e na hipótese de comprovação de falsidade, material ou ideológica, de qualquer dos documentos de instrução do processo.

O registro de licença será cassado, nos termos do art. 193 da Portaria n. 155/2016, quando: (i) o titular permanecer inadimplente de uma obrigação legal, após aplicadas as demais sanções previstas conforme o caso; e (ii) a licença municipal, a autorização do proprietário do solo ou o assentimento da pessoa jurídica de Direito Público tiver sido cassado, revogado ou anulado.

Ainda como forma de extinção do título, há possibilidade da renúncia, por parte do titular, que deverá ser formalizada por protocolo, feito mediante expediente específico, que terá caráter irrevogável e irretratável e produzirá os seus efeitos na data de sua protocolização.

É importante frisar que a renúncia, o cancelamento, a anulação, a cassação e o indeferimento do pedido de prorrogação do registro de licença, conforme estabelece o art. 195 da Portaria n. 155/2016, implicam a disponibilidade da área para pesquisa mineral, a ser efetivada mediante despacho específico. Assim, a ANM comunicará a decisão ao município emissor da licença extinta e ao órgão ambiental competente.

Por fim, não formulado pedido de prorrogação do registro de licença, a área ficará livre para novos requerimentos no primeiro dia útil após a data do vencimento do título.

11.12. Comunicação de nova substância

A regra geral de comunicação de nova substância à ANM também se aplica ao regime de licenciamento, conforme prescrição do art. 7º da Lei n. 6.567/78. Todavia, existem algumas particularidades, que passamos a expor.

A ANM pode julgar necessária a realização de trabalhos de pesquisa em razão das novas substâncias encontradas na área. Nessa hipótese, a ANM expedirá ofício ao titular para que, no prazo de sessenta dias contados da publicação da respectiva intimação no *DOU*, faça o requerimento da competente autorização, na forma estabelecida pelo art. 7º, § 1º, da Lei n. 6.567/78. Caso o licenciado não formule requerimento nos prazos estabelecidos, será determinado o cancelamento do registro da licença, por ato da ANM.

Assim, o plano de pesquisa pertinente deverá abranger as novas substâncias minerais ocorrentes, bem como as constantes do título de licenciamento, com a finalidade de determinar-se o potencial econômico da área.

11.13. Obrigações do licenciado

O regime de licenciamento acarreta algumas obrigações. Nesse sentido, a critério do DNPM, poderá ser exigida a apresentação do PAE da jazida, nos termos do art. 8º da Lei n. 6.567/78.

Além disso, conforme estabelece o art. 9º da Lei n. 6.567/78, o titular do licenciamento é obrigado a apresentar à ANM, até 31 de março de cada ano, relatório simplificado das atividades desenvolvidas no ano anterior.

11.14. Cancelamento do registro de licença

O art. 10 da Lei n. 6.567/78 estabelece as hipóteses em que será determinado cancelamento do registro de licença, por ato do Gerente Regional da ANM, publicado no *DOU*. Assim, observamos os casos de: (i) insuficiente produção da jazida, considerada em relação às necessidades do mercado consumidor; (ii) suspensão, sem motivo justificado, dos trabalhos de extração, por prazo superior a seis meses; e (iii) aproveitamento de substâncias minerais não abrangidas pelo licenciamento, após advertência.

O registro também poderá ser cancelado, como visto anteriormente, caso o licenciado deixe de requerer autorização de pesquisa, nas hipóteses em que for intimado para tanto, nos termos do art. 7º, § 3º, da Lei n. 6.567/78.

Uma vez publicado o ato determinativo do cancelamento do registro de licença, a habilitação ao aproveitamento da jazida, sob regime de licenciamento, estará facultada a qualquer interessado, independentemente de autorização do proprietário do solo, sendo certo que, nessas hipóteses, fica vedado ao proprietário do solo, titular do licenciamento cujo registro haja sido cancelado, habilitar-se ao aproveitamento da referida jazida.

Assim sendo, o novo titular do licenciamento fica obrigado a pagar ao proprietário do solo renda pela ocupação do terreno e indenização pelos danos ocasionados ao imóvel, em decorrência do aproveitamento da jazida, observada, no que couber, a figura da renda prevista no Código de Mineração, especificamente no art. 27.

Capítulo 12

MANIFESTO DE MINA

Conforme expressado anteriormente nesta obra, a Constituição de 1934, notadamente por conta de seu art. 118, teve o condão de alterar abruptamente compreensões básicas do Direito Minerário. Desta forma, o conceito da dualidade passava a existir no ordenamento jurídico pátrio.

No entanto, algumas minas e jazidas existiam antes de tal marco normativo e eram de propriedade de particulares, em consonância com ordenamento jurídico anterior. Ou seja, a Constituição de 1891, que misturava a propriedade minerária e a do proprietário do solo, possibilitou situações jurídicas ímpares, em que o proprietário do solo também era proprietário do subsolo.

Tais situações, mesmo diante das mudanças normativas, permaneceram sendo respeitadas pelos regimes minerários posteriores.

Assim, o manifesto de mina surge para garantir o direito de propriedade dos indivíduos que já contavam com situações jurídicas consolidadas antes da edição da Constituição de 1934. Desta forma, minas manifestadas são propriedades privadas, e não minas concedidas, que pertencem à União, gerando, assim, reflexos de toda ordem de natureza patrimonial.

TERCEIRA PARTE

SUBSTÂNCIAS ESPECIAIS

Capítulo 13

ÁGUA MINERAL

13.1. Definição

O aproveitamento comercial das fontes de águas minerais ou de mesa, quer situadas em terrenos de domínio público quer do domínio particular, far-se-á pelo regime de autorizações sucessivas de pesquisa e lavra instituído pelo Código de Mineração, conforme inteligência do art. 4º do Código de Águas Minerais.

Paralelamente, a exploração de águas minerais também é regida por legislação específica: o Código de Águas Minerais (CAM), Decreto-Lei n. 7.841/45, abrangendo não só as águas destinadas ao consumo humano como, ainda, aquelas destinadas a fins balneários.

A legislação correlata disciplina as especificidades da atividade de pesquisa e de captação, compreendendo, ainda, a condução, o envase, as características das respectivas instalações, a distribuição de águas minerais e o funcionamento das empresas e das estâncias que exploram esse bem mineral.

13.2. Código de Mineração

O Código de Mineração tratou das águas minerais em alguns artigos, ao mesmo tempo que deixou claro que esse regime é previsto em legislação específica, conforme observamos:

> Art. 10. Reger-se-ão por Leis especiais:
>
> (...)
>
> IV – as águas minerais em fase de lavra; e
>
> V – as jazidas de águas subterrâneas.

Assim, é correto afirmar que o Código de Mineração tem verdadeira aplicação subsidiária em diversos temas atinentes às águas minerais, cabendo ao Código de Águas Minerais regulamentar a maior parte das questões. Todavia, a aplicação subsidiária do

Código de Mineração em nada altera os poderes e as atribuições da ANM para o tema, haja vista, inclusive, as previsões do próprio Código de Águas Minerais[1].

Nesse sentido, relembramos as palavras dos doutrinadores Lauro Lacerda e Carlos Lacerda[2]:

> A fiscalização da exploração, em todos os seus aspectos, das fontes de água, bem como a técnica industrial de todas as estâncias hidrominerais existentes no País, estão diretamente sujeitas à fiscalização do DNPM, podendo este realizar nessas fontes de águas minerais, sempre que necessário, vistorias sobre trabalhos de estudos geológicos local, estudo químico, físico, físico-químico das águas e emanações gasosas, estudos crenológicos (relativos a águas minerais), trabalhos preliminares de captação (sondagens, poços, e galerias), projetos de captação e utilização.

Além disso, o Código de Mineração estabeleceu importantes previsões para as águas minerais. Tal constatação pode ser observada principalmente se a norma for lida sob o prisma constitucional. Para ilustrarmos a importância do Código de Mineração para as águas minerais, citamos o art. 47, que institui, implicitamente, os princípios do uso racional dos recursos hídricos e da proteção ambiental. Muito embora essa não fosse a *mens legis* que vigia em 1967, a partir da interpretação conforme a Constituição, passa a ser.

O art. 225 da CF/88 estabelece que todos têm direito ao meio ambiente ecologicamente equilibrado – bem de uso comum do povo e essencial à sadia qualidade de vida –, impondo-se ao Poder Público e à coletividade o dever de defendê-lo e preservá-lo para as presentes e futuras gerações, em especial. Esse deve ser o guia para a leitura do art. 47 do CM, que assim prevê:

> Art. 47. Ficará obrigado o titular da concessão, além das condições gerais que constam deste Código, ainda, às seguintes, sob pena de sanções previstas no Capítulo V:
>
> (...)
>
> X – Evitar o extravio das águas e drenar as que possam ocasionar danos e prejuízos aos vizinhos;
>
> (...)
>
> XII – Proteger e conservar as Fontes, bem como utilizar as águas segundo os preceitos técnicos quando se tratar de lavra de jazida da Classe VIII;

13.3. Código de Águas

O Código de Águas Minerais conta com 50 artigos cujas previsões concernem à realidade da década de 1940. A norma apresenta algumas previsões que, hoje, podem ser consideradas inócuas ou anacrônicas – já que perderam a eficácia e a aplicabilidade –, enquanto outras devem ser relidas à luz da sistemática atual, que exige a observância

---

1 O Código de Águas Minerais, em diversos momentos, reforça a competência do DNPM para tratar das águas. Nesse sentido, citamos, exemplificativamente, os arts. 13 e 23 do Decreto-Lei n. 7.841/45.

2 ROCHA, Lauro Lacerda; LACERDA, Carlos Alberto de Melo. *Comentários ao Código de Mineração do Brasil (revisto e atualizado)*. Rio de Janeiro: Forense, 1983, p. 169.

à regulamentação de outros órgãos criados posteriormente ao Código de Águas Minerais, tais como a Agência Nacional de Vigilância Sanitária – ANVISA (1999); o Conselho Nacional de Recursos Hídricos – CNRH (1997); e o Instituto Nacional de Metrologia, Qualidade e Tecnologia – INMETRO (1973).

Carlos Luiz Ribeiro explicita que o "Código foi invadido por obsoletismo, disto resultando, como se verá, irregularidades ou ilegalidades na explotação de águas minerais e potáveis de mesa. Urge, portanto, sua revisão mediante lei"[3].

Exemplifica o obsoletismo do Código de Águas Minerais com a previsão do art. 30, que estabelece que os recipientes destinados ao engarrafamento da água para o consumo deverão ser de vidro transparente, de paredes internas lisas, fundo plano e ângulos internos arredondados, e com fecho inviolável, resistente a choques, aprovados pelo DNPM. Nesse sentido, observa:

> Cabe comentar que essa exigência legal não é cumprida, predominando no mercado os recipientes de plástico, sob a conveniência do DNPM, uma das consequências negativas do obsoletismo do Código de Águas Minerais. A propósito, a Portaria DNPM 159/96, que dispõe sobre a importação de águas minerais, admite a possibilidade de não ser de vidro o recipiente destinado ao engarrafamento. Isto, contudo, enquanto esse Código não for alterado, será ilegal[4].

13.4. Regime de exploração das águas

Conforme já explicitado, o Código de Águas Minerais estabelece que o aproveitamento comercial das fontes de águas minerais ou de mesa, situadas em terrenos de domínio público ou particular, será feito pelos regimes de autorização de pesquisa e concessão de lavra, disciplinados pelo Código de Mineração, observadas as disposições especiais do Código de Águas Minerais.

Especificamente no plano dos regimes de exploração, o Código de Mineração é a norma geral que pauta a exploração de água mineral e de mesa, sendo certo que as especificidades previstas no Código de Águas Minerais devem ser respeitadas, por se tratar de norma específica do tema.

O aproveitamento comercial das águas de mesa, preferencialmente desenvolvido pelo proprietário do solo – em clara exceção ao princípio da prioridade aplicável, como regra, em sede de Direito Minerário –, é um exemplo de especificidade disciplinada no Código de Águas Minerais.

Em regra, pode-se afirmar que o regime de autorização e lavra aplicável às águas é muito similar aos demais recursos minerais, devendo, no entanto, ser observadas as especificidades dessa substância, que possui uma regulamentação específica, também junto à ANVISA e ao INMETRO.

---

3 RIBEIRO, Carlos Luiz. *Direito Minerário*: escrito e aplicado. Belo Horizonte: Del Rey, 2006, p. 139.

4 RIBEIRO, Carlos Luiz. *Direito Minerário*: escrito e aplicado. Belo Horizonte: Del Rey, 2006, p. 154.

13.5. Princípio da prioridade

Neste tópico, estudaremos um tema controverso relativo à incidência ou não do princípio da prioridade especificamente na exploração das águas de mesa.

O art. 4º do CAM previu explicitamente exceção ao princípio da prioridade impresso no Código de Mineração, conforme observamos:

> Art. 4º O aproveitamento comercial das fontes de águas minerais ou de mesa, quer situadas em terrenos de domínio público, quer do domínio particular, far-se-á pelo regime de autorizações sucessivas de pesquisa e lavra instituído pelo Código de Minas, observadas as disposições especiais da presente lei.
>
> Parágrafo único. O aproveitamento comercial das águas de mesa é reservado aos proprietários do solo.

Parte da doutrina se manifesta no sentido da não aplicação do art. 4º[5], já que o parágrafo único estabelece ser o aproveitamento comercial das águas de mesa privativo dos proprietários do solo onde está localizada a fonte. No entanto, a solução desse impasse não se coloca de forma tão simples, na medida em que se deve, antes de tudo, analisar as formas de resolução de conflitos entre normas que colidem, invocando, em relação às normas-regra, os clássicos critérios da hierarquia, especialidade e cronologia.

Assim sendo, dúvidas não restam de que, no plano da hierarquia das leis, os dois códigos ostentam o mesmo *status* legislativo, sendo certo que a discussão estaria na escolha da aplicação do critério da especialidade ou da cronologia. Cabe ressaltar que o Código de Mineração, apesar de posterior ao de Águas, é norma genérica – enquanto o Código de Águas Minerais é norma específica que regula a exploração aquífera, conforme a própria previsão do art. 10, IV, do Código de Mineração.

Sob esse enfoque, é correto afirmar, preliminarmente, que o critério a prevalecer é o da especialidade, sendo certo que o disposto no Código de Águas Minerais deve ser aplicado. Outro argumento poderia ser levantado: o de que a prioridade, na condição de princípio, não se submeteria a esses critérios de resolução de conflitos para sua aplicação. Parece-nos que o argumento é válido, muito embora compreendamos, também, que os princípios não são absolutos e, portanto, comportam exceções e podem ser ponderados com outros princípios, haja vista as particularidades envolvidas em determinados casos específicos.

Um último argumento poderia ser levantado em relação à previsão constitucional do art. 176, § 2º, que institui a participação do proprietário no resultado da lavra, conforme observamos:

> § 2º É assegurada participação ao proprietário do solo nos resultados da lavra, na forma e no valor que dispuser a lei.

---

5 RIBEIRO, Carlos Luiz. *Direito Minerário*: escrito e aplicado. Belo Horizonte: Del Rey, 2006, p. 141.

Afigura-se claro que esse dispositivo não mitiga a aplicação do art. 4º do Código de Águas Minerais, na medida em que a participação do proprietário não elimina, por si só, a aplicação do direito de preferência na exploração de águas minerais.

Dessa forma, compreendemos que a previsão do Código de Águas Minerais deve ser respeitada, por vontade legislativa expressa, tendo por justificativa as particularidades do aproveitamento comercial das águas de mesa. Não cabe à doutrina o papel de invalidar o citado dispositivo.

Diante de todo o exposto, é correto concluir que, em que pese o princípio de a prioridade no direito minerário ser peça fundamental para viabilizar a exploração dos recursos geológicos, e, consequentemente, satisfazer os anseios sociais, no direito aplicável às águas de mesa vige o direito da preferência da propriedade. Todavia, o direito da preferência da propriedade não pode ser compreendido de forma absoluta, podendo ser mitigado na hipótese de exercício não adequado.

13.6. Processo administrativo de exploração das águas

A exploração das águas se faz pelo regime de autorização de pesquisa e de concessão de lavra, conforme previsto no Código de Mineração, bem como no Código de Águas Minerais. Assim, consoante o art. 16 do CM, o processo administrativo se inicia com o protocolo do requerimento de autorização de pesquisa.

A análise técnica do requerimento de pesquisa na correspondente Gerência Regional da ANM poderá ou não resultar em formulação de exigência. Se formulada e cumprida a contento, é, então, outorgado o alvará de pesquisa pelo prazo de 1 a 4 anos, conforme dispõe o Código de Mineração.

Publicado o alvará de pesquisa, o requerente dará, na forma do art. 29, I, do CM, início aos trabalhos de pesquisa, compreendendo, no mínimo: (i) o estudo geológico da emergência, compreendendo uma área cuja extensão seja suficiente para esclarecer as relações existentes entre as fontes e os acidentes geológicos locais, permitindo formar-se juízo sobre as condições de emergência no sentido de ser fixado criteriosamente o plano racional de captação; (ii) o estudo analítico das águas e dos seus gases espontâneos, quando existentes, do ponto de vista de suas características químicas, físico-químicas e bacteriológicas.

As análises oficiais compreenderão: (i) estudo *in loco*, composto de: a) análise *in loco* das substâncias suscetíveis de se alterarem durante o transporte e das propriedades físico-químicas da água; b) coleta e preservação de amostras para análises químicas; e c) coleta e preservação de amostras para análises microbiológicas; (ii) análise química dos íons e compostos classificatórios, nos termos do CAM; (iii) análises físico-químicas; (iv) análise microbiológica, compreendendo todos os micro-organismos indicadores relacionados no padrão microbiológico para águas envasadas estabelecido na Resolução de Diretoria Colegiada n. 724, de 1º de julho de 2022, e na Instrução Normativa n. 161, de 1º de julho de 2022, da ANVISA ou outras que lhes vierem a substituir; e (v) análise de todas as substâncias químicas que representam risco à saúde, relacionadas na Resolução de Diretoria Colegiada n. 717, de 1º de julho de 2022, da ANVISA ou outra que lhe vier a substituir.

Na vigência do alvará de pesquisa, para assegurar a representatividade do estudo *in loco*, devem ser realizadas, no mínimo, 4 (quatro) análises oficiais, que deverão ser completas (químicas, físico-químicas e microbiológicas), distribuídas ao longo de um ciclo hidrológico, com a finalidade de obtenção de análise de referência e garantia da correta classificação da água mineral ou potável de mesa, sendo que a última deverá ser obrigatoriamente realizada pelo Laboratório de Análises Minerais – LAMIN do Serviço Geológico do Brasil – SGB.

As demais análises poderão ser realizadas por laboratório da Rede de Laboratórios de Análises Minerais – REDE LAMIN ou por laboratório credenciado ou conveniado pela SGB, sendo que, no caso das análises microbiológicas, a coleta e as análises podem ser realizadas por laboratório habilitado na Rede Brasileira de Laboratórios Analíticos em Saúde – REDE REBLAS ou por laboratório acreditado pelo Instituto Nacional de Metrologia, Qualidade e Tecnologia – INMETRO, segundo os requisitos estabelecidos na norma ABNT NBR ISO/IEC 17025 (Requisitos gerais para a competência de laboratórios de ensaio e calibração) ou outra que venha a substituí-la, observadas as condições do art. 59, § 1º, da Resolução ANM n. 193/2024.

O requerimento de lavra de uma fonte de água mineral, termal, gasosa, potável de mesa ou destinada a fins balneários deve conter, além dos requisitos do art. 39 do Código de Mineração, aqueles contidos no art. 10 do Código de Águas Minerais, a saber: (i) certificado de análise química física, físico-química e bacteriológica da água, firmado pelo órgão LAMIN, e certidão da aprovação do seu relatório de pesquisa; (ii) uma planta indicando a situação exata das fontes e o esboço geológico dos arredores, com os necessários cortes geológicos, esclarecendo as condições de emergência das fontes; (iii) plantas e desenhos complementares, com memória justificativa dos planos e processos adotados para captação e proteção das fontes, condução e distribuição das águas, além de dados sobre vasão e temperatura das fontes; (iv) plantas e desenhos complementares, em duas vias, relativas ao projeto de instalação para utilização das águas, em todas as suas modalidades, incluindo reservatório, maquinaria, aparelhamento balneário e hidroterápico etc.

No caso das águas minerais que não atingirem os limites constantes dos Capítulos VII e VIII do Código de Águas Minerais, além dos dados mencionados no parágrafo anterior, deverá conter, também, no requerimento, a relação dos trabalhos submetidos à aprovação da Comissão Permanente de Crenologia sobre as propriedades terapêuticas da água proveniente da fonte, bem como certidão do parecer favorável dessa Comissão para sua classificação como mineral.

Deve ser providenciada a realização de análise oficial de todas as fontes em explotação com frequência mínima quinquenal na fase de lavra, alinhando-se aos prazos de validade das licenças ambientais emitidas pelos Estados da Federação Brasileira. Pelo menos 1 (uma) análise oficial a cada 10 (dez) anos deverá ser realizada no laboratório de referência LAMIN/SGB.

13.7. Água mineral, água potável e de mesa e água oligomineral

Para melhor compreensão do tema, faz-se necessário ressaltar o significado de determinados conceitos. Assim, o termo "águas minerais" deve ser aplicado às águas provenientes de fontes naturais ou de fontes artificialmente captadas, desde que com composição química ou propriedades físicas, ou físico-químicas, distintas das águas comuns, com características que lhe confiram uma ação medicamentosa.

Nesse sentido, vale a reprodução do art. 1º do CAM:

> Art. 1º Águas minerais são aquelas provenientes de fontes naturais ou de fontes artificialmente captadas que possuam composição química ou propriedades físicas ou físico-químicas distintas das águas comuns, com características que lhes confiram uma ação medicamentosa.

A partir das características físico-químicas apresentas pelas águas na fonte, estas serão classificadas de formas distintas, tais como alcalino-bicarbonatada, sulfatada, cloretada, radioativa, termal e gasosa, dentre outras.

Paralelamente, por "água potável de mesa" compreendem-se águas que não podem ser classificadas como minerais, espécie residual. Assim, é correto afirmar que essa classificação se dá a partir das características de potabilidade das águas.

As águas que não se enquadram nos parâmetros de classificação oficial do Código, mas que, ainda assim, têm características incontestavelmente medicamentosas, denominam-se águas oligominerais.

13.7.1. *Conceito de águas minerais*

São consideradas águas minerais aquelas provenientes de fontes naturais ou de fontes artificialmente captadas que possuam composição química ou propriedades físicas ou físico-químicas distintas das águas comuns, com características que lhes confiram uma ação medicamentosa.

Estabelece o art. 1º, § 3º, do CAM que a ação medicamentosa deverá ser comprovada no local, mediante observações repetidas, estatísticas completas, documentos de ordem clínica e de laboratório, a cargo de médicos crenologistas, sujeitas as observações à fiscalização e à aprovação da Comissão Permanente de Crenologia, quando as águas medicamentosas não possuírem composições específicas das águas minerais.

13.7.2. *Conceito de águas potáveis de mesa*

Ao contrário, são consideradas águas potáveis de mesa as águas de composição normal, provenientes de fontes naturais ou de fontes artificialmente captadas que preencham tão somente as condições de potabilidade para a região – condições estas estabelecidas pelo Ministério de Minas e Energia, de acordo com os dados fornecidos pela ANM. É o que reza o art. 3º do CAM.

13.8. Classificação das águas e das fontes

Segundo o Código de Águas, as águas comportam algumas classificações distintas. Assim, as águas minerais são qualificadas quanto à composição química – conforme o art. 35 do CAM –, podendo ser consideradas oligominerais, radíferas, alcalino-bicarbonatadas, alcalino-terrosas[6], sulfatadas, sulfurosas, nitratadas, cloretadas, ferruginosas, radioativas[7], toriativas e carbogasosas.

Organizadas em classes, as águas minerais deverão ser classificadas pela ANM de acordo com o elemento predominante, podendo ser identificadas como mistas as que acusarem, em sua composição, mais de um elemento digno de nota, bem como as que contiverem iontes ou substâncias raras, tais como águas iodadas, arseniadas, litinadas, entre outras, de acordo com o art. 35, § 1º, do CAM.

Além disso, nos termos do art. 35, § 2º, do CAM, as águas nitratadas e cloretadas só serão consideradas minerais quando tiverem uma ação medicamentosa definida.

Estabelece ainda o art. 36 do CAM que as fontes de água mineral também comportam classificação própria, que considera outros critérios que não apenas o químico.

Assim, um primeiro critério a ser apontado é aquele que leva em consideração os gases. Nessa classificação, as fontes podem ser radioativas[8], toriativas e sulfurosas.

Outro critério que pode ser considerado para a classificação das fontes, ainda nos termos do art. 36 do CAM, é a temperatura. As fontes, nessa classificação, podem ser frias, hipotermais, mesotermais, isotermais e hipertermais.

13.9. Proteção das fontes

A Portaria n. 231/98 informa que a maioria das fontes, balneários e estâncias de águas minerais e potáveis de mesa naturais em exploração no país localiza-se próximo aos centros urbanos, distritos industriais, em áreas onde há atividades agropecuárias, lixões e outros agentes poluentes. Ressalta-se que a água mineral, uma vez poluída, descaracteriza sua qualificação. Além disso, o conhecimento do potencial hídrico subterrâneo da área e seu dimensionamento, sua preservação, sua conservação e a racionalização do seu uso exigem estudos geológicos e hidrogeológicos de detalhe, estudos estes que são indispensáveis para a definição da área de proteção de uma fonte.

Assim, a ANM regulamentou as áreas de proteção das fontes de águas minerais mediante a citada Portaria n. 231, prevendo que os titulares de alvarás de pesquisa de água classificada como mineral ou potável de mesa, naturais, e destinadas ao envase, balneário e estância hidromineral devem, quando da apresentação do relatório final dos trabalhos de pesquisa, indicar a área de proteção de sua fonte.

---

6 As águas minerais alcalino-terrosas se distinguem em alcalino-terrosas cálcicas e alcalino-terrosas magnesianas.

7 As águas minerais radioativas podem ser fracamente radioativas, radioativas e fortemente radioativas.

8 Subdividindo-se em fracamente radioativas, radioativas e fortemente radioativas.

Os arts. 12 a 18 do CAM estabelecem os parâmetros para a preservação, conservação e racionalização de uso das fontes de água, detalhando, ainda, as ações e os procedimentos necessários à definição da área de proteção das fontes, balneários e estâncias de águas minerais e potáveis de mesa em todo o território nacional.

A conceituação de áreas ou perímetros de proteção das águas minerais ou potáveis de mesa, captadas por poços ou fontes e nascentes naturais, destina-se à proteção da qualidade das águas e tem como objetivo estabelecer os limites dentro dos quais deverá haver restrições de ocupação e de determinados usos que possam vir a comprometer seu aproveitamento.

Os diversos modos de ocorrência e tipos de sistema aquíferos dão origem a condições bem diferenciadas no que se refere ao grau de vulnerabilidade ou de riscos de contaminação das águas. Em consequência, torna-se necessário o adequado conhecimento do modelo hidrogeológico local e regional para a avaliação e o delineamento do respectivo plano de controle e proteção.

Deverão, em relação às áreas ou perímetros de proteção, ser conceituadas três diferentes zonas, segundo suas características hidráulicas, podendo ser consideradas zona de influência – ZI[9], zona de contribuição – ZC[10] e zona de transporte – ZT[11], conforme disposto no item 3.3 da Portaria n. 231.

A ZI, associada ao perímetro imediato do poço ou fonte, define a área onde serão permitidas apenas atividades inerentes ao poço ou fontes e delimita, também, o entorno de proteção microbiológica. Suas dimensões serão estabelecidas em função das características hidrogeológicas e grau de vulnerabilidade ou risco de contaminação de curto prazo. Nessa zona, não serão permitidas quaisquer edificações, e deverá haver severas restrições à atividade agrícola ou outros usos considerados potencialmente poluidores.

Por sua vez, a ZC e a ZT serão estabelecidas objetivando a segura proteção contra contaminantes mais persistentes, como produtos químicos industriais ou outras substâncias tóxicas, por exemplo. Sua definição e dimensões serão baseadas em função, principalmente, das atividades, níveis e intensidade de ocupação e utilização da terra, levando-se em conta, também, as estimativas sobre o tempo de trânsito.

A definição das áreas de proteção, nos termos do item 3.4 da Portaria n. 231, deverá ser baseada em estudos e levantamento prévios, envolvendo caracterização hidrológica e climática, características hidrogeológicas locais e sua inserção no contexto regional, características físico-químicas e sanitárias das águas, caracterização do uso do

---

9 A ZI é aquela associada ao cone de depressão (rebaixamento da superfície potenciométrica) de um poço de bombeamento ou de uma fonte ou nascente natural, considerada aqui como um afloramento da superfície piezométrica ou freática, equivalente a um dreno.

10 A ZC é a área de recarga associada ao ponto de captação (fonte ou poço), delimitada pelas linhas de fluxo que convergem a esse ponto.

11 A ZT ou de captura é aquela entre a área de recarga e o ponto de captação. É essa zona que determina o tempo de trânsito que um contaminante leva para atingir um ponto de captação, desde a área de recarga. Em geral, esse tempo depende da distância do percurso ou fluxo subterrâneo, das características hidráulicas do meio aquífero e dos gradientes hidráulicos.

solo e das águas, com identificação das principais fontes de poluição, análise das possibilidades de contaminação das fontes e seu grau de vulnerabilidade aos agentes poluentes, identificação de medidas corretivas ou preventivas com estabelecimento de um plano de controle e definição das áreas de proteção.

13.10. Competências do órgão técnico especializado da ANM

Nos termos do art. 44, I, do CAM, cumpre ao órgão técnico especializado da ANM manter os laboratórios e gabinetes técnicos e científicos necessários ao estudo das águas minerais sob seu aspecto químico, físico, físico-químico, farmacodinâmico e dos demais elementos terapêuticos para orientação científica das suas aplicações clínicas.

Compete também ao órgão técnico especializado da ANM, nos termos definidos pelo art. 44, II, do CAM, fixar, mediante ampla colaboração com os interessados, os métodos de análises químicas e bacteriológicas, tendo em vista a uniformização dos resultados. Cumpre-lhe, ainda, conforme previsão do art. 44, III, do CAM, promover a articulação com os órgãos técnicos e administrativos competentes, no sentido de estabelecer íntima colaboração com os Estados e Municípios, para a coordenação de esforços na organização e execução dos planos de aparelhamento e defesa das estâncias e na fiscalização do comércio de águas.

13.11. Comissão Permanente de Crenologia

A Comissão Permanente de Crenologia foi criada pelo Código de Águas Minerais, na forma do art. 2º, e seu Regimento Interno foi instituído pela Portaria MME n. 517, de 27 de maio de 2021.

A presidência da Comissão é ocupada pelo Diretor-Geral da ANM, sendo o grupo composto de quatro especialistas no assunto, de livre escolha do Presidente da República, sendo certo que um dos membros será escolhido entre o pessoal do órgão técnico especializado da ANM.

De acordo com o art. 5º do Anexo da Portaria MME n. 517/2021, compete à Comissão Permanente de Crenologia:

> (...)
>
> I – examinar, quando necessário os relatórios de pesquisa e os planos de aproveitamento econômico de fontes de Águas Minerais Naturais, a fim de emitir parecer sobre suas potencialidades e indicadores que possam comprovar a caracterização de suas águas como coadjuvantes terapêuticos;
>
> II – classificar as estâncias hidrominerais segundo as características terapêuticas de suas Águas Minerais Naturais e quanto à sua adequação às normas sanitárias vigentes;
>
> III – emitir parecer sobre os dizeres que deverão constar nos rótulos, exclusivamente no que se referir às qualidades terapêuticas das Águas Minerais Naturais e demais produtos crenoterápicos e suas contraindicações;
>
> IV – propor as condições básicas, sob o ponto de vista médico, para os regulamentos das atividades crenoterapêuticas;

V – fomentar a doutrina crenológica e cursos multi e interdisciplinares em todo o território nacional, apoiados por instituições acadêmicas e organizações civis afetas às águas minerais;

VI – opinar, no âmbito da Agência Nacional de Mineração, em todos os assuntos relativos as potencialidades das Águas Minerais Naturais e demais produtos crenológicos e crenoterápicos como coadjuvantes terapêuticos;

VII – sugerir medidas tendentes a incrementar a indústria de Águas Minerais Naturais e as atividades crenoterápicas, tendo em vista a necessidade de aumentar a utilidade social dessas atividades;

VIII – propor e incentivar a pesquisa e a publicação de trabalhos especializados e emitir pareceres sobre o mérito daqueles que lhe forem submetidos;

IX – avaliar e emitir parecer prévio às propostas regulatórias que tratam de classificação de Água Mineral, propriedades crenoterapêuticas e outras questões afetas ao Código de Águas Minerais;

X – sugerir políticas públicas e ações para desenvolvimento da indústria de Águas Minerais Naturais e crenoterápicas;

XI – promover acordos e convênios com entidades de classe internacionais que se dedicam ao estudo científico das propriedades terapêuticas das Águas Mineromedicinais; e

XII – aprovar anualmente, até o dia 31 de março, o Plano Anual de Trabalho e o respectivo cronograma de atividades da Comissão.

As sessões da Comissão são gravadas em meio eletrônico e têm suas datas, pautas e atas divulgadas no sítio eletrônico da ANM.

13.12. Controle e fiscalização sanitária das águas minerais

A Portaria Interministerial n. 805/78 tratou de estabelecer instruções aplicáveis ao controle e à fiscalização sanitária das águas minerais destinadas ao consumo humano.

Ao MME incumbiu a regulação e regulamentação dos requerimentos de pesquisa e lavra de águas minerais, termais gasosas e potáveis. Além disso, ratificou a atribuição de promoção das análises físico-químicas e classificação de águas, segundo o Código de Águas Minerais, observando os respectivos padrões de identidade e qualidade, o que é realizado por meio do Laboratório de Análises Minerais do Serviço Geológico do Brasil – LAMIN/CPRM.

Foi atribuída, também, a execução, de comum acordo com o Ministério da Saúde e com o concurso de laboratório e instituições de pesquisa especializadas, de análise microbiológica da água emergente da fonte, submetendo o resultado respectivo à prévia aprovação do Ministério da Saúde, por intermédio da ANVISA.

Já ao Ministério da Saúde cumpre a elaboração de padrões de identidade e qualidade para as águas minerais destinadas ao consumo humano e de normas visando à sua fiscalização nos fontanários, nos locais de engarrafamento e de oferecimento ao consumo ou exposição e venda. Cumpre-lhe, ainda, o registro das águas minerais oferecidas ao consumo previamente engarrafadas ou por qualquer forma acondicionadas, obedecidas as instruções que vierem a ser baixadas pela ANVISA.

Por derradeiro, no que diz respeito ao Ministério da Saúde, cumpre-lhe supervisionar a execução, pela Gerência-Geral de Alimentos da vigilância sanitária, do Plano de

Amostragem para águas minerais a que se referem a Tabela 1 (item 11.2) e a Tabela 2 (item 11.3) da Resolução n. 310, de 16 de julho de 1999, da ANVISA, mantendo intercâmbio de informações com o MME quanto às prioridades a serem estabelecidas e quanto aos procedimentos a serem adotados no caso de constatação de estar a água mineral examinada fora dos respectivos padrões de identidade e qualidade.

Cumpre, ainda, ao Ministério instituir modelo padronizado de requerimento de registro das águas minerais engarrafadas ou por qualquer outra forma acondicionadas, definindo os documentos que deverão instruir os requerimentos.

Às Secretarias de Saúde, no âmbito local, cabem, isoladamente ou em conjunto com a autoridade competente do Ministério da Saúde ou do MME, a inspeção e/ou fiscalização sanitária em fontanários, locais de engarrafamento e de oferecimento ao consumo ou exposição à venda, bem como as análises físicas, físico-químicas e microbiológicas necessárias ao controle ou à fiscalização das águas minerais.

A competência de cada órgão para ação fiscalizadora está expressa no Decreto n. 78.171, de 2 de agosto de 1976, bem como no art. 14 da Lei n. 6.437, de 20 de agosto de 1977[12], ressalvada a competência privativa do MME, segundo as normas do Código de Mineração e/ou seu Regulamento.

O registro das águas minerais junto à ANVISA deverá ser dirigido à Gerência-Geral de Alimentos da vigilância sanitária e, conforme prevê a Portaria Interministerial n. 805/78, acompanhado de: (i) cópia da Concessão de Lavra; (ii) cópia do Laudo de Análise LAMIN/CPRM onde constem as características físico-químicas e microbiológicas da água emergente da fonte; (iii) relatório de vistoria do estabelecimento engarrafador, expedido por autoridade sanitária local, comprovando o atendimento das exigências constantes da Resolução-RDC n. 173, de 13 de setembro de 2006, ou, se for o caso, documento comprovando a concessão de prazo para execução de obras, adaptações ou reparos considerados indispensáveis; (iv) modelo desenhando o rótulo, previamente aprovado pela ANM; e (v) informações quanto ao tipo de comercialização do produto e ao material de embalagem ou acondicionamento a ser utilizado.

Uma vez concedido o registro, a água mineral será submetida a análises de controle e/ou análises físicas, obedecido o Plano de Amostragem para Águas Minerais e os Métodos de Amostragem e Análise recomendados pela Resolução n. 310, de 16 de julho de 1999, da ANVISA.

13.13. Comércio de água mineral, termal, gasosa, de mesa ou destinada a fins balneários

A exploração comercial de água mineral, termal, gasosa, potável de mesa ou destinada a fins balneários só será permitida quando autorizada pela ANM.

---

12 Art. 14. As penalidades previstas nesta Lei serão aplicadas pelas autoridades sanitárias competentes do Ministério da Saúde, dos Estados, do Distrito Federal e dos Territórios, conforme as atribuições que lhes sejam conferidas pelas legislações respectivas ou por delegação de competência através de convênios. Lei n. 6.437, de 20 de agosto de 1977 (Configura infrações à legislação sanitária federal, estabelece as sanções respectivas, e dá outras providências).

As fontes sujeitas à influência de águas superficiais e, por conseguinte, suscetíveis a poluição, não poderão ser exploradas comercialmente, para quaisquer fins. É o que prescreve o art. 26 do CAM.

Conforme previsão do art. 27 do CAM, nas fontes em exploração regular será exigida a realização de análises químicas periódicas, parciais ou completas, e, no mínimo, uma análise completa a cada três anos, para verificação de sua composição.

Em relação às qualidades higiênicas das fontes, estabelece o art. 27, parágrafo único, do CAM que serão exigidos, no mínimo, dois exames bacteriológicos por ano: um na estação chuvosa e outro na estiagem – podendo, entretanto, a repartição fiscalizadora exigir as análises bacteriológicas que julgar necessárias para garantir a pureza da água da fonte ou da água engarrafada.

Ainda no plano da comercialização, o art. 28 do CAM evidencia clara preocupação em relação à proteção do consumidor, estabelecendo que, uma vez classificada a água pela ANM, será proibido o emprego no comércio ou na publicidade de qualquer designação que possa, de alguma forma, causar confusão ao consumidor, seja em relação à fonte, seja em relação à procedência, sob pena de interdição.

O art. 52 da Resolução ANM n. 193/2024 disciplina que os empreendimentos balneários que explorem águas minerais ou potáveis de mesa para fins devem apresentar nas piscinas (quentes ou frias) a indicação de profundidade, temperatura da água e tempo máximo de permanência.

Já com relação aos balneários crenoterápicos, ou seja, aqueles que oferecem tratamentos utilizando o potencial terapêutico das águas minerais ou potáveis de mesa, devem ter, no mínimo, um profissional da área da saúde legalmente habilitado pelo conselho profissional correspondente que responda tecnicamente pela implementação e execução do Projeto de Caracterização Crenoterápica.

Além disso, devem complementar seu Plano de Aproveitamento Econômico (PAE) com um Projeto de Caracterização Crenoterápica do seu recurso mineral, que deve conter, no mínimo: (i) identificação do empreendimento (local, número do processo minerário e dados do Titular do direito minerário); (ii) nome da fonte; (iii) indicação do tipo de captação (surgência, poço tubular ou poço de grande diâmetro); (iv) caracterização dos principais elementos minerais contidos na água em estudo e correlação de ações benéficas no organismo humano; (v) descrição das propriedades terapêuticas do recurso mineral e das ações no organismo humano; (vi) descrição das técnicas de tratamento com o recurso mineral estudado (banhos, duchas, jatos, inalação etc.); (vii) descrição das indicações e contraindicações balneoterápicas da água da(s) fonte(s) em estudo; (viii) indicação das referências bibliográficas que fundamentam o projeto crenoterápico; e (ix) identificação da equipe técnica responsável pela elaboração do projeto crenoterápico, sendo obrigatória a participação de, no mínimo, um profissional da área da saúde legalmente habilitado pelo conselho profissional correspondente.

13.14. Rotulagem de águas minerais e potáveis de mesa

O procedimento de rotulagem de águas minerais e potáveis de mesa passou por importantes alterações nos últimos anos. Com o advento da Lei n. 13.874/2019, conhecida como Lei de Liberdade Econômica, e seu Regulamento, Decreto n. 10.178/2019, houve uma tentativa do governo federal de desburocratizar práticas e atividades econômicas.

Uma das práticas incluídas nessa simplificação de procedimentos foi justamente a rotulagem de águas minerais e potáveis de mesa. Com a edição da Resolução ANM n. 157/2024, os riscos da atividade econômica da atividade de rotulagem de águas minerais e potáveis de mesa envasadas foram classificados como nível de risco I.

Consequentemente, dispensou-se a apresentação, pelo empreendedor, e a análise prévia, pela ANM, de rótulos de águas minerais e potáveis de mesa envasadas.

Não obstante, o empreendedor deve manter no rótulo as seguintes informações essenciais:

(i) nome da fonte;

(ii) local da fonte (endereço completo, município e unidade da federação);

(iii) características físico-químicas da água na fonte;

(iv) composição química da água, expressa em miligramas por litro (mg/L);

(v) identificação do(s) boletim(ns) de análise oficial e data da emissão;

(vi) classificação da água;

(vii) nome da empresa concessionária e, se houver, da arrendatária, e respectivo número de inscrição no Cadastro Nacional de Pessoa Jurídica – CNPJ;

(viii) conteúdo ou volume líquido, conforme a Portaria n. 249, de 9 de junho de 2021, do Instituto Nacional de Metrologia, Qualidade e Tecnologia – INMETRO ou outra norma que lhe vier a substituir;

(ix) data de envase;

(x) no caso de água mineral com gás classificada como carbogasosa na fonte, uma das seguintes expressões: a) "carbogasosa natural"; b) "naturalmente gasosa"; ou c) "gasosa natural";

(xi) no caso de água mineral classificada como carbogasosa na fonte cujo gás carbônico (dióxido de carbono) seja retirado para envase de água "sem gás", uma das seguintes expressões: a) "sem gás"; ou b) "descarbonatada";

(xii) no caso de água mineral ou potável de mesa adicionada de gás carbônico (dióxido de carbono), a expressão "gaseificada artificialmente";

(xiii) identificação do ato de concessão de lavra (data de publicação no Diário Oficial da União – DOU e número da portaria, decreto ou manifesto de mina); e

(xiv) número do processo precedido da sigla ANM.

As informações devem ser apresentadas de forma legível e com caracteres com altura mínima de 1 (um) milímetro, exceto as que já têm tamanho obrigatório em regulamento específico.

Cada fonte deve ter uma denominação específica, vedada a utilização de um mesmo nome para identificar fontes distintas compreendidas na mesma área de concessão ou em áreas contíguas do mesmo titular.

Nenhuma designação relativa às características ou propriedades terapêuticas das fontes pode constar na rotulagem, bem como informações relativas a qualquer designação suscetível de causar confusão ao consumidor quanto à fonte ou procedência da água.

Alterações na classificação da água, constantes de decisões emitidas pela ANM, devem ser atualizadas no rótulo no prazo de 180 (cento e oitenta) dias a partir da data de edição do novo ato da Decisão da classificação da água pela ANM.

O uso de rotulagem em desacordo com o estabelecido na Resolução ANM n. 157/2024 caracteriza condição para apreensão de estoque, interdição e multa, nos termos do disposto no art. 31 do CAM e nos arts. 19 e 30 da Resolução ANM n. 122/2022.

13.15. Infrações contra o consumidor de água

As práticas que, de alguma forma, gerem consequências negativas ao consumidor são rechaçadas pelo Código de Águas Minerais, possibilitando a aplicação de sanções, tais como interdição, apreensão do estoque e aplicação de multa nos casos de: (i) exposição à venda, ao consumo ou à utilização de água cuja exploração não tenha sido legalmente autorizada por decreto de lavra; (ii) utilização de rótulo com dizeres diversos dos aprovados pela ANM; (iii) exposição à venda de água originária de outra fonte; e (iv) exposição à venda ou utilização de água em condições higiênicas impróprias para o consumo.

Para coibir tais práticas, o órgão competente da ANM poderá, a seu critério, tomar algumas medidas, tais como apreensão e inutilização do estoque da água engarrafada, inabilitação do concessionário para adquirir selos de consumo enquanto durar a interdição, apreensão de guias e selos de consumo, em poder do interessado no momento da interdição, que serão conservados em custódia até a regularização da situação, para abertura da fonte ou interdição definitiva, bem como aplicação de multas. É o que estabelece o art. 31, § 1º, do CAM.

A Resolução ANM n. 122/2022, além de disciplinar as medidas supracitadas, estabelece que, na hipótese de infração ao estabelecido no art. 31, I, do CAM (expor à venda, ao consumo ou à utilização água cuja exploração não tenha sido legalmente autorizada por decreto de lavra); art. 31, II, do CAM (utilizar rótulo com dizeres diversos dos aprovados pela ANM); art. 31, III, do CAM (expor à venda água originária de outra fonte); e art. 31, IV, do CAM (expor à venda ou utilizar água em condições higiênicas impróprias para o consumo), as multas podem variar de R$ 2.000,00 (dois mil) a R$ 1.000.000.000,00 (um bilhão de reais), por infração.

13.16. *Royalties* e tributação

Prescreve o art. 2º, § 11, da Lei n. 8.001/90, alterado em 2017 pela Lei n. 13.540/2017, que no aproveitamento econômico de água, envasada ou não, para fins de consumo direto, a base para o cálculo da CFEM será a receita bruta de venda, deduzidos os tributos incidentes sobre sua comercialização, pagos ou compensados, de acordo com os respectivos regimes tributários.

A alteração legislativa representou uma mudança de paradigma, já que, anteriormente, a base de cálculo da CFEM incidia no percentual de 2% sobre o faturamento líquido dos produtores.

Outra alteração significativa e bastante criticada pela doutrina foi a impossibilidade de dedução dos valores da CFEM pelos produtores de valores correspondentes a frete e seguro.

A alíquota da CFEM no aproveitamento econômico de água mineral para fins balneários incide, em regra, sobre o valor do banho e, caso não haja valor especificado para o preço do banho, será cobrada a alíquota de 8,91% da receita bruta mensal do estabelecimento do titular, deduzido o tributo incidente sobre sua comercialização, pago ou compensado, de acordo com o regime tributário.

13.17. Preparo de bebidas

Em relação ao preparo de bebidas em geral, aplicamse as previsões da recém-publicada Resolução ANM n. 193/2024, que estabelece que a água mineral e potável de mesa utilizada como ingrediente no preparo de bebidas em geral não pode ser submetida a desmineralização ou qualquer procedimento ou tratamento prévio da água que descaracterize sua composição original.

A linha de envase de água mineral ou potável de mesa utilizada para diferentes produtos deve ser composta de uma sistema de higienização para eliminação adequada de contaminantes ou resíduos de sabor, odor e cor, cuja descrição do sistema de higienização dos equipamentos deve constar no Plano de Aproveitamento Econômico.

Ponto interessante também nas hipóteses de preparo de bebidas é a incidência da CFEM, aplicável, nessas hipóteses, com fundamento no art. 14, § 1º, do Decreto n. 1/91, que regulamenta a Lei n. 7.990/89. Nesse sentido, a base de cálculo da CFEM será entendida como o custo do conjunto de operações de produção da bebida até a etapa que anteceder a adição dos ingredientes à água mineral ou potável de mesa.

Por fim, cabe salientar que, apesar das alterações estabelecidas pela Resolução ANM n. 193/2024, os produtores devem observar as especificações técnicas da Nota Técnica n. 001/2009, aprovada pela Portaria DNPM n. 374, de 1º de outubro de 2009.

13.18. Importação e comercialização de água mineral

O Código de Águas Minerais estabelece em seu art. 33 que as águas minerais de procedência estrangeira só poderão ser expostas ao consumo após cumprimento, no que lhes for aplicável a juízo da ANM, das disposições sobre comércio das águas minerais nacionais. Assim, além do seu caráter sanitário, trata-se, evidentemente, de norma que busca estabelecer a isonomia entre o produto nacional e o importado.

O antigo DNPM tratou de disciplinar, além da exploração dos recursos hídricos nacionais, os requerimentos para importação e comercialização de água mineral. A Portaria n. 159/96 tratou do tema para evitar irregularidade que vinha ocorrendo na importação de águas minerais.

A citada portaria estabeleceu a necessidade de apresentação de documentos, recaindo tal obrigação para as empresas interessadas em importar e comercializar, no mercado brasileiro, água mineral de procedência estrangeira. Assim sendo, as empresas importadoras hoje devem apresentar análises realizadas pelo LAMIN/CPRM, contendo análise química completa, análise bacteriológica compreendendo determinação de coliformes totais e fecais, de pseudomona aeruginosa, de clostrídios sulfito-redutores, assim como contagem de bactérias heterotróficas em UFC/ml e determinação de estreptococos fecais.

Além disso, deve ser apresentada análise completa da água de laboratório oficial do país de origem, compreendendo os parâmetros organolépticos, químicos, físico-químicos e os parâmetros referentes às substâncias tóxicas, bem como registro da fonte no país de origem.

Na hipótese de embalagens diferentes das de vidro, a empresa interessada em importar deverá informar, ainda, qual o material da embalagem plástica usada no envase da água mineral (PVC, policarbonato, polietileno, polipropileno, PET).

As sociedades com interesse de importar água devem, também, cadastrar-se como empresa importadora na vigilância sanitária do Estado onde o produto será comercializado, de acordo com a Portaria n. 159.

A portaria também prevê que novas importações, ainda que do mesmo produto e marca, ficarão condicionadas à comprovação da potabilidade da água, por meio de análises microbiológicos efetuadas por laboratório oficial, devendo os resultados ser apresentados à ANM.

Impõe, ainda, o item 8 da Portaria n. 159 que a importação de água mineral deve ser precedida da apresentação da legislação do país de origem do produto, tanto em língua original quanto na tradução em português. Já o item 7 da Portaria n. 159 prescreve que a empresa interessada em importar e comercializar água de procedência estrangeira deverá apresentar o rótulo utilizado no envase da água mineral, no original e na sua tradução para o português, satisfazendo as prescrições do art. 29 do CAM.

13.19. Garrafão

A Resolução ANM n. 193/2024 revogou completamente a Portaria n. 387/2008, que disciplinava o uso das embalagens do tipo plástico garrafão retornável, destinadas ao envasamento e à comercialização de água mineral e potável de mesa.

No que diz respeito a esses recipientes, especificamente, a Resolução disciplinou que as embalagens retornáveis devem trazer impresso de forma indelével e legível, na parte superior do garrafão – entre o gargalo e o anel de reforço superior –, a data limite de 3 (três) anos de sua vida útil, especificada pela "Data de Fabricação" e "Data de Validade", no formato mês/ano.

A Norma ABNT 14637 (Embalagem plástica para água mineral e potável de mesa – Garrafão retornável – requisitos para lavagem, enchimento e fechamento) serve como um parâmetro obrigatório às condições de operação e requisitos da máquina higienizadora das embalagens retornáveis.

Após a publicação da portaria de lavra, para início da produção e comercialização, deve ser apresentado à ANM laudo do fabricante que comprove que a máquina advinda da fábrica (nova), a ser utilizada na higienização das embalagens retornáveis, atende aos requisitos descritos na Norma ABNT 14637.

Capítulo 14

DEPÓSITO FOSSILÍFERO

14.1. Definição

O instrumento normativo específico que trata dos depósitos fossilíferos é o Decreto-Lei n. 4.146/42, diploma de apenas dois artigos e de fundamental importância para a atividade minerária, no sentido de prever que os depósitos fossilíferos são propriedade da União e, como tais, a extração de espécimes fósseis depende de autorização prévia e fiscalização da ANM. Ou seja, o decreto-lei ainda vigente especifica a competência para autorizar e fiscalizar a extração dos espécimes fósseis, trazendo o tema para o bojo do Direito Minerário.

Outro fator interessante do citado decreto é a exceção que estabelece em relação à exploração dos depósitos fossilíferos feita por museus nacionais e estaduais e estabelecimentos oficiais congêneres, devendo, nesse caso, apenas ser feita prévia comunicação à ANM. Ou seja, a autorização genérica passa a ser substituída por mera comunicação, haja vista as peculiaridades do agente explorador.

Essas particularidades correlatas aos fósseis e sítios de valor paleontológico trouxeram alguns pontos de questionamento. Tais dúvidas fizeram com que, enfim, no ano de 2010, a Procuradoria-Geral Federal expedisse parecer[1] elucidativo sobre o tema.

O entendimento que predomina hodiernamente, inclusive em atenção ao parecer da Procuradoria Federal, é no sentido de atribuir, como bens da União, os espécimes fósseis e os sítios paleontológicos brasileiros, apesar da ausência de expressa previsão constitucional. O citado entendimento, portanto, é sedimentado no art. 20, I e X, da CF/88 combinado com o art. 1º do Decreto-Lei n. 4.146/42.

Deve-se salientar, ainda, a essencial distinção a ser feita no que tange aos fósseis, gerando consequências na forma de compreensão e tratamento das questões atinentes aos depósitos fossilíferos. Tal diferenciação deve ser feita com base no art. 10, III, do Código de Mineração que prevê:

> Art. 10 Reger-se-ão por Leis especiais:
>
> (...)

---

1 Parecer 107/2010/FM/Proge/DNPM.

III – os espécimes minerais ou fósseis, destinados a Museus, Estabelecimentos de Ensino e outros fins científicos;

A regulamentação da autorização e da comunicação prévia para extração de fósseis é feita, atualmente, por meio da Portaria DNPM n. 155/2016, entre os arts. 296 e 320.

A norma impõe, no art. 299, parágrafo único, a vedação à outorga de autorização para extração de fósseis com o propósito específico de comercialização dos fósseis extraídos. Desta forma, a extração de fósseis no Brasil só pode ser feita com fins de pesquisa científica e principalmente museológicos.

São autorizadas pela norma a extração de fósseis visando somente atividades relacionadas a projetos técnicos de salvamento paleontológico ou projetos científicos e atividades de caráter científico, técnico ou didático.

Além dos Estados e Municípios, desde que comunicada previamente a ANM, podem requerer a extração de fósseis: (i) profissional ou estudante vinculado a museu ou instituição científica da esfera municipal; (ii) profissional ou estudante vinculado a museu ou instituição científica privados; (iii) por solicitação do Conselho Nacional de Desenvolvimento Científico e Tecnológico – CNPq, no caso de expedição científica; (iv) profissional ou estudante estrangeiro, se enquadrado nos termos dos casos especiais – Capítulo XI da Portaria MCT n. 55, de 14 de março de 1990, itens 56 a 58; (v) profissional estrangeiro sob contrato de trabalho junto a instituição referida nos incisos I e II do art. 301 da Portaria DNPM n. 155/2016; (vi) profissional responsável pela execução de programa de salvamento paleontológico no âmbito do licenciamento ambiental; e (vii) profissional autônomo que apresente declaração de endosso da instituição científica depositária do material fóssil coletado.

A autorização para extração de fósseis deverá ser requerida por formulário eletrônico junto à ANM e terá prazo de vigência idêntico àquele estimado no projeto científico ou técnico, ou das atividades de caráter científico, técnico ou didático.

O prazo da autorização para extração de fósseis poderá ser sucessivamente prorrogado por decisão do Superintendente de Fiscalização, conforme o caso, mediante requerimento formulado antes do término do prazo em vigor e mediante comprovação da continuidade do projeto ou justificativa fundamentada para a continuidade das atividades de caráter científico, técnico ou didático.

O interessado apresentará à ANM o Formulário de Atividades Executadas no prazo de 30 dias contados da data de vencimento da autorização ou do último dia do período da coleta comunicada. Em se tratando de execução de projeto técnico de salvamento paleontológico será dispensada a apresentação do Formulário de Atividades Executadas, devendo o responsável apresentar à ANM, no prazo de 30 dias contados da data de vencimento da autorização, relatório final contendo: (i) listagem dos fósseis, identificados na menor categoria taxonômica possível; (ii) coordenadas UTM, no Datum horizontal SIRGAS 2000, do(s) ponto(s) de coleta; (iii) depósito fossilífero, na menor unidade estratigráfica possível, onde se coletou o material fóssil; e (iv) declaração da(s) instituição(ões) depositária(s) de confirmação do recebimento do material fóssil.

Conforme opinou a Procuradoria Federal junto à ANM, o Instituto do Patrimônio Histórico e Artístico Nacional – Iphan também teria competência para preservação dos depósitos fossilíferos, mediante a realização de tombamentos de sítios de valor paleontológico, nos termos do art. 1º, § 2º, do Decreto-Lei n. 25/37, conforme prevê:

> Art. 1º Constitue o patrimônio histórico e artístico nacional o conjunto dos bens móveis e imóveis existentes no país e cuja conservação seja de interesse público, quer por sua vinculação a fatos memoráveis da história do Brasil, quer por seu excepcional valor arqueológico ou etnográfico, bibliográfico ou artístico.
>
> (...)
>
> § 2º Equiparam-se aos bens a que se refere o presente artigo e são também sujeitos a tombamento os monumentos naturais, bem como os sítios e paisagens que importe conservar e proteger pela feição notável com que tenham sido dotados pela natureza ou agenciados pela indústria humana.

Os sítios paleontológicos podem ser preservados, ainda, por meio dos monumentos naturais, categoria da classe das unidades de conservação de proteção integral, prevista no art. 12 da Lei n. 9.985/2000.

Capítulo 15

CARVÃO MINERAL

15.1. Definição

A Portaria Interministerial n. 917/82 previu obrigações para as empresas produtoras de carvão mineral, com fins de preservação da integridade do meio ambiente.

Sob o enfoque ambiental, a citada portaria é considerada vanguardista[1]. Assim, trata-se de um marco da legislação ambiental pátria da década de 1980. O carvão, mineral objeto da portaria, é símbolo das primeiras revoluções industriais e, muitas vezes, é citado como matriz de grande impacto para o meio ambiente.

A Portaria n. 917 considera a necessidade de conciliar a expansão da produção e uso do carvão mineral com a preservação da integridade do meio ambiente, ou seja, sob o viés do desenvolvimento sustentável.

A citada portaria previu que as empresas mineradoras de carvão estabelecidas em todo o país deveriam apresentar à ANM e à Secretaria Especial do Meio Ambiente (Sema), no prazo de 180 dias, contados da sua publicação, alguns projetos, acompanhados dos respectivos cronogramas de execução. Tais projetos deveriam partir da premissa de estabelecer meios para conciliar a atividade econômica com o desenvolvimento sustentável, em especial pelo tratamento de efluentes líquidos originados da drenagem da mina e do beneficiamento do carvão, do transporte, manuseio/disposição final e/ou parcial de subprodutos, produtos ou resíduos sólidos, originados da lavra ou do beneficiamento de carvão e planos de recuperação de área minerada.

Na vigência do Governo do ex-Presidente Jair Bolsonaro, em 2021, foi publicada a Portaria n. 540/GM/MME, de 6 de agosto de 2021, que aprova o detalhamento do Programa Para Uso Sustentável do Carvão Mineral Nacional.

O objetivo era estudar a viabilidade de utilização do carvão mineral brasileiro como insumo para o setor elétrico, bem como a modernização do parque termelétrico a carvão mineral nacional. De acordo com o detalhamento do programa, um dos problemas

---

1 A Lei n. 6.938, de 31 de agosto de 1981, que dispôs sobre a Política Nacional do Meio Ambiente, seus fins e mecanismos de formulação e aplicação, é considerada por muitos doutrinadores o marco inicial da legislação de proteção ambiental, tendo em vista inclusive seu caráter sistêmico de proteção, e não uma previsão meramente pontual.

enfrentados seria a falta de linhas de crédito para financiamento dos projetos carvoeiros, já que o BNDES passou a direcionar sua política de crédito de geração de energia para as fontes renováveis e à geração termelétrica a gás natural em ciclo combinado.

Do ponto de vista ambiental, o projeto aponta que a modernização do parque termelétrico a carvão mineral, substituindo as usinas existentes por novas tecnologias, com aumento de eficiência dos processos de combustão e da incorporação de sistemas de captura, transporte e armazenamento de carbono (CCUS, em inglês), irá endereçar o problema do passivo ambiental de rejeitos, além de reduzir a emissão de Gases de Efeito Estufa – GEE. Ainda de acordo com o programa, considerando, por exemplo, a substituição por usinas novas com maior eficiência mínima de 35%, as emissões de CO_2/kWh poderiam ser reduzidas em 12,5% em relação ao parque atual.

O programa foi muito criticado por ambientalistas e pela sociedade civil organizada, que consideram a medida um retrocesso com relação aos acordos globais de transição energética dos quais o Brasil é signatário. Portanto, diante da transição para o Governo do Presidente Lula, o programa pode ser descontinuado.

No que tange à Portaria Interministerial n. 917/82, embora não tenha sido expressamente revogada e possa ser reconhecida sua recepção constitucional, sua aplicabilidade deve ser mitigada diante da promulgação de normas hierarquicamente superiores, principalmente no âmbito ambiental.

Capítulo 16

OURO

16.1. Ativo financeiro

O ouro é, sem dúvida, o recurso mineral mais famoso da história da humanidade. Muitas foram as culturas que dele se utilizaram, especialmente o ostentando como objeto de poder e meio de acumulação de riqueza.

No ordenamento jurídico brasileiro, a substância é tratada na Lei n. 7.766/89, que dispõe sobre o ouro como ativo financeiro, bem como sobre o seu tratamento tributário. Define, assim, que o ouro, em qualquer estado de pureza, bruto, ou refinado, quando destinado ao mercado financeiro ou à execução da política cambial do país, em operações realizadas com a interveniência de instituições integrantes do Sistema Financeiro Nacional, na forma e condições autorizadas pelo Banco Central do Brasil, será, desde a extração, inclusive, considerado ativo financeiro ou instrumento cambial.

Portanto, a legislação estabeleceu que a destinação de determinado recurso mineral influencia sua classificação jurídica. Dessa forma, o ouro pode deixar de ser simplesmente um recurso mineral, ganhando *status* de ativo financeiro. Destacamos que o *status* de ativo financeiro só poderá ser atribuído ao ouro quando comprovada a destinação específica ao mercado financeiro ou à execução de política cambial do país. Vale dizer que tal comprovação se fará por notas fiscais ou documentos que identifiquem as citadas operações.

16.1.1. *Tributação dos ativos financeiros*

Uma vez classificado como ativo financeiro, ao ouro se impõe tributação condizente com tal categoria. Assim sendo, ele se sujeita, desde sua extração, exclusivamente à incidência do imposto sobre operações de crédito, câmbio e seguro, ou aquelas relativas a títulos ou valores mobiliários.

A Carta Magna de 1988 já previa tal disposição em seu art. 153, destinado a tratar dos impostos de competência da União, em especial o Imposto sobre Operação de Crédito, Câmbio e Seguro (IOF), como reproduzimos:

> Art. 153. Compete à União instituir impostos sobre:
>
> (...)

V – operações de crédito, câmbio e seguro, ou relativas a títulos ou valores mobiliários;

(...)

§ 5º O ouro, quando definido em lei como ativo financeiro ou instrumento cambial, se sujeita exclusivamente à incidência do imposto de que trata o inciso V do "caput" deste artigo, devido na operação de origem; a alíquota mínima será de um por cento, assegurada a transferência do montante da arrecadação nos seguintes termos:

I – trinta por cento para o Estado, o Distrito Federal ou o Território, conforme a origem;

II – setenta por cento para o Município de origem.

Conforme se observa, a Constituição Federal criou um sistema de repartição diferenciado para os valores decorrentes da tributação de ouro, sendo assim essencial a informação do município origem, que, no caso de ouro oriundo do exterior, é considerado como o município pelo qual se deu o ingresso do ouro no país.

Em uma primeira leitura do citado dispositivo constitucional, parece que o constituinte criou uma estrutura inconsistente do ponto de vista lógico – já que os impostos têm como função principal o aspecto fiscal, de arrecadação, conforme define o professor Ricardo Lobo Torres:

> (...) é o dever fundamental consistente em prestação pecuniária, que, limitado pelas liberdades fundamentais, sob a diretiva do princípio constitucional da capacidade contributiva e *com a finalidade principal ou acessória de obtenção de receita para as necessidades públicas gerais*, é exigido de quem tenha realizado, independentemente de qualquer atividade estatal em seu benefício, o fato descrito em lei elaborada de acordo com a competência especificamente outorgada pela Constituição[1] (grifo nosso).

Todavia, no que tange ao IOF, Ricardo Lobo Torres ensina que ele "surgiu como tributo extrafiscal, destinado a influir sobre o mercado financeiro nas conjunturas que exigissem o enxugamento do meio circulante"[2]. Assim, parece claro que a função primordial desse imposto é a extrafiscalidade, ou seja, se trata de instrumento de controle econômico nas mãos da União.

Conforme estabelece a Constituição Federal, não incidirá ICMS no ouro quando este for destinado ao mercado financeiro ou à execução da política cambial do país – assim depreendemos da leitura do art. 155, da CF/88:

Art. 155. Compete aos Estados e ao Distrito Federal instituir impostos sobre:

(...)

II – operações relativas à circulação de mercadorias e sobre prestações de serviços de transporte interestadual e intermunicipal e de comunicação, ainda que as operações e as prestações se iniciem no exterior;

(...)

§ 2º O imposto previsto no inciso II atenderá ao seguinte:

(...)

1 TORRES, Ricardo Lobo. *Curso de direito financeiro e tributário*. 16. ed. Rio de Janeiro: Renovar, 2009, p. 373.

2 TORRES, Ricardo Lobo. *Curso de direito financeiro e tributário*. 16. ed. Rio de Janeiro: Renovar, 2009, p. 378.

X – não incidirá:

(...)

c) sobre o ouro, nas hipóteses definidas no art. 153, § 5º;

Assim, o fato gerador do imposto é a primeira aquisição do ouro, ativo financeiro, efetuado por instituição autorizada, integrante do sistema financeiro nacional. Já para o ouro físico, oriundo do exterior, o desembaraço aduaneiro é considerado o fato gerador.

No que tange à base de cálculo do imposto, considera-se o seu preço de aquisição, desde que dentro dos limites de variação da cotação vigente no mercado doméstico, no dia da operação. Na hipótese de ouro oriundo do exterior, esse dia é o do desembaraço aduaneiro do ouro.

O contribuinte do imposto é a instituição autorizada que efetuar a primeira aquisição do ouro, enquanto ativo financeiro – haja vista ser esta a demonstrar capacidade contributiva. E, nesse sentido, o imposto deverá ser pago até o último dia útil da primeira quinzena do mês subsequente ao da ocorrência do fato gerador.

Nos termos do art. 12 da Lei n. 7.766/89, o recolhimento do imposto será efetuado no Município produtor ou no Município em que estiver localizado o estabelecimento-matriz do contribuinte, devendo ser indicado, no documento de arrecadação, o Estado, o Território ou o Distrito Federal e o Município, conforme a origem do ouro. Cabe ressaltar, ainda, que, para fins de imposto de renda, os rendimentos e ganhos de capital decorrentes de operação com ouro como ativo financeiro sujeitam-se às mesmas normas de incidência do imposto de renda aplicáveis aos demais rendimentos e ganhos de capital resultantes de operações no mercado financeiro.

Capítulo 17

ASBESTO/AMIANTO

17.1. Definição

A extração, industrialização, utilização, comercialização e transporte do asbesto/amianto e dos respectivos produtos que os contenham, bem como das fibras naturais e artificiais de qualquer origem utilizadas para o mesmo fim, são disciplinadas pela Lei n. 9.055/95.

A Lei n. 9.055/95 veda a utilização de alguns tipos de asbesto/amianto, haja vista suas características negativas para a saúde humana. Dentre os tipos proibidos estão: actinolita, amosita (asbesto marrom), antofilita, crocidolita (amianto azul) e da tremolita, variedades minerais do grupo dos anfibólios, bem como dos produtos que contenham essas substâncias minerais. A pulverização (*spray*) de todos os tipos de fibras, tanto de asbesto/amianto da variedade crisotila como aquelas naturais e artificiais, além da venda a granel de fibras em pó, tanto de asbesto/amianto da variedade crisotila como aquelas naturais e artificiais, pelas mesmas razões e com fundamento no art. 1º, II e III, da Lei n. 9.055/95, também são vedadas.

17.2. Projetos de proibição do amianto

Em virtude das características do amianto, hoje, muitos são os debates científicos sobre seus efeitos maléficos. Por conta de características supostamente cancerígenas, alegadas por especialistas, o debate acabou sendo levado ao Supremo Tribunal Federal, por meio do julgamento das ADIs 3.356 (PE), 3.357 (RS), 3.937 (SP), 3.406 e 3.470 (RJ) e da ADPF 109 (Município de São Paulo). No julgamento da ADI 3.937, que contestava a constitucionalidade da Lei n. 12.684/2007, do estado de São Paulo, o STF, em julgamento histórico, manteve a vigência da lei estadual, que proibiu o uso de qualquer produto que utilizasse o amianto no estado por compreender estar a lei em conformidade com a Constituição Federal, atendendo, assim, ao princípio da proteção à saúde.

Embora a ação tenha tratado da constitucionalidade da citada lei, pontos científicos relacionados à substância acabaram sendo abordados. Nesse sentido, o Ministro Joaquim Barbosa citou estudos que comprovam o aparecimento de doenças relacionadas ao uso do amianto, inclusive o câncer, entendendo que a Lei de São Paulo estava respaldada pela Convenção n. 162 da Organização Internacional do Trabalho (OIT), ratificada pelo Brasil, em esfera internacional, para salvaguardar o trabalhador de ter contato com o amianto e mesmo para bani-lo. Assim sendo, a convenção foi considerada norma supralegal, com força normativa maior que a própria norma federal.

Mais recentemente, no ano de 2023, o STF encerrou o julgamento dos recursos interpostos contra os efeitos da proibição da exploração do amianto crisotila no país, reafirmando a declaração de inconstitucionalidade do art. 2º da Lei n. 9.055/95 em consonância com o que já havia sido julgado no âmbito da ADI 3.937, bem como conferindo efeito *erga omnes* à decisão conforme julgado no âmbito das ADIs 3.406 e 3.470.

Salienta-se que, diante da decisão do STF, a Portaria DNPM n. 41/98, que regulamentava a extração, industrialização, utilização, comercialização e o transporte do asbesto/amianto de variedade crisotila no Território Nacional passa a estar tacitamente revogada.

Capítulo 18

DIAMANTE BRUTO

18.1. Histórico do Processo Kimberley[1]

Antes de iniciarmos o estudo das especificidades da substância diamante bruto no Direito Minerário pátrio, é essencial a compreensão da questão em nível internacional, em especial do tema diamantes de conflito.

Diamantes de conflito são os diamantes brutos provenientes de regiões controladas por movimentos rebeldes, notadamente da África. Sua venda tem contribuído para financiar a compra de armamentos e, consequentemente, para alimentar conflitos civis.

Após diversas tentativas da ONU de conter o comércio dos diamantes de conflito, os principais países produtores e aqueles que comercializam esses diamantes se reuniram visando a colocar em prática um sistema mundial de certificação para os diamantes brutos extraídos e comercializados legalmente.

Esse processo de negociação informal foi iniciado em maio de 2000 e é conhecido pelo nome de Sistema de Certificação do Processo de Kimberley (PK). As discussões foram lideradas pela África do Sul, que imediatamente conseguiu reunir 30 países participantes, número que cresce constantemente.

Representantes de várias ONGs e da indústria diamantífera estão também se associando aos esforços empreendidos pelos integrantes do PK. Trata-se de uma ação na qual se encontram envolvidos governos, sociedade civil, ONGs, empresas estatais e privadas. Desde então, essa iniciativa cresceu e evoluiu para contar atualmente com 75 países, incluindo as nações da Comunidade Europeia envolvidas na produção, exportação e importação, bem como no comércio de diamantes brutos.

O sistema visualizado pelo grupo de Kimberley preconiza que nenhum comércio de diamante venha a ser implementado sem um certificado de origem adequado. Todos os lotes de diamantes brutos importados e exportados deverão ser acompanhados do certificado de Kimberley legítimo. Cabe ressaltar que os países que não forem membros

---

1 Processo Kimberley. Disponível em: http://www.mme.gov.br/mme/menu/assuntos_internacionais/Processo_Kimberley.html. Acesso em: 31 ago. 2011.

do grupo de Kimberley serão excluídos do comércio de diamantes brutos, além de ser vistos como simpatizantes e/ou apoiadores de movimentos rebeldes civis.

O Brasil, desde o início, participou da maioria das reuniões do PK; entretanto, somente em novembro de 2002, na reunião de Interlaken, Suíça, declarou oficialmente sua adesão ao Processo como Participante, comprometendo-se a cumprir todas as exigências necessárias para se tornar um membro efetivo.

18.2. Definição

O ponto de partida para o estudo das particularidades legislativas aplicáveis ao diamante bruto é a Lei n. 10.743/2003, instrumento legislativo que institui no Brasil o sistema de certificação do processo de Kimberley (SCPK), relativo à exportação e à importação de diamantes brutos, impondo, assim, o atendimento dos requisitos dessa norma nas atividades de importação e exportação de diamantes brutos[2] no território nacional.

Outro instrumento normativo essencial é a Portaria Conjunta DNPM/SRF n. 397, de 13 de outubro de 2003, elaborada em conjunto pelo Diretor-Geral do então DNPM e pelo Secretário da Receita Federal. Em linhas gerais, a portaria regulamenta os procedimentos relativos à Certificação do Processo de Kimberley no território nacional.

Basicamente, o processo de classificação Kimberley visa a assegurar o acesso da produção brasileira de diamantes brutos ao mercado internacional, impedindo a entrada, no território nacional, de diamantes brutos originários de países não participantes do Processo de Kimberley. Também é vedada a importação daqueles originários dos países participantes que estejam desacompanhados de documentação compatível com o sistema e não é permitida a saída do território nacional de diamantes brutos desacompanhados do Certificado do Processo de Kimberley.

Dessa forma, proibiu-se a importação e exportação de diamantes brutos originários de países não participantes do Processo de Kimberley. E, para tanto, o Ministério do Desenvolvimento, Indústria e Comércio Exterior publicará, periodicamente, a relação dos países participantes do Processo de Kimberley.

A implementação e a execução do SCPK são de responsabilidade dos Ministérios do Desenvolvimento, Indústria e Comércio Exterior, de Minas e Energia e da Fazenda, por meio da ANM, no que tange às suas competências específicas.

Além disso, as exportações de diamantes brutos produzidos no país somente poderão ser realizadas se acompanhadas do Certificado do Processo de Kimberley, sendo competência da ANM, entidade anuente no processo exportador, a sua emissão.

Caso se faça necessária a abertura de invólucro contendo diamantes brutos a serem exportados, no processo de exportação e em decorrência de ação fiscal aduaneira, o Ministério da Fazenda, por intermédio da Secretaria da Receita Federal, emitirá o Certi-

2 Consideram-se diamantes brutos aqueles classificados nas subposições 7102.10, 7102.21 e 7102.31 do Sistema Harmonizado de Codificação e Designação de Mercadorias.

ficado do Processo de Kimberley em substituição ao certificado original, de competência da ANM, transcrevendo os mesmos dados do certificado substituído.

Compete ao Ministério da Fazenda, por intermédio da Secretaria da Receita Federal, examinar e manusear os lotes de diamantes brutos submetidos a despacho aduaneiro de importação e exportação, com vistas a verificar sua conformidade com o Certificado de adequação ao processo de certificação Kimberley que deve acompanhá-los.

No âmbito da ANM, foi publicada a Resolução ANM n. 106, de 2 de maio de 2022, que regulamenta a emissão do Certificado do Processo de Kimberley (CPK) para exportação; a anuência para importação e exportação de diamantes brutos; o Cadastro Nacional do Comércio de Diamantes (CNCD) e o Relatório de Transações Comerciais (RTC), e dá outras providências, em substituição à Portaria DNPM n. 192/2007.

Destaca-se a obrigatoriedade de cadastro dos adquirentes de diamantes brutos no CNCD, bem como a previsão de multa para os produtores que não se inscreverem.

18.3. Sanções

O art. 10 da Lei n. 10.743 estabelece que serão aplicadas multas de 100% do valor na mercadoria, nas seguintes hipóteses: (i) quando do comércio internacional de diamantes brutos, sem amparo do Certificado do Processo de Kimberley verificado em procedimento de ação fiscal aduaneira de zona secundária, com base em registros assentados em livros fiscais ou comerciais; (ii) quando constatada a prática de artifício para a obtenção do Certificado do Processo de Kimberley.

A principal sanção aplicável ao descumprimento dessa normatização é o perdimento da mercadoria, que será aplicada na hipótese de o produto ser submetido ao procedimento de despacho aduaneiro desacompanhado do correspondente Certificado Kimberley. Aplicam-se as mesmas sanções quando qualquer pessoa for flagrada na posse de diamantes, em zona primária de portos, aeroportos e pontos de fronteira alfandegados, desacompanhados do Certificado Kimberley.

Cabe ressaltar que a competência para aplicação das penalidades, nesses casos, é do Ministério da Fazenda, por intermédio da Secretaria da Receita Federal.

De acordo com o que estabelece a Portaria n. 397, em linhas gerais, é correto afirmar que a exportação de diamantes brutos somente será lícita se previamente submetida e aprovada pela ANM por meio da emissão do Certificado do Processo de Kimberley. Em relação à importação, o requisito básico a ser observado é a manifestação favorável no Sistema Integrado de Comércio Exterior (Siscomex), previamente ao registro da correspondente Declaração de Importação (DI).

A ANM, ao seu turno, estabeleceu sanções, por meio da Resolução n. 122/2022, por: (i) deixar de atender às determinações previstas em legislação específica relativas à compra, à venda e ao transporte de bens minerais pelo primeiro adquirente de ouro e de diamante proveniente do Regime de Permissão de Lavra Garimpeira (art. 26, XV); e (ii) deixar de declarar o Relatório de Transações Comerciais (RTC) à ANM os produtores e comerciantes de diamantes brutos que atuam no território nacional (art. 26, XVI).

18.4. Procedimentos do Processo Kimberley

A anuência prévia para exportação e importação de diamantes brutos será solicitada por meio de requerimento dirigido ao Diretor-Geral da ANM, acompanhado do pagamento de emolumentos e dos demais elementos de instrução estabelecidos em resolução da ANM, no caso de exportação, ou mediante a utilização do módulo de licenciamento não automático do Siscomex, no caso de importação.

A solicitação de anuência prévia e do Certificado do Processo Kimberley para exportação e importação de diamantes brutos será indeferida quando instruída em desacordo com os ditames da legislação vigente.

Por sua vez, as declarações para despacho aduaneiro de exportação ou de importação dos diamantes brutos serão instruídas com o Certificado do Processo de Kimberley, atestando o país de origem, além dos documentos estabelecidos nas normas específicas.

Os lotes de diamantes brutos a serem exportados que se destinem a análises, testes e fins científicos, bem com a exposição em feiras, congressos e eventos similares, sem destinação comercial, também deverão estar acompanhados do Certificado do Processo de Kimberley, cujo conteúdo indicará a finalidade da exportação e o período de permanência no exterior, quando se tratar de material que deva retornar ao país.

QUARTA PARTE

PROCESSO MINERÁRIO

Capítulo 19

PROCESSO JUDICIAL

19.1. Servidão minerária

O instituto da servidão é divido em dois grandes grupos. Dessa forma, as servidões podem ser administrativas ou de Direito Civil.

A servidão civil "proporciona utilidade para o prédio dominante, e grava o prédio serviente, que pertence a diverso dono, e constitui-se mediante declaração expressa dos proprietários, ou por testamento, e subsequente registro no Cartório de Registro de Imóveis", conforme prescreve o art. 1.378 do CC.

Já a servidão administrativa pode ser conceituada como

> (...) o direito real de gozo, de natureza pública, instituído sobre imóvel de propriedade alheia, com base em lei, por entidade pública ou por seus delegados, em favor de um serviço público ou de um bem afetado a fim de utilidade pública[1].

Cabe salientar que a servidão minerária é uma espécie do gênero servidão administrativa, expressamente prevista no Código de Mineração, vez que a mineração é atividade de interesse nacional, devendo prevalecer, portanto, sobre o interesse privado.

Nesse sentido, ressaltamos a lição de Arnaldo Rizzardo[2]:

> A instituição da servidão para pesquisa ou lavra de recursos minerais é uma consequência da permissão pela autoridade federal e decorre da separação do solo e subsolo, não dispondo o proprietário de livre disposição das riquezas minerais que estão abaixo da superfície terrestre.
>
> A área de pesquisa ou lavra é o prédio dominante, figurando como serviente o imóvel e a área limítrofe onde se encontra localizada a jazida.

A servidão minerária autoriza o titular do direito minerário a impor, sobre a propriedade de terceiros, limitações excepcionais, desde que essenciais à viabilidade da exploração mineral. Correto afirmar que a servidão se institui em favor do aproveitamento da jazida mineral, aderindo, portanto, à jazida e não ao seu titular.

1 DI PIETRO, Maria Sylvia Zanella. *Direito administrativo*. 13. ed. São Paulo: Atlas, 2000, p. 125.

2 RIZZARDO, Arnaldo. *Das servidões*. Rio de Janeiro: Aide, 1984, p. 267.

Ressalta-se que a servidão pode ser instituída tanto na área onde se localiza a jazida como nas áreas limítrofes ou vizinhas, mediante requerimento do titular da concessão de lavra. Este deverá demonstrar à ANM a necessidade do uso da área de terceiros para o adequado aproveitamento da mina ou, em alguns casos, para a realização da pesquisa, conforme previsão do art. 59 do CM.

Tema pouco explorado pela doutrina, mas que tem grande efeito prático para a atividade minerária, diz respeito à distinção a ser feita mesmo no bojo da figura jurídica das servidões minerárias.

Conforme exposto anteriormente, a servidão minerária pode ser instituída tanto nas áreas para a efetiva exploração mineral, ou seja, áreas de cava, como também nas estruturas acessórias.

Assim, em que pese em todas as hipóteses a figura jurídica a ser referida ser denominada "servidão minerária", particularidades de cada uma das hipóteses distinguem as servidões. É nesse contexto que compreendemos que a servidão minerária, espécie do gênero servidão administrativa, compreende uma subdivisão. As subcategorias podem ser denominadas "servidões minerárias em áreas de cava" e "servidões minerárias em estruturas acessórias".

A distinção feita entre as servidões em áreas de cava e em estruturas acessórias não tem importância apenas acadêmica, sendo essencial para a análise dos valores a serem pagos aos proprietários impactados pelos projetos minerários. Nota-se, por exemplo, que nos casos de servidão minerária em áreas de cava o proprietário do solo fará jus a participação nos lucros da lavra, ao passo que nas áreas de estruturas acessórias, não. A respeito do tema, interessante notar as observações de Mauricio Pellegrino, que, após concluir pelo não cabimento de pagamento de participação nos resultados da lavra para os meros detentores ou possuidores de um imóvel, assim expõe:

> O mesmo ocorre para os proprietários de imóveis que, embora sejam atingidos pelas atividades desenvolvidas em um complexo da indústria mineral, não se deparam com a atividade extrativista em si. São estas as hipóteses de imóveis atingidos para construção de estradas ou linhas de transmissão, implantação e operação da usina de beneficiamento, áreas para barragens de disposição de rejeitos, pilhas de estéril, mineroduto ou correia transportadora para escoamento de minério. Tais propriedades, embora sejam impactadas pela mineração, não detêm, dentro de seus limites, a jazida mineral, e, por tal razão, seus donos não farão jus ao recebimento de quantias a títulos de participação nos resultados da lavra. Para tais casos o proprietário e/ou possuidor receberá os valores correspondentes à constituição de servidão mineral, nos termos do art. 59 e seguintes do Código de Mineração[3].

A renda, que será abordada em momento posterior do presente estudo e compreende maiores divergências por parte da doutrina, também pode ser refletida a partir dessas duas categorias.

---

3 PELLEGRINO, Mauricio. O direito de participação nos resultados da lavra e seu vínculo ao direito de propriedade do imóvel em que se encontra a jazida. In: FERRARA, Marina et al. (Coord.). *Estudos de direito minerário*. Belo Horizonte: Fórum, 2012, p. 122.

Retomando o estudo das características da servidão minerária, é relevante explicitar que esta constitui uma faculdade do minerador, que pode ser instituída pela via negocial ou judicial ou, ainda, nem ser instituída. Na hipótese da instituição judicial, o pressuposto para a ação é a existência da portaria de lavra, já que é daí que nasce o direito subjetivo à sua instituição. Vale dizer que as servidões devem ser indicadas no PAE, e, portanto, a rigor, a aprovação do PAE implica a aprovação das servidões.

Ainda nesse sentido, e em clara demonstração do exercício do seu poder regulador, a fim de ratificar a opção locacional indicada pelo empreendedor para as servidões – assim como ratificar a necessidade de sua instituição –, faz-se necessária, ainda, a apresentação de laudo autorizativo de servidão expedido pela ANM. Assim, porquanto a portaria de lavra seja a origem do direito subjetivo à instituição da servidão, é por meio da autorização para instituição de servidão que se atesta a correção da opção locacional eleita pelo empreendedor e a essencialidade da infraestrutura para o desenvolvimento da lavra.

Entretanto, com relação às áreas situadas dentro da poligonal da portaria de lavra, parte da doutrina defende ser dispensável a obtenção do referido laudo, para fins de instituição da servidão, uma vez que a própria outorga do título de lavra, assim como a aprovação do PAE, já condiciona a essencialidade da área. Nesse sentido[4]:

> Ou seja, a servidão mineral é utilizada tanto na pesquisa quanto na lavra, de acordo com os arts. 59 a 62 do CM. Por sua vez, o cálculo da indenização e da renda é encontrado no art. 27 do mesmo diploma.
>
> A servidão mineral comporta duas fases, quais sejam, a declaratória e a executória. Na primeira, haverá a declaração de utilidade pública, onde a autarquia federal reconhece a necessidade de se instituir servidão em favor de determinado empreendimento mineiro. (TRINDADE, 2017, p. 289)
>
> A área inserta nas poligonais do título minerário não necessita de declaração específica de utilidade pública, pois são outorgados direitos minerários em tal espaço territorial. Isto é, o título minerário, por si só, declara a utilidade pública da área contida nas poligonais.

A própria AGU, no âmbito do Parecer n. 00259/2019/PFE-ANM/PGF/AGU, concluiu que a outorga de um direito de lavra sobre determinada área já evidencia sua vinculação a uma atividade pública, o que torna dispensável, mas não vedada, a emissão de uma manifestação específica da ANM acerca da servidão dentro da poligonal do título minerário.

William Freire[5] também aborda o tema:

> (...) se não houver acordo com o superficiário (proprietário e/ou possuidor), haverá necessidade de obter consentimento para ingresso no imóvel por medida judicial para avaliação dos eventuais danos e renda devidos. Não é necessária a emissão de Laudo de Servidão Mineral para essa hipótese de imóvel dentro – total ou parcialmente – do polígono da Autorização de Pesquisa.

---

4 ATAÍDE, Pedro. *Direito Minerário*. 4. ed. Salvador: Juspodivm, 2022, p. 238.

5 FREIRE, William. *Direito minerário*: Acesso a imóvel de terceiro para pesquisa e lavra. Belo Horizonte: Editora D'Plácido, 2019.

De fato, parece-nos adequado compreender que a instituição de servidão, em áreas dentro da poligonal do título minerário de lavra, torna dispensável a emissão do laudo de servidão ou qualquer tipo de aprovação expressa por parte da ANM, considerando-se que o próprio ato de outorga do título estabelece a utilidade pública da área, para fins de desenvolvimento da atividade autorizada pelo Poder Concedente.

As doutrinas supracitadas também abordam outro tema controverso, referente à possibilidade de instituição de servidões ainda na fase de autorização de pesquisa. Em que pese ser a ação de avaliação de danos e renda o instrumento mais utilizado para ingresso em imóveis de terceiros, durante a fase de pesquisa, há exemplos de situações em que o Poder Judiciário entendeu pelo cabimento da servidão também nesse contexto, especialmente em situações em que o minerador conta com guia de utilização expedida pela ANM. Exemplo disso é o recente julgado do TJMG, no âmbito do Agravo de Instrumento n. 1.0000.21.236768-4/001[6], em cujo voto proferido pela relatoria consta:

> No presente caso, a constituição da servidão administrativa, foi instituída em favor da parte agravada, por meio do alvará 1141/2016, emitido pela ANM, que declara titular do direito minerário de pesquisa e lavra experimental de minério (300.000 toneladas/ano) em área de 981,89 ha, localizada nos municípios de Pedra do Anta/MG e Teixeiras/MG (cód. 29). Assim, é lícito ao expropriante constituir servidões mediante indenização ao proprietário do imóvel.

A presente obra se alinha à possibilidade de instituição de servidões com base em autorizações de pesquisa, no entanto, entendemos que sua incidência deve ser limitada aos casos em que houver comprovada complexidade dos trabalhos de pesquisa, de modo a demandar intervenções permanentes em propriedades de terceiros, assim como nas situações em que for emitida guia de utilização, em razão da efetiva realização de trabalhos de lavra, ainda que em caráter experimental. Nas demais hipóteses, considerando-se a transitoriedade dos títulos de pesquisa, entendemos que a simples ocupação da área a ser pesquisada, por meio do pagamento de rendas e danos devidos, mostra-se opção mais adequada ao minerador e superficiário.

Com relação à abrangência do instituto da servidão minerária, o citado art. 59, em seu parágrafo único, explicita uma lista de estruturas que poderiam ser viabilizadas pela servidão. Da alínea *a* até a *h*, são enumeradas diversas previsões. Nossa compreensão é que tal rol disposto é meramente exemplificativo, haja vista, inclusive, a impossibilidade de um instru-

---

6 AGRAVO DE INSTRUMENTO – PRELIMINAR – VIOLAÇÃO AO PRINCÍPIO DA DIALETICIDADE – INOCORRÊNCIA – AÇÃO DE CONSTITUIÇÃO DE SERVIDÃO MINERAL – PESQUISA E LAVRA EXPERIMENTAL – IMISSÃO NA POSSE – DEPÓSITO PRÉVIO – JUSTA INDENIZAÇÃO – QUESTÃO DE MÉRITO – APURAÇÃO NA SENTENÇA. Há ofensa ao princípio da dialeticidade quando as razões recursais estão inteiramente dissociadas do que foi decidido na decisão agravada, o que não se afigura na hipótese. A imissão na posse para fins de servidão administrativa, a título de utilidade pública, exige a verificação dos requisitos presentes no art. 15 do Decreto-Lei n. 3.365/1941. O depósito prévio, para fins de concessão de liminar não se confunde com a justa indenização, pois esta será discutida no curso do feito, com ampla instrução probatória, sendo apurada somente ao final da demanda. (TJMG – Agravo de Instrumento-Cv 1.0000.21.236768-4/001, Relator(a): Des.(a) Marco Aurelio Ferenzini, 14ª CÂMARA CÍVEL, julgamento em 31-3-2022, publicação da súmula em 1º-4-2022)

mento normativo da década de 1960 antever todas as situações, tecnologias e meios para a exploração mineral do século XXI.

Nesse sentido, o professor Marcelo Mendo ensina:

> Portanto, a legislação permite a constituição da servidão de mina tanto sobre os imóveis em que se localiza a jazida quanto naqueles necessários ao seu aproveitamento econômico, para fins de implantação de todas as estruturas e atividades necessárias à pesquisa e lavra dos recursos minerais, como exemplificado no parágrafo único do art. 59 do Código de Mineração[7].

Portanto, o art. 59 do CM dispôs de forma exemplificativa, prevendo as servidões para construção de oficinas, instalações, obras acessórias e moradias; abertura de vias de transporte e linhas de comunicações; captação e adução de água necessária aos serviços de mineração e ao pessoal; transmissão de energia elétrica; escoamento das águas da mina e do engenho de beneficiamento; abertura de passagem de pessoal e material, de conduto de ventilação e de energia elétrica; utilização das aguadas sem prejuízo das atividades preexistentes; e bota-fora do material desmontado e dos refugos do engenho.

Além disso, na forma do art. 60 do CM, que nada mais fez do que materializar o comando do art. 5º, XXIV, da CF/88, as servidões são instituídas mediante indenização prévia do valor do terreno ocupado, assim como dos prejuízos resultantes dessa ocupação, sendo certo que não poderão ser iniciados os trabalhos de pesquisa ou lavra antes de ter sido paga a importância a título de indenização e de fixada a renda pela ocupação do terreno. O pagamento de renda será estudado em capítulo próprio.

Na hipótese de inexistência de acordo entre as partes, o pagamento será feito mediante depósito judicial da importância fixada para indenização, por meio de vistoria ou perícia com arbitramento, inclusive da renda pela ocupação, seguindo-se o competente mandado de imissão de posse na área, se necessário.

O cálculo da indenização e dos danos a ser pagos pelo titular da autorização de pesquisas ou da concessão de lavra, ao proprietário do solo ou ao dono das benfeitorias, obedecerá às prescrições contidas no art. 27 do CM.

Quanto à aprovação da servidão no âmbito da ANM, o pedido deve ser feito por meio do preenchimento de formulário específico, apresentado via protocolo digital. Após análise técnica, que poderá envolver a realização de vistoria *in loco*, havendo parecer favorável, o Superintendente de Outorga de Títulos Minerários, em decisão fundamentada, aprovará o pedido de servidão para a área informada pelo requerente.

A efetivação desse direito, todavia, está condicionada à satisfação de uma das duas opções existentes, quais sejam, a formalização de acordo com o superficiário ou, frustrada a via negocial, a propositura de ação de constituição de servidão de mina. Nesse caso, com amparo na opção locacional indicada no Laudo Autorizativo de Instituição de Servidão, serão calculados e arbitrados os valores de renda pela ocupação da área e de

---

7 SOUZA, Marcelo Mendo Gomes de. Servidão de mina: instrumento viabilizador das atividades de mineração. In: SOUZA, Marcelo Mendo Gomes de (Coord.). *Direito Minerário em evolução*. Belo Horizonte: Mandamentos, 2009, p. 225.

indenização pelos danos e prejuízos causados e proferida decisão judicial que autoriza o acesso à área. Cumpre destacar, ainda, que, na dicção do art. 60, § 1º, do CM, o pagamento da indenização será feito mediante depósito judicial, após o qual será expedido o competente mandado de imissão de posse na área, instrumento responsável por viabilizar o acesso à área.

19.1.1. *Tutela antecipada na servidão minerária*

O art. 300 do CPC explicita que o juiz poderá, a requerimento da parte, deferir a tutela de urgência, desde que seja evidenciada a probabilidade do direito e o perigo de dano ou risco ao resultado útil ao processo.

Além disso, não se concederá a antecipação de tutela quando houver perigo de irreversibilidade do provimento.

A tutela de urgência, portanto, é essencial para o bom desenvolvimento dos empreendimentos minerários, possibilitando o acesso rápido e compatível com os cronogramas de obra. Sem ela, o acesso às áreas só se daria ao final do processo, depois de longo prazo, ou seja, incompatível com a atividade minerária.

Cabe constatar, ainda, que tal preocupação com o impacto nos prazos dos empreendimentos minerários é levado em consideração pela jurisprudência. Nesse sentido, citamos decisão do STJ, da lavra do Ministro Cesar Asfor Rocha[8]:

> Efetivamente, os riscos de grave lesão à economia e ao interesse público estão caracterizados, sendo certo que a eventual paralisação da atividade de mineração, por qualquer motivo que seja, acarreta prejuízos financeiros à região, à geração de empregos e à União Federal.

19.1.2. *Mineroduto*

Os minerodutos são meios de transporte de minério de ferro, caulim e bauxita, entre outros. Atualmente, a adoção desses modais logísticos pelas mineradoras, para viabilizar o escoamento da produção, vem crescendo.

No entanto, cabe ressaltar que os minerodutos, enquanto empreendimentos lineares, exigem a liberação de diversas áreas para sua implantação. Assim sendo, a utilização do instituto da servidão minerária é fundamental para a viabilidade desses empreendimentos.

A questão atinente aos minerodutos vem ganhando tamanha expressão no meio minerário que, desde 2009, a Portaria MME n. 405/2009 tratou de estabelecer o procedimento de habilitação de minerodutos ao regime especial de incentivo para o desenvolvimento da infraestrutura (Reidi), instituído pela Lei n. 11.488/2007. A referida Portaria foi revogada pela Portaria Normativa n. 44 /2022/GM/MME, que, em seu art. 3º, define que os minerodutos são considerados dutovias sem contratos regulados pelo Poder Público. Assim, os minerodutos são empreendimentos de infraestrutura, de natureza eminentemente pri-

---

8 Processo 0010144-95-2010.3.00.0000. A decisão em voga demonstra a preocupação com o impacto nos prazos dos empreendimentos minerários, embora não trate especificamente da antecipação de tutela.

vada, que, embora tenham em sua essência a carga de utilidade pública, por serem fundamentais ao desenvolvimento da atividade minerária, não se enquadram na categoria de serviços públicos.

Vale ressaltar que o art. 24, XIII, da Lei n. 10.233/2001, estabelece que cabe à Agência Nacional de Transportes Terrestres (ANTT), em sua esfera de atuação, como atribuição geral, "promover levantamentos e organizar cadastro relativos ao sistema de dutovias do Brasil e às empresas proprietárias de equipamentos e instalações de transporte dutoviário".

Por sua vez, a Resolução n. 5.976/2022, da ANTT, que trata do regimento interno e da estrutura organizacional da agência, em seu art. 34, X, prescreve que compete à Superintendência de Serviços de Transporte Rodoviário e Multimodal de Cargas: "organizar e manter o cadastro de dutovias e de empresas proprietárias de equipamentos e instalações de transporte dutoviário, articulando junto a outros órgãos, visando uma análise sistêmica e multimodal do transporte dutoviário".

Cabe dizer que o cadastro de dutovias está disponível desde 2018, no *site* da ANTT.

19.1.2.1. Minerodutos *versus* ferrovias

Considerando que a utilização de minerodutos se dá, primordialmente, em projetos minerários que envolvam o transporte de minério por longas distâncias, mostra-se pertinente o estabelecimento de comparativo com ferrovias – o modal até então utilizado majoritariamente para esse fim.

Antes de tudo, vale dizer que a questão ferroviária não é tema novo no ordenamento jurídico pátrio, muito embora tenha sofrido grandes transformações na década de 1990. Cumpre destacar que a legislação aplicável ao setor ferroviário, o RTF, Decreto n. 1.832/96, de alguma forma já se consolidou em nosso ordenamento. Sobre o tema, citamos a lição de Ricardo Wagner de Oliveira:

> O primeiro diploma legal versando sobre ferrovias no Brasil foi o Decreto n. 101, de 31 de outubro de 1835, expedido em nome do Imperador pelo Regente Diogo Antônio Feijó (daí o texto ser conhecido como "Lei Feijó") e subscrito pelo Ministro da Justiça, e interino do Império, Antônio Paulino Limpo de Abreu[9].

Em sentido contrário, vale destacar que os minerodutos praticamente não contam com legislação específica por causa, inclusive, de seu recente desenvolvimento tecnológico. Assim, séculos de desenvolvimento – fático e jurídico – separam minerodutos das ferrovias.

Outro aspecto que diferencia os minerodutos e ferrovias é a natureza da titularidade. Nesse sentido, Ricardo Wagner de Oliveira ensina:

> Atribuído expressamente no art. 21, XII, *d*, da Constituição Federal, à titularidade do Poder Público, o serviço de transporte ferroviário qualifica-se, na lição de Celso Antônio Bandei-

---

9 OLIVEIRA, Ricardo Wagner Carvalho de. *Direito dos transportes ferroviários*. Rio de Janeiro: Lumen Juris, 2005, p. 16.

ra de Melo, como serviço público privativo do Estado, eis que seu exercício pressupõe a prática de atos de império, podendo, contudo, sua prestação ser delegada aos particulares, hipótese em que se sujeitará ao disposto na precitada Lei n 8.987/95[10].

Enquanto as ferrovias são de titularidade do Poder Público, constituindo serviço público delegado ao particular, os minerodutos não se revestem da mesma característica, sendo estruturas privadas que desempenham funções privadas, independendo, portanto, de delegação.

Ainda para diferenciar a natureza dos serviços, continuamos na exposição de lições de Ricardo Wagner de Oliveira:

> O serviço não deixa de ser público quando concedido a um particular, o que se delega nesta hipótese é a execução daquele, que poderá ser retomado pelo poder concedente na ocorrência das hipóteses legais e contratuais – já que a concessão é um contrato administrativo – de extinção[11].

Em sentido contrário, dado o caráter privado das estruturas e da atividade desenvolvida pelos minerodutos, caracterizam-se como privados e, portanto, não podem ser retomados pelo poder concedente.

19.1.3. *Linha de transmissão*

Empreendimentos minerários, em geral, demandam grande carga de energia elétrica para sua operação. Por vezes, além de as fontes de fornecimento se localizarem em locais distantes das operações, os projetos propriamente ditos se localizam, também, em locais ermos – de forma que a solução da equação energética pode se constituir em elemento de sucesso ou fracasso do empreendimento. É nesse contexto que se insere a necessidade de construção de linhas de transmissão de grandes extensões.

Como é intuitivo, para a construção de linhas de transmissão se faz necessária a liberação de longas áreas de terra, cruzando diversas propriedades. Mesmo considerando que, para garantir o acesso à terra em muitas desses terrenos é possível a celebração de acordo, em outros casos a negociação não se mostra, por diversos motivos, viável. Daí por que, nesses casos, duas são as formas de liberação das áreas: as servidões minerárias e as servidões administrativas, com base em resolução autorizativa e declaração de utilidade pública expedidas pela Aneel.

Em relação às declarações de utilidade pública da Aneel, a Lei n. 8.987/95[12], que dispõe sobre o regime de concessão e permissão de prestação de serviços públicos previstos no art. 175 da CF/88, tratou da questão em seu art. 29 – assim como a Lei n.

---

10 OLIVEIRA, Ricardo Wagner Carvalho de. *Direito dos transportes ferroviários*. Rio de Janeiro: Lumen Juris, 2005, p. 92

11 OLIVEIRA, Ricardo Wagner Carvalho de. *Direito dos transportes ferroviários*. Rio de Janeiro: Lumen Juris, 2005, p. 93.

12 Art. 29. Incumbe ao poder concedente:

(...)

9.074/95, que estabelece normas para outorga e prorrogações das concessões e permissões de serviços públicos, que tratou do tema em seu art. 10[13].

Assim, a Aneel, por meio de resolução autorizativa, pode declarar a utilidade pública dos imóveis impactados pelo empreendimento, garantindo, com isso, o manejo das ações de instituição de servidão. Essas resoluções constituem pressupostos para que as concessionárias de energia elétrica proponham as ações judiciais de instituição de servidão, haja vista serem as concessionárias as titulares das resoluções autorizativas.

Há, ainda, a possibilidade de se garantir o acesso aos imóveis necessários à construção da linha de transmissão pela instituição de servidão minerária. O próprio Código de Mineração previu em seu art. 59, parágrafo único, *d*, a possibilidade de instituição de servidão para transmissão de energia elétrica.

19.1.4. Desapropriação minerária

No item 19.1., tratamos da distinção entre "servidões minerárias em áreas de cava" e "servidões minerárias em estruturas acessórias". O art. 2º, XXI, da Lei n. 13.575/2017 – que prevê a competência da ANM para aprovar a delimitação de áreas e declarar a utilidade pública para fins de desapropriação ou constituição de servidão mineral – reabre uma questão que tive a oportunidade de abordar no ano de 2014, em artigo elaborado em coautoria com Gerson Ferreira do Rêgo[14].

Até a entrada em vigor da Lei n. 13.575/2017 a doutrina brasileira entendia pela inexistência da figura da desapropriação minerária[15]. Em relação ao tema, interessante referir o estudo vanguardista de Maria Carolina Faria Dutra[16]. A partir de análise constitucional, a autora compara os recursos minerais e os potenciais de energia hidráulica, expondo que, em que pesem as duas atividades contarem com fundamentos legais similares, o Direito Minerário acolheu o instrumento da servidão minerária, ao passo que a legislação pátria estabeleceu, para os casos de energia hidráulica, a utilização do instituto da desapropriação.

No mencionado artigo de 2014, refletíamos a respeito de possíveis alterações normativas que passassem a estabelecer o instituto da desapropriação. Em tal hipótese, especuláva-

---

IX – declarar de necessidade ou utilidade pública, para fins de instituição de servidão administrativa, os bens necessários à execução de serviço ou obra pública, promovendo-a diretamente ou mediante outorga de poderes à concessionária, caso em que será desta a responsabilidade pelas indenizações cabíveis.

13 Art. 10. Cabe à Agência Nacional de Energia Elétrica (Aneel) declarar a utilidade pública, para fins de desapropriação ou instituição de servidão administrativa, das áreas necessárias à implantação de instalações de concessionários, permissionários e autorizados de energia elétrica.

14 FEIGELSON, Bruno; RÊGO, Gerson Ferreira do. Aspectos imobiliários do Direito Minerário. In: AMORIM, José Roberto Neves; ELIAS FILHO, Rubens Carmo (Coord.). *Estudos avançados de Direito Imobiliário*. Rio de Janeiro: Elsevier, 2014, p. 172-173.

15 Salienta-se, no entanto, que Decretos de Utilidade Pública foram expedidos por Estados – com alguma frequência ao longo das últimas décadas –, para fins de projetos minerários com fundamento no art. 5º, f, do Decreto-Lei n. 3.365/41.

16 DUTRA, Maria Carolina Faria. Trabalho de conclusão de curso apresentado à faculdade de Direito Milton Campos, 2011.

mos a respeito da possibilidade de tais medidas extinguirem o direito de participação da lavra – que na prática muitas vezes demonstra grande enriquecimento por parte de determinados proprietários de imóveis que contam com jazidas em seus imóveis, sem nada contribuir com a explotação do bem mineral.

As razões de a legislação minerária não prever, até o ano de 2017, o instituto da desapropriação, demonstravam resquício da forte incidência dos preceitos patrimonialistas que foram centrais no Código Civil de 1916. Além disso, a criação do instituto da participação nos resultados da lavra historicamente é relacionada com o fim do regime de acessão. O tema é amplamente detalhado no capítulo 26.

Independentemente de questões históricas, a competência estabelecida para a ANM tratar de desapropriação em projetos minerários enseja o questionamento a respeito de quais áreas podem ser objeto de tais declarações, bem como a respeito dos efeitos jurídicos decorrentes destas. Para análises mais apuradas, cabe aguardar a regulamentação do instituto, uma vez que o RCM editado em 2018, em seu art. 41, apenas reiterou a competência da ANM para emitir da declaração e utilidade pública, para fins de instituição de servidão mineral ou de desapropriação do imóvel.

Destacamos que a regulamentação da emissão de Declaração de Utilidade Pública foi inserida na agenda regulatória da ANM, para o biênio de 2022/2023. Havendo a regulamentação da emissão da declaração, até mesmo para fins de instituição de servidão minerária, entendemos que há uma tendência de diminuição (ou paralisação) da emissão dos mencionados laudos de servidão, considerando-se a similaridade de objeto dos instrumentos.

19.2. Avaliação e renda

Como o tema relativo à ação de avaliação de danos e renda para pesquisa mineral já foi estudado no capítulo das autorizações de pesquisa, pretende-se, neste tópico, aprofundar a questão – principalmente no que diz respeito às particularidades desse instituto.

Certo é que, refletindo a perspectiva de supremacia do interesse público sobre o particular e, ainda, lembrando que a atividade minerária é considerada de interesse nacional e de utilidade pública, a ação de avaliação e renda nasce para viabilizar o acesso à área que será pesquisada quando o acordo pela via negocial não for possível. Assim, prescreve o *caput* do art. 27 do CM:

> O titular de autorização de pesquisa poderá realizar os trabalhos respectivos, e também as obras e serviços auxiliares necessários, em terrenos de domínio público ou particular, abrangidos pelas áreas a pesquisar, desde que pague aos respectivos proprietários ou posseiros uma renda pela ocupação dos terrenos e uma indenização pelos danos e prejuízos que possam ser causados pelos trabalhos de pesquisa (...).

19.2.1. *Natureza do instituto*

A doutrina diverge ao tratar da natureza das ações de avaliação e renda. Alguns autores compreendem que essas ações devem ser classificadas no rol da jurisdição voluntária[17], haja vista serem muitas vezes iniciadas sem a comprovação da vontade do requerente. Assim, o rompimento da inércia processual não se daria pelo autor, conforme observamos na leitura dos incisos do art. 27:

> VI – Se o titular do Alvará de Pesquisa, até a data da transcrição do título de autorização, não juntar ao respectivo processo prova de acordo com os proprietários ou posseiros do solo acerca da renda e indenização de que trata este artigo, o Diretor-Geral do D. N. P. M., dentro de 3 (três) dias dessa data, enviará ao Juiz de Direito da Comarca onde estiver situada a jazida cópia do referido título;
>
> (...)
>
> VII – Dentro de 15 (quinze) dias, a partir da data do recebimento dessa comunicação, o Juiz mandará proceder à avaliação da renda e dos danos e prejuízos a que se refere este artigo, na forma prescrita no Código de Processo Civil;

Na análise da doutrina mais clássica processualista, a jurisdição voluntária teria como elemento essencial a ausência de lide – o que, para alguns processualistas, até descaracterizaria a classificação de processo nesses casos. Assim, citando a lição do mestre Humberto Theodoro Júnior, entendemos de forma diversa:

> Jurisdição *contenciosa* é a jurisdição propriamente dita, isto é, aquela função que o Estado desempenha na pacificação ou composição de litígios. Pressupõe controvérsia entre as partes (lide), a ser solucionada pelo juiz.
>
> Mas ao Poder Judiciário são, também, atribuídas certas funções em que predomina o caráter administrativo e que são desempenhadas sem o pressuposto do litígio.
>
> Trata-se da chamada jurisdição voluntária, em que o juiz apenas realiza gestão pública em torno de interesses privados, como se dá nas nomeações de tutores, nas alienações de bens de incapazes, na extinção do usufruto ou do fideicomisso etc.
>
> Aqui não há lide nem partes, mas apenas um negócio jurídico processual, envolvendo o juiz e os interessados[18].

Partindo desse raciocínio, a ação de avaliação e renda nunca poderia ser considerada, *a priori*, jurisdição voluntária, pois, nesses casos, a lide está sempre presente. Como ensina o professor Humberto Theodoro Jr.:

---

17 Nesse sentido, para ilustrar o posicionamento majoritário da doutrina e jurisprudência, explicitamos exposições apresentadas em voto atinente à Apelação Cível 309.944-9, do TJMG, que reiterou a natureza voluntária do instituto:

"Trata-se de procedimento autônomo e tem finalidade estreita e definida. É principal. Não previne nem prepara qualquer outra medida administrativa ou judicial" (FREIRE, William. *Comentários ao Código de Mineração*. Rio de Janeiro: Aide, 1995, p. 75).

Humberto THEODORO JÚNIOR, citado pelo mesmo autor da obra acima referida, entende que a jurisdição voluntária é "uma forma de Administração Pública de interesses privados, que apresenta os seguintes caracteres: a) como função estatal, ela tem natureza administrativa; sob o aspecto material é ato judiciário no plano subjetivo-orgânico; em relação às suas finalidades, é função preventiva e também constitutiva" (*Processo de conhecimento*. 3. ed. Rio de Janeiro: Forense, 1984, p. 42).

18 THEODORO JÚNIOR, Humberto. *Curso de Direito Processual Civil*: teoria geral do Direito Processual Civil e processo de conhecimento. 49. ed. Rio de Janeiro: Forense, 2008. v. 1, p. 41-42.

> Há *litígio* quando o conflito surgido na disputa em torno do mesmo bem não encontra uma solução voluntária ou espontânea entre os diversos concorrentes. Aí o primeiro persistirá na exigência de que o segundo lhe entregue o bem e este resistirá, negado cumprir o que lhe é reclamado.

Assim, no caso em estudo, a pretensão resistida seria o próprio acesso ao terreno. Afinal, se de um lado o minerador visa ao acesso, por outro o proprietário resiste, dando origem à lide.

Mesmo considerando que a negativa para acesso ao imóvel pode se fundar em diversos motivos – dentre os quais o mais comum se relaciona ao valor da indenização – fato é que, seja qual for, é no bojo dessas ações que será solucionado.

Poder-se-ia admitir o caráter voluntário para o procedimento apenas nos casos em que o proprietário do imóvel não foi efetivamente procurado, quanto tiver sido procurado e não tenha apresentado resistência ou, ainda, quando, após instalada a negociação, aceitou comerciar o acesso, mas não possuía documentação hábil para tanto. Nesses casos, tratar-se-ia de demanda judicial iniciada não em função de uma pretensão resistida ou de lide propriamente dita, mas sim como consequência de uma previsão legal. Nesse sentido, somente se poderia falar em jurisdição voluntária na hipótese de o proprietário não resistir à pretensão do minerador.

Antes de avançarmos, há que se salientar o recente e muito bem elaborado estudo da autoria de Guylherme de Hollanda Cavalcanti Garcia que, em defesa da classificação de jurisdição voluntária das ações de avaliação e renda, faz uma análise completa do tema – rebatendo inclusive muitos dos argumentos que expomos neste capítulo. O autor, ao final, conclui que:

> As características do procedimento atestam sua natureza de jurisdição voluntária, rito judicial pelo qual, a despeito de também estar sujeito ao princípio da inércia da jurisdição, é administrada sua instauração de ofício pelo Juiz de Direito competente[19].

Ainda assim, destoando do autor e de grande parte da melhor doutrina, seguimos expondo uma perspectiva contrária, com vistas a fortalecer o desenvolvimento da compreensão de tal instituto tão próprio do direito minerário.

19.2.2. Substituição processual

Igualmente relevante no bojo do estudo da ação de avaliação e renda é o disposto no inciso VI do art. 27. Nesse sentido, observamos a seguinte previsão:

> VI – Se o titular do Alvará de Pesquisa, até a data da transcrição do título de autorização, não juntar ao respectivo processo prova de acordo com os proprietários ou posseiros do solo acerca da renda e indenização de que trata este artigo, o Diretor-Geral do D. N. P. M.,

---

19 GARCIA, Guylherme de Hollanda Cavalcanti. A validade do procedimento de avaliação de renda e indenização superficiário face ao ordenamento jurídico atual. In: FEIGELSON, Bruno; LIMA FILHO, Marcello Ribeiro (Coord.). *Desafios jurídicos na implantação de grandes projetos de mineração e infraestrutura*. Rio de Janeiro: Editório, 2013, p. 339-340.

dentro de 3 (três) dias dessa data, enviará ao Juiz de Direito da Comarca onde estiver situada a jazida cópia do referido título;

Surge, portanto, questão atinente à quebra da inércia judicial pela ANM em favor do titular do alvará de pesquisa, o que, no caso, equivale à efetiva substituição processual.

Conforme ensina Nelson Nery Jr., a substituição processual é espécie de legitimação extraordinária, que se dá "quando aquele que tem legitimidade para estar no processo como parte não é o que se afirma titular do direito material discutido em juízo"[20].

No caso em discussão, a questão se mostra ainda mais complexa, já que, apesar de a ANM romper com a barreira da inércia, quem integra a lide não é o próprio órgão, mas sim o titular do direito minerário. Ou seja: a substituição, nesse caso, se limita ao impulso inicial, dando ensejo à distribuição da ação, sem que isso legitime a autarquia para dar continuidade ao processo.

Ainda que se admita que o papel da ANM seria apenas de "avisar" ao Judiciário sobre a situação de inércia e que, portanto, quem impulsionaria o processo seria o próprio judiciário, pelo Juiz da Comarca, tratar-se-ia de previsão incompatível com o sistema processual pátrio e, portanto, inadmissível.

Ocorre que, mesmo que incompatível com o sistema judiciário pátrio, há de se ponderar que o art. 27, VII, do CM indica que o envio para o Juiz da Comarca seria mera comunicação, como observamos:

> VII – Dentro de 15 (quinze) dias, a partir da data do recebimento dessa *comunicação*, o Juiz mandará proceder à avaliação da renda e dos danos e prejuízos a que se refere este artigo, na forma prescrita no Código de Processo Civil (grifo nosso).

Assim sendo, admitindo a adoção de linguagem técnica no texto legal em referência, para que se admita a constitucionalidade do instituto, a expressão deve ser interpretada no sentido de que a demanda é iniciada pela autarquia minerária mediante o ato de comunicação previsto no sobredito artigo.

Cabe salientar, em especial, o disposto no art. 27, VII, que estabelece que o magistrado mandará proceder à avaliação da renda e dos prejuízos *ex officio* – ou seja, sem impulso das partes, o que, como referido, contraria a estrutura jurídica pátria.

Restaria uma última pergunta sobre o instituto da avaliação e renda, qual seja a *ratio* que legitima tal substituição. Nesse sentido, citamos Pietro Calamandrei, que ensina que na substituição processual existe uma relação de relevância entre o substituto e o substituído, e que capacita tal substituição:

> (...) entre ele (parte processual) e o substituído existe uma relação ou situação jurídica de caráter substancial, pela qual, através do direito do substituído, vem o substituto a satisfazer interesse que lhe é próprio[21].

---

20 NERY JR., Nelson. *Código de Processo Civil comentado*. 4. ed. São Paulo: Revista dos Tribunais, 1999, p. 388-390.

21 CALAMANDREI, Pietro apud PINTO, José Augusto Rodrigues. *Processo trabalhista de conhecimento*. 6. ed. São Paulo: LTr, 2001, p. 182.

Portanto, na ação de avaliação e renda, a ANM possui interesse na satisfação do interesse do portador do título, haja vista viabilizar o acesso à área e, então, satisfazer um interesse da União, qual seja a exploração dos seus recursos minerais. Assim, o interesse da ANM nessas ações reforça a ideia de que a exploração mineral e, consequentemente, o andamento e desenvolvimento dos títulos minerários revestem-se de interesse público.

19.2.3. *Fases da ação de avaliação e renda*

Instaurada a ação de avaliação e renda, o magistrado mandará proceder à avaliação dos danos e prejuízos sofridos pelo titular do direito. Todavia, é essencial que a relação processual esteja completa.

Estabelece, ainda, o art. 27, VIII, do CM que o Promotor de Justiça da Comarca será citado[22], para os termos da ação, como representante da União. É relevante lembrar que tal dispositivo é harmônico com a estrutura jurídica contemporânea à edição do Código de Mineração e décadas anterior à Lei Complementar n. 73, de 10 de fevereiro de 1993 – instrumento normativo que instituiu a Lei Orgânica da Advocacia-Geral da União (AGU), estabelecendo, assim, sua competência para a representação judicial e extrajudicial da União.

Após a relação processual estar completa, o inciso IX do art. 27 do Código de Mineração determina que o juiz tem o prazo de 30 dias para julgamento, correndo por conta do titular da autorização de pesquisa as custas e despesas processuais. Vale dizer que esse prazo é impróprio.

Uma vez realizado o julgamento da avaliação, o juiz, no prazo de oito dias, intimará o titular a depositar quantia correspondente ao valor da renda de dois anos e a caução para pagamento da indenização. Dessa forma, adimplida a obrigação, o magistrado, também em oito dias, intimará os proprietários ou posseiros, caso existam, para que permitam os trabalhos de pesquisa, e comunicará seu despacho à ANM.

Considerando que o cálculo do valor dos danos e prejuízos sofridos e da renda pela ocupação do terreno se restringe ao período de validade do alvará de pesquisa, caso este seja prorrogado cumprirá à ANM comunicar o fato ao juiz, de forma que no prazo de oito dias do recebimento dessa comunicação, o magistrado intimará o titular da pesquisa a depositar nova quantia correspondente ao valor da renda relativa ao prazo de prorrogação. Uma vez adimplida a obrigação, o juiz intimará os proprietários ou posseiros do solo, também em oito dias, a permitirem a continuação dos trabalhos de pesquisa no prazo da prorrogação, dando, ainda, ciência do seu despacho ao Diretor-Geral do DNPM e às autoridades locais.

Concluídos os trabalhos de pesquisa, cumpre tanto ao titular da respectiva autorização quanto à ANM comunicar o fato ao juiz, a fim de ser encerrada a ação judicial referente ao pagamento das indenizações e da renda.

---

22 O art. 27, VIII, do Código de Mineração utiliza o termo "citado", muito embora comporte críticas.

Relevante a lição de Uile Reginaldo sobre os efeitos do não cumprimento, por parte do DNPM, de suas obrigações relacionadas aos processos de avaliação e renda:

> Desta forma, se o DNPM não cumpre com sua obrigação legal e, face a essa omissão, não é iniciado o processo de Avaliação Judicial, o titular do alvará de autorização de pesquisa tem o direito de obter a renovação do prazo de vigência desse título autorizativo, conforme a reiterada e firme jurisprudência administrativa consolidada no âmbito do DNPM. Desta forma, dentre os inúmeros Pareceres Jurídicos emitidos nesse sentido, deve ser destacado o Parecer Proge n. 221/2005-AS, da lavra da própria Chefe da Procuradoria Jurídica do DNPM[23].

19.2.4. *Valores da renda e da indenização*

Segundo prescrição do art. 27 do CM, serão devidos pagamentos, aos respectivos proprietários ou posseiros, de renda pela ocupação dos terrenos, sendo certo que não poderá exceder o montante do rendimento líquido máximo da propriedade na extensão da área a ser realmente ocupada.

Além disso, será paga indenização concernente aos danos e aos prejuízos que possam ser causados pelos trabalhos de pesquisa, a qual não poderá exceder o valor venal da propriedade na extensão da área efetivamente ocupada pelos trabalhos de pesquisa.

A indenização poderá exceder o valor venal da propriedade na extensão da área efetivamente ocupada quando os danos vierem a inutilizar, para fins agrícolas e pastoris, toda a propriedade em que estiver encravada a área necessária aos trabalhos de pesquisa, sendo certo que, nessa hipótese, a indenização correspondente a tais danos poderá atingir o valor venal máximo de toda a propriedade.

No que tange aos terrenos públicos, estabelece o art. 27, V, do CM ser dispensado o pagamento de renda, sendo certo que o titular da pesquisa ficará sujeito apenas aos pagamentos relativos aos danos e prejuízos incorridos.

Outras questões relacionadas ao tema, tais como os valores a serem pagos a título de renda e as indenizações, serão estudadas em capítulo próprio.

---

23 PINTO, Uile Reginaldo. *Comentários sobre a jurisprudência do setor mineral*. Brasília: LGE, 2009, p. 245.

Capítulo 20

PROCESSO ADMINISTRATIVO

20.1. Prazos administrativos

As questões atinentes aos prazos dos processos administrativos minerários já foram alvo de estudo por parte da Procuradoria Federal do DNPM. Nesse sentido, o Parecer Proge 173/2008-FMM estabeleceu que, embora o Código de Mineração seja omisso quanto às regras de contagem de prazo, os arts. 66 e 67 da Lei n. 9.784/99, que dispõem sobre os processos administrativos federais, podem ser integralmente aplicados aos prazos processuais previstos no diploma legal minerário, nos termos do art. 69 da Lei n. 9.784/99, Lei de Processos Administrativos Federais (LPAF).

Dessa forma, é correto afirmar que os prazos aplicáveis ao processo administrativo minerário têm início na data da intimação oficial, cientificação oficial, excluindo-se da contagem o dia do começo e incluindo-se o do vencimento, conforme previsão do art. 66, *caput*, da LPAF. Assim, considera-se prorrogado o prazo até o primeiro dia útil seguinte se o vencimento cair em dia em que não houver expediente, ou este for encerrado antes da hora normal, e que os prazos expressos em dias contam-se de modo contínuo.

20.2. Processo administrativo minerário – sigilo

Os processos em regra, por essência constitucional, são públicos. A exceção ocorre nas hipóteses em que a defesa da intimidade ou o interesse social exigem, nos termos do art. 5, LX, da CF/88. O ordenamento jurídico compreende excepcionalidades, ainda que no plano abstrato – tal como o art. 20 do CPP, que dispõe que a autoridade assegurará no inquérito o sigilo necessário à elucidação do fato ou exigido pelo interesse da sociedade.

Ainda em relação à publicidade dos processos, a Lei n. 8.906/94, em seu art. 7º, prevê que são direitos do advogado:

> XIII – examinar, em qualquer órgão dos Poderes Judiciário e Legislativo, ou da Administração Pública em geral, autos de processos findos ou em andamento, mesmo sem procuração, quando não estiverem sujeitos a sigilo ou segredo de justiça, assegurada a obtenção de cópias, com possibilidade de tomar apontamentos;

> XIV – examinar, em qualquer instituição responsável por conduzir investigação, mesmo sem procuração, autos de flagrante e de investigações de qualquer natureza, findos ou em andamento, ainda que conclusos à autoridade, podendo copiar peças e tomar apontamentos, em meio físico ou digital;
>
> (...)
>
> XVI – retirar autos de processos findos, mesmo sem procuração, pelo prazo de 10 dias.

Assim, é correto concluir ser facultado a qualquer advogado acesso a todo e qualquer processo da ANM. Ocorre que a regra geral é afastada em sede de processo administrativo minerário, já que a publicidade, regra geral aplicável aos processos, é mitigada em apreço aos interesses maiores envolvidos nas relações jurídicas e às características dos processos administrativos minerários – daí por que a estes se aplica a exceção do sigilo. A Portaria n. 201/2006, do então diretor-geral do DNPM, tratava de elucidar o tema, estabelecendo os procedimentos uniformes quanto à concessão de vista e obtenção de documentos ou cópias referentes a processos administrativos arquivados e em andamento no âmbito do DNPM, bem como as prerrogativas de advogados e a preservação dos direitos dos interessados. A mencionada Portaria n. 201/2006 foi revogada pela Portaria n. 155/2016 – que aprovou a Consolidação Normativa do DNPM.

Desta forma, o art. 27 da Portaria n. 155/2016, alterado pela Resolução n. 1/2019, preconiza que são considerados sigilosos: os processos de Certificação Kimberley, os processos de cobranças relativos à CFEM, além do Relatório de Pesquisa, o Plano de Aproveitamento Econômico, o Relatório de Reavaliação de Reservas e o Relatório Anual de Lavra – RAL, assim como outros documentos integrantes do processo minerário cujo sigilo seja, a pedido do titular, deferido pela ANM em decisão fundamentada, por conter segredo industrial a proteger ou informação empresarial.

Antes da edição da Resolução n. 1/2019, o art. 28 da Portaria n. 155/2016 tratava dos terceiros interessados que podem ter vista e/ou cópias reprográficas de processos considerados sigilosos. Tal previsão estava fundada no art. 9º, II, da LPAF, que dispõe:

> Art. 9º São legitimados como interessados no processo administrativo:
>
> (...)
>
> II – aqueles que, sem terem iniciado o processo, têm direitos ou interesses que possam ser afetados pela decisão a ser adotada.
>
> Interessados são considerados os superficiários das áreas oneradas mediante apresentação de escritura do imóvel correspondente, assim como os cessionários dos direitos minerários à vista do instrumento de cessão de direitos.

A partir das alterações trazidas pela referida Resolução, a parte sigilosa dos processos minerários somente é acessível ao próprio titular, seu procurador, responsável técnico ou advogado, munidos de instrumento procuratório ou de autorização do titular. Conforme disciplina o art. 30 da Portaria n. 155/2016, a concessão de vista a interessados que não se enquadrem em tais hipóteses será precedida da separação dos autos, permitindo-se, neste caso, apenas a consulta e obtenção de cópias dos volumes sobre os quais não incida a restrição de acesso.

20.3. Memorial descritivo e planta de situação

As exigências aplicáveis aos memoriais descritivos e as plantas de situação previstas no art. 16, V e VI, do CM são aquelas detalhadas nos arts. 37 e seguintes da Portaria n. 155/2016.

Os memoriais descritivos deverão ser preenchidos no modelo do formulário eletrônico disponível no *site* da ANM, com a descrição da área pretendida formada por uma única poligonal, delimitada obrigatoriamente por vértices definidos por coordenadas geodésicas no Datum do Sistema de Referência Geocêntrico para as Américas (SIRGAS2000). Além disso, cada vértice, definido por coordenadas geodésicas, deverá formar com o vértice seguinte um segmento de reta Norte-Sul ou Leste-Oeste verdadeiros, vedado o cruzamento entre os segmentos de reta que formam os lados da poligonal.

Por sua vez, as plantas de situação deverão ser georreferenciadas, assinadas por profissional legalmente habilitado e apresentadas em escala adequada, contendo, além da configuração gráfica da área, os principais elementos cartográficos, tais como ferrovias, rodovias, dutovias e outras obras civis, rios, córregos, lagos, áreas urbanas, denominação das propriedades, ressaltando limites municipais e divisas estaduais, quando houver.

20.4. Anotação de Responsabilidade Técnica (ART)

A Anotação de Responsabilidade Técnica (ART) constitui exigência prevista na Lei n. 6.496/77, aplicando-se às prestações de serviço de engenharia. O Código de Mineração, por sua vez, exige técnico legalmente habilitado como responsável pelo plano de trabalho de pesquisa, pelo relatório de pesquisa e pelo plano de aproveitamento econômico. Ou seja, profissional devidamente habilitado pelo Conselho Regional de Engenharia, Arquitetura e Agronomia (Crea), de acordo com resolução própria do Conselho Federal de Engenharia, Arquitetura e Agronomia (Confea).

Por seu turno, a Portaria n. 155/2016 prescreve que os diversos documentos técnicos previstos no Código de Mineração serão considerados válidos quando providos da respectiva ART perante o Crea. O não atendimento desse requisito, após expirado o prazo fixado em exigência, acarretará o indeferimento do requerimento de autorização de pesquisa ou de concessão de lavra, a cuja instrução se relacione o documento desprovido de ART.

Ainda nesse sentido, o art. 15, parágrafo único, do CM tratou de estabelecer que os trabalhos necessários à pesquisa devem ser executados sob a responsabilidade profissional de engenheiro de minas ou de geólogo habilitado ao exercício da profissão.

20.5. Lei de processos administrativos

A Lei n. 9.784/99, que rege os Processos Administrativos Federais (LPAF), tratou de regular o processo no âmbito da Administração Pública, estabelecendo normas básicas no âmbito da Administração Federal direta e indireta, visando, em especial, à proteção dos direitos dos administrados e ao melhor cumprimento dos fins da Administração.

A LPAF deve ser aplicada ao processo administrativo minerário quando couber. Ressalta-se, por oportuno, que determinados pontos de divergência serão dirimidos mediante o critério hermenêutico da especialidade, alçando, assim, dispositivos da legislação minerária vigente. A própria LPAF, em seu art. 69, estabelece que os processos administrativos específicos continuarão a reger-se por lei própria, aplicando-se-lhes, apenas, subsidiariamente.

Feitas as observações, passamos ao detalhamento da LPAF. O art. 2º da citada lei expandiu o rol de princípios constitucionais aplicáveis ao processo administrativo: reiterou aqueles do art. 37 da CF/88 e acresceu outros. Assim, ao mesmo tempo que se reforçam os primados da legalidade, finalidade, motivação, razoabilidade, proporcionalidade, moralidade, ampla defesa, contraditório, segurança jurídica, interesse público e eficiência, o parágrafo único do citado artigo ainda estabeleceu a aplicabilidade de outros.

Neste passo, vale referir os incisos XII e XIII do citado art. 2º. O inciso XII dispõe sobre a impulsão de ofício dos processos administrativos; já o inciso XIII pode ser considerado uma norma de hermenêutica dos processos administrativos, como observamos:

> XII – impulsão, de ofício, do processo administrativo, sem prejuízo da atuação dos interessados;
>
> XIII – interpretação da norma administrativa da forma que melhor garanta o atendimento do fim público a que se dirige, vedada aplicação retroativa de nova interpretação.

Atualmente, portanto, no curso dos processos administrativos federais – inclusive no curso dos processos minerários – devem ser respeitados não só os princípios previstos na Constituição Federal, mas também aqueles acrescentados pelas normas infraconstitucionais.

20.6. Dos direitos dos administrados

Nos termos do art. 3º da LPAF, são assegurados aos administrados: (i) tratamento com respeito pelas autoridades e servidores, que deverão facilitar o exercício de seus direitos e o cumprimento de suas obrigações; (ii) ciência da tramitação dos processos administrativos em que tenha a condição de interessado, ter vista dos autos, obter cópias de documentos neles contidos e conhecer as decisões proferidas; (iii) direito de formular alegações e apresentar documentos antes da decisão, os quais serão objeto de consideração pelo órgão competente; e (iv) assistência, facultativamente, por advogado, salvo quando obrigatória a representação por força de lei.

Faz parte dos direitos do administrado, ainda, a obrigação da Administração de emitir, explicitamente, decisão nos processos administrativos e sobre solicitações ou reclamações, em matéria de sua competência.

A LPAF ainda dispõe, de forma genérica, que, concluída a instrução de processo administrativo, a Administração tem o prazo de até trinta dias para decidir – salvo prorrogação por igual período expressamente motivada. Ou seja, trata-se de outro direito do administrado.

Esse conjunto de direitos caracteriza-se como verdadeiras garantias do indivíduo diante do Estado. Vale dizer que essas garantias só são viáveis no Estado Democrático de Direito, e que não existiam na vigência do regime ditatorial.

Destaca-se que os direitos acima expostos guardam íntima relação com princípios mais abstratos, tais como a igualdade de tratamento entre autoridade, servidores e administrados, o devido processo legal e a ampla defesa, dentre outros, e se traduzem em elementos que garantem o direito de que as decisões sejam integradas pela exposição e argumentos trazidos pela parte, constituindo, assim, elementos de legitimação dos processos administrativos.

O rol exposto, portanto, não deve ser compreendido de forma taxativa, pois as situações fáticas, mesmo que não expressamente contempladas, deverão sempre estar de acordo com os aspectos compreendidos nos princípios.

20.7. Dos deveres do administrado

O art. 4º da LPAF explicita como deveres do administrado, dentre outros: (i) expor os fatos conforme a verdade; (ii) proceder com lealdade, urbanidade e boa-fé; (iii) não agir de modo temerário; e (iv) prestar as informações que lhe forem solicitadas e colaborar para o esclarecimento dos fatos.

Ao mesmo tempo que satisfazem o binômio deveres/direitos do administrado, tais deveres positivados também podem ser considerados verdadeiros direitos do administrado, pois se traduzem na necessária segurança jurídica, evitando arbitrariedades. Em especial no plano das atividades minerárias, que economicamente comportam uma grande insegurança[1], a instituição de parâmetros legais para a obrigação do administrado tem o condão de tornar tais atividades menos incertas.

No que diz respeito à inserção do Brasil nos mercados internacionais, é correto afirmar que se trata de aspecto de grande relevância – já que o risco intrínseco da atividade minerária, ou seja, o risco econômico/geológico, é grande em qualquer realidade. Daí por que a redução do "risco do Estado" passa a ser fator decisivo para atração de investimento.

20.8. Dos impedimentos e da suspeição

Como em qualquer ramo do Direito Administrativo, o impedimento e a suspeição constituem elementos intimamente correlatos aos princípios da moralidade e da finalidade, dentre outros. Assim, é vedado ao servidor ou autoridade atuar em processo administrativo (i) no qual tenha interesse direto ou indireto na matéria; (ii) do qual

1 William Freire, explicita, em artigo intitulado "Características da mineração e seus reflexos no direito minerário", publicado no jornal *Estado de Minas*, do dia 20 julho de 2009, que a atividade mineral caracteriza-se por vultosos investimentos, longo prazo de maturação e alto risco. Assim, do requerimento de pesquisa até a portaria de lavra, em um projeto médio, por exemplo, há um intervalo de dez anos de investimentos contínuos com fluxo de caixa negativo. Além disso, de cada cem requerimentos de pesquisa, cerca de três se transformam em minas.

tenha participado ou venha a participar como perito, testemunha ou representante, ou se tais situações ocorrem quanto ao cônjuge, companheiro ou parente e afins até o terceiro grau; e (iii) caso esteja litigando judicial ou administrativamente com o interessado ou respectivo cônjuge ou companheiro.

Nesse sentido, a autoridade ou servidor impedidos devem comunicar o fato à autoridade competente, abstendo-se de atuar, constituindo falta grave a desídia do dever de comunicar tais fatos.

A suspeição, a seu turno, pode ser arguida em face de autoridade ou servidor que tenha amizade íntima ou inimizade notória com algum dos interessados ou com os respectivos cônjuges, companheiros, parentes e afins até o terceiro grau, sendo que o indeferimento da alegação de suspeição poderá dar ensejo a recurso, sem efeito suspensivo.

20.9. Do recurso administrativo e da revisão

Em decorrência do princípio do duplo grau de jurisdição administrativa, previu a LPAF, de forma genérica, que das decisões administrativas cabe recurso em face de razões de legalidade e de mérito. Expressou a lei, ainda, que o recurso será dirigido à autoridade que proferiu a decisão, a qual, se não a reconsiderar no prazo de cinco dias, o encaminhará à autoridade superior, estabelecendo ainda que, salvo exigência legal, a interposição de recurso administrativo independe de caução.

A questão atinente ao depósito prévio no recurso administrativo já foi alvo de decisões do STF, que entendeu que é incabível essa cobrança, sendo considerada tal exigência injustificado obstáculo ao acesso à segunda instância administrativa e contrariando, portanto, o princípio constitucional da ampla defesa e do duplo grau de jurisdição[2].

Quanto aos seus efeitos, a Lei de Processos Administrativos previu que, salvo disposição legal em contrário, o recurso administrativo não tem efeito suspensivo. Ainda assim, a lei determina que, havendo justo receio de prejuízo de difícil ou incerta reparação decorrente da execução, a autoridade recorrida ou a imediatamente superior poderá, de ofício ou a pedido, conferir efeito suspensivo ao recurso.

Vale destacar, ainda, que os processos administrativos de que resultem sanções poderão ser revistos, a qualquer tempo, a pedido ou de ofício, quando surgirem fatos novos ou circunstâncias relevantes suscetíveis de justificar a inadequação da sanção aplicada, sendo que, da revisão, não poderá resultar agravamento da sanção.

É relevante, em sede dos recursos no processo administrativo minerário, destacar a seguinte decisão do STJ[3]:

> Administrativo. Prazo para interposição de pedido de reconsideração. Decisão que rejeita relatório final de pesquisa mineral. Código de Mineração, art. 19. Tempestividade do recurso.

---

2 STF, ADI 1976-7/DF, rel. Min. Joaquim Barbosa, *DJ*, 18-5-2007.

3 Mandado de Segurança 10.041/DF.

1. O Código de Mineração contém um regime recursal próprio, razão pela qual, eventual lacuna nele estabelecida deve ser suprida por analogia, adotando-se os recursos normativos do próprio sistema especial. Nesse entendimento, o prazo para o pedido de reconsideração de decisão que rejeita o Relatório de Pesquisa Mineral é o do art. 19 do Código de Mineração, que foi preservado pelo art. 69 da Lei 9.784/99 ("Os processos administrativos específicos continuarão a reger-se por lei própria, aplicando-se-lhes apenas subsidiariamente os preceitos desta Lei").

2. Ainda que inaplicável o prazo previsto no art. 19 do Código de Mineração, é certo que o equívoco quanto à contagem do prazo seria escusável, dada a controvérsia jurídica a respeito, inclusive no âmbito da própria Administração, onde, conforme demonstrado nos autos, há pareceres jurídicos no sentido da tese defendida pelo impetrante. Isso, por si só, recomendaria o conhecimento do recurso tido por intempestivo, em nome do direito constitucional ao contraditório e à ampla defesa.

Assim, em regra, os prazos a serem utilizados, em sede de recursos administrativos minerários, são aqueles dispostos no Código de Mineração, utilizando-se subsidiariamente, quando couber, os prazos dispostos na Lei de Processos Administrativos Federais.

Cabe mencionar que a Portaria n. 155/2016, em seu art. 82, prevê que, salvo disposição em contrário e nas hipóteses ressalvadas na legislação mineral, a comunicação das decisões proferidas nos processos minerários será efetuada mediante publicação no DOU, mas o encaminhamento de ofício ao interessado comunicando o teor da decisão, mediante aviso de recebimento, ou a ciência da decisão nos autos, supre a ausência ou a irregularidade de sua publicação.

Por sua vez, o art. 83 estabelece que os pedidos de reconsideração interpostos com fundamento no art. 19, *caput*, do CM, contra o indeferimento de requerimento de pesquisa e de pedido de prorrogação do prazo da autorização de pesquisa serão apreciados pelo Diretor-Geral, depois de exercido juízo de retratação pela autoridade delegada, se não reconsiderada a decisão recorrida.

No que se refere aos prazos dos recursos no processo minerário, explicita o art. 84 da Portaria n. 155/2016 que das decisões contra as quais não haja recurso previsto na legislação mineral caberá recurso no prazo de dez dias, contados da sua publicação. Em se tratando de decisão proferida em face de delegação de poderes, competirá ao Superintendente: (i) manter o ato recorrido e encaminhar os autos ao Diretor-Geral para apreciação do recurso; ou (ii) reconsiderar a decisão, hipótese em que a remessa do recurso ao Diretor-Geral restará prejudicada.

Além disso, interposto recurso, serão intimados os demais interessados, quando houver, para, querendo, apresentar alegações no prazo de cinco dias úteis. E, por fim, em atenção ao art. 86 da Portaria n. 155/2016, os processos considerados prioritários que contemplem total ou parcialmente a área deverão permanecer com a análise suspensa até decisão final do pedido de reconsideração ou do recurso.

Capítulo 21

SANÇÕES E PENALIDADES

21.1. Criminal

As sanções criminais relacionadas à mineração estão dispostas em diversas normas. Destacamos, no entanto, a Lei n. 9.605/98, diploma que dispõe sobre as sanções penais e administrativas derivadas de condutas e atividades lesivas ao meio ambiente.

Dentre os tipos penais dispostos na Lei n. 9.605/98, vale referência ao art. 55. Ele estabelece que aquele que executar pesquisa, lavra ou extração de recursos minerais sem a competente autorização, permissão, concessão ou licença, ou em desacordo com aquela obtida, incorre em pena de detenção, de seis meses a um ano, e multa.

Incorre nas mesmas penas quem deixa de recuperar a área pesquisada ou explorada, nos termos da autorização, permissão, licença, concessão ou determinação do órgão competente.

A Lei n. 8.176/91, diploma normativo que definiu os crimes contra a ordem econômica, também merece destaque tendo em vista sua relevância para o estudo das sanções no Direito Minerário. Assim, por exemplo, salienta-se que constitui crime contra o patrimônio, na modalidade de usurpação, produzir bens ou explorar matéria-prima pertencente à União sem autorização legal ou em desacordo com as obrigações impostas pelo título autorizativo, sendo a pena aplicável de detenção de 1 a 5 anos e multa. Incorre na mesma pena aquele que, sem autorização legal, adquirir, transportar, industrializar, tiver consigo, consumir ou comercializar produtos ou matéria-prima obtidos na forma prevista no *caput* desse artigo.

Dessa forma, é possível que o infrator seja denunciado, concomitantemente, pela prática de ambos os crimes – hipótese em que, caso condenado, deverá ser aplicada a pena mais grave, acrescida de um sexto até a metade, conforme se depreende do aresto do STJ[1]:

---

1 REsp 815.071/BA, *DJ*, 19-6-2006. Nesse mesmo sentido também fazemos referência à leitura do REsp 646.869/2004, que teve entendimento semelhante sobre o assunto.

Criminal. REsp. Extração de argila sem autorização do órgão competente. Usurpação × extração. Conflito aparente de normas. Inocorrência. Diversidade de objetos jurídicos. Concurso formal configurado. Recurso conhecido e provido.

I – O art. 2º da Lei 8.176/91 descreve o crime de usurpação, como modalidade de delito contra o patrimônio público, consistente em produzir bens ou explorar matéria-prima pertencente à União, sem autorização legal ou em desacordo com as obrigações impostas pelo título autorizativo. Já o art. 55 da Lei 9.605/98 descreve delito contra o meio ambiente, consubstanciado na extração de recursos minerais sem a competente autorização, permissão, concessão ou licença, ou em desacordo com a obtida.

II – Se as normas tutelam objetos jurídicos diversos, não há que se falar em conflito aparente de normas, mas de concurso formal, caso em que o agente, mediante uma só ação ou omissão, pratica dois ou mais crimes.

III – Recurso conhecido e provido, nos termos do voto do Relator.

21.2. Responsabilidade civil no Direito Minerário

O art. 22, IV, do CM prescreve que o titular da autorização de pesquisa responde, com exclusividade, pelos danos causados a terceiros, direta ou indiretamente decorrentes dos trabalhos de pesquisa.

Tal previsão, derivada do primado maior insculpido no art. 186 do Código Civil, deve ser compreendida à luz do instituto da responsabilidade civil e se traduz na obrigação de reparar quando, direta ou indiretamente, o minerador der causa a danos ou prejuízos. Deve-se notar que a previsão em nada se afasta da regra geral que impõe a obrigação de reparar àquele que, por ação ou omissão, causar dano ou prejuízo, restaurando, portanto, o *statu quo ante*.

Ainda, como corolário do regime dominial do bem mineral, certo é que o particular deverá indenizar o concessionário da lavra pelo produto ilegalmente extraído. Esta é a redação dos arts. 186 e 927 do Código Civil:

> Art. 186. Aquele que, por ação ou omissão voluntária, negligência ou imprudência, violar direito e causar dano a outrem, ainda que exclusivamente moral, comete ato ilícito.
>
> (...)
>
> Art. 927. Aquele que, por ato ilícito (arts. 186 e 187), causar dano a outrem, fica obrigado a repará-lo.
>
> Parágrafo único. Haverá obrigação de reparar o dano, independentemente de culpa, nos casos especificados em lei, ou quando a atividade normalmente desenvolvida pelo autor do dano implicar, por sua natureza, risco para os direitos de outrem.

Assim, certo é que a União também pode figurar no polo passivo do dano e no ativo da reparação, na medida em que os bens atingidos pelo ato ilícito integrem o seu patrimônio[2], como ocorre, por exemplo, no caso de lavra ilegal. Portanto, o que se verifica, na prática, nada mais é do que a aplicação dos princípios de Direito Civil.

---

2 Conforme disposição do art. 20, IX, da CF/88.

21.3. Administrativa

A Lei de Processos Administrativos Federais (LPAF) estabelece, no art. 68, que as sanções a ser aplicadas por autoridade competente terão natureza pecuniária ou consistirão em obrigação de fazer ou de não fazer, assegurado sempre o direito de defesa.

O Decreto n. 6.514/2008, que dispõe sobre as infrações e sanções administrativas ao meio ambiente, regulamenta o processo administrativo federal para apuração dessas infrações e prevê, em seu art. 63, que executar pesquisa, lavra ou extração de minerais sem a competente autorização, permissão, concessão ou licença da autoridade ambiental competente ou em desacordo com a obtida constitui infração administrativa. A sanção para tais infrações é o pagamento de multa de R$ 1.500,00 a R$ 3.000,00 por hectare ou fração, incorrendo nas mesmas multas aquele que deixa de recuperar a área pesquisada ou explorada, nos termos da autorização, permissão, licença, concessão ou determinação do órgão ambiental competente.

O RCM também tratou das infrações administrativas. Nesse sentido, por exemplo, os arts. 34, VII, e 54, XX, estabelecem a obrigação geral imposta ao titular da concessão de lavra de não dificultar ou impossibilitar, por lavra ambiciosa, o ulterior aproveitamento econômico da jazida.

O procedimento para apuração das infrações, sanções e os valores das multas aplicáveis em decorrência do não cumprimento das obrigações previstas na legislação do setor mineral, por sua vez, são regulamentados pela Resolução n. 122/2022. É importante ressaltar que a Resolução atualizou o piso e o teto do valor aplicável às multas, que variam entre R$ 2.000,00 (dois mil reais) e R$ 1.000.000.000,00 (um bilhão de reais), na maior parte dos casos.

As alterações trazidas pela Resolução n. 122/2022 têm sido tema de recorrentes críticas por parte do setor minerário, o que ensejou a inauguração de diálogos públicos entre a ANM e todos os interessados (por exemplo, a Reunião Participativa n. 1/2023), a fim de que sejam aperfeiçoadas as disposições da norma.

21.3.1. *Instrumentos normativos*

A Constituição Federal prevê em seu art. 5º, II, que ninguém será obrigado a fazer ou deixar de fazer alguma coisa senão em virtude de lei. Dessa forma, a instituição de infrações e sanções não deve prescindir de prévia previsão legal em sentido formal e material, já tendo, inclusive, a jurisprudência se manifestado nesse sentido, reafirmando ser inviável aplicação de infrações e sanções por meio de portarias:

> Administrativo. Ibama. Auto de infração. Imposição de multa. Portaria n. 267/88. Lei n. 4.771/65, art. 26.
>
> I – Portaria não é instrumento adequado a, originariamente, prescrever infrações e sanções administrativas. Somente a lei, em sentido formal e material, pode descrever infração e impor penalidades.
>
> II – Não havendo lei definidora da infração punida pelo Ibama, é ilegal a Portaria n. 267/88, uma vez que editada ao amparo de Decreto-Lei não mais subsistente no nosso ordenamento jurídico.

III – O art. 26 da Lei n. 4.771/65 tipifica contravenções penais e não infrações administrativas a serem punidas pelo Ibama. Assim sendo, somente o Juiz criminal poderia impor as penalidades nele previstas[3].

Dessa maneira, adequando os fundamentos da decisão citada à realidade minerária, conclui-se que não é cabível uma Resolução da ANM prescrever infrações e sanções administrativas, mas apenas regulamentar a sua aplicação, como no caso da Resolução n. 122/2022.

21.3.2. *Anulabilidade e nulidades*

Primado do Direito Administrativo, insculpido no art. 53 da LPAF, estabelece o dever da Administração de anular seus próprios atos, quando eivados de vício de legalidade, podendo revogá-los por motivo de conveniência ou oportunidade, respeitados os direitos adquiridos.

Institui o art. 54, § 1º, da LPAF que, sempre que de ato administrativo decorram efeitos positivos ao administrado, o prazo decadencial para que a Administração os anule será de cinco anos contados da data em que foram praticados – salvo comprovada má-fé – enquanto, nos casos de efeitos patrimoniais contínuos, o prazo de decadência contar-se-á da percepção do primeiro pagamento.

Exemplos concretos em relação ao Direito Minerário são aqueles que estabelecem ser anuláveis os títulos de autorização de pesquisa e de concessão de lavra quando outorgados pela ANM em desacordo com os dispositivos do Código de Mineração e legislação correlata. Não se trata, portanto, de sanção imposta pela autarquia, mas sim de consequência imposta pela legislação em decorrência de defeitos quando da concessão e/ou transferência do título.

Nas hipóteses de alvarás de pesquisa ou decretos de lavra outorgados com infringência de dispositivo do Código de Mineração, conforme prescrição do art. 66, § 3º, do mesmo Código, a nulidade poderá ser pleiteada judicialmente, em ação proposta por qualquer interessado no prazo de um ano a contar da publicação do decreto de lavra no DOU. Assim, o prazo de um ano se aplica para o interessado propor a ação, ao passo que a ANM teria cinco anos para proceder à declaração de nulidade[4].

Destaca-se que a anulação poderá ser promovida por iniciativa da própria ANM, nos casos de imprecisão intencional da definição das áreas de pesquisa ou lavra, e quando do não cumprimento dos requisitos legais exigidos nos casos de cessão e transferência do título, incluindo a ausência de averbação da transação pela ANM. As demais irregularidades podem ser denunciadas por quaisquer interessados, sendo certo que, sempre que possível, a ANM corrigirá a deficiência por via de atos de retificação.

Em qualquer dessas hipóteses, faz-se necessária a instauração do respectivo processo administrativo, observado o direito de defesa do minerador – sendo que, caso a requisição

---

3 TRF da 1ª Região, Apelação Cível 96.01.467001-7/MG.

4 Tal entendimento se encontra em algumas decisões dos Tribunais Regionais Federais, tais como a Apelação Cível 90.01.06008-0/MG, do TRF da 1ª Região; Apelação Cível 97.03.039569-4/SP, do TRF da 3ª Região; Apelação Cível 90.04.26993-2/PR, do TRF da 4ª Região; Apelação Cível 2004.82.00.000406-9, do TRF da 5ª Região.

de instauração não seja de iniciativa da ANM, exige-se ainda a comprovação das alegações do denunciante. Além disso, o art. 50, VIII, da LPAF preconiza que os atos administrativos deverão ser motivados, com indicação dos fatos e dos fundamentos jurídicos, quando importem anulação, revogação, suspensão ou convalidação de ato administrativo.

A nulidade *ex officio* da autorização de pesquisa, por seu turno, nos termos do art. 20, § 3º, II, *b*, do CM, será decretada, por iniciativa da própria ANM, se seu titular, após a aplicação de multa, deixar de pagar a taxa anual por hectare da área outorgada, que é devida até a entrega do relatório final dos trabalhos de pesquisa. Nessa hipótese, portanto, a nulidade tem caráter de sanção, aplicável em decorrência de não atendimento aos preceitos do Código de Mineração.

Vale ressaltar que o art. 68 do CM estabelece que o processo administrativo pela declaração de nulidade ou de caducidade será instaurado *ex officio* ou mediante denúncia comprovada.

21.3.3. *Sanções e nulidade do Código de Mineração*

Para tratar das sanções e nulidades, o Código de Mineração estabeleceu capítulo específico. Dessa forma, o não cumprimento das obrigações decorrentes das autorizações de pesquisa, das permissões de lavra garimpeira, das concessões de lavra e do licenciamento, dependendo da infração, implica aplicação de penas de advertência, multa ou caducidade do título, dependendo da gravidade.

Com a edição da Lei n. 14.066/2020, o valor das multas, previsto no art. 64, foi alterado para o piso de R$ 2.000,00 (dois mil reais) e o teto de R$ 1.000.000.000,00 (um bilhão de reais).

A aplicação da sanção mais grave prevista no CM, qual seja, a caducidade da concessão de lavra, é aplicável tanto nas autorizações de pesquisa como nas concessões de lavra, quando nas hipóteses elencadas no art. 65.

Uma vez extinta a concessão de lavra, caberá à ANM, mediante ato publicado no DOU, declarar a disponibilidade da respectiva área, para fins de inclusão em posterior inclusão em procedimento de oferta pública. Esse edital deverá estabelecer os requisitos especiais a serem atendidos pelo requerente, consoante as peculiaridades de cada caso, conforme preconizado no art. 65, § 2º, do CM.

21.3.4. *A caducidade no Direito Minerário*

A caducidade é a sanção mais grave que pode ser imposta pela ANM, ao minerador, em sede administrativa, e pode ocorrer tanto na fase de autorização de pesquisa como durante a concessão de lavra, conforme já explicitado em tópico anterior. Tal sanção é imposta nas hipóteses taxativas dispostas no Código de Mineração – em específico, no art. 65 – sendo que, das seis previsões dispostas, quatro são caracterizadas por reincidências. São elas: (i) o não cumprimento dos prazos de início ou reinício da pesquisa ou lavra, após advertência e multa; (ii) a prática deliberada dos trabalhos de pesquisa em desacordo com o título de autorização, após advertência ou multa; (iii) o não atendimento de repetidas observações da fiscalização, em terceira reincidência, no intervalo de um ano de infrações com multas; (iv) prosseguimento de lavra ambiciosa ou extração de substância não compreendida no decreto de lavra, apesar de advertência e multa.

Essas quatro hipóteses caracterizam uma punição pela reincidência, de forma que o elemento que caracteriza a caducidade é a repetição do erro, por si só de menor gravidade. Por outro lado, tendo em vista sua gravidade e suas consequências intrínsecas, o abandono da jazida ou da mina e a ocorrência de significativa degradação do meio ambiente ou dos recursos hídricos, bem como danos ao patrimônio de pessoas ou comunidades, em razão do vazamento ou rompimento de barragem de mineração, por culpa ou dolo do empreendedor, implicam em caducidade independentemente de reincidência.

O aspecto da reincidência como pressuposto da caducidade já foi objeto de decisão proferida pelo STJ em sede de mandado de segurança (1.123/DF), sendo a respectiva ementa a seguinte:

> As sanções aplicadas ao minerador faltoso são gradativas, só podendo ser aplicada a mais grave delas a de caducidade – após a imposição das mais leves (advertência e multa).

É correto afirmar, portanto, que o STJ firmou entendimento no sentido de indicar que a reincidência é o elemento essencial para a imposição da caducidade.

Ainda sobre o tema do abandono de jazida, o Parecer A-432, comentado por Uile Reginaldo indica que, para a aplicação dessa sanção, faz-se necessário que se caracterize o "*animus*" do minerador, como observamos:

> Neste sentido, vale lembrar que através do Parecer n. A-432, do Ilustre Consultor Jurídico, devidamente aprovado pelo então Exm. Ministro de Estado de Minas e Energia, foi estabelecido o entendimento normativo de que o *animus* ou a intenção da concessionária de abandonar a mina ou jazida é condição essencial para que o Poder Concedente possa validamente declarar a caducidade de concessão de lavra[5].

Ainda nesse sentido – e mesmo que não se fale, no caso concreto, de reincidência – determina o Parecer CJ 3.507/84 que a aplicação da pena de caducidade deve ser precedida da imissão na posse da jazida em favor do minerador. Isso porque é pela imissão de posse da jazida que se dá a transferência formal de posse, só podendo se falar em abandono, portanto, a partir desse momento.

Uma vez extinta a autorização de pesquisa ou a concessão de lavra, a área deverá ser colocada em disponibilidade[6], devendo seguir todo o trâmite legal previsto para essas hipóteses. Destacamos que a ANM deverá, mediante ato publicado no *DOU*, declarar a disponibilidade da respectiva área para fins de requerimento de autorização de pesquisa ou de concessão de lavra, seguindo-se, então, o procedimento de oferta pública já apontado anteriormente.

---

5 PINTO, Uile Reginaldo. *Comentários sobre a jurisprudência do setor mineral*. Brasília: LGE, 2009, p. 34.

6 Mais detalhes sobre a disponibilidade já foram estudados em tópico próprio.

QUINTA PARTE

AQUISIÇÃO SECUNDÁRIA

Capítulo 22

AQUISIÇÃO SECUNDÁRIA

22.1. Contratos de Direito Minerário

Em capítulos anteriores, estudamos que a forma originária, que pode ser compreendida como meio ordinário para aquisição do direito minerário, se dá por meio de trâmite específico, permeado pelo princípio da prioridade e mediante o qual o empreendedor, por requerimento, deflagra processo administrativo junto à ANM. Dessa forma, o direito à exploração dos recursos minerários de titularidade da União se dá, ordinariamente, pelo requerimento de áreas livres.

Neste capítulo, passaremos a estudar os meios secundários, as formas extraordinárias de se adquirir um título minerário ou o direito de exploração da área. Serão aprofundados, portanto, os temas atinentes à dinâmica da transferência do direito de exploração dos bens minerais da União, o arrendamento minerário e a oneração e oferecimento do direito minerário em garantia.

Neste passo, merece referência o art. 55 do CM, que prevê que subsistirá a concessão quanto aos direitos, às obrigações, às limitações e aos efeitos dela decorrentes quando o concessionário a alienar ou gravar, na forma da lei.

Assim sendo, a legislação pátria previu a possibilidade de se alienar ou gravar os títulos minerários, reconhecendo assim o seu valor econômico e patrimonial. Todavia, estabeleceu a legislação, no art. 176, § 3º, da CF/88, e nos arts. 22, I-A (incluído pela Lei n. 14.514/2022) e 55, § 1º, do CM, que tais operações privadas devem ser submetidas ao crivo do poder concedente, mediante submissão dos documentos de transferência à ANM. Portanto, a validade e eficácia das transferências ficam condicionadas à anuência da autarquia.

Refletindo as premissas lógicas que dão amparo à sistemática de aquisições secundárias, está previsto no art. 55, § 2º, do CM, que a concessão de lavra somente é transmissível a quem for capaz de exercê-la. A disposição se justifica pelo interesse público consubstanciado na continuidade da lavra, que embora mitigado pelas alterações legislativas no CM promovidas pela Lei n. 14.066/2020, subsiste, haja vista ser a atividade minerária dotada de utilidade pública (art. 2º, II, do RCM), não só pela disponibilização de insumos essenciais para as diversas indústrias, mas, também, pela geração de emprego e renda, pagamento de tributos e da CFEM, sendo um importante vetor econômico nacional (art. 2º, I, do RCM).

A mesma lógica se aplica aos contratos de arrendamento minerário, nos quais, para obter a anuência prévia da ANM para a averbação do arrendamento, o arrendatário necessita comprovar previamente ao órgão regulador, possuir disponibilidade de fundos necessários para a execução do plano de aproveitamento econômico e operação da mina, em nome do arrendatário, como está previsto no art. 133, V, da Portaria DNPM n. 155/2016.

Outra alteração legislativa significativa e muito aguardada pelo setor minerário, foi promovida pela Lei n. 14.514/2022, que inseriu o art. 92-A no CM, que previu a oneração e oferecimento em garantia do alvará de autorização de pesquisa, da concessão de lavra, do licenciamento, da permissão de lavra garimpeira, bem como do direito persistente após a vigência da autorização de pesquisa e antes da outorga da concessão de lavra[1].

Antes da inclusão do art. 92-A no CM, entendia-se, pela leitura do *caput* do art. 55 do CM, que apenas as concessões de lavra poderiam ser gravadas e oneradas. Isso se refletiu na disposição do art. 43 do RCM que preceitua que "*a concessão da lavra poderá ser oferecida em garantia para fins de financiamento*" e na Resolução ANM n. 90/2021, que regulamenta as hipóteses de oferecimento de direitos minerários como garantia em operações de captação de recursos para o financiamento da mineração. Em ambos os casos, por falta de autorização legislativa, apenas o oferecimento da concessão de lavra em garantia foi regulamentado.

22.2. Da cessão e transferência do Direito Minerário

A atividade minerária, como já vimos, é uma atividade econômica que envolve vultosos investimentos e se traduz em ativos com enorme expressão econômica. Nesse cenário, é natural que as outorgas de direitos minerários passem a ser objeto de transações comerciais. Todavia, tais transferências se caracterizam como fatos que poderiam gerar, para o poder concedente, perda de controle.

Para evitar tal situação, estabeleceu o legislador que as transferências devem ser objeto de prévia anuência pelo poder concedente, conforme se verifica da dicção do art. 176, § 3º, da CF/88:

> Art. 176. As jazidas, em lavra ou não, e demais recursos minerais e os potenciais de energia hidráulica constituem propriedade distinta da do solo, para efeito de exploração ou aproveitamento, e pertencem à União, garantida ao concessionário a propriedade do produto da lavra.
>
> (...)
>
> § 3º A autorização de pesquisa será sempre por prazo determinado, e as autorizações e concessões previstas neste artigo não poderão ser cedidas ou transferidas, total ou parcialmente, sem prévia anuência do poder concedente.

---

1 Esta fase que compreende o direito de requerer a lavra (entre publicação da aprovação do RFP e o prazo de um ano para apresentação do requerimento de lavra), bem como a própria fase de requerimento de lavra até a publicação da portaria de lavra.

Igualmente, no plano infraconstitucional, observa-se que as previsões seguem esse mesmo raciocínio, *vide* o Código de Mineração e seu respectivo art. 22, I e I-A:

> Art. 22. A autorização de pesquisa será conferida nas seguintes condições, além das demais constantes deste Código:
>
> I – o título poderá ser objeto de cessão ou transferência, desde que o cessionário satisfaça os requisitos legais exigidos;
>
> I-A – os atos de cessão e transferência somente terão validade depois de devidamente averbados na Agência Nacional de Mineração (ANM);

22.2.1. Da cessão parcial

As cessões dos títulos minerários podem ocorrer na integralidade ou de forma fracionada mediante a cisão do título. A modalidade em que se transfere apenas parte da área pertinente ao título é denominada cessão parcial.

O art. 42 do RCM previu que o alvará de autorização de pesquisa, a concessão de lavra, o licenciamento e a permissão de lavra garimpeira e o direito minerário após a vigência da autorização de pesquisa e antes da outorga da concessão de lavra, poderão ser objeto de cessão ou de transferência, total ou parcial, desde que o cessionário satisfaça os requisitos constitucionais, legais e normativos aplicáveis. Ainda em consonância com o princípio da continuidade da lavra, o art. 56 do CM prevê que a concessão de lavra poderá ser desmembrada em duas ou mais concessões distintas, a juízo da ANM, se o fracionamento não comprometer o racional aproveitamento da jazida e desde que sejam comprovadas a viabilidade técnica, a economicidade do aproveitamento autônomo das unidades mineiras resultantes e a possibilidade de incremento da produção da jazida.

Esta previsão serve como uma espécie de regra geral para os títulos autorizativos de lavra, haja vista que conforme disposto nos arts. 237 e 240, da Portaria DNPM n. 155/2016, a ANM poderá requerer do cedente e/ou cessionário a apresentação de justificativa técnico-econômica sobre a viabilidade da cessão parcial, respectivamente, do licenciamento ou da permissão de lavra garimpeira, sob pena de indeferimento da cessão quando não apresentada ou não for acatada a justificativa.

22.2.2. Da cessão e transferência dos requerimentos

O Parecer Conjur/MME 062/97, da lavra do então Consultor Jurídico do MME, Sr. José Calazans Junior, admitia a transferência dos requerimentos. Nesse sentido, o parecer compreendia que o requerimento de autorização de pesquisa mineral poderia ser transferido, haja vista já marcar a prioridade sobre a área. O raciocínio básico para justificar tais transferências parte da premissa da derrogação da restrição imposta no art. 22, I, do CM – restando a incidência da regra prevista no § 3º do art. 176 da CF/88.

Ocorre que no ano de 2006 foi editada a Portaria n. 199, que passou a regular algumas questões atinentes às cessões dos títulos minerários. O art. 2º, parágrafo único, da citada norma estabelecia que "não será admitida cessão ou transferência, parcial ou total, de requerimento de pesquisa, registro de licença e permissão de lavra garimpeira". A Portaria n. 199/2006 foi revogada pela Portaria n. 155/2016, que, por sua vez, manteve a mencionada vedação no seu art. 224, § 3º.

Ressalta-se que no Parecer 297/2008-FMM a Procuradoria Federal compreendeu que a Portaria n. 199 não inovou no ordenamento jurídico no que diz respeito à vedação de cessão e transferência de requerimento de direito minerário, estando inclusive de acordo com o Parecer Conjur/MME 082/2005, anterior à edição da portaria e que já vedava a transferência dos requerimentos.

Assim, em observância ao que estabelece a Portaria n. 155/2016, a ANM não admite a cessão ou transferência dos requerimentos de pesquisa. Todavia, em que pese tal entendimento, essencial é aprofundar o tema.

O RCM editado em 2018, por sua vez, indicou expressamente, em seu art. 42, os títulos que podem ser objeto de cessão, sendo eles: o "alvará de autorização de pesquisa, a concessão de lavra, o licenciamento e a permissão de lavra garimpeira". Como se nota, o Regulamento não elenca os requerimentos entre os títulos passíveis de cessão.

Conforme já estudado, as outorgas de títulos minerais se traduzem em concessões de uso, de forma que a pesquisa consubstancia o primeiro título – o primeiro momento em que a Administração Pública outorga a autorização de uso. Desta forma, a cessão e a transferência de concessões podem ser consideradas formas de mudança da titularidade; portanto, os requerimentos não poderiam ser alvo de cessão e transferência já que, nessa fase, ainda não há de se falar em ato de outorga. Esse entendimento é corroborado pela maior parte da doutrina e, por força da Portaria n. 155/2016, pelo próprio DNPM. Contudo, o deslinde da questão não se resume a essa lógica.

Ocorre que o direito de prioridade nasce no momento em que se satisfaz a premissa de instrução regular do requerimento, conforme as devidas previsões normativas, e quando esse requerimento recai sobre uma área considerada livre. A questão que é posta, então, é se esse direito de prioridade – mesmo que ainda não reconhecido pela autarquia mediante a outorga do alvará de pesquisa – poderia ou não ser transferido, alterando, dessa forma, sua titularidade.

O STJ já se manifestou sobre a transferência do direito de prioridade, antes da edição da Portaria n. 199/2006, estabelecendo que:

> O Código de Mineração não contém nenhum dispositivo de que se possa inferir que o direito de prioridade seja intransmissível.
>
> O silêncio da legislação especial, não importa em que seja, necessariamente, interpretado como tenha ela, propositadamente, querido dizer que esse direito seja intransmissível.
>
> Pode a lide ser decidida aplicando-se a analogia, desde que haja lacuna na legislação.
>
> A analogia é semelhança a similitude, não implicando identidade, pois é semelhança que admite diferenças.
>
> Por isso que uma regra destinada a certos fatos aplica-se também a outros fatos não iguais, mas que apresentam pontos comuns e justificam a mesma solução[2].

---

2 Ação Rescisória 259-0/DF, de relatoria do Ministro Cesar Asfor Rocha, j. 30-11-1993.

A questão da transferência dos requerimentos pode ser observada pelo prisma constitucional. Nesse sentido, o art. 176, § 3º, da CF/88, ao tratar das cessões e transferências, condiciona-as a prévia anuência do poder concedente, de forma que se abriria espaço para duas interpretações.

A primeira é decorrente do eloquente silêncio adotado pelo legislador constituinte, que, ao não vedar ou autorizar expressamente a transferência de requerimento de pesquisa, estaria a não autorizá-la. Paralelamente, outra razoável interpretação poderia levar à conclusão de que a Constituição não referiu, expressamente, a possibilidade de transferência de requerimento de pesquisa nesse parágrafo por compreender que, nessa modalidade, não seria necessária anuência do poder concedente.

Certo é que a interpretação sistêmica indica que o direito de prioridade pode ser cedido e transferido, passando a fazer parte do patrimônio do adquirente, que poderia dele dispor da forma desejada. Em outras palavras, como há outorga efetiva pela Administração Pública no caso das autorizações e concessões, a transferência, por consequência, ficaria condicionada à anuência do poder concedente. Por outro lado, diante da inexistência de ato de outorga em relação aos requerimentos de pesquisa, a anuência do poder concedente às cessões e transferências de requerimentos de pesquisa restaria dispensada.

O direito de prioridade nasce da satisfação do binômio composto de dois elementos, sendo eles: (i) o requerimento devidamente instruído; e (ii) a área livre. Consequentemente, a formalização de requerimento de pesquisa não está condicionada a nenhum tipo de declaração específica ou anuência por parte do DNPM, de forma que a sua transferência prescindiria de anuência do poder concedente. Essa doutrina, no entanto, ainda é minoritária.

22.3. A NATUREZA DA ANUÊNCIA PRÉVIA DA ANM

A anuência prévia do poder concedente às cessões e transferências de autorizações de pesquisa e portarias de lavra é assunto recorrente no Direito Minerário, impondo, portanto, a discussão relativa à natureza da anuência da ANM – ou melhor, a natureza desse ato administrativo.

O Parecer Conjur/MME 175/94 tratou da questão atinente à natureza jurídica da anuência. Assim, em que pesem os argumentos nele expostos, no sentido de que se trataria de ato discricionário sujeito ao binômio da conveniência e oportunidade, algumas reflexões sobre o tema devem ser feitas.

Primeiro, faz-se necessário compreender qual a razão sistêmica da existência da anuência. A primeira dessas razões decorre da necessidade de controle, por parte da ANM, das concessões de direito minerário. Todavia, se este fosse o único motivo, estaríamos diante de uma obrigação apenas de registro, e não de anuência. Tal fato se assemelharia à obrigação de registro cartorial, que tem razão na publicidade do ato.

Desta forma, dúvidas não restam de que a necessidade de anuência se apoia não apenas na necessidade de controle da ANM, mas também como forma de exercício de crivo, do poder concedente, à transferência dos títulos.

Neste passo, mostra-se relevante analisar: uma vez satisfeitos pressupostos legais para a transferência e cessão, poderia a Administração Pública – invocando o binômio da conveniência e oportunidade – simplesmente negar a transferência? Ou estaria a Administração Pública obrigada a aceitar a transferência, sem expressar sua "vontade", como se ato vinculado fosse?

Vejamos que o sistema de outorgas deve estar em harmonia com os princípios administrativos da moralidade e da finalidade, e não adstrito a interesses particulares, pessoais ou subjetivos.

A Portaria n. 155/2016 tratou de estabelecer a forma e os documentos necessários para a concessão de anuência prévia e averbação de contratos de cessão e transferência de direitos minerários. Especificamente em seu art. 250, tratou das hipóteses de indeferimento se: (i) se tratar de cessão ou transferência, parcial ou total, de direitos referentes a requerimentos de alvará de pesquisa, de registro de licença e de permissão de lavra garimpeira, ainda que a averbação seja requerida após a outorga do título; (ii) o requerimento não estiver devidamente instruído com os documentos de que tratam os art. 226 a 240 e 243 a 245, conforme o caso, após a formulação de exigência; (iii) a justificativa técnico-econômica para a cessão parcial do registro de licença e da permissão de lavra garimpeira, quando solicitada, e da concessão de lavra não for acolhida; (iv) houver erro na indicação das poligonais da área; (v) se tratar de contrato de cessão ou transferência de direitos cuja área cedida esteja fora, total ou parcialmente, da área titulada; (vi) o cessionário não preencher os requisitos legais; e (vii) o interesse público assim o exigir.

Diante de todo o exposto, dúvidas não restam de que a anuência tem natureza vinculada e de que o indeferimento deve estar correlato com as hipóteses previamente previstas na legislação: trata-se de rol taxativo. Nesse passo, é relevante lembrar que a própria portaria estabeleceu que o interesse público pode gerar o indeferimento, emprestando, portanto, contornos de verdadeiro princípio, aplicável a todos os casos. Todavia, ainda que se admita a aplicabilidade dessa cláusula aberta, a Administração Pública terá de fundamentar o indeferimento, como constitui a exceção – ao passo que a regra é pelo deferimento –, não sendo relevante o binômio da conveniência e da oportunidade, já que se trata de ato vinculado.

22.4. Arrendamento

A Portaria n. 269/2008 que regulamentava os arrendamentos de direitos minerários – em especial no que diz respeito à anuência prévia, à averbação e à extinção, bem como em relação às obrigações dos contratantes no âmbito do DNPM – foi revogada pela Portaria n. 155/2016.

Os contratos de arredamento são aqueles que têm por objeto a exploração de jazida sem a transferência de titularidade da concessão de lavra ou do manifesto de mina, admitindo, como forma de pagamento pelo próprio arrendamento, a transferência – no todo ou em parte – do produto da lavra, pactuada ou não a preferência de compra do produto mineral pelo titular. Tais negócios podem ser feitos abrangendo a totalidade ou parte[3] da mina, devendo ser submetidos à anuência prévia e averbação da ANM.

Ressalta-se o conceito de contrato de arrendamento cunhado por Maurício Pellegrino e Renata Tavares:

> O contrato pelo qual se transfere o direito sobre bens minerais a um terceiro, capaz de exercer a atividade. A doutrina considera-o, acertadamente, como cessão temporária do direito minerário, recebendo o arrendatário os direitos e assumindo todas as obrigações decorrentes do título[4].

Vale ainda referir a posição de Maurício Pellegrino e Renata Tavares sobre a natureza jurídica do instituto do arrendamento:

> De tal sorte, a maioria da doutrina do Direito Minerário Brasileiro considera o arrendamento de mina uma cessão temporária do direito de lavrar a jazida, e não apenas uma mera oneração, visto que permite o uso e gozo de um direito mineral em toda sua extensão, inclusive com o exaurimento de todo o recurso[5].

22.4.1. *Indeferimento*

O art. 138 da Portaria n. 155/2016 estabeleceu os casos de indeferimento da anuência prévia para averbação do contrato de arrendamento, referindo que o indeferimento, por meio de decisão devidamente fundamentada do Superintendente de Regulação e Governança Regulatória, se dará quando: (i) se tratar de arrendamento de outros direitos minerários que não o de concessão de lavra ou manifesto de mina; (ii) se tratar de subarrendamento; (iii) o requerimento não estiver devidamente instruído na forma e com os documentos previstos nos arts. 133 e 134 da mencionada norma, após a formulação de exigência; (iv) a justificativa técnico-econômica para o arrendamento parcial não for acolhida; (v) houver erro na indicação das poligonais da área; (vi) se tratar de contrato de arrendamento cuja área esteja fora, total ou parcialmente, da área titulada; (vii) não for cumprida exigência; (viii) o arrendatário não preencher os requisitos legais; ou (ix) o interesse público assim o exigir.

O art. 139 da Portaria n. 155/2016 explicita que caberá recurso contra o indeferimento do pedido de anuência prévia e averbação de contrato de arrendamento. E, assim sendo, o Superintendente de Regulação e Governança Regulatória deverá, apreciando os

---

3 A concessão de lavra pode ser desmembrada em dois ou mais arrendamentos distintos, a juízo do DNPM, inclusive utilizando-se a fixação do limite da mina em profundidade por superfície horizontal, desde que o fracionamento não venha a comprometer o racional aproveitamento da jazida.

4 SOUZA, Maurício Pellegrino de; TAVARES, Renata Campos Laborne. Arrendamento de mina e dinâmica da mineração: reflexões sobre aspectos conceituais da nova disciplina a partir da portaria DNPM n. 269/2008. In: GANDARA, Leonardo André et al. (Coord.). *Direito Minerário*: estudos. Belo Horizonte: Del Rey, 2011, p. 212.

5 SOUZA, Maurício Pellegrino de; TAVARES, Renata Campos Laborne. Arrendamento de mina e dinâmica da mineração: reflexões sobre aspectos conceituais da nova disciplina a partir da portaria DNPM n. 269/2008. In: GANDARA, Leonardo André et al. (Coord.). *Direito Minerário: estudos*. Belo Horizonte: Del Rey, 2011, p. 201.

fundamentos do recurso: (i) manter o ato de indeferimento, caso em que determinará o encaminhamento dos autos à Diretoria Colegiada da ANM; ou (ii) reconsiderar o ato de indeferimento, hipótese em que a remessa do recurso à Diretoria Colegiada restará prejudicada.

22.4.2. Prazo do arrendamento

Para todos os fins, os prazos de arrendamento começam a ser computados a partir da sua averbação pela ANM, observando-se que a data prevista no instrumento não é levada em consideração para esses fins. Ainda assim, o prazo final estabelecido no contrato é respeitado.

O prazo máximo, conforme o art. 141 da Portaria n. 155/2016, é de trinta anos, sendo vedada a averbação de contratos com prazo indeterminado, sendo certo que eventual rescisão deverá ser comunicada em requerimento dirigido à Diretoria Colegiada da ANM.

Uma vez extinto o contrato de arrendamento, independentemente do motivo, o arrendante deverá apresentar à ANM, no prazo de até noventa dias, contratos da extinção, relatório do estado da mina e de suas possibilidades futuras, conforme dispõe o art. 152 da Portaria n. 155/2016.

Além disso, em atenção ao art. 143 da Portaria n. 155/2016, será admitida a averbação de prorrogação de contrato de arrendamento já averbado, o que se aplica principalmente nos casos em que o acordo entre arrendante e arrendatário é firmado por tempo indeterminado ou superior a 30 anos.

22.4.3. Obrigações decorrentes do arrendamento

O arrendatário somente poderá executar atividades de lavra na área do contrato de arrendamento após averbação pela ANM e expedição da licença ambiental que autorize a exploração em seu nome. Além disso, a partir da data da averbação do arrendamento total ou parcial, o arrendatário passará a responder solidariamente ao arrendante por todas as obrigações decorrentes da concessão de lavra ou do manifesto de mina relativo à área arrendada no período firmado no contrato.

Nesse passo, é correto afirmar que as obrigações do arrendatário equivalem às do titular, valendo referir, portanto, que o arrendatário está obrigado a cumprir com todos os deveres que o titular teria, tais como comunicar à ANM o início dos trabalhos de lavra – comunicação que deve ser acompanhada da correspondente ART pela execução dos trabalhos previstos no PAE ou plano de lavra, sob pena de aplicação das sanções previstas na legislação mineral, dentre outras.

22.5. Garantia em financiamento da atividade minerária

A mineração é uma atividade de elevado grau de risco, que envolve altos investimentos. Nesse contexto, a possibilidade de obtenção de financiamentos mediante o oferecimento do direito minerário como garantia se mostra essencial para a economia mineral. Maurício Werkema e Leonardo Gandara, em artigo publicado sobre o tema, entendem que:

A estruturação das garantias para financiamento do empreendedor mineral é de grande importância para a dinâmica do setor de mineração, pois efetivamente proporciona ao emprestador maior segurança para disponibilizar os recursos financeiros ao tomador. Neste sentido, é de suma importância observar a robustez jurídica da garantia e, obviamente, sua liquidez.

Durante anos o setor minerário pugnou pela possibilidade do oferecimento dos direitos minerários em garantia, porém, nesse tempo prevaleceu o entendimento de que, ao passo que o art. 55 do CM previu expressamente a possibilidade de oneração da concessão da lavra, a oneração dos demais títulos minerários havia sido tacitamente vedada.

Em 2009, foi publicado despacho da Presidência da República adotando o entendimento expresso na NOTA DECOR/CGU/AGU n. 013/2007 – PCN (Processo n. 48400.000158/2001-92) da lavra da Advogada da União Drª Priscila Cunha do Nascimento, que, entre outras coisas, preceitua que:

> É certo que o detentor de alvará de pesquisa possui certa disponibilidade do título, podendo cedê-lo ou transferi-lo, no entanto, o legislador não autorizou a sua oneração talvez devido a sua inexpressão econômica. Independentemente da *mens legislatoris*, o certo é que a lei não possibilita a oneração do alvará de pesquisa.

Com todo respeito às opiniões divergentes, a hipótese aventada de que os alvarás de pesquisa não teriam relevante expressão econômica não condiz com a realidade do setor minerário. Principalmente se há aprovação do RFP por parte da ANM, atestando a disponibilidade de reservas e a pré-viabilidade econômica da lavra.

Ademais, é justamente na fase de pesquisa, quando o minerador tem altos gastos com os trabalhos de exploração e caracterização da jazida, bem como na fase após a vigência do alvará de pesquisa e antes da outorga da concessão de lavra, quando são necessários investimentos para o desenvolvimento e abertura da mina e ainda não se pode contar com a renda oriunda da exploração, que o minerador mais necessita de financiamento.

Inobstante, em 2018, com a promulgação do novo RCM e a criação da ANM, foi previsto expressamente que a concessão da lavra pode ser oferecida em garantia para fins de financiamento (art. 43), assim como que a ANM estabeleceria em Resolução as hipóteses de oneração de direitos minerários e os requisitos e os procedimentos para a averbação de cessões, transferências e onerações de direitos minerários (art. 44).

Sendo assim, em 2 de março de 2022, entrou em vigor a Resolução ANM n. 90/2021, que disciplina as hipóteses de oneração e oferecimento de direitos minerários como garantia em operações de captação de recursos para o financiamento da mineração.

Apesar de representar um avanço significativo para o setor, a norma se restringe ao oferecimento em garantia das concessões de lavra e manifestos de mina.

A garantia de direito minerário se constitui por requerimento eletrônico da instituição financiadora ou pelo titular do direito minerário oferecido em garantia mediante instrumento público ou particular, no caso de concessão de lavra, e instrumento público, no caso de manifesto de mina, averbado na ANM.

O requerimento será instruído com contrato de constituição do gravame que declare: (i) o valor do crédito, sua estimação, ou valor máximo; (ii) o prazo fixado para pagamento; (iii) a taxa dos juros, se houver; (iv) o direito minerário dado em garantia, com indicação do número do processo administrativo minerário a que esteja vinculado; e (v) a finalidade da operação de financiamento.

É entendida como operação de financiamento a operação de captação de recursos, sob qualquer modalidade jurídica, para o financiamento de empreendimentos minerários, sua instalação, expansão ou regularização, inclusive operações de crédito no âmbito do sistema financeiro nacional, assim como demais operações estruturadas de financiamento de projetos.

22.5.1. *Garantias do financiador*

Como forma de proteger o financiador, durante o período compreendido entre a averbação e a baixa do contrato de financiamento, não será conhecida a comunicação de renúncia do direito minerário e não será averbado contrato de arrendamento, total ou parcial, do direito minerário dado em garantia, salvo se houver expressa anuência do credor.

O titular do direito minerário continua integralmente responsável pelo cumprimento e pelo recebimento de todas as intimações cabíveis das obrigações inerentes ao título e pela prática de todos os atos necessários à sua regularidade e manutenção sujeitando-se às sanções estabelecidas na legislação minerária, incluindo a de caducidade do direito de lavra. Porém é facultado, em caráter excepcional, à instituição financiadora a prática de atos processuais que visem evitar o perecimento do direito minerário dado em garantia.

22.5.2. *Execução dos direitos minerários*

Cabe ressaltar que nas hipóteses de execução judicial ou a venda amigável do direito dado em garantia, a efetiva transferência de titularidade somente se aperfeiçoará com a anuência prévia e a averbação da alienação na ANM.

Para tanto a ANM exige os seguintes elementos: (i) carta de adjudicação, alienação ou arrematação; ou escritura pública ou instrumento particular com firma reconhecida, com a interveniência do credor, titular/devedor e adquirente/cessionário, em caso de alienação amigável do direito minerário dado em garantia; (ii) certidão de registro do adquirente no Departamento Nacional de Registro do Comércio; (iii) prova de disponibilidade de fundos ou da existência de compromisso de financiamento necessário para a execução do plano de aproveitamento econômico e operação da mina em nome do adquirente; e (iv) prova de recolhimento dos emolumentos referentes ao processamento da averbação da transferência de direitos minerários.

22.5.3. *Baixa da garantia*

A baixa no gravame instituído no direito minerário se dará nas hipóteses de determinação judicial, apresentação de instrumento de quitação ou exoneração expedido pelo credor com firma reconhecida, e na averbação de transferência a terceiro adquirente em procedimento de excussão ou venda amigável da garantia.

22.5.4. *Lei n. 14.514, de 2022 – uma nova perspectiva*

Conforme ressaltado anteriormente, com o advento da Lei n. 14.514/2022, que acrescentou o art. 92-A ao CM, houve uma mudança paradigmática no que diz respeito ao oferecimento de direitos minerários como garantia para operações de financiamento.

Antes vedado por ausência de autorização legislativa, o oferecimento de quase todas as espécies de título minerário como garantia para operações de financiamento passou a estar expresso na legislação mineral, conforme se observa:

> Art. 92-A. Os títulos e direitos minerários, inclusive o alvará de autorização de pesquisa, a concessão de lavra, o licenciamento, a permissão de lavra garimpeira, bem como o direito persistente após a vigência da autorização de pesquisa e antes da outorga da concessão de lavra, reconhecido com base neste Código, podem ser onerados e oferecidos em garantia.

Não obstante, resta pendente a regulação da ANM a respeito do oferecimento dos demais títulos em garantia, assim como feito com a concessão de lavra e o manifesto de mina por meio da Resolução ANM n. 90/2021.

22.6. Transferência de direitos minerários em face de incorporação, fusão, cisão, falência e sucessão *causa mortis*

As outorgas de Direito Minerário se traduzem em relevantes ativos, haja vista seu valor econômico no mercado, bem como a possibilidade de transferência de sua titularidade. Isso posto, esses ativos podem integrar operações societárias, tais como fusões, aquisições e incorporações, gerando, assim, alteração no controle acionário da sociedade que detém o respectivo título.

Averbação de transferência de direitos minerários em face de incorporação, fusão ou cisão deve ser pleiteada em requerimento dirigido ao Superintendente de Regulação e Governança Regulatória, assinado pelo titular do direito em conjunto com o novo interessado – quando possível – e protocolizado digitalmente na ANM. Como forma de manter o controle por parte da ANM, o art. 81 do CM prevê que as empresas detentoras de títulos minerários ficam obrigadas a arquivar junto à ANM, bem como manter atualizados os estatutos ou contratos sociais e acordos de acionistas em vigor gozando do prazo de trinta dias, contado da data de registro na junta comercial, para protocolar as alterações junto à ANM, conforme art. 76 do RCM.

Conforme a inteligência do art. 246, § 1º, da Portaria DNPM n. 155/2016, incluído pela Resolução n. 127/2022/ANM/MME, enquanto não concluído o procedimento de averbação, caberá à sociedade sucessora realizar as atividades de pesquisa ou lavra, bem como os demais atos necessários ao cumprimento de obrigações e à preservação de direitos decorrentes do título minerário outorgado à sociedade incorporada, fundida ou cindida. Essa hipótese também se aplica nas cessões e arrendamentos totais de direitos minerários para empresas do mesmo grupo econômico.

O requerimento de transferência de direitos minerários em face de sucessão *causa mortis* deverá ser instruído com o formal de partilha ou alvará judicial autorizativo da alienação dos direitos minerários e com prova de recolhimento dos emolumentos referentes ao processamento da averbação da transferência de direitos. A sucessão poderá ser feita por pessoa física ou pessoa jurídica que detenha os requisitos necessários para funcionar como empresa de mineração.

A transferência de direitos minerários em face de falência do titular será pleiteada em requerimento a ser protocolizado junto à ANM e deverá ser instruído com alvará judicial autorizativo da alienação dos direitos minerários e com prova de recolhimento dos emolumentos referentes ao processamento da averbação da transferência de direitos minerários.

22.7. Consórcio de mineração

Os consórcios de mineração são previstos no art. 86 do CM, que assim dispõe:

> Os titulares de concessões e minas próximas ou vizinhas, abertas ou situadas sobre o mesmo jazimento ou zona mineralizada, poderão obter permissão para a formação de um Consórcio de Mineração, mediante decreto do Governo Federal, objetivando incrementar a produtividade da extração ou a sua capacidade.

O art. 86, § 1º, do CM estabelece que no requerimento de constituição do consórcio de mineração deverá constar memorial justificativo dos benefícios resultantes da formação do consórcio, com indicação dos recursos econômicos e financeiros de que disporá a nova entidade. Além disso, deverão constar minuta dos estatutos do consórcio, plano de trabalho a realizar, enumeração das providências e favores que esperam merecer do Poder Público.

22.8. A boa-fé e a função social nos contratos minerários

Os contratos minerários envolvem uma dupla relação: de Direito Privado e de Direito Público. A relação existente entre dois particulares que negociam o direito minerário é de natureza privada, ao passo que a relação entre os cedentes e cessionários, perante a ANM/Estado, é de natureza puramente pública.

Nesse sentido, a dupla natureza dos contratos minerários em verdade converge para um interesse único, qual seja a exploração mineral.

O Direito Privado, como já explicitado, sofre uma transformação na sua base axiológica. Hoje, observamos um real diálogo das fontes, em que o Direito Privado sofre forte influência do Direito Público e de seus princípios – e em relação aos contratos não é diferente.

Assim, as relações estabelecidas entre os particulares não podem atender apenas aos interesses privados, pois o interesse público, por permear as relações privadas, impõe a necessidade de consonância de objetivos.

Nesse raciocínio, alguns princípios novos se estabelecem e passam a reger os negócios jurídicos, dentre os quais merecem destaque neste estudo os princípios da função social e da boa-fé objetiva.

Esses dois princípios auxiliam a compreender a plena existência dos interesses públicos e privados que coexistem nos contratos que têm por objeto a transferência de direito minerário – já que, como visto anteriormente, ainda que genericamente, os contratos carregam em sua *ratio* a vontade pública e privada.

A função social se traduz no interesse público de exploração dos bens da União, que se dá pelas concessões dos títulos de direito minerário aos particulares, gerando riqueza, tributos e empregos.

Portanto, a função social sempre estará presente nos contratos que tenham por objeto a transferência de ativos minerários, desde que se traduzam em instrumentos para garantir a continuidade da exploração geológica que, a seu turno, compatibiliza a satisfação do interesse particular de obtenção de lucros e a satisfação do interesse público da exploração dos bens da União, geração de riquezas, empregos e tributos.

Outro princípio que deve ser observado nas relações minerárias é o da boa-fé objetiva. Como se sabe, este princípio carrega em si alguns subprincípios que auxiliam a dar contorno à sua vontade.

22.8.1. *Os contornos da boa-fé objetiva*

A boa-fé objetiva é compreendida à luz de outros primados, quais sejam: *venire contra factum proprium*, *supressio*, *surrectio* e *tu quoque*.

Iniciamos este tópico pelo estudo da vedação das condutas contraditórias, ou seja, *venire contra factum proprium*. Nas palavras do ilustre Ruy Rosado de Aguiar Júnior, observamos que:

> A teoria dos atos próprios, ou a proibição de *venire contra factum proprium*, protege uma parte contra aquela que pretenda exercer uma posição jurídica em contradição com o comportamento assumido anteriormente. Depois de criar uma certa expectativa, em razão de conduta seguramente indicativa de determinado comportamento futuro, há quebra dos princípios de lealdade e de confiança se vier a ser praticado ato contrário ao previsto, com surpresa e prejuízo à contraparte. Aquele que vende um estabelecimento comercial e auxilia, por alguns dias, o novo comerciante, inclusive preenchendo pedidos e novas encomendas, fornecendo o seu próprio número de inscrição fiscal, não pode depois cancelar tais pedidos, sob alegação de uso indevido de sua inscrição. O credor que concordou, durante a execução do contrato de prestações periódicas, com o pagamento em lugar ou tempo diverso do convencionado, não pode surpreender o devedor com a exigência literal do contrato. Para o reconhecimento da proibição é preciso que haja univocidade de comportamento do credor e real consciência do devedor quanto à conduta esperada[6].

Em relação ao direito minerário, tal prescrição deve ser seguida de forma que o cessionário de determinado título não pode tomar condutas desleais ou contraditórias ao ato de cessão, por exemplo. Ou seja, não pode contrariar uma conduta sua, ainda que esta, em um primeiro enfoque, mostre-se legal, sob pena da quebra da boa-fé objetiva.

---

6 AGUIAR JÚNIOR, Ruy Rosado de. *A extinção dos contratos por incumprimento do devedor*. Rio de Janeiro: Aide, 1991, p. 240.

As posições assumidas devem pautar as condutas futuras, prestigiando, assim, a relação de confiança recíproca dos contratantes.

A *supressio* tem origem na doutrina alemã, sendo também conhecida nesse ordenamento alienígena como *Verwirkung*. Traduz-se na redução do conteúdo obrigacional por conta da inércia de uma das partes contratantes, em específico no exercício de seus direitos ou faculdades, gerando, na outra parte, legítima expectativa para o não cumprimento de determinada obrigação.

Assim ensina a jurisprudência sobre a *supressio*:

> (...) verifica-se a *supressio* quando, pelo modo como as partes vêm se comportando ao longo da vida contratual, certas atitudes que poderiam ser exigidas originalmente passam a não mais poder ser exigidas na sua forma original (sofrem uma minoração), por ter se criado uma expectativa de que aquelas disposições iniciais não seriam exigidas daquela forma inicialmente prevista[7].

Fato é que o princípio da *supressio* e o princípio da *surrectio* guardam conexões, sendo, para muitos, dois lados da mesma moeda. Assim, Menezes de Carvalho ensina que a *surrectio* é "o instituto que faz surgir um direito que não existe juridicamente, mas tem existência na efetividade social"[8].

Desta forma, a *surrectio* significa o surgimento de um direito, em decorrência de práticas reiteradas pelas partes contratantes.

Isso posto, nos contratos de Direito Minerário é fundamental observarmos que a prática reiterada de condutas das partes contratantes enseja mudanças nas obrigações dispostas nos negócios jurídicos, podendo assim acrescentar ou reduzir determinadas obrigações e direitos.

Como exemplo da *supressio* e da *surrectio* no plano do Direito Minerário, observa-se a hipótese de determinado arrendamento em que as partes pactuam, mediante cláusula específica, um valor para remunerar o titular da outorga. Todavia, as partes, independentemente de termo aditivo, alteram o valor da remuneração do arrendamento. Ou seja, o titular da outorga passa a receber valor maior do que fora disposto no contrato. Uma vez transcorrido determinado lapso temporal, sendo esse valor pago além do que fora contratado, teremos o surgimento de um direito, por conta de prática reiterada pelas partes contratantes. Assim, com base na boa-fé objetiva, o titular da outorga poderia exigir da outra parte o valor pago além do que fora disposto em contrato.

Por fim, tratamos da *tu quoque*, figura que advém da tão conhecida frase proclamada por Júlio César ao ser assassinado – *Tu quoque, Brutus, fili mi*! Ou seja, "até tu, Brutus, meu filho". Nesse sentido, esse dever anexo tem por função expressar a ideia de que ninguém pode violar a norma jurídica e tentar aproveitar-se dessa conduta em benefício próprio. Ou seja, as partes não podem se valer da própria torpeza, conforme disposição do aforismo *turpitudinem suam allegans non auditur*.

---

7 Agravo de Instrumento 70010323012, 15ª Câmara Cível, TJRS, relator Ricardo Raupp Ruschel, j. 22-11-2004.

8 CORDEIRO, António Manuel da Rocha e Menezes. *Da boa-fé no Direito Civil*. Coimbra: Almedina, 1997, p. 797.

SEXTA PARTE

COBRANÇAS DO DIREITO MINERÁRIO

Capítulo 23

COMPENSAÇÃO FINANCEIRA PELA EXPLORAÇÃO DE RECURSOS MINERAIS (CFEM)

23.1. Definição

O art. 20, § 1º, da CF/88 estabelece que a Compensação Financeira pela Exploração de Recursos Minerais (CFEM) é devida à União, aos Estados, ao Distrito Federal e aos Municípios a participação no resultado da exploração de petróleo ou gás natural, de recursos hídricos para fins de geração de energia elétrica e de outros recursos minerais no respectivo território, plataforma continental, mar territorial ou zona econômica exclusiva, ou compensação financeira por essa exploração.

Tanto em relação à sua normatização quanto em relação à sua aplicação, muitos são os pontos polêmicos que cercam a CFEM. Nesse sentido, a natureza jurídica do instituto, atualmente, possui uma definição jurisprudencial pacificada e é tema recorrente na doutrina pátria.

No nível infraconstitucional, a CFEM é tratada no âmbito das Leis n. 7.990/89 e 8.001/90, normas essas que foram alteradas pela Lei n. 13.540/2017, fruto da conversão da MP n. 789/2017. Por questões metodológicas, optamos por analisar, no presente capítulo, o instituto já com base nas alterações decorrentes das mudanças legislativas do ano de 2017. Além disso, o escopo serão os aspectos relacionados com a mineração, não sendo detalhadas, por exemplo, as questões relacionadas à geração de energia elétrica.

De acordo com o art. 1º da Lei n. 7.990/89, o aproveitamento de recursos hídricos, para fins de geração de energia elétrica e dos recursos minerais, por quaisquer dos regimes previstos em lei, ensejará compensação financeira aos Estados, Distrito Federal e Municípios, a ser calculada, distribuída e aplicada na forma estabelecida nesta Lei. Nesse sentido, o art. 6º da Lei n. 7.990/89, instituiu a Compensação Financeira pela Exploração de Recursos Minerais (CFEM).

23.2. Natureza jurídica

Conforme exposto, a natureza jurídica da CFEM foi, e ainda é, tema de grande polêmica, sendo causa de acalorados debates doutrinários.

Por opção didática, iniciamos os estudos da natureza jurídica da CFEM a partir do entendimento da ANM – que, mediante parecer da Procuradoria Federal[1], compreende ter a CFEM natureza de preço público. Essa definição é a que nos parece mais correta, acompanhando, inclusive, entendimento majoritário da doutrina.

Nesse ponto, vale referência ao art. 20, § 1º, da Carta Magna, que assim enuncia:

> É assegurada, nos termos da lei, aos Estados, ao Distrito Federal e aos Municípios, bem como a órgãos da administração direta da União, participação no resultado da exploração de petróleo ou gás natural, de recursos hídricos para fins de geração de energia elétrica e de outros recursos minerais no respectivo território, plataforma continental, mar territorial ou zona econômica exclusiva, ou compensação financeira por essa exploração.

A Constituição Federal, portanto, prevê a participação no resultado da exploração do recurso mineral ou a compensação financeira correspondente. Assim, parece-nos que a Constituição abre uma verdadeira alternativa para o legislador infraconstitucional, que deve optar entre possibilitar a participação dos entes federativos na exploração ou compensá-los. Sob o enfoque de uma interpretação teleológica, quis a Lei Maior prever, em ambas as hipóteses, uma forma de compensar os entes pela exploração de determinados bens da União.

Afigura-se claro que o termo compensação financeira se refere ao ônus suportado pelos entes federativos durante a exploração do recurso mineral – ou seja, a equação seria expressa no sentido de os Municípios, Estados, Distrito Federal e órgãos da União receberem uma contraprestação pecuniária pelo ônus de suportarem a atividade minerária que, mesmo sendo desenvolvida no interesse da União, beneficia o empreendedor e carreia ônus aos entes federativos diretamente envolvidos, bem como pela utilização do recurso mineral pertencente à União (art. 20, IX, da CF/98). Assim sendo, a CFEM equivaleria aos *royalties* da atividade minerária.

Observa-se, portanto, que os entes federativos diretamente atingidos são compensados pelos danos e prejuízos diretamente impingidos, assim como pelas consequências, ainda que indiretas, que a atividade minerária lhes carreia. Já os recursos destinados à União são destinados aos seus órgãos e autarquias com objetivo de promover um retorno amplo à sociedade dos recursos da exploração mineral.

O raciocínio explicitado coaduna-se com o posicionamento do Supremo Tribunal Federal, conforme observamos na leitura dos fundamentos da decisão do RE 228.800/DF, da relatoria do ilustre Ministro Sepúlveda Pertence:

> A compensação se vincula, a meu ver, não à exploração em si, mas aos problemas que gera.
>
> Com efeito, a exploração de recursos minerais e de potenciais de energia elétrica é atividade potencialmente geradora de um sem-número de problemas para os entes públicos, especialmente ambientais (...), sociais e econômicos, advindos do crescimento da população e da demanda por serviços públicos.

---

1 Parecer Proge 564/2007-RMP.

> Além disso, a concessão da lavra e a implantação de uma represa inviabilizam o desenvolvimento de atividades produtivas na superfície, privando Estados e Municípios das vantagens delas decorrentes.
>
> Pois bem. Dos recursos despendidos com esses e outros efeitos da exploração é que devem ser compensadas as pessoas referidas no dispositivo.

A CFEM, portanto, se reveste de características de preço público, excluindo qualquer debate sobre sua natureza tributária. Esse é, inclusive, o entendimento de grande parte da doutrina de Direito Minerário. Marcelo Luiz de Souza Alves[2] explicita que "a CFEM é, portanto, uma receita originária ou patrimonial, decorrente do uso de um bem público, os recursos naturais". Por sua vez, Ana Carolina Valladares Belisário[3] conclui:

> Sendo assim, a receita patrimonial é gênero e tem, como uma de suas espécies, o Preço Público, que é devido pela exploração do patrimônio ou serviço do Estado. Ora, percebe-se claramente que a CFEM se encaixa perfeitamente nessa classificação, vez que é devida pela exploração de um bem da União, qual seja, o recurso mineral.
>
> Dessa forma, conforme entendimento de vários doutrinadores citados ao longo deste trabalho, não resta dúvida de que a Compensação Financeira objeto de enfoque do presente estudo possui natureza jurídica de Preço Público, entendimento esse que adotamos e estamos de acordo.

Ainda assim, devemos frisar que parte da doutrina apresenta entendimentos diferenciados com relação à natureza jurídica do instituto. Nesse sentido, Carlos Luiz Ribeiro compreende que a CFEM não é preço público, mas sim tributo da espécie imposto[4].

23.3. Fato gerador, base de cálculo e alíquotas

O art. 6º da Lei n. 7.990/89 define o fato gerador da CFEM, prevendo que a exploração de recursos minerais ensejará o seu recolhimento, por ocasião: (i) da primeira saída por venda de bem mineral; (ii) do ato de arrematação, nos casos de bem mineral adquirido em hasta pública; (iii) do ato da primeira aquisição de bem mineral extraído sob o regime de permissão de lavra garimpeira; e (iv) do consumo de bem mineral. Além disso, o mencionado dispositivo, com a redação dada pela Lei n. 13.540/2017, apresentou importantes conceitos.

Assim, considera-se, para fins da cobrança de CFEM, bem mineral como sendo a substância mineral já lavrada após a conclusão de seu beneficiamento, quando for o caso. Por sua vez, beneficiamento é apontado como as operações que objetivem o

---

2 ALVES, Marcelo Luiz de Souza. Reflexões preliminares sobre a compensação financeira pela exploração de recursos minerais: CFEM. In: GANDARA, Leonardo André et al. (Coord.). *Direito Minerário*: estudos. Belo Horizonte: Del Rey, 2011, p. 240.

3 BELISÁRIO, Ana Carolina Valladares. A natureza jurídica da compensação financeira pela exploração dos recursos minerais: CFEM. In: SOUZA, Marcelo Mendo Gomes de (Coord.). *A compensação financeira pela exploração dos recursos minerais*: CFEM. Belo Horizonte: Del Rey, 2011, p. 123.

4 RIBEIRO, Carlos Luiz. *Direito Minerário*: escrito e aplicado. Belo Horizonte: Del Rey, 2006, p. 377.

tratamento do minério, tais como processos realizados por fragmentação, pulverização, classificação, concentração, separação magnética, flotação, homogeneização, aglomeração, aglutinação, briquetagem, nodulação, pelotização, ativação e desaguamento, além de secagem, desidratação, filtragem e levigação, ainda que exijam adição ou retirada de outras substâncias. E, por fim, consumo é conceituado como a utilização de bem mineral, a qualquer título, pelo detentor ou arrendatário do direito minerário, assim como pela empresa controladora, controlada ou coligada, em processo que importe na obtenção de nova espécie.

O art. 6º, § 5º, da Lei n. 7.990/89, reiterou o posicionamento anteriormente consolidado pelo DNPM, salientando que "os rejeitos e estéreis decorrentes da exploração de áreas objeto de direitos minerários que possibilitem a lavra, na hipótese de alienação ou consumo, serão considerados como bem mineral para fins de recolhimento da CFEM". Já o § 7º, fundado na premissa de estimular o uso racional dos recursos minerais, estabeleceu que, "no caso de rejeitos e estéreis de minerais associados utilizados em outras cadeias produtivas, haverá uma redução de alíquota da CFEM de 50% (cinquenta por cento)".

O art. 2º da Lei n. 8.001/90, antes das alterações legislativas de 2017, previa que a base de cálculo da CFEM[5] equivalia ao total das receitas de venda do produto mineral, excluídos os tributos incidentes sobre sua comercialização, as despesas de transporte e as de seguro. Ou seja, a CFEM era calculada sobre o valor do faturamento líquido, obtido por ocasião da venda do produto mineral, compreendendo-se por faturamento líquido o valor da venda do produto mineral e deduzindo-se tanto tributos que incidiam na comercialização – ICMS, PIS, COFINS, por exemplo – como também as despesas com transporte e seguro.

No entanto, a nova redação do mencionado art. 2º da Lei n. 8.001/90, inaugurou nova e acirrada polêmica no setor minerário, por não prever a exclusão da base de cálculo dos valores de transporte e seguro. Nas palavras de Paulo Honório de Castro Júnior[6]:

> A dedução de tais despesas não era um favor fiscal. Tratava-se de uma explicitação normativa das limitações constitucionais para a incidência da CFEM. Conforme demonstrado, a Constituição proibiu a incidência da CFEM sobre qualquer grandeza incorrida após a última etapa do beneficiamento mineral. A legitimar a Lei n. 13.540/2017, no que tange à vedação integral da dedução do frete e do seguro, a CFEM incidirá sobre grandezas que revelam aproveitamento econômico de minério (custo de produção acrescido da margem de lucro), somadas a todas as despesas com transporte e seguro, realizadas após o término da produção.

Nesse sentido, nos associamos a esta corrente doutrinária, uma vez que, tendo a CFEM natureza jurídica de receita patrimonial originária, que visa compensar os entes

---

5 O art. 6º da Lei n. 7.990/89 estabelece que o CFEM incide sobre o valor do faturamento líquido resultante da venda do produto mineral, obtido após a última etapa do processo de beneficiamento adotado e antes de sua transformação industrial.

6 CASTRO JÚNIOR, Paulo Honório de (Coord.). *Mineração e siderurgia*: aspectos financeiros e tributários. Belo Horizonte: Editora D'Plácido, 2019, p. 261.

federativos pelos ônus da atividade minerária e estabelecer uma contrapartida à utilização dos recursos minerais, é um contrassenso que a CFEM possa incidir sobre valores oriundos de acordos particulares – como são frete e seguro – que nada tem com a exploração mineral, mas, tão somente, com o produto dessa exploração, cuja titularidade a CF/88 outorgou ao concessionário (art. 176).

Outra importante alteração promovida pela Lei n. 13.540/2017 foi a alteração das alíquotas da CFEM constantes do Anexo da norma, que passaram ao limite máximo de 4%. Abaixo, reproduzimos o conteúdo do citado Anexo:

ALÍQUOTAS PARA FINS DE INCIDÊNCIA DA COMPENSAÇÃO FINANCEIRA PELA EXPLORAÇÃO DE RECURSOS MINERAIS (CFEM)

a) Alíquotas das substâncias minerais:

ALÍQUOTA	SUBSTÂNCIA MINERAL
(VETADO)	(VETADO)
1% (um por cento)	Rochas, areias, cascalhos, saibros e demais substâncias minerais quando destinadas ao uso imediato na construção civil; rochas ornamentais; águas minerais e termais
1,5% (um inteiro e cinco décimos por cento)	Ouro
2% (dois por cento)	Diamante e demais substâncias minerais
3% (três por cento)	Bauxita, manganês, nióbio e sal-gema
3,5% (três inteiros e cinco décimos por cento)	Ferro, observadas as letras b e c deste Anexo

b) Decreto do Presidente da República, a ser publicado em até noventa dias a partir da promulgação desta Lei, estabelecerá critérios para que a entidade reguladora do setor de mineração, mediante demanda devidamente justificada, possa reduzir, excepcionalmente, a alíquota da CFEM do ferro de 3,5% (três inteiros e cinco décimos por cento) para até 2% (dois por cento), com objetivo de não prejudicar a viabilidade econômica de jazidas com baixos desempenho e rentabilidade em razão do teor de ferro, da escala de produção, do pagamento de tributos e do número de empregados.

c) A decisão e o parecer técnico da entidade reguladora do setor de mineração relativos à redução da alíquota da CFEM, de que trata a letra b deste Anexo, serão divulgados em seu sítio oficial na internet, e a redução somente entrará em vigor sessenta dias a partir da divulgação.

Importa destacar que a ampliação do percentual dos valores relacionados com a CFEM, especialmente em relação ao minério de ferro, foi um dos principais fatores a incitar os debates sobre mudanças legislativas no setor mineral. Desta forma, a engenhosa solução, sugerida no âmbito do processo de debates relacionados com o novo marco regulatório intentado durante o Governo de Dilma Roussef, culminou com a previsão do item b anterior.

Constatam-se também alterações importantes em relação à incidência da CFEM. Conforme preconiza a nova redação do art. 2º, as alíquotas da CFEM incidirão: (i) na venda, sobre a receita bruta da venda, deduzidos os tributos incidentes sobre sua comercialização; (ii) no consumo, sobre a receita bruta calculada, considerado o preço corrente do bem mineral, ou de seu similar, no mercado local, regional, nacional ou internacional, conforme o caso, ou o valor de referência, definido a partir do valor do produto final obtido após a conclusão do respectivo processo de beneficiamento; (iii) nas exportações, sobre a receita calculada, considerado como base de cálculo, no mínimo, o preço parâmetro definido pela Secretaria da Receita Federal do Brasil do Ministério da Fazenda, com fundamento no art. 19-A da Lei n. 9.430/96, e na legislação complementar, ou, na hipótese de inexistência do preço parâmetro, será considerado o valor de referência; (iv) na hipótese de bem mineral adquirido em hasta pública, sobre o valor de arrematação; ou (v) na hipótese de extração sob o regime de permissão de lavra garimpeira, sobre o valor da primeira aquisição do bem mineral.

Por sua vez, o art. 2º-A estabelece a obrigação ao pagamento da CFEM para as seguintes pessoas jurídicas ou físicas: (i) o titular de direitos minerários que exerça a atividade de mineração; (ii) o primeiro adquirente de bem mineral extraído sob o regime de permissão de lavra garimpeira; (iii) o adquirente de bens minerais arrematados em hasta pública; e (iv) a que exerça, a título oneroso ou gratuito, a atividade de exploração de recursos minerais com base nos direitos do titular original.

23.4. Distribuição e destinação da CFEM

O § 2º do art. 2º da Lei n. 8.001/90 prevê, atualmente, a distribuição da CFEM, de acordo com os seguintes percentuais e critérios: (i) 7% para a entidade reguladora do setor de mineração; (ii) 1% para o Fundo Nacional de Desenvolvimento Científico e Tecnológico, FNDCT; (iii) 1,8% para o Centro de Tecnologia Mineral, Cetem; (iv) 0,2% para o Ibama, para atividades de proteção ambiental em regiões impactadas pela mineração; (v) 15% para o Distrito Federal e os Estados onde ocorrer a produção; (vi) 60% para o DF e os Municípios onde ocorrer a produção; e (vii) 15% (quinze por cento) para o DF e os Municípios, quando a produção ocorrer em seus territórios, mas essa parcela for superior ao que for distribuído referente à parcela do art. 2º, § 2º, VI, da Lei n. 8.001/1990, ou quando afetados pela atividade de mineração e a produção não ocorrer em seus territórios, caso seus territórios sejam: (a) cortados pelas infraestruturas utilizadas para o transporte ferroviário ou dutoviário de substâncias minerais; (b) afetados pelas operações portuárias e de embarque e desembarque de substâncias minerais; e (c) onde se localizem as pilhas de estéril, as barragens de rejeitos e as instalações de beneficiamento de substâncias minerais, bem como as demais instalações previstas no plano de aproveitamento econômico.

A previsão relacionada com os 15% destinados aos Municípios não produtores, mas afetados pela atividade de mineração, é tema novo e fruto dos debates relacionados com o novo marco regulatório. Trata-se de medida isonômica de grande importância social. Antes, apenas os Municípios produtores eram beneficiados com parte da CFEM, cabendo aos Municípios do entorno, e impactados por infraestruturas de arcarem com os impactos da atividade sem se beneficiarem dos seus resultados. Do ponto de vista das mineradoras, tal destinação é oportuna, visto que, dentre outros aspectos, satisfaz as solicitações de contrapartidas propostas por prefeitos, especialmente durante as audiências públicas de licenciamentos ambientais relacionados com projetos novos – também denominados Greenfield.

É relevante destacar, ainda, que, nos termos do art. 26, parágrafo único, do Decreto n. 1/91, os valores oriundos da CFEM têm destinação específica, não podendo, assim, ser aplicados em pagamento de dívida ou no quadro permanente de pessoal da União, dos Estados, Distrito Federal e dos Municípios. Em outras palavras, é vedada a utilização dos recursos da CFEM para despesas de custeio, devendo ser aplicados em investimentos para o desenvolvimento das localidades.

A vinculação da destinação dos recursos da CFEM à realização de investimentos (e não custeio) se justifica em função do seu caráter transitório. Assim, busca o legislador que tais recursos, por serem finitos e transitórios, redundem em melhoria da qualidade de vida das populações atingidas, de forma permanente e não, somente, para fazer frente às despesas correntes. Dessa forma, as receitas decorrentes da CFEM deverão ser aplicadas em projetos que, direta ou indiretamente, revertam em prol da comunidade local na forma de melhoria da infraestrutura, da qualidade ambiental, da saúde e educação.

Da mesma forma, o art. 8º da Lei n. 7.990/89 preconiza que o pagamento das compensações financeiras previstas nesta Lei, inclusive o da indenização pela exploração do petróleo, do xisto betuminoso e do gás natural, será efetuado, mensalmente, diretamente aos Estados, ao Distrito Federal, aos Municípios e aos órgãos da Administração Direta da União, até o último dia útil do segundo mês subsequente ao do fato gerador, devidamente corrigido pela variação do Bônus do Tesouro Nacional, BTN, ou outro parâmetro de correção monetária que venha a substituí-lo, vedada a aplicação dos recursos em pagamento de dívida e no quadro permanente de pessoal[7].

---

7 O § 1º do art. 8º expressa que as vedações acima previstas não se aplicam: (i) ao pagamento de dívidas para com a União e suas entidades; e (ii) ao custeio de despesas com manutenção e desenvolvimento do ensino, especialmente na educação básica pública em tempo integral, inclusive as relativas a pagamento de salários e outras verbas de natureza remuneratória a profissionais do magistério em efetivo exercício na rede pública.

Capítulo 24

TAXA ANUAL POR HECTARE (TAH)

24.1. Definição

A taxa anual por hectare (TAH), prevista no art. 20, II, do CM, impõe ao titular de autorização de pesquisa, até a entrega do relatório final dos trabalhos à ANM, a obrigatoriedade de pagamento de taxa, calculada de forma progressiva em função da substância mineral objetivada, extensão e localização da área e de outras condições, respeitado o valor máximo de duas vezes a expressão monetária Ufir, instituída pelo art. 1º da Lei n. 8.383, de 30 de dezembro de 1991.

O Código de Mineração estabeleceu, no art. 20, § 1º, a competência do Ministro de Estado de Minas e Energia para estabelecer, mediante portaria, os valores, prazos de recolhimento e demais critérios e condições de pagamento da TAH.

Nesse sentido, a Portaria MME n. 503, de 28 de dezembro de 1999, estipulou o valor da TAH. Vale dizer que a citada portaria disciplinava os valores em Ufir. Em função da extinção da Ufir em outubro de 2000, os valores foram transformados em reais, mediante a Portaria DNPM n. 400, de 30 de setembro de 2008.

Atualmente, está em vigor a Resolução ANM n. 120/2022, que atualizou o valor da TAH em R$ 4,09 por hectare, atualizado à data do vencimento para alvará original e R$ 6,13 na vigência de prorrogação da autorização de pesquisa. Anualmente a ANM atualiza os valores da TAH por meio de Resolução.

Assim, de acordo com a Portaria DNPM n. 365/2010, o pagamento da taxa deverá ser efetuado anualmente, até o último dia útil do mês de janeiro, para as autorizações de pesquisa e respectivas prorrogações de prazo publicadas no *DOU* no período de 1º de julho a 31 de dezembro imediatamente anterior. Já para as autorizações de pesquisa e respectivas prorrogações de prazo publicadas no *DOU* no período 1º de janeiro a 30 de junho imediatamente anterior, os valores deverão ser recolhidos até o último dia útil do mês de julho.

24.2. Natureza jurídica

Em relação à natureza jurídica da TAH, o Parecer Proge 564/2007 – RMP também tratou de expressar que tal taxa se enquadra no rol de preços públicos.

A natureza jurídica de preço público, portanto, é embasada no entendimento da ANM, bem como nos acórdãos lavrados pelo STF nos autos da ADI 2.586/DF e RE 228.800-5/DF. Assim, a natureza jurídica de preço público foi compreendida em sede de controle concentrado e abstrato de constitucionalidade, o que não deixa margem a grandes dúvidas sobre o tema – já que a decisão expressa em sede de ADI 2.586/DF gera efeitos vinculantes em relação ao Poder Judiciário em geral, com exceção do próprio STF e ao Poder Executivo, vinculando as interpretações.

24.3. Inadimplemento

Ao titular da autorização da pesquisa inadimplente com o pagamento da TAH – incluindo-se na categoria de "inadimplentes" os não pagamentos, os pagamentos efetuados fora do prazo e os pagamentos feitos a menor – será aplicada a penalidade de multa prevista na letra *a* do inciso II do § 3º do art. 20 do CM.

Caso a inadimplência não cesse após a imposição da multa, não haja interposição tempestiva de recurso contra o despacho de imposição de multa, ou quando houver sido interposto recurso contra o despacho de imposição de multa, este não tenha sido provido, será declarada a nulidade *ex officio* da autorização de pesquisa ensejando providências para a inscrição do débito na dívida ativa do devedor no Cadim e a cobrança judicial do débito mediante ação de execução fiscal de crédito não tributário.

Além disso, o titular inadimplente ficará impedido de obter anuência prévia para a cessão/incorporação do título autorizativo, de pleitear a concessão de guia de utilização, de obter prorrogação do prazo de validade da autorização de pesquisa e de obter a aprovação do relatório final de pesquisa.

Capítulo 25

TAXA DE CONTROLE, MONITORAMENTO E FISCALIZAÇÃO DAS ATIVIDADES DE PESQUISA, LAVRA, EXPLORAÇÃO E APROVEITAMENTO DE RECURSOS MINERÁRIOS (TFRM)

25.1. Definição

Uma das principais batalhas travadas entre as mineradoras e o Poder Público Estadual, mais recentemente, diz respeito à instituição, pelos Estados de Minas Gerais, Pará, Amapá, seguidos mais recentemente pelo Estado de Tocantins e Mato Grosso, da Taxa de controle, fiscalização e monitoramento da atividade minerária (TFRM).

Enquanto os Estados defendem que a taxa é importante para custear a fiscalização da atividade minerária em seus territórios, as mineradoras alegam que a taxa teria fins meramente arrecadatórios e contestam a constitucionalidade das leis que as instituíram.

A Constituição Federal de 1988 estabeleceu que os recursos minerais enquanto depositados nas jazidas minerais (*in situ*) pertencem à União (art. 20, IX), competindo ao ente federativo, privativamente, legislar sobre a matéria (art. 22, XII), bem como autorizar o seu aproveitamento econômico mediante concessão ou autorização aos particulares (art. 176, § 1º), ao passo que, aos demais entes federativos – incluindo os Estados, obviamente – a CF/88 garantiu, na forma da Lei, a participação no resultado da exploração em seus respectivos territórios (art. 20, § 1º), assim como atribuiu-lhes o dever de registrar, acompanhar e fiscalizar a atividade minerária desenvolvida dentro de suas fronteiras (art. 23, XI).

Conforme citado anteriormente, a CF/88 veda expressamente a incidência de impostos sobre a atividade minerária no país (art. 155, § 3º), excetuando o imposto sobre circulação de mercadorias e serviços, o imposto de importação de produtos estrangeiros, e os impostos de exportação de produtos nacionais ou nacionalizados. Sob a ótica dos Estados, para piorar, por força da Lei Kandir. (art. 3º, II, da Lei Complementar n. 87/96[1] e da

---

1 Art. 3º O imposto não incide sobre: [...] II – operações e prestações que destinem ao exterior mercadorias, inclusive produtos primários e produtos industrializados semi-elaborados, ou serviços;

Emenda Constitucional n. 42/2003, que alterou o art. 155, § 2º, X, *a*, da CF[2]), as operações que destinam mercadorias ao exterior passaram a ser desoneradas do ICMS.

Não casualmente, os estados que instituíram a TFRM são aqueles em cujos limites se situam grandes operações minerárias voltadas à exportação. Apenas a título exemplificativo, de acordo com o IBRAM, no terceiro trimestre de 2020, o Pará deteve a maior participação no faturamento da indústria mineral brasileira (43% ou R$ 21,6 bilhões), seguido de Minas Gerais (38% ou R$ 19 bilhões).

25.2. Ação Direta de Inconstitucionalidade n. 4785

Em 28 de dezembro de 2011, foi promulgada em Minas Gerais a Lei n. 19.976/2011, que instituiu a Taxa de Controle, Monitoramento e Fiscalização das Atividades de Pesquisa, Lavra, Exploração e Aproveitamento de Recursos Minerários – TFRM, bem como o Cadastro Estadual de Controle, Monitoramento e Fiscalização das Atividades de Pesquisa, Lavra, Exploração e Aproveitamento de Recursos Minerários – CERM.

A instituição da TFRM causou bastante alvoroço e descontentamento por parte das mineradoras, principalmente por ter como base de cálculo para definição do valor da taxa a tonelada de mineral ou minério extraído, cuja quantidade é apurada por meio dos documentos fiscais de venda ou de transferência, inclusive para o exterior ou, na hipótese de transformação industrial, a quantidade do mineral ou minério utilizada no processo de transformação industrial, o que a assemelha a base de cálculo da CFEM. Paralelamente, o fundamento da norma seria o exercício regular do poder de polícia conferido aos Estados sobre a atividade de pesquisa, lavra, exploração ou aproveitamento dos recursos minerários realizada nos seus territórios.

O fato é que a CF/88 (art. 145, I) e o Código Tributário Nacional – CTN (art. 16) dispõem que "Imposto é o tributo cuja obrigação tem por fato gerador uma situação independente de qualquer atividade estatal específica, relativa ao contribuinte", por outro lado, a instituição da taxa, segundo Claudio Carneiro (2020)[3], "se dá em razão de uma atividade estatal específica, seja o exercício regular do poder de polícia, seja a utilização efetiva ou potencial de um serviço público essencial, específico e divisível".

Sendo assim, enquanto o imposto não pode apresentar qualquer relação ou vinculação com uma atividade estatal específica, a arrecadação da taxa deve corresponder, de modo razoável, às despesas incorridas na atividade estatal materializada na prestação (efetiva ou potencial) de serviço público ou no exercício do poder de polícia, sendo

2 Art. 155. Compete aos Estados e ao Distrito Federal instituir impostos sobre: [...] II – operações relativas à circulação de mercadorias e sobre prestações de serviços de transporte interestadual e intermunicipal e de comunicação, ainda que as operações e as prestações se iniciem no exterior; [...] § 2º O imposto previsto no inciso II atenderá ao seguinte: [...] X – não incidirá: a) sobre operações que destinem mercadorias para o exterior, nem sobre serviços prestados a destinatários no exterior, assegurada a manutenção e o aproveitamento do montante do imposto cobrado nas operações e prestações anteriores; (Redação dada pela Emenda Constitucional n. 42, de 19-12-2003).

3 CARNEIRO, Claudio. *Curso de Direito Tributário e Financeiro*. 9. ed. São Paulo: Saraiva Educação, 2020, p. 270.

necessário, portanto, que haja equivalência e proporcionalidade entre a cobrança e a efetiva despesa do órgão estatal.

O evidente descompasso levou a Confederação Nacional das Indústrias – CNI a ajuizar, em 31-5-2012, a ação direta de inconstitucionalidade n. 4784 perante o Supremo Tribunal Federal, cuja relatoria coube inicialmente ao Min. Ricardo Lewandowski e foi posteriormente redistribuída ao Min. Edson Fachin, para arguir a inconstitucionalidade da Lei n. 19.976/2011 sob argumentos de que:

> 1 – A taxa seria um tributo contraprestacional, estabelecida pela lógica do custo-benefício, enquanto o tributo em questão teria sido moldado para gerar arrecadação exorbitante e que, dessa forma, teria o intuito de assegurar o interesse meramente patrimonial, previsto no art. 20, § 1º, da CF/88, e não tem correlação com o conceito de poder de polícia que legitima cobrança de taxa.
>
> 2 – O Estado de Minas Gerais não teria competência para legislar sobre recursos minerais, tampouco titularidade ou poder de polícia capaz de autorizar criação de taxa de fiscalização, a existência de um poder de fiscalizar não indicaria, necessariamente, um poder de polícia que legitimasse a instituição de taxa. A previsão constitucional não seria para instituir "taxa de fiscalização", e sim taxas "em razão do exercício do poder de polícia".
>
> 3 – Essa taxa somente faria sentido se fosse por motivos de licenciamento e/ou fiscalização ambiental, uma vez que sobre essa matéria a competência para legislar é concorrente. Como não é o caso da atividade minerária, o Estado não regula e por isso não possui poder de polícia, assim, lembra que já existe em MG a Taxa de Controle e Fiscalização Ambiental.
>
> 4 – As atribuições conferidas pela Lei n. 19.976/11, às secretarias de estado (art. 3º), não se enquadrariam no conceito de poder de polícia, bem como a permissão para fiscalizar não poderia ser lida separadamente dos art. 20, IX, c/c art. 176 e art. 22, XII, da CF/88 (propriedade da união e competência privativa).
>
> 5 – A expectativa de arrecadação superaria (naquele ano exercício) em mais de três vezes a totalidade da despesa realizada por todas as três secretarias de estado que, segundo a lei, exerceriam o poder de polícia, e que isso desnaturaria o tributo como taxa, caracterizando-o como imposto e violando o art. 145, II e § 2º; art. 146, II, c/c art. 77, parágrafo único, do CTN.
>
> 6 – Alega que a taxa se aplicaria apenas aos minérios e minerais que fossem vendidos para fora do estado, o que infringiria o art. 152 da CF/88, estabelecendo diferença tributária de bens e serviços entre entes por razão de procedência ou destino e desequilíbrio produtivo. Assim sendo, não caberia ao judiciário agir como legislador positivo, e sim como negativo, declarando inconstitucionalidade total da norma caso reconhecesse a inconstitucionalidade desse trecho.
>
> 7 – Alega haver precedente do STF sobre uma outra "taxa", em MG, de DPVAT, pela inobservância da relação razoável de equivalência e pela necessidade de haver uma relação de custo-benefício entre o serviço prestado (ADI 2551 MC-QO, Relator(a): Min. CELSO DE MELLO), bem como cita também a ADI 3.028, onde o Min. Ayres Britto teria votado no mesmo sentido.

A CNI requereu ainda, liminarmente, a suspensão da aplicação da norma, apontando que o risco na demora poderia produzir um "efeito multiplicador" (vide Amapá e Pará), o que afetaria a competitividade entre empresas pela diferenciação de tributos por localidade, bem como para não chancelar a chamada "inconstitucionalidade muito útil".

A apreciação da medida cautelar foi convertida para julgamento definitivo de mérito sobre o tema, seguindo o rito do procedimento abreviado previsto no art. 12 da Lei n. 9.868/99[4].

O Estado de Minas Gerais, por sua vez, em sede de contestação, alegou que:

1 – A constitucionalidade da base de cálculo da TFRM e que seria natural que se tenha maior atividade fiscalizatória conforme maior quantidade de minério extraída, o que se relacionaria com a proporcionalidade da atuação estatal, de modo que, a quantidade de minério extraído seria um "critério para incidência da taxa", assim, não haveria incidência sobre a extração de recursos minerais em si.

2 – A TFRM seria destinada aos órgãos e entidades mencionados no art. 3º com o intuito de cobrir os altos custos adicionais suportados pelo sistema de cadastro, controle e fiscalização da atividade minerária. O fato gerador seria o exercício regular do poder de polícia, enquanto a base de cálculo seria coerente e lógica, tomando a intensidade da atuação de polícia do Estado por aferição da quantidade de minério extraído.

3 – O fato do valor da taxa eventualmente vir a representar significativo acréscimo de receita não representaria inconstitucionalidade da TFRM, e que a fiscalização de toda a atividade representaria um grande volume de novas atividades a serem desenvolvidas, incluindo numerosos investimentos em infraestrutura, materiais e humanos.

4 – O art. 23, XI, da CF, dispõe sobre a competência comum dever/poder do Estado de exercer o controle e a fiscalização sobre a atividade minerária e, além disso, a ideia de cooperação não teria qualquer limitação hierárquica. Aduz ainda o art. 24, V e VI da CF, apontando a competência concorrente sobre "produção e consumo" e "defesa do solo e dos recursos naturais", sendo assim, haveria competência legislativa concorrente, o que também estaria em harmonia com o art. 80 do CTN.

5 – Citou o Relatório de Auditoria Operacional aprovado pelo TCU, em que se alega que "a atividade de fiscalização da atividade mineradora exige complexos e custosos investimentos que, todavia, são imprescindíveis para a sua adequada e eficiente realização", assim como, afirma que apesar de arrecadar mais de um bilhão de reais, o DNPM ainda possuiria diversas carências no tocante a recursos humanos e materiais para a atividade fiscalizatória.

6 – O mesmo relatório do TCU expõe uma série de críticas ao DNPM/Superintendência de MG, através de uma numerosa lista de carências do órgão e que essas carências colocariam em dúvida a capacidade do Poder Público Federal de ampliar investimentos para que o órgão realize a contento as suas atribuições. Nesse sentido, estabelecer o TFRM teve como intuito "não repetir a deficiência" do DNPM na fiscalização da atividade mineradora, sendo que a taxa muito pouco oneraria as empresas enquanto capacitaria o Estado a manter uma estrutura adequada.

7 – As mineradoras do Brasil pagariam muito pouco a título de tributo e pouquíssimo de CFEM, para isso, a procuradoria expõe um quadro comparativo entre VALE e Petrobras, e segue fazendo uma análise sobre o quanto é tributo e o quanto é lucro apresentado, afir-

4 Art. 12. Havendo pedido de medida cautelar, o relator, em face da relevância da matéria e de seu especial significado para a ordem social e a segurança jurídica, poderá, após a prestação das informações, no prazo de dez dias, e a manifestação do Advogado-Geral da União e do Procurador-Geral da República, sucessivamente, no prazo de cinco dias, submeter o processo diretamente ao Tribunal, que terá a faculdade de julgar definitivamente a ação.

mando que não faria sentido cobrar os custos da fiscalização ao povo mineiro, argumentando que as mineradoras estariam querendo obter lucros estratosféricos e fáceis, sem pagar nada à sociedade.

8 – Sobre as isenções aos recursos destinados à industrialização do estado, coloca que é calcada em políticas públicas constitucionais, utilizando de doutrina que defende que essa diferença tributária entre bens e serviços pode ser flexibilizada para implementar princípio fundamental veiculado no art. 3º, III, da CF, e que não se pode interpretar o dispositivo como um impeditivo de uma política de incentivos, das áreas atrasadas do Norte, Nordeste e parte do Leste.

9 – Cita duas jurisprudências (ADI 1948, Relator: Min. Gilmar Mendes e RE 177835, Relator: Min. Carlos Velloso), para alegar que o faturamento é apenas critério para incidência da taxa, não havendo incidência sobre ele. Invoca a Súmula Vinculante n. 29 do STF, que "é constitucional a adoção, no cálculo do valor da taxa, de um ou mais elementos da base de cálculo própria de determinado imposto, desde que não haja integral identidade entre uma base e outra".

Após o ajuizamento da ADI n. 4785, a Lei n. 19.976/2011 passou por duas alterações legislativas, uma em 2012 (Lei n. 20.414/2012) e outra em 2017 (Lei n. 22.796/2017), que levaram inclusive o Estado de Minas Gerais a suscitar a perda de objeto da ADI. Contudo, nenhuma das reformas alterou o que nos parece ser o cerne principal da questão, que seria a utilização da venda e/ou transformação mineral como base de cálculo para a instituição do valor da taxa, opinião esta compartilhada pela Procuradoria-Geral da República – PGR nos autos por meio do Parecer n. 1.937/AsJConst/SAJ/PGR.

Em 2016, houve o ingresso do Estado do Pará na ação como *amicus curiae*, dada a criação de taxa de fiscalização pelo mesmo fato no Pará.

O julgamento da ADI n. 4785 foi incluído na pauta para sessão virtual, entre 9-10-2020 e 19-10-2020 para julgamento em ambiente eletrônico, que teve início em 19-10-2020. O Relator, Min. Edson Fachin, votou pela improcedência da ação direta, e teve seu voto acompanhado pelos Min. Celso de Mello, Min. Cármen Lúcia, Min. Alexandre de Moraes, Min. Ricardo Lewandowski, além disso o Min. Dias Toffoli também votou pela improcedência, totalizando 6 (seis) votos, em divergência, isto é, pela procedência da ADI, votaram os Min. Marco Aurélio, Min. Roberto Barroso e Min. Gilmar Mendes.

Entretanto, o então Presidente do STF, Min. Luiz Fux, solicitou o destaque do processo, o que, de acordo com o art. 4º da Resolução do STF n. 642/2019, impediu o prosseguimento do julgamento em ambiente virtual, e levou o processo a ser retirado da pauta de julgamentos eletrônicos e colocado na pauta de julgamento presencial, inicialmente prevista para 14-4-2021.

No dia 1º-8-2022, o STF concluiu o julgamento das ADI n. 4785 (MG), 4786 (PA) e 4787 (AP), com resultado longe do esperado pelo setor minerário. Os Ministros decidiram, por maioria, pela constitucionalidade da cobrança da TFRM pelos Estados, tendo sido vencidos os Ministros Luís Roberto Barroso, André Mendonça, Gilmar Mendes e Marco Aurélio (o Min. Marco Aurélio havia votado antes de sua aposentadoria).

Entre os argumentos apontados pelos Ministros favoráveis aos pleitos da CNI, destaca-se o item apontado pelo Min. Barroso em seu voto, no sentido de que a taxa instituída pelos Estados constitui um enorme superávit em relação aos custos despendidos para efetivação da fiscalização, configurando verdadeira desproporcionalidade da base de cálculo utilizada para a cobrança da TFRM.

Fato é que os acidentes envolvendo barragens de mineração ocorridos desde 2015, após o ajuizamento das ADIs, instituíram um paradigma de grande pressão política em todas as demandas envolvendo mineração analisadas pelo Poder Judiciário, o que não foi diferente no julgamento das ações propostas pela CNI. Alguns dos principais argumentos utilizados pela Corte evidenciam tal influência:

1 – A necessidade de intensificação da fiscalização das operações minerárias, em razão da degradação ambiental e os riscos inerentes à atividade, justifica a instituição da cobrança pelos Estados, tendo em vista os custos despendidos para o custeio das operações de fiscalização;

2 – Apesar da instituição da TFRM, as mineradoras continuam auferindo lucros consideráveis todos os anos, o que seria suficiente para afastar a hipótese de cobrança abusiva;

3 – Com base no entendimento constante na Súmula Vinculante n. 29, o STF definiu não haver cobrança em dobro na hipótese, uma vez que a definição do valor da taxa pode ter como base de cálculo, "um ou mais elementos da base de cálculo própria de determinado imposto, desde que não haja integral identidade entre uma base e outra".

A análise dos argumentos utilizados deixa claro que a Corte, ao julgar constitucionais as cobranças estatais, tornou preponderantes os apelos sociais e políticos de diversos setores, elementos esses que, constantemente mutáveis, por certo não deveriam influenciar as decisões do judiciário.

Capítulo 26

PARTICIPAÇÃO NOS RESULTADOS DA LAVRA

26.1. Definição

Na área de extração o proprietário do solo faz jus, nos regimes de autorização, concessão e de licenciamento, à participação nos resultados da lavra – direito que não se estende aos proprietários das áreas que abrigam as estruturas acessórias do empreendimento minerário, tais como planta de beneficiamento e barragem de rejeitos, dentre outras, conforme disposição do art. 11 do CM e do art. 176, § 2º, da CF/88.

O valor corresponde a 50% do valor total devido aos Estados, Distrito Federal, Municípios e órgãos da administração direta da União, a título de CFEM, como contribuição financeira pela exploração de recursos minerais, conforme disposição do parágrafo primeiro do citado art. 11:

> § 1º A participação de que trata a alínea *b* do *caput* deste artigo será de cinquenta por cento do valor total devido aos Estados, Distrito Federal, Municípios e órgãos da administração direta da União, a título de compensação financeira pela exploração de recursos minerais, conforme previsto no *caput* do art. 6º da Lei n. 7.990, de 29-12-1989 e no art. 2º da Lei n. 8.001, de 13-3-1990.

Os §§ 2º e 3º tratam da forma de pagamento, bem como dos juros decorrentes do não pagamento em tempo hábil, como transcrevemos:

> § 2º O pagamento da participação do proprietário do solo nos resultados da lavra de recursos minerais será efetuado mensalmente, até o último dia útil do mês subsequente ao do fato gerador, devidamente corrigido pela taxa de juros de referência, ou outro parâmetro que venha a substituí-la.
>
> § 3º O não cumprimento do prazo estabelecido no parágrafo anterior implicará correção do débito pela variação diária da taxa de juros de referência, ou outro parâmetro que venha a substituí-la, juros de mora de um por cento ao mês e multa de dez por cento aplicada sobre o montante apurado.

Cabe ressaltar que é vedada a transferência ou caução do direito à participação separadamente do imóvel, sendo permitido ao proprietário, todavia, transferir ou caucionar o direito ao recebimento de determinadas prestações futuras ou renunciar ao direito nos termos do art. 12 do CM, valendo destacar que, para que esses atos tenham validade diante de terceiros, é essencial sua inscrição no registro de imóveis, para dar publicidade ao ato.

No que tange à perspectiva histórica do instituto, que gera consequências práticas para a interpretação teleológica atinente à participação, explica Andréa Viggiano:

> O direito à participação do proprietário do solo nos resultados da lavra foi instituído no ordenamento jurídico como forma de compensar a perda do proprietário do direito de preferência na exploração do recurso mineral, que lhe fora outorgado, por sua vez, em decorrência do fim do regime de acessão outrora vigente, quando solo e subsolo, nesse incluídos os bens minerais, integravam o mesmo patrimônio imobiliário[1].

Partindo desse raciocínio, o direito de participação se caracteriza como elemento essencial para composição teórica do princípio da prioridade. Assim, coexistem no ordenamento jurídico dois princípios que, em determinados momentos, podem se contrapor, quais sejam, os princípios da prioridade e da propriedade. Nesse sentido, o direito à participação do proprietário do solo nos resultados é uma forma de compensar o proprietário pela mácula do princípio da propriedade.

Dessa forma, o instituto da participação dos resultados pode ser compreendido a partir de duas perspectivas distintas, que de alguma forma se somam para a compreensão do tema. Primeiramente, pode-se compreender como direito *in abstrato* que todo proprietário faz jus, tratando-se verdadeiramente de direito oponível *erga omnes*.

Nesse sentido, toda pessoa que dispõe de uma propriedade dispõe também de um direito consequente de vir a ser beneficiada por uma participação nos resultados da lavra, ostentando tal direito diante de toda a sociedade e de todos os habilitados a requerer o título para explorar os recursos minerários. Cabe ressaltar que tal direito está conexo a um dever, qual seja, o dever do proprietário de respeitar o direito à prioridade. Assim, teríamos o direito de participação contraposto ao direito de prioridade, gerando uma relação de direito/obrigação.

Poder-se-ia, ainda, entender o direito de participação como direito real. No entanto, nesse sentido, devemos compreender que os direitos reais são listados em número fechado, conforme explicita o professor Sílvio Venosa:

> A ideia central enuncia que somente a lei pode criar direitos reais. São eles em número fechado (*numerus clausus*). A esse respeito, nosso Código anterior, após tratar da propriedade, elencava no art. 674 os direitos reais *além da propriedade*. O presente Código descreve o rol de todos os direitos reais no art. 1.225. Somente a lei pode criar outros direitos reais. Embora não tenhamos conceitos peremptórios em nosso ordenamento, como, por exemplo, o do art. 2.502 do Código argentino (os direitos reais somente podem ser criados por lei), outra não pode ser a conclusão em nosso sistema[2].

---

1 GONÇALVEZ, Andréa Viggiano. A participação do proprietário do solo nos resultados da lavra de mina manifestada. In: SOUZA, Marcelo Mendo Gomes de (Coord.). *Direito Minerário em evolução*. Belo Horizonte: Mandamentos, 2009, p. 290.

2 VENOSA, Sílvio de Salvo. *Direito Civil*: direitos reais. 4. ed. São Paulo: Atlas, 2004. v. 5, p. 39.

A participação pode, também, ser entendida com um direito obrigacional, que nasce em favor do proprietário do solo como consequência da lavra. Ou seja, a partir do momento em que a atividade de lavra é desenvolvida nos limites do imóvel, o proprietário do solo passa a ser titular do direito obrigacional em receber os valores correspondentes, na forma da Lei.

Cabe esclarecer que apenas aos proprietários das áreas afetadas pela atividade minerária é assegurado o pagamento da participação, direito esse que não alcança eventuais posseiros e detentores de outros Direitos Reais esses imóveis, que têm assegurado apenas o recebimento das verbas relativas à renda e indenização. Pedro Ataíde[3] explicita o tema:

> (...) Acrescenta o mesmo autor que dois fatos geram a aquisição do aludido direito de participação: (i) a lavra de uma jazida e (ii) a situação de estar localizada em propriedade alheia (OLIVEIRA, O., 2003, p. 182). Em decorrência desse último fato gerador, só o proprietário fará jus ao direito de participação. O mero possuidor ou detentor do imóvel cuja área é objeto de extração não terá direito à prestação (PELEGRINO, 2012, p. 122). Situação diferente ocorre na indenização pelos danos e na renda pela ocupação, às quais o possuidor terá direito, por dicção legal (art. 27, *caput*, Código de Mineração).

Excetuam-se à essa regra as comunidades tradicionais (quilombolas e indígenas) ocupantes de terras demarcadas, mas por elas ainda tituladas. O direito das comunidades tradicionais, ao recebimento da participação nos resultados da lavra, encontra fundamento no art. 15 da Convenção n. 169 da Organização Internacional do Trabalho, que assim dispõe:

> 1. Os direitos dos povos interessados aos recursos naturais existentes nas suas terras deverão ser especialmente protegidos. Esses direitos abrangem o direito desses povos a participarem da utilização, administração e conservação dos recursos mencionados.
>
> 2. Em caso de pertencer ao Estado a propriedade dos minérios ou dos recursos do subsolo, ou de ter direitos sobre outros recursos, existentes nas terras, os governos deverão estabelecer ou manter procedimentos com vistas a consultar os povos interessados, a fim de se determinar se os interesses desses povos seriam prejudicados, e em que medida, antes de se empreender ou autorizar qualquer programa de prospecção ou exploração dos recursos existentes nas suas terras. Os povos interessados deverão participar sempre que for possível dos benefícios que essas atividades produzam, e receber indenização equitativa por qualquer dano que possam sofrer como resultado dessas atividades.

Conforme se verifica da parte final do dispositivo acima, a Convenção n. 169, recepcionada no ordenamento jurídico brasileiro com *status* normativo, garante às comunidades tradicionais (povos interessados) o direito de participar dos benefícios decorrentes da exploração de recursos naturais localizados em suas terras. No caso da mineração, infere-se que se trata da participação nos resultados da exploração mineral. Apesar de entendermos que a participação é devida às comunidades tradicionais, é válido destacar, contudo, que o tema encontra certa resistência doutrinária.

---

3 ATAÍDE, Pedro. *Direito Minerário*. 4. ed. Salvador: Juspodivm, 2022, p. 113.

Com relação à exploração mineral em imóveis de titularidade dos Entes Federativos, a AGU, no âmbito do Parecer n. 461/2010/HP/PROGE/DNPM, adotado com força normativa, esclarece que a participação nos resultados da lavra é compensação dirigida ao proprietário do solo particular, que não se destina às pessoas jurídicas de direito público, às quais é assegurado apenas o recebimento da CFEM, nos termos da Constituição da República. Portanto, ainda que a lavra seja realizada em imóvel público, não será devido o pagamento da participação.

A AGU também indica que a vedação ao recebimento da participação não alcança apenas os Entes Federativos, mas, também, suas autarquias e fundações, integrantes da Administração Pública Indireta.

Capítulo 27

RENDA

27.1. Definição

O art. 16, § 2º, do CM dispôs sobre a renda pela ocupação do solo e a indenização devida ao proprietário ou posseiro. Assim, a renda pode ser definida como o valor a ser pago pela ocupação do solo, independentemente da indenização devida e que se destina a restaurar o *statu quo ante*.

Parte da doutrina explicita que, na hipótese de perpetuação de ocupação além da pesquisa, o valor referente à renda continuaria a incidir. Cabe ressaltar que este ponto deve ser analisado com cautela, em especial no que tange à base de cálculo da renda posteriormente à fase de pesquisa. Alguns pontos de conflito se mostram, especialmente quando pensamos no valor já pago a título de indenização – haja vista a renda também apresentar uma natureza indenizatória. Ou seja, é essencial estudar a base de cálculo das indenizações no bojo das servidões minerárias, para posteriormente compreender a base de cálculo da renda.

Desta forma, para se conceber a coexistência dos institutos da renda e da servidão na fase de lavra, sem afronta ao princípio do *non bis in idem*, essencial é compreender que as indenizações atinentes às servidões minerárias devem comportar apenas os danos emergentes – e não os lucros cessantes, que seriam recompostos mediante o pagamento, ao longo do tempo, da renda.

No intuito de melhor compreender a base de cálculo das indenizações, fundamental é verificar a jurisprudência atinente às desapropriações por interesse público. Vale ressaltar, no entanto, que nesses casos não há previsão de renda, e, portanto, a análise do instituto deve comportar as devidas adequações com a servidão minerária.

Feitas essas considerações, observa-se que, no plano das desapropriações por interesse público, algumas são as manifestações dos Tribunais a respeito da base de cálculo das indenizações, sendo certo que o entendimento não é pacífico. Conforme explicita José Salles, "contra a concessão de lucros cessantes, confiram-se, ainda, os seguintes arestos:

RTJ 86/512 e RT 510/178, 523/171 e 550/180. Favoráveis à referida concessão, examinem-se os seguintes acórdãos: RT 515/181, 531/168 e 755/375"[1].

Isso posto, em relação às servidões minerárias a renda se prestaria a compensar a ocupação do imóvel pelo minerador, pelo tempo em que perdurar a ocupação, de forma que, para evitar o *bis in idem*, os lucros cessantes não poderiam estar compreendidos no valor da indenização, sendo compensados mediante o pagamento da renda.

O art. 27 do CM prevê que a renda é devida aos proprietários e posseiros pela ocupação dos terrenos, além da indenização pelos danos e prejuízos que possam ser causados pelos trabalhos de pesquisa. O citado artigo previu, ainda, que a renda não poderá exceder ao montante do rendimento líquido máximo da propriedade na extensão da área a ser realmente ocupada.

Assim, o próprio Código de Mineração aproxima os institutos da renda e do arrendamento. Ou seja, o proprietário do imóvel atingido pela servidão minerária deve receber um valor condizente com um arrendamento enquanto perdurar a ocupação. Portanto, serão devidas ao proprietário do solo a indenização e a renda, de forma que tanto danos emergentes quanto os lucros cessantes sejam devidamente recompostos.

O art. 27, V, do CM determina que, nos terrenos públicos, é dispensado o pagamento da renda, ficando o titular da pesquisa sujeito apenas ao pagamento relativo a danos e prejuízos.

Outro enfoque também pode ser dado ao instituto da renda, com base no art. 27, XVI, do CM que prevê que, uma vez concluídos os trabalhos de pesquisa, o titular da respectiva autorização e a ANM deverão comunicar tal fato ao juiz a fim de ser encerrada a ação judicial referente ao pagamento da indenização e da renda.

Sob uma análise sistêmica, poderia ser arguido que o Código de Mineração teria limitado o pagamento da renda à fase de pesquisa. A essa corrente soma-se a análise histórica do próprio instituto da servidão, que, como direito real, não se mostra compatível com o pagamento de renda. A instituição da servidão e a respectiva indenização, via de regra, já compreendem os valores devidos pela perda econômica da propriedade – não prevendo, assim, pagamento de renda, sob pena de um enriquecimento sem causa por parte do proprietário do solo.

Nesse sentido, o art. 60 do CM prevê que as servidões instituem-se mediante indenização prévia do valor do terreno ocupado e dos prejuízos resultantes dessa ocupação. Ou seja, nas servidões, todas as perdas econômicas são calculadas previamente, não cabendo pagamento de renda. O debate que cabe nesse ponto é sobre a indenização dos lucros cessantes na servidão, que, como já exposto, ainda não está pacificado nos Tribunais Superiores.

Esse raciocínio, no entanto, apresenta algumas fragilidades – em especial diante da previsão expressa do art. 60, § 1º, do CM, como observamos:

---

1 SALLES, José Carlos de Moraes. *A desapropriação à luz da doutrina e da jurisprudência*. 6. ed. São Paulo: Revista dos Tribunais, 2009, p. 452.

> Art. 60. Instituem-se as Servidões mediante indenização prévia do valor do terreno ocupado e dos prejuízos resultantes dessa ocupação.
>
> § 1º Não havendo acordo entre as partes, o pagamento será feito mediante depósito judicial da importância fixada para indenização, através de vistoria ou perícia com arbitramento, *inclusive da renda pela ocupação*, seguindo-se o competente mandado de imissão de posse na área, se necessário (grifo nosso).

A leitura do art. 60, § 1º, do CM denota que a indenização, na servidão minerária, deve comportar a renda pela ocupação. A renda, assim, estaria compreendida no valor de indenização, podendo ser considerada como correspondente aos lucros cessantes. Todavia, sendo impossível prever o prazo total da ocupação – principalmente no que diz respeito à lavra –, igualmente impossível se mostra a predefinição do valor da renda a ser paga.

Além disso, o art. 60, § 2º, do CM, ao tratar do cálculo da indenização da servidão minerária, faz referência ao art. 27 do CM, dispositivo legal relacionado com a renda, de forma que as previsões expressas do Código de Mineração acabam por fulminar o argumento de não aplicabilidade do pagamento da renda na servidão minerária.

Em favor da não aplicação do pagamento da renda para as servidões minerárias, vale explicitar um estudo comparativo desse instituto com outras servidões administrativas, já que a servidão minerária é espécie do gênero servidão administrativa. Nesse sentido, vale referência às servidões administrativas decorrentes do Decreto-Lei n. 3.365/41, relacionadas com as declarações de utilidade pública dos entes federativos; às servidões de linhas de transmissão, relacionadas com a legislação da Aneel; e, ainda, às servidões da indústria do petróleo[2]. Em todos esses casos, não há previsão do pagamento da renda.

Ou seja, em todos esses casos, a servidão administrativa não comporta o pagamento de renda. Conforme já ressaltado em diversos momentos, a servidão minerária é espécie do gênero servidão administrativa. Vale destacar entendimento do TRF da 1ª Região:

> (...)
>
> 2. A servidão minerária a que se referem os artigos 59 e seguintes do Decreto-Lei n. 227/67 (Código de Minas), de cunho administrativo, tem como característica a predominância do interesse público, consistente na efetiva exploração das jazidas minerais, as quais constituem propriedade distinta do solo e pertencem à União, nos termos do *caput* do artigo 176 da Constituição Federal.
>
> 3. A instituição de servidão minerária conforma-se ao interesse público ao viabilizar o desenvolvimento de atividade industrial classificada como de utilidade pública, nos termos do artigo 5º, alínea f, do Decreto-Lei n. 3.365/41, em que prevalece o interesse maior dos benefícios econômicos e sociais resultantes da atividade extrativa[3].

---

2 Resolução ANP n. 44, de 18-8-2011.

3 Ap. em MS 19.113/MG, 2000.38.00.019113-0, de relatoria da Desembargadora Federal Selene Maria de Almeida.

A incongruência do instituto da renda com o ordenamento jurídico, em geral, se mostra latente quando se analisam determinados casos concretos. Por exemplo, na hipótese de implantação de projeto de energia elétrica destinado a empreendimento minerário, o acesso aos imóveis pode ser viabilizado pela instituição de servidão minerária, conforme previsão do art. 59, *d*, do CM ou mediante a declaração de utilidade pública, expedida pela Aneel.

A Lei n. 8.987/95[4], que dispõe sobre o regime de concessão e permissão de prestação de serviços públicos previstos no art. 175 da CF/88, tratou da declaração de utilidade pública em seu art. 29, IX, assim como a Lei n. 9.074/95, que estabelece normas para outorga e prorrogações das concessões e permissões de serviços públicos, tratou do tema em seu art. 10[5].

Desta forma, a Aneel, por resolução autorizativa, pode declarar a utilidade pública dos imóveis necessários à construção de linha de transmissão, com o fito de garantir o ajuizamento das correspondentes ações de instituição de servidão. Essas resoluções, contendo a expressa declaração de utilidade pública, caracterizam-se como pressupostos para que as concessionárias de energia elétrica possam manejar as citadas ações. Todavia, tais ações não preveem o pagamento de renda. Assim, o ordenamento jurídico não poderia comportar figuras jurídicas similares com aplicações distintas, pois quando a razão for a mesma o direito deverá ser o mesmo, *ubi eadem ratio, ibi idem ius*.

Não obstante, persistem as prescrições expressas pelo pagamento da renda na servidão minerária, inclusive do art. 62 do CM, que prevê que não poderão ser iniciados os trabalhos de pesquisa ou lavra antes de paga a importância à indenização e fixada a renda pela ocupação do terreno.

É essencial, nesse ponto, a observância de uma referência histórica do instituto. Conforme explicitado anteriormente, até a Constituição de 1934 vigia no ordenamento jurídico a compreensão unitária da propriedade dos recursos minerais. Com o corte paradigmático decorrente da alteração legislativa, o proprietário do solo deixou de ser proprietário dos recursos minerais. Nesse contexto, o legislador buscou criar mecanismos de compensação para o proprietário do solo, contrapesando, assim, a perda da propriedade mineral decorrente do novo regime. Portanto, a participação do proprietário do solo nos resultados da lavra e a renda deve ser compreendida sob o enfoque de uma interpretação histórica.

A partir da interpretação histórica, a renda seria justificada nas áreas da jazida e não o sendo nas áreas onde não houver efetiva exploração mineral – daí por que se mostra

---

4 Art. 29. Incumbe ao poder concedente:

(...)

IX – declarar de necessidade ou utilidade pública, para fins de instituição de servidão administrativa, os bens necessários à execução de serviço ou obra pública, promovendo-a diretamente ou mediante outorga de poderes à concessionária, caso em que será desta a responsabilidade pelas indenizações cabíveis.

5 Art. 10. Cabe à Agência Nacional de Energia Elétrica Aneel declarar a utilidade pública, para fins de desapropriação ou instituição de servidão administrativa, das áreas necessárias à implantação de instalações de concessionários, permissionários e autorizados de energia elétrica.

fundamental diferenciar as servidões minerárias que recaem sobre áreas de extração de minério e as servidões minerárias que recaem sobre as estruturas acessórias dos empreendimentos minerários, onde não haja exploração mineral propriamente dita.

Desta forma, as subcategorias das servidões minerárias, denominadas "servidões minerárias em áreas de cava" e "servidões minerárias em estruturas acessórias", anteriormente delimitadas, nos parecem adequadas na análise da obrigatoriedade ou não do pagamento da renda.

SÉTIMA PARTE

BARRAGENS DE MINERAÇÃO

Capítulo 28

BARRAGENS DE MINERAÇÃO NA LEGISLAÇÃO BRASILEIRA

28.1. História recente das barragens de mineração no Brasil

Registros históricos comprovam que a utilização de barragens pelo homem remonta há mais de 5.000 anos, sendo fato de nítida percepção que as barragens foram e são de grande importância para o desenvolvimento de qualquer sociedade, inicialmente, com o fim do armazenamento de água para os diversos usos e mais recentemente para geração de energia, retenção de resíduos minerais e/ou industriais.

Contudo, é também conhecido que essas estruturas podem expor as pessoas e o meio ambiente a níveis de riscos considerados relevantes, sendo preponderante a preocupação com a segurança e estabilidade dessas estruturas, bem como a prevenção de situações de emergência que possam ocorrer em virtude de falhas, rompimentos, vazamentos ou mesmo eventos de força maior.

Alguns eventos influenciaram significativamente a produção legislativa em torno da segurança das barragens de mineração. No exemplo brasileiro, pode-se citar o rompimento da barragem de rejeitos de minério de ferro da Mineração Rio Verde, em junho de 2001. O referido acidente vitimou cinco operários, destruiu a principal via de acesso e soterrou parte da localidade de São Sebastião das Águas Claras, no distrito de Macacos, em Nova Lima-MG, além disso, 79 hectares de Mata Atlântica foram devastados e os rejeitos atingiram um córrego e uma área de proteção ambiental na região.

Neste sentido, as empresas se organizaram para realizar o controle, a manutenção e o monitoramento destas estruturas com o propósito de promover uma maior segurança das barragens. Segundo Luiz Paniago Neves[1]:

> O histórico de Segurança de Barragens no mundo remonta a diversas décadas atrás (em Portugal, sua legislação em Segurança de Barragens é de 1990), contudo, observou-se nas

1 NEVES, Luiz Paniago. *Segurança de Barragens*. Legislação federal brasileira em segurança de barragens comentada. Brasília, 2018. Disponível em: http://www.anm.gov.br/assuntos/barragens/e-book- livre-legislacao--federal-brasileira-em-seguranca-de-barragens-autor-luiz-paniago-neves. Acesso em: 5 ago. 2019.

últimas décadas uma crescente preocupação a respeito do tema segurança de barragens e a necessidade de uma maior participação do Estado brasileiro.

O advento da regulação da segurança de barragens no Brasil tem com marco histórico a promulgação da Lei n. 12.334, de 20 de setembro de 2010. Ela estabeleceu a Política Nacional de Segurança de Barragens (PNSB) e definiu, também, os instrumentos que compõem essa política, tais como o Sistema Nacional de Informações sobre Segurança de Barragens (SNISB), o Relatório de Segurança de Barragens, o Plano de Ação de Emergência das Barragens de Mineração (PAEBM) e outros.

A realidade é que diversas empresas de grande, médio ou pequeno porte, já detinham a segurança de barragens inseridas em seu cotidiano, todavia adequações se fizeram necessárias com o advento da referida Lei.

Em razão da competência para regulamentar a atividade minerária em todo país e as estruturas dela decorrentes, o antigo DNPM, substituído pela ANM, editou duas portarias com a finalidade de regulamentar e dar maior aplicabilidade à PNSB.

A primeira delas – a Portaria DNPM n. 416/2012 – criou o Cadastro Nacional de Barragens de Mineração, além de regulamentar o Plano de Segurança, a Revisão Periódica de Segurança e Inspeções Regulares e Especiais de Segurança das Barragens de Mineração. Cumpre salientar que a referida norma previa, entre outras coisas, que, como consequência da elaboração do Relatório de Inspeção Regular da Barragem, a ser entregue até o dia 20 de setembro de cada ano, fosse emitida uma Declaração de Estabilidade da Barragem (DCE).

Já a segunda – Portaria DNPM n. 526/2013 – estabeleceu a periodicidade de atualização e revisão, a qualificação do responsável técnico, o conteúdo mínimo e o nível de detalhamento do PAEBM.

Cabe ressaltar o momento histórico vivido à época da elaboração desses instrumentos normativos. O período compreendido entre 2010 e 2012, entre a criação da PNSB e a edição de suas portarias regulamentadoras, compreende também aos anos recentes de maior pujança da mineração brasileira, quando se obtinha bons resultados no mercado mundial, principalmente em razão do valor do minério de ferro, que, no entanto, sofre um grande declínio a partir de 2013.

Não obstante, em setembro de 2014, ocorreu um novo acidente envolvendo barragens de mineração. Um deslizamento de terra em uma das barragens de rejeito de minério da Mineração Herculano provocou a morte de três operários, em Itabirito-MG. O rompimento da barragem, que estava inativa, segundo depoimentos de funcionários da empresa, teria afetado um riacho e deixado aproximadamente 300 residências sem água e energia elétrica na localidade. Funcionários da empresa teriam dito que, alguns dias antes, havia sido detectado o surgimento de trincas na barragem.

Essa perspectiva negativa foi abruptamente acentuada quando da ocorrência dos dois principais acidentes de barragens de mineração que assolaram o país: o rompimento da barragem do Fundão, em Mariana-MG (2015), e da Barragem do Córrego do Feijão, em Brumadinho-MG (2019), estão dentro do rol de maiores acidentes de barramentos do mundo; por óbvio, tragédias de tamanha magnitude, em um intervalo de tempo tão curto, provocaram uma revolução na forma como se lida com a segurança de barragens.

Aproximadamente um ano e meio após o acidente de Mariana, foi editada pelo DNPM a Portaria n. 70.389/2017. A norma revogou as Portarias n. 416/2012 e 526/2013, compactando o escopo das duas em uma só e modificou parte dos seus conteúdos, como, por exemplo, os requisitos do Relatório de Inspeção de Segurança Regular (RISR) e a decorrente DCE, tornando-os, como era de se esperar, mais rigorosos.

A partir da publicação da referida Portaria, a periodicidade de elaboração do RISR passou a ser semestral, não mais anual, além disso, consignou como necessário que o relatório apresentado no segundo semestre fosse necessariamente elaborado por auditoria externa especializada. Outrossim, estabeleceu a necessidade de emissão de DCE quando da apresentação do Relatório da Revisão Periódica de Segurança de Barragem (RPSB), que passou a ser elaborado obrigatoriamente por equipe externa contratada.

O objetivo foi, claramente, tornar mais imparcial a elaboração desses instrumentos, evitando que houvesse uma pressão interna para que os laudos fossem assinados. Em um primeiro momento, receosos de responsabilização penal e civil, muitos auditores se negaram a atestar a regularidade de barramentos, por conseguinte, muitas barragens foram interditadas em função da não apresentação de DCE ou de apresentação de declarações que atestaram a instabilidade do barramento.

Outra consequência jurídica que decorre diretamente dos acidentes com barramentos foi a proibição da utilização do método de alteamento de barragens de mineração, denominado "a montante", em todo o território nacional, por intermédio da Resolução ANM n. 4/2019, posteriormente substituída pela Resolução ANM n. 95/2022, que foi além e fixou o prazo máximo até 2027 para a conclusão da descaracterização das barragens construídas e alteadas pelo método a montante ou por método declarado como desconhecido.

Além disso, a proibição de manutenção de estruturas e a realização de atividades não essenciais na Zona de Autossalvamento (ZAS), os estudos de mancha de inundação, a determinação de monitoramento e alarmes sonoros automatizados, também podem ser citados como consequências da efervescente produção jurídica em torno da segurança de barragens neste período.

A repercussão internacional dos acidentes também resultou no intercâmbio de experiências com melhores práticas em termos de segurança de barragens que resultaram em outras alterações significativas na legislação brasileira, principalmente com relação a uma participação mais efetiva das comunidades potencialmente afetadas, tendo como resultado, mais recentemente, a instituição da Declaração de Conformidade do Plano de Emergência, tema que será melhor abordado em tópico específico.

28.2. Competência para fiscalização de barragens de mineração

As barragens podem ser classificas em 4 (quatro) grupos, de acordo com a sua finalidade, o que atrai a competência para a sua fiscalização. Sendo assim, existem: (i) barragens para geração de energia, fiscalizadas pela Agência Nacional de Energia Elétrica (Aneel); (ii) barragens para contenção de rejeitos industriais, sob responsabilidade do Instituto Brasileiro do Meio Ambiente e dos Recursos Naturais Renováveis (Ibama) e/ou órgãos ambientais estaduais e/ou municipais; (iii) as de usos múltiplos, sob fiscalização da Agência Nacional de Águas (ANA) ou de órgãos gestores estaduais de recursos hídricos; e (iv) as barragens para contenção de rejeitos minerais, fiscalizadas pela ANM.

Cabe ressaltar, no entanto, que em razão do impacto ambiental inerente à construção, operação, assim como no caso de eventuais acidentes envolvendo os barramentos, são os órgãos ambientais que detêm a competência para o licenciamento ambiental destas estruturas, bem como competência concorrente à ANM para fiscalização das barragens de mineração, estando, obviamente, sua competência limitada aos aspectos de impacto ambiental ou às situações excepcionais de preservação de vidas humanas.

Compete à ANM, no âmbito de suas atribuições, fiscalizar a pesquisa e a lavra para o aproveitamento mineral, bem como as estruturas decorrentes destas atividades, nos títulos minerários, concedidos por ela e pelo MME.

Cabe também à ANM, no que concerne às barragens de mineração, regulamentar, implementar e fiscalizar a implementação dos instrumentos da PNSB a serem elaborados pelos empreendedores, conforme previsto na Lei n. 12.334/2010, dentre outros:

a) o sistema de classificação de barragens por categoria de risco e por dano potencial associado (art. 6º, I);

b) o Plano de Segurança da Barragem, incluído o PAE (art. 6º, II);

c) o Sistema Nacional de Informações sobre Segurança de Barragens (SNISB) (art. 6º, III);

d) o Relatório de Segurança de Barragens (art. 6º, VII);

e) o monitoramento das barragens e dos recursos hídricos em sua área de influência (art. 6º, IX); e

f) os guias de boas práticas em segurança de barragens (art. 6º, X).

Nesse sentido, ainda sob vigência do DNPM, foi publicada a Portaria DNPM n. 70.389/2017, substituída pela Resolução ANM n. 95/2022, que criou o Cadastro Nacional de Barragens de Mineração, o Sistema Integrado de Gestão em Segurança de Barragens de Mineração (SIGBM), bem como regulamentou o sistema de classificação de barragens por categoria de risco e por dano potencial associado, o conteúdo mínimo dos Planos de Segurança de Barragem, das Inspeções de Segurança Regular e Especial, da Revisão Periódica de Segurança de Barragem e do Plano de Ação de Emergência para Barragens de Mineração.

28.3. Medidas regulatórias locacionais para barragens de mineração

28.3.1. *Mapa de inundação e Zona de Autossalvamento – ZAS*

Para fins didáticos, antes de adentrar às medidas locacionais para barragens de mineração, faz-se necessária uma breve explanação sobre dois importantes conceitos associados às medidas de segurança de barragem: o Mapa de inundação e a ZAS.

O Mapa de inundação consiste no produto do estudo de inundação, compreendendo a delimitação geográfica georreferenciada das áreas potencialmente afetadas por eventual vazamento ou ruptura da barragem e seus possíveis cenários associados, que objetiva facilitar a notificação eficiente e a evacuação de áreas afetadas por esta situação.

Conforme o art. 6º da Resolução n. 95/2022, o mapa de inundação é, obrigatoriamente, elaborado pelo empreendedor para auxiliar na classificação do DPA da barragem, uma vez que ao determinar a mancha de inundação em uma hipotética ruptura, com a determinação georreferenciada das áreas a serem inundadas, é possível avaliar previamente os possíveis danos em caso de acidente. Além disso, a extensão da mancha e a sua velocidade de deslocamento são preponderantes para determinação da ZAS e da Zona de Segurança Secundária (ZSS).

Sendo assim, a atual legislação de segurança de barragens determina que o mapa de inundação deva ser detalhado e deva exibir em gráficos e mapas georreferenciados as áreas a serem inundadas, explicitando a ZAS e a ZSS, os tempos de viagem para os picos da frente de onda e inundações em locais críticos, abrangendo os corpos hídricos e possíveis impactos ambientais. O deslocamento da frente de onda deve ser feito considerando, minimamente, modelos 2D contemplando o acréscimo de materiais que a onda carreará em seu deslocamento, onde o empreendedor deverá executar ou considerar minimamente: (I) a caracterização geotécnica e reológica dos materiais passíveis de mobilização na ruptura; (II) a classificação dos rejeitos ou sedimentos armazenados no reservatório segundo a norma ABNT/NBR 10.004 ou norma que a suceda; e (III) a topografia atual e primitiva do reservatório.

Nas situações em que existam outra(s) barragem(ns) localizadas a jusante da estrutura objeto da avaliação e que em uma hipotética ruptura haja influência da inundação, o estudo e o mapa de inundação devem considerar também uma análise conjunta das estruturas.

Os modos de ruptura constantes do estudo e do mapa de inundação devem considerar o cenário de maior dano sendo que, para o caso de modo de falha por liquefação, a totalidade do maciço e do volume contido no reservatório devem ser considerados no cálculo do volume mobilizável.

O mapa de inundação deve ser elaborado por responsável técnico com Anotação de Responsabilidade Técnica (ART) respeitando as boas práticas de engenharia e explicitando o método adotado para sua elaboração.

Os mapas de inundação devem ser executados com base topográfica atualizada em escala apropriada, de acordo com as Instruções Reguladoras das Normas Técnicas da Cartografia Brasileira, constantes no Decreto n. 89.817, de 20 de junho de 1984, ou norma que a suceda, para a representação da tipologia do vale a jusante, devendo identificar e manter atualizados os dados referentes a: (I) residências com o quantitativo de população existente e com identificação de vulnerabilidades sociais, tais como pessoas com deficiência, idosos, crianças, dentre outros; (II) infraestruturas de mobilidade tais como ferrovias, estradas de uso local, rodovias municipais, estaduais ou federais; (III) equipamentos urbanos, tais como, mas não se limitando a: escolas, hospitais, presídios, subestações de energia, estações de tratamento de água ou de esgoto; (IV) equipamentos com potencial de contaminação, tais como, mas não se limitando a: postos de gasolina, indústrias ou depósitos químicos/radiológicos; (V) infraestruturas de interesse cultural, artístico, histórico e de outra natureza que integrem ou sejam relevantes ao patrimônio cultural; (VI) sítios arqueológicos e espeleológicos; (VII) unidades de conservação, áreas de interesse ambiental relevante ou áreas protegidas em legislação específica; (VIII) existência de comunidades indígenas tradicionais ou quilombolas; e (IX) estações de captação de água para abastecimento urbano.

O mapa de inundação deve estar atualizado refletindo o cenário atual da barragem de mineração e devendo estar em conformidade com sua cota licenciada, assim como ser enviado à ANM, via SIGBM, em formato KMZ ou outro definido pela ANM, sempre que houver atualização, discriminando a ZAS e a ZSS.

A ZAS é o trecho do vale à jusante da barragem em que se considera que os avisos de alerta à população são da responsabilidade do empreendedor, por não haver tempo suficiente para uma intervenção das autoridades competentes em situações de emergência, devendo-se adotar a maior das seguintes distâncias para a sua delimitação: a distância que corresponda a um tempo de chegada da onda de inundação igual a 30 (trinta) minutos ou 10 km (dez quilômetros). Já a ZSS é trecho constante do mapa de inundação, não definida como ZAS.

Tanto a ZAS quanto a ZSS são definidas a partir da mancha de inundação resultante dos estudos que determinam o mapa de inundação.

A norma determina, também, a vedação que na ZAS de qualquer barragem de mineração se possa construir, manter ou operar: (i) instalações destinadas a atividades administrativas, de vivência, de saúde e de recreação; (ii) barragens de mineração ou estruturas vinculadas ao processo operacional de mineração para armazenamento de efluentes líquidos, situadas imediatamente à jusante da barragem de mineração cuja existência possa comprometer a segurança da barragem situada à montante, conforme definido pelo projetista; e (iii) qualquer instalação, obra ou serviço que manipule, utilize ou armazene fontes radioativas. A referida vedação será aplicável a partir do primeiro enchimento do reservatório.

São consideradas estruturas e equipamentos associados à barragem, as áreas de lavra, beneficiamento e de disposição de rejeitos e estéril de empreendimentos com título autorizativo de lavra outorgado e implantado até a data de entrada em vigor da Lei n. 14.066, de 30 de setembro de 2020.

Somente são admitidos na ZAS os trabalhadores estritamente necessários ao desempenho das atividades de operação, manutenção, obras de alteamento, descaracterização ou reforço da barragem ou de estruturas e equipamentos a ela associados. A norma autoriza, no entanto, que durante o período abrangido entre a entrada em vigor desta Resolução e o fim dos prazos constantes no § 7º do art. 54 da Resolução n. 95/2022, possam ser mantidas e em operação todas as atividades vedadas, desde que sejam previstas medidas de segurança e salvaguarda das pessoas, no PAEBM.

Após os prazos constantes no § 7º do art. 54 da Resolução n. 95/2022, apenas serão permitidas as atividades na ZAS em caso de realização de obras de reforço da estrutura, observados os critérios mínimos determinados pelo art. 54, § 5º, incisos I, II e III da referida Resolução.

O não atendimento aos prazos e aos critérios de segurança determinados para as obras de reforço ensejam a aplicação imediata da sanção de embargo ou de suspensão de atividade da barragem de mineração e a evacuação imediata dos trabalhadores da ZAS.

28.3.2. Restrições às alocações de barragem

O advento da Lei n. 14.066/2020, que alterou a PNSB (Lei n. 12.334/2010), inserindo o art. 18-A e seu § 1º, que resultou em uma importante alteração do paradigma locacional das barragens de mineração ao vedar expressamente a implantação de barragem de mineração cujos estudos de cenários de ruptura identifiquem a existência de comunidade na ZAS, bem como ao determinar que para barragens que já estivessem em instalação e em operação em que fosse identificada a existência de comunidade na ZAS, devesse ser realizada descaracterização da estrutura, dando ao minerador as alternativas de: (i) realizar o reassentamento da população e o resgate do patrimônio cultural; ou (ii) obras de reforço que garantam a estabilidade efetiva da estrutura, em decisão do poder público, ouvido o empreendedor e consideradas a anterioridade da barragem em relação à ocupação e a viabilidade técnico-financeira das alternativas.

Antes do advento da Resolução n. 95/2022, muitos foram os questionamentos do setor a respeito das obras de reforço que garantam a estabilidade efetiva da estrutura. Longe de resolver a questão, a resolução ao menos define alguns parâmetros a serem observados pelo empreendedor.

Inicialmente, a resolução determinou que para barragens de mineração que iniciaram a instalação ou a operação antes da entrada em vigor da Lei n. 14.066/2020, em que fosse identificada comunidade na ZAS, conforme conceito de áreas urbanas, aglomerados rurais ou subnormais e aldeias definidos pelo Instituto Brasileiro de Geografia e Estatística – IBGE, para subsidiar a decisão do Poder Público, o empreendedor deveria apresentar à ANM, até 30 de junho de 2022, estudo elaborado por equipe profissional qualificada, avaliando a relação de custos, riscos e benefícios para a adoção de cada uma das alternativas à descaracterização da estrutura, ou seja, o reassentamento da população e o resgate do patrimônio cultural, ou a realização de obras de reforço.

A ANM, por sua vez, deve se manifestar sobre a alternativa considerada adequada, podendo consultar, a seu critério, outros órgãos do Poder Público envolvidos no tema, devendo o empreendedor iniciar as ações cabíveis imediatamente após a manifestação formal.

Sendo assim, ficou definido que os critérios mínimos a serem perseguidos pelos empreendedores para as obras de reforço, ou seja, para manutenção das barragens já existentes e em instalação antes da publicação da Lei n. 14.066/2020, seriam: (i) obter Fator de Segurança na condição não drenada global com valor igual ou superior a 1,50 para resistência de pico, quando os materiais forem sujeitos à mobilização por resistência não drenada; (ii) possuir borda livre mínima maior ou igual a 1,0 metro ou conforme projeto, o que for maior; (iii) possuir Centro de Monitoramento Geotécnico operando 24 horas por dia.

As barragens de mineração que se encontravam em instalação e que adotarão as obras de reforço como alternativa precisam atender aos critérios antes da entrada em operação do barramento.

O empreendedor tem até 31 de dezembro de 2023 para a implantação do Centro de Monitoramento Geotécnico e até 31 de dezembro de 2025 para concluir as obras de reforço que garantam Fator de Segurança na condição não drenada global com valor igual ou superior a 1,50 para resistência de pico, quando os materiais forem sujeitos à mobilização por resistência não drenada, e borda livre mínima maior ou igual a 1,0 metro ou conforme projeto, o que for maior.

O prazo para descaracterização da estrutura ou para realizar o reassentamento da população e o resgate do patrimônio cultural será até 31 de dezembro de 2027.

O não atendimento aos prazos, bem como às disposições do art. 54 da Resolução n. 95/2022, importarão no embargo imediato ou na suspensão de atividade da barragem de mineração.

28.4. Sistema integrado de gestão de barragens de mineração

Criado com o objetivo de gerenciar as barragens de mineração no território nacional e atualmente, também, as Estruturas de Contenção à Jusante (ECJ)[2], o Sistema Integrado de Gestão de Barragens de Mineração (SIGBM) é um sistema de gerenciamento de Barragens desenvolvido pela ANM que integra as informações sobre as barragens de mineração. As informações antes inseridas no sistema RALweb foram migradas para o SIGBM e o empreendedor deve atualizá-las sempre que ocorrerem mudanças na estrutura ou em seu reservatório. Por conseguinte, as informações disponibilizadas via SIGBM integram o Sistema Nacional de Informações sobre Segurança de Barragens (SNISB), sendo, concomitantemente, a plataforma de integração do Cadastro Nacional de Barragens de Mineração (CNBM).

Na versão aberta ao público o SIGBM apresenta informações sobre todas as barragens de mineração, sua localização, grau de risco, bem como fornece informações sobre nível de emergência e declarações de estabilidade e operacionalidade do plano de emergência.

O empreendedor é obrigado a cadastrar no SIGBM todas as barragens de mineração em construção, em operação e desativadas sob sua responsabilidade. As ECJ devem ser cadastradas no SIGBM em campo específico, associadas à barragem de mineração objeto de sua construção e ter a condição de estabilidade informada, assim como as barragens entre 1º e 31 de março e entre 1º e 30 de setembro.

O cadastramento de novas barragens de mineração deverá ser efetuado pelo empreendedor no início das obras, sendo que durante a construção o empreendedor deve observar as disposições da ABNT NBR 13.028/2017 ou norma que a suceda, que dispõe sobre a elaboração e a apresentação de projeto de barragens para disposição de rejeitos, contenção de sedimentos e reservação de água.

---

2 De acordo com a Resolução ANM n. 95/2022, art. 2º, XXIV, a ECJ é uma "estrutura construída a jusante de uma barragem de mineração ou empilhamento drenado com disposição hidráulica de rejeitos e suscetíveis à liquefação, com o objetivo de reter os efluentes desta no evento de ruptura ou funcionamento inadequado".

28.5. Classificação das barragens de mineração

Antes do advento da Resolução n. 95/2022, que atualmente consolida a maioria das disposições sobre barragens de mineração, os barramentos eram classificados, pelo Anexo I da Portaria DNPM n. 70.389/2017 nas classes A, B, C, D e E, a partir da composição entre o grau de Categoria de Risco (CRI) atingido pela barragem e o seu Dano Potencial Associado (DPA).

Com a publicação da Resolução n. 95/2022 e a introdução do critério de gestão operacional, houve uma mudança no paradigma da classificação dos barramentos. Ao invés de uma classe, as barragens de mineração passaram a ter 3 (três) classificações, de acordo com a pontuação que atingem nas seguintes categorias:

(i) Categoria de risco (CRI): Alto, médio ou baixo. Definida em função das características técnicas, do estado de conservação do barramento e do atendimento ao Plano de Segurança da Barragem, conforme o Quadro constante no Anexo IV da Resolução n. 95/2022;

(ii) Dano Potencial Associado (DPA): Alto, médio ou baixo. Definida em função do volume total do reservatório, potencial de perdas de vidas humanas e dos impactos econômicos, sociais e ambientais decorrentes de uma possível ruptura da estrutura, conforme o Quadro constante no Anexo IV da Resolução n. 95/2022;

(iii) Gestão operacional da barragem: AA, A, B, C e D. Definida em função da Declaração de Estabilidade (DCE) emitida quando da elaboração do Relatório de Inspeção de Segurança Regular (RISR), da DCE, emitido quando da Revisão do Plano de Segurança de Barragem (RPSB), da Declaração de Conformidade e Operacionalidade do Plano de Emergência (DCO), do Extrato de Inspeção, da existência de Engenheiro de Registro (RdR) contratado, do Programa de Gestão de Risco para Barragens de Mineração (PGRBM) e da existência de certificação e/ou padrões de indústria, conforme o Quadro constante no Anexo I da Resolução n. 95/2022.

28.5.1. *Categoria de risco – CRI*

A classificação quanto a categoria de risco (CRI) leva em consideração os aspectos que possam influenciar na possibilidade de ocorrência de acidente ou desastre, levando-se em conta as características técnicas, o método construtivo, o estado de conservação, a idade do empreendimento e atendimento ao Plano de Segurança da Barragem.

As barragens de mineração são classificadas com CRI Alto quando a partir da pontuação, obtida mediante a análise dos Quadros 2, 3 e 4 do Anexo IV, da Resolução n. 95/2022, a pontuação obtida seja maior ou igual a 80 pontos ou se, especificamente, no estado de conservação (Quadro 3 do Anexo IV da Resolução n. 95/2022) a pontuação for igual a 10. O CRI da Barragem será médio quando a pontuação for menor que 80 pontos e maior que 40. Quando a pontuação de CRI ficar abaixo ou igual a 40 pontos a barragem será classificada como de CRI baixo.

Sempre que detectadas em inspeções anomalias com pontuação 10 em qualquer coluna no quadro referente ao estado de conservação da barragem (Quadro 3 do Anexo IV, "Matriz de Classificação Quanto à Categoria de Risco, 1.2 – Estado de Conservação"), a barragem de mineração será automaticamente enquadrada como CRI alta, bem como o empreendedor deve iniciar as Inspeções de Segurança Especiais (ISE).

28.5.2. Dano Potencial Associado – DPA

A classificação quanto ao DPA das barragens de mineração é realizada a partir da perspectiva do dano que pode ocorrer devido ao rompimento, vazamento, infiltração no solo ou mau funcionamento de uma barragem, independentemente da sua probabilidade de ocorrência, a ser graduado de acordo com as perdas de vidas humanas, impactos sociais, econômicos e ambientais.

As barragens de mineração são classificadas como de DPA alto sempre que, de acordo com o Quadro 5, do Anexo IV, da Resolução n. 95/2022, atinjam a pontuação igual ou maior que 13 pontos. As barragens classificadas como de DPA médio são aquelas que atingem pontuação abaixo de 13 pontos e acima de 7. Quando a pontuação for igual ou abaixo de 7 pontos a barragem será considerada de DPA baixo.

Para a correta classificação do DPA da barragem o empreendedor é obrigado a realizar uma série de estudos que resultarão no mapa de inundação da barragem.

A classificação do DPA da barragem como alto resulta em uma série de obrigatoriedades ao empreendedor, incluindo mas não se limitando: (i) a manter sistema de monitoramento automatizado de instrumentação, adequado à complexidade da estrutura, com acompanhamento em tempo real e período integral, incluindo redundância no sistema de alimentação de energia, seguindo os critérios definidos pelo projetista, sendo de responsabilidade do empreendedor a definição da tecnologia, dos instrumentos e dos processos de monitoramento (art. 7º, § 1º); (ii) as informações advindas do sistema de monitoramento, contemplando os dados de instrumentação, devem ser armazenadas e estar disponíveis para a fiscalização das equipes ou sistemas das Defesas Civis estaduais e federais e da ANM, sendo que para as barragens de mineração com DPA alto, estas devem manter videomonitoramento 24 (vinte e quatro) horas por dia de sua estrutura devendo esta ser armazenada pelo empreendedor pelo prazo mínimo de 90 (noventa) dias (art. 7º, § 2º); (iii) a implementar também o Processo de Gestão de Riscos para Barragens de Mineração (PGRBM) como parte integrante da gestão e da tomada de decisão, integrado nas operações e processos relacionados às barragens de mineração (art. 49 c/c § 1º); (iv) a possuir um Engenheiro de Registro (EdR) designado (art. 65).

Cabe ressaltar, a norma não é clara quanto quais são as necessidades de sistemas de monitoramento em barragens de DPA médio e DPA Baixo, sendo certo, no entanto, que as barragens precisam manter um sistema de monitoramento de segurança, conforme inteligência do art. 7º.

Há, contudo, a determinação de que quando o item "existência de população a jusante" atingir 10 pontos, conforme o Quadro 5, do Anexo VI, da Resolução n. 95/2022, devem contar com sistemas automatizados de acionamento de sirenes instaladas fora da mancha de inundação e outros mecanismos adequados ao eficiente alerta na ZAS, instalados em lugar seguro, e dotados de modo contra falhas em caso de rompimento da estrutura, complementando os sistemas de acionamento manual no empreendimento e o remoto. Em casos em que a mancha de inundação seja demasiadamente larga ou em outros casos excepcionais em que não seja possível a instalação das sirenes fora da mancha de inundação, estas podem ser instaladas dentro da citada mancha desde que devidamente justificado pelo projetista no PAEBM.

Para as barragens de mineração com DPA médio, quando o item "existência de população a jusante" atingir 10 pontos ou o item "impacto ambiental" atingir 10 pontos o empreendedor deverá instalar, nas comunidades inseridas na ZAS, sistema sonoro ou outra solução tecnológica de maior eficácia, com redundância, visando alertar a ZAS, como parte do plano de Contingências Municipais para Barragens (instituído pela Portaria n. 187, de 26 de outubro de 2016, da Secretaria Nacional de Proteção e Defesa Civil).

Quando o item de "população a jusante" obtiver pontuação 3 (três) ou 5 (cinco), o empreendedor deverá instalar sistema sonoro ou outra solução tecnológica de maior eficácia no entorno da estrutura, preferencialmente fora da mancha de inundação de modo a alertar as pessoas possivelmente afetadas.

Sempre que ocorrer a reclassificação de DPA da barragem, para médio ou para alto e o item "existência de população a jusante" atingir 10 pontos o empreendedor disporá de até 1 (um) ano para realizar as adequações técnicas necessárias nos sistemas de alarme e monitoramento. Quando ocorrer a reclassificação da barragem para DPA Alto, o empreendedor disporá de 6 (seis) meses para o cadastramento do EdR no SIGBM e de 1 (um) ano para a implantação do PGRBM.

28.5.3. Gestão operacional da barragem

A classificação quanto à gestão operacional leva em consideração o atendimento do empreendedor às obrigatoriedades das normas relativas à segurança de barragens de mineração que atestam e asseguram uma boa gestão operacional do barramento. A norma determina que as barragens de mineração somente serão classificadas quanto à gestão operacional em AA, A, B, C e D, caso se enquadrem na PNSB.

De acordo com o Anexo I da Resolução n. 95/2022, as barragens de mineração são classificadas quanto à Gestão Operacional em: (i) AA quando atingem 0 pontos; (ii) A quando atingem de 1 a 7 pontos; (iii) B quando atingem de 8 a 35 pontos; (iv) C quando atingem de 36 a 60 pontos; (v) D quando atingem 60 pontos ou mais, no Quadro 6, do Anexo IV, da Resolução n. 95/2022.

Em suma, a norma classifica com uma boa gestão operacional a assiduidade de entrega da DCE atestando a estabilidade quando da elaboração do RISR e da RPSB, a assiduidade de entrega da DCO atestando a conformidade e operacionalidade do PAEBM, bem como a entrega tempestiva e sem registro de anomalias do extrato de inspeção, a existência de EDR e a elaboração do PGRBM (quando obrigatório) e a existência de alguma certificação ou adoção de bons padrões industriais.

28.6. Plano de Segurança de Barragens – PSB

O Plano de Segurança de Barragens (PSB) é um documento central na gestão de segurança de barragens de mineração, de implementação obrigatória para todos aqueles que possuem barragens de contenção de rejeitos de mineração, sendo que todos os estudos, projetos, relatórios e registros das obras relacionados a Resolução ANM n. 95/2022 são anexados ao PSB.

Trata-se de documento escrito, elaborado até o início do primeiro enchimento da barragem, a partir de quando deverá estar disponível para utilização pela equipe de segurança de barragem, bem como deverá estar sempre à disposição da ANM, dos demais órgãos fiscalizadores e da Defesa Civil, estando em constante atualização (sendo obrigatória a juntada das ISR, ISE e das RPSB) e sendo composto de até 6 volumes que devem conter, respectivamente[3]:

> I – Volume I: Informações Gerais;
>
> II – Volume II: Planos e Procedimentos;
>
> III – Volume III: Registros e Controles;
>
> IV – Volume IV: Revisão Periódica de Segurança de Barragem (RPSB);
>
> V – Volume V: Plano de Ação de Emergência para Barragens de Mineração (PAEBM); e
>
> VI – Volume VI: Processo de Gestão de Risco (PGRBM) (para os casos determinados na norma).

O PSB deve ser elaborado, organizado e assinado por responsável técnico com registro no respectivo conselho profissional, bem como possuir manifestação de ciência por parte do empreendedor pessoa física ou do administrador titular do cargo de maior hierarquia na estrutura da pessoa jurídica, com função de direção efetiva e representação, por exemplo, o diretor-presidente da sociedade anônima.

O PSB de toda barragem de mineração construída após a promulgação da Lei n. 12.334/2010 deve conter projeto "como construído" – "*as built*", para todas as etapas de alteamento, reforço ou qualquer outra intervenção realizada na estrutura, com alteração na geometria ou características de materiais da mesma, a ser concluído e anexado ao PSB em até 6 (seis) meses após o término das intervenções. Caso a barragem tenha sido construída antes da promulgação da Lei n. 12.334/2010, que não possua o projeto "*as built*", deverá conter o projeto "como está" – "*as is*" atualizado, contendo minimamente um relatório técnico detalhado com estudos geológico-geotécnicos, hidrológicos e hidráulicos, instrumentação, análises de estabilidades e os desenhos técnicos da estrutura.

O PSB deverá estar disponível no empreendimento até o descadastramento da barragem, podendo ser digital.

28.7. Inspeções de barragens de mineração

28.7.1. *Revisão Periódica de Segurança de Barragem – RPSB*

A RPSB consiste em um processo de auditoria realizada por equipe multidisciplinar externa contratada, com competência nas diversas disciplinas que envolvam a segurança da barragem em estudo e que não tenha sido contratada para realizar a última RISR.

---

3 Resolução ANM n. 95/2022: Art. 10 (...) § 1º O conteúdo mínimo e o nível de detalhamento de cada volume são especificados no Anexo II.

A equipe externa deverá realizar: (i) o exame de toda a documentação da barragem, em particular dos relatórios de inspeção; (ii) o exame dos procedimentos de manutenção e operação adotados; (iii) a análise comparativa do desempenho da barragem em relação às revisões efetuadas anteriormente; (iv) a realização de novas análises de estabilidade; (v) a análise da segurança hidráulica em função das condições atuais de enchimento do reservatório; (vi) a análise da aderência entre projeto e construção; (vii) a revisão da documentação "*as is*", a depender do caso; e (viii) a análise dos resultados dos estudos para redução da categoria de risco da barragem.

O produto da RPSB é um relatório[4] que trará recomendações (quando necessário) e deverá indicar prazos para sua implementação, considerando a complexidade das ações e os riscos envolvidos. As referidas recomendações devem ser implementadas nos prazos indicados e caso não haja prazo estipulado, devem ser implementadas de forma imediata pelo empreendedor.

Será emitida uma DCE, a qual deverá ser anexada ao PSB e inserida no SIGBM.

A periodicidade da RPSB se dá em função do DPA da barragem, sendo que as barragens com DPA alto devem ter a RPSB realizada a cada 3 anos no máximo, as barragens de DPA médio a cada 5 anos e as barragens de DPA baixo podem ter a RPSB realizada a cada 7 anos.

No entanto, sempre que ocorrerem modificações estruturais, como alteamentos ou modificações na classificação dos rejeitos depositados na barragem[5], o empreendedor deverá, no prazo máximo de 6 meses contados da conclusão da modificação, concluir uma nova RPSB.

Além disso, para o caso de barragens que são alteadas continuamente, independente do DPA, a RPSB será executada a cada 2 (dois) anos ou a cada 10 (dez) metros alteados, prevalecendo o que ocorrer antes, com prazo máximo de 6 (seis) meses para a conclusão.

O empreendedor deve executar uma RPSB prévia caso deseje realizar o reaproveitamento ou remoção dos rejeitos ou sedimentos, ou de empilhamentos de rejeitos desaguados ou qualquer outro tipo de material, temporariamente ou permanentemente, assentados sobre o reservatório existente, sob pena de embargo ou suspensão da atividade da barragem.

28.7.2. *Inspeções de Segurança Regulares – ISR e Relatório de Inspeção de Segurança Regular – RISR*

Diferentemente da RPSB, as ISR são inspeções realizadas regularmente pelo próprio empreendedor visando identificar e avaliar eventuais anomalias que afetem potencialmente as condições de segurança e de operação da barragem, bem como seu estado de

4 Resolução ANM n. 95/2022: art.15 (...) § 2º O conteúdo mínimo da RPSB é detalhado no Anexo II.

5 De acordo com a NBR ABNT n. 10.004/2004.

conservação, devendo ser realizado o preenchimento de uma Ficha de Inspeção Regular[6] (FIR), bem como do Extrato de Inspeção Regular (EISR)[7], quinzenalmente no máximo.

O preenchimento do EIR no SIGBM deverá ocorrer até o final da quinzena subsequente à inspeção em campo que gerou o preenchimento da FIR, à exceção da ocorrência de anomalia com pontuação 10, a qual deve ser reportada no SIGBM em até 24 horas. O não preenchimento do EIR, bem como o envio de EIR com pontuação 6 (seis) na mesma coluna no Quadro 3, do Anexo IV, da Resolução n. 95/2022, durante o período de quatro quinzenas subsequentes, ensejará o embargo ou suspensão de atividade da barragem de mineração.

Além da ISR, o empreendedor deverá elaborar duas vezes ao ano um RISR, que consiste no documento integrante da Inspeção de Segurança Regular, que compila as informações coletadas em campo e que balizará as análises técnicas sobre a estabilidade da estrutura.

O RISR deve ser enviado via SIGBM, entre 1º e 31 de março e entre 1º e 30 de setembro, sendo que o RISR do segundo semestre deve ser, obrigatoriamente, elaborado por equipe de consultoria externa contratada.

O resultado da RISR é um relatório que deve ser juntado ao PSB e enviado via SIGBM junto a uma DCE atestando a estabilidade da barragem e acompanhado da respectiva ART do profissional que o elaborar[8]. Além disso, a DCE deverá ser assinada pelo responsável técnico e pelo empreendedor pessoa física ou pelo administrador titular do cargo de maior hierarquia na estrutura da pessoa jurídica, com função de direção efetiva e representação.

A não apresentação da DCE, assim como o envio da DCE não atestando a estabilidade, ensejará a aplicação imediata da sanção de embargo ou de suspensão de atividade da barragem de mineração.

Assim como na RPSB as recomendações dos RISR deverão indicar prazos estabelecidos para implementação, considerando a complexidade das ações e os riscos envolvidos, sendo que as recomendações do relatório devem ser atendidas pelo empreendedor dentro dos prazos estipulados pelo responsável técnico e as recomendações que não tenham prazo estipulado devem ser realizadas imediatamente.

Para as ECJ, o envio da DCE será realizado nas mesmas datas (1º e 31 de março e entre 1º e 30 de setembro), sendo que, para atestar a estabilidade da estrutura, a RISR

---

6 Resolução ANM n. 95/2022: Art. 2º (...) XXIX – Ficha de Inspeção Regular (FIR): documento elaborado pelo empreendedor com o objetivo de registrar as condições da barragem, verificadas durante as inspeções rotineiras de campo, devendo conter, minimamente, o quadro de estado de conservação referente à categoria de risco constante no Anexo IV desta Resolução;

7 Resolução ANM n. 95/2022: Art. 2º (...) XXVII – Extrato de Inspeção Especial (EIE): item de responsabilidade do empreendedor, constante no SIGBM, contendo o resumo das informações relevantes das fichas de inspeções especiais preenchidas e eventuais informações solicitadas no citado Sistema;

8 Resolução ANM n. 95/2022: Art. 23. Cabe ao profissional legalmente habilitado pelo CONFEA/CREA, calcular os Fatores de Segurança para as barragens de mineração inseridas na PNSB, independentemente do método construtivo adotado, com base na ABNT NBR 13.028/2017 ou norma que a suceda, nas práticas internacionais e nas boas práticas de engenharia, sendo exigido, para as análises de estabilidade e estudos de susceptibilidade à liquefação na condição não drenada, global ou local, valor igual ou superior a 1,30 para resistência de pico.

pode ser elaborada conforme o que preconiza a Resolução n. 95/2022 ou de acordo com a definição do projetista seguindo as melhores práticas de engenharia. A não apresentação da DCE da ECJ, assim como o envio da DCE da ECJ não atestando sua estabilidade, ensejará a aplicação imediata da sanção de embargo e de suspensão de atividade do complexo minerário associado à ECJ.

28.7.3. *Inspeções de Segurança Especiais – ISE*

As ISE são inspeções realizadas pelo empreendedor com vistas a avaliar as condições de segurança da barragem em situações específicas, devendo ser realizada por equipe multidisciplinar de especialistas nas fases de construção, operação e desativação.

As ISE são realizadas, obrigatoriamente, sempre que detectadas anomalias com pontuação 10 (dez) em qualquer coluna do Quadro 3, do Anexo IV, da Resolução ANM n. 95/2022, assim como a qualquer tempo, quando exigidas pela ANM, bem como, independentemente de solicitação formal pela agência, após a ocorrência de eventos excepcionais que possam significar impactos nas condições de estabilidade.

Iniciada uma ISE, o empreendedor deverá: (i) preencher, diariamente, as Fichas de Inspeção de Segurança Especial (FIE)[9], até que a anomalia detectada na ISE tenha sido classificada como extinta ou controlada, devendo as FIE serem anexadas ao Volume III – Registros e Controles do PSB; (ii) preencher, diariamente, o Extrato de Inspeção Espacial (EIE) da barragem e submeter à ANM via SIGBM, até que a anomalia detectada na ISE tenha sido classificada como extinta ou controlada; e (iii) avaliar as condições de segurança e elaborar o Relatório de Conclusivo de Inspeção Especial (RCIE)[10] da barragem, por meio de equipe multidisciplinar de especialistas, quando a anomalia detectada na ISE da barragem for classificada como extinta ou controlada.

Portanto, uma ISE só se encerra após a elaboração do RCIE, o que implica na necessidade de que a anomalia seja classificada como extinta ou controlada. A norma classifica as anomalias que ensejam a realização de ISE da seguinte maneira: (i) extinta: quando a anomalia que resultou na pontuação máxima de 10 (dez) pontos for completamente extinta, não gerando mais risco que comprometa a segurança da barragem; (ii) controlada: quando a anomalia que resultou na pontuação máxima de 10 (dez) pontos não for totalmente extinta, mas as ações adotadas eliminarem o risco de comprometimento da segurança da barragem, não obstante deva ser controlada, monitorada e reparada ao longo do tempo; e (iii) não controlada: quando a anomalia que resultou na pontuação máxima de 10 (dez) pontos não foi controlada e tampouco extinta, necessitando de novas ISE e de novas intervenções a fim de eliminá-la.

---

9 Resolução ANM n. 95/2022: Art. 29. A FIE da barragem terá seu modelo definido pelo empreendedor e deverá abranger os componentes e estruturas associadas à barragem que tenham motivado a ISE da barragem e, no mínimo, os tópicos existentes no Anexo III.

10 Resolução ANM n. 95/2022: Art. 31. O RCIE da barragem deve conter, no mínimo, os elementos indicados no Anexo III.

O RCIE deverá ser anexado ao PSB no Volume III – Registros e Controles e enviado à ANM acompanhado da respectiva ART do profissional que o elaborar, por meio do sistema SIGBM.

28.8. Plano de Ação de Emergência para Barragens de Mineração – PAEBM

O PAEBM é o documento que compila tanto as potenciais situações de emergência identificadas na barragem quanto estabelece as ações a serem executadas em eventual emergência, bem como define os agentes a serem notificados com o objetivo de minimizar danos e perdas de vida.

Apesar de integrar o Volume V do PSB, o PAEBM pode ser visto como um documento a parte, embora integrado ao PSB, e que possui uma estrutura e conteúdo mínimo próprios (definido no Anexo II da Resolução n. 95/2022).

Tanto é assim que a norma determina que ele esteja sempre disponível também em formato físico (art. 12, parágrafo único, e art. 34, parágrafo único, da Resolução ANM n. 95.2022), devendo ter capa vermelha e o nome da barragem em destaque, visando fácil localização no momento de sinistro e deverá estar em local de fácil acesso no empreendimento, preferencialmente no escritório da equipe de segurança de barragem, ou em local mais próximo à estrutura, bem como deve ser entregue para os órgãos de proteção e defesa civil dos municípios inseridos no mapa de inundação ou, na inexistência destes órgãos, na prefeitura municipal.

Antes obrigatório apenas para as barragens que possuíam DPA alto ou DPA médio quando o item "existência de população a jusante" atingisse 10 pontos ou o item "impacto ambiental" atingisse 10 pontos, o PAEBM passou a ser obrigatório para todas as barragens destinadas à acumulação ou à disposição de rejeitos de mineração com o advento da Lei n. 14.066/2020, que alterou a Lei da PNSB (Lei n. 12.334/2010).

O PAEBM deverá ser elaborado, para novos barramentos, antes do início do primeiro enchimento do reservatório da barragem. O empreendedor deverá elaborar, implementar e operacionalizar o PAEBM e realizar reuniões com as comunidades para a apresentação do plano e a execução das medidas preventivas nele previstas, em trabalho conjunto com as prefeituras municipais e os órgãos de proteção e defesa civil. Para as barragens de mineração já existentes e que após nova classificação passem a se enquadrar na PNSB, o empreendedor terá 1 (um) ano para elaboração do PAEBM.

O PAEBM deve ser atualizado, sob responsabilidade do empreendedor, sempre que houver alguma mudança nos meios e recursos disponíveis para serem utilizados em situação de emergência, bem como no que se refere à verificação e à atualização dos contatos e telefones constantes no fluxograma de notificações ou quando houver mudanças nos cenários de emergência. Além disso, o PAEBM precisa ser revisado: (i) quando o RISR, o RCIE, o RCO (Relatório de Conformidade e Operacionalidade do PAEBM) ou a RPSB assim o recomendar; (ii) sempre que a estrutura sofrer modificações estruturais, operacionais ou organizacionais capazes de influenciar no risco de incidente, acidente ou desastre; (iii) quando a execução do PAEBM em exercício simulado, incidente, acidente ou desastre indicar a sua necessidade; (iv) quando o PGRBM indicar a sua necessidade; (v) quando a mancha de inundação sofrer modificações decorrentes do estudos para elaborar o mapa de inundação; (vi) em outras situações, a critério da ANM.

O empreendedor deve designar um profissional para ser o coordenador do PAEBM, com autonomia e autoridade para mobilização de equipamentos, materiais e mão de obra a serem utilizados nas ações corretivas e/ou emergenciais, devendo estar treinado e capacitado para o desempenho da função, e estar disponível para atuar prontamente nas situações de emergência da barragem.

Cabe ressaltar que, de acordo com o art. 38, da Resolução n. 95/2022, cabe ao empreendedor:

> *I – providenciar a elaboração do PAEBM, incluindo o estudo e o mapa de inundação;*
>
> *II – disponibilizar informações, de ordem técnica, para a Defesa Civil, para as prefeituras e para as demais instituições indicadas pelo governo municipal, quando solicitado formalmente;*
>
> *III – promover treinamentos internos, no máximo a cada 6 (seis) meses, e manter os respectivos registros das atividades;*
>
> *IV – realizar, juntamente com os órgãos locais de proteção e defesa civil, exercício prático de simulação de situação de emergência com a população da área potencialmente afetada por eventual ruptura da barragem e, caso solicitado formalmente pela Defesa Civil, apoiar e participar de simulados de situações de emergência na ZSS, devendo manter registros destas atividades no Volume V do PSB;*
>
> *V – designar formalmente o coordenador do PAEBM e seu substituto;*
>
> *VI – possuir equipe de segurança da barragem capaz de detectar, avaliar e classificar as situações de emergência em potencial, de acordo com os níveis de alerta e emergência, descritos no art. 41 desta Resolução;*
>
> *VII – declarar situação de emergência e executar as ações descritas no PAEBM;*
>
> *VIII – executar as ações previstas no fluxograma de notificação;*
>
> *IX – notificar a defesa civil estadual, municipal e nacional, as prefeituras envolvidas, os órgãos ambientais competentes e a ANM em caso de situação de emergência;*
>
> *X – emitir e enviar, via SIGBM, a DEE, de acordo com o modelo do estabelecido no citado sistema, em até 5 (cinco) dias após o encerramento da citada emergência;*
>
> *XI – providenciar a elaboração do RCCA, conforme art. 43 desta Resolução, com a ciência do responsável legal da barragem, dos organismos de defesa civil e das prefeituras envolvidas;*
>
> *XII – fornecer aos organismos de defesa civil municipais os elementos necessários para a elaboração dos Planos de Contingência em toda a extensão do mapa de inundação;*
>
> *XIII – prestar apoio técnico aos municípios potencialmente impactados nas ações de elaboração e desenvolvimento dos Planos de Contingência Municipais, realização de simulados e audiências públicas;*
>
> *XIV – estabelecer, em conjunto com a Defesa Civil, estratégias de alerta, comunicação e orientação à população potencialmente afetada na ZAS, sobre procedimentos a serem adotados nas situações de emergência auxiliando na elaboração e implementação do plano de ações na citada zona;*
>
> *XV – alertar a população potencialmente afetada na ZAS, caso se declare Nível de Emergência 3, sem prejuízo das demais ações previstas no PAEBM e das ações das autoridades públicas competentes;*
>
> *XVI – ter pleno conhecimento do conteúdo do PAEBM, nomeadamente do fluxo de notificações;*
>
> *XVII – assegurar a divulgação do PAEBM e o seu conhecimento por parte de todos os entes envolvidos;*
>
> *XVIII – orientar, acompanhar e dar suporte no desenvolvimento dos procedimentos operacionais do PAEBM;*
>
> *XIX – avaliar, em conjunto com a equipe técnica de segurança de barragem, a gravidade da situação de emergência identificada;*

XX – acompanhar o andamento das ações realizadas, frente à situação de emergência e verificar se os procedimentos necessários foram seguidos;

XXI – executar as notificações previstas no fluxograma de notificações;

XXII – para as barragens de mineração com DPA médio, quando o item existência de população a jusante atingir 10 pontos ou o item impacto ambiental atingir 10 pontos no quadro de Dano Potencial Associado constante do Anexo IV, ou DPA alto, instalar, nas comunidades inseridas na ZAS, sistema sonoro ou outra solução tecnológica de maior eficácia, com redundância, visando alertar a ZAS, tendo como base o item 5.3 do Caderno de Orientações para Apoio à Elaboração de Planos de Contingência Municipais para Barragens, instituído pela Portaria n. 187, de 26 de outubro de 2016, da Secretaria Nacional de Proteção e Defesa Civil, do Ministério da Integração Nacional, ou documento legal que venha a sucedê-lo; (Redação dada pela Resolução n. 130/2023/ANM/MME)

XXIII – para os casos não contemplados no inciso XXII, e quando o item de população a jusante obtiver pontuação 3 (três) ou 5 (cinco), instalar sistema sonoro ou outra solução tecnológica de maior eficácia no entorno da estrutura, preferencialmente fora da mancha de inundação de modo a alertar as pessoas possivelmente afetadas;

XXIV – prover os recursos necessários à garantia de segurança da barragem e, em caso de acidente ou desastre, à reparação dos danos à vida humana, ao meio ambiente e aos patrimônios público e privado, até o descadastramento da estrutura; e

XXV – notificar imediatamente à ANM, à autoridade licenciadora do Sisnama e ao órgão de proteção e defesa civil qualquer alteração das condições de segurança da barragem que possa implicar acidente ou desastre.

28.8.1. Situações e níveis de alerta e emergência

As barragens de mineração podem ser colocadas em situação de alerta e situação de emergência dependendo da ocorrência ou nível de desconformidade com a operacionalidade de segurança do barramento.

A barragem será colocada em nível de alerta sempre que: (i) for detectada anomalia com pontuação 6 (seis) na mesma coluna do Quadro 3, do Anexo IV, da Resolução n. 95/2022, em 2 (dois) EIR seguidos; ou (ii) for detectada anomalia que não implique em risco imediato à segurança, mas que deva ser controlada e monitorada; ou (iii) a DCO não for enviada, conforme os prazos previstos ou for enviada concluindo pela não conformidade e operacionalidade do PAEBM da barragem; ou (iv) a barragem for classificada como risco inaceitável no PGRBM; ou (v) por discricionariedade da ANM em uma situação não prevista anteriormente.

Já o nível de emergência possui os subníveis NE1, NE2 e NE3, que representam escalas de iminência de uma ruptura no barramento. Quando a barragem for classificada em nível de emergência, o empreendedor deverá imediatamente, sob pena de embargo ou suspensão de atividade da barragem de mineração, interromper o lançamento de efluentes e (ou) rejeitos no reservatório, e manter os serviços de monitoramento, manutenção e conservação da estrutura de contenção de rejeitos e sedimentos.

O nível de emergência será NE1 quando: (i) a barragem estiver com CRI alta; ou (ii) for detectada anomalia com pontuação 6 (seis) na mesma coluna do Quadro 3, do Anexo IV, da Resolução n. 95/2022, em 4 (quatro) EIR seguidos; ou (iii) for detectada anomalia com pontuação 10 (dez) no EIR; ou (iv) a DCE não for enviada, conforme os prazos previstos ou for enviada concluindo pela não estabilidade da barragem; ou (v) o sistema extravasor não estiver dimensionado de acordo com o tempo de retorno estabelecido no art. 24 da Resolução n. 95/2022[11]; ou (vi) o Fator de Segurança drenado estiver entre 1,30 £ FS < 1,50 ou Fator de Segurança não drenado de pico estiver entre 1,20 £ FS < 1,30 ou quando o Fator de Segurança não drenado de pico estiver entre 1,20 £ FS < 1,50 para os casos elencados no inciso I, § 5º, do art. 54[12]; ou (vii) houver qualquer outra situação com potencial comprometimento de segurança da estrutura.

O nível de emergência será NE2 quando: (i) o resultado das ações adotadas na anomalia que causou o NE1 for classificado como "não controlado"; ou (ii) o Fator de Segurança drenado estiver entre 1,10 £ FS < 1,30 ou Fator de Segurança não drenado de pico estiver entre 1,00 £ FS < 1,20. Quando a emergência for NE2, o empreendedor é obrigado a se articular com a Defesa Civil objetivando a evacuação preventiva da população inserida na ZAS.

O nível de emergência será NE3 quando: (i) a ruptura é inevitável ou está ocorrendo; ou (ii) o Fator de Segurança drenado estiver abaixo de 1,10 ou Fator de Segurança não drenado de pico estiver abaixo de 1,00. Quando a emergência for NE3, sem prejuízo das demais ações previstas no PAEBM e das ações das autoridades públicas competentes, o empreendedor é obrigado a alertar a população potencialmente afetada na ZAS de forma rápida e eficaz, objetivando sua evacuação, utilizando os sistemas de alerta e de avisos constantes no PAEBM, assim como se articular com a Defesa Civil e informar à ANM.

O Coordenador do PAEBM deve, após a classificação do nível de emergência, declarar situação de emergência e executar as ações do PAEBM, tais como comunicar e estar à disposição dos organismos de defesa civil por meio do número de telefone constante do PAEBM para essa finalidade.

Caso a Defesa Civil solicite formalmente, o empreendedor deve manter sistema de alerta ou avisos à população potencialmente afetada na ZSS, de acordo com o pactuado previamente com o citado órgão e após verificação de forma conjunta da sua eficácia, em consonância com a Portaria n. 187, de 26 de outubro de 2016, da Secretaria Nacional de Proteção e Defesa Civil ou normativo que venha a sucedê-lo.

28.8.2. *Avaliação de Conformidade e Operacionalidade – ACO do PAEBM*

A ACO consiste tanto em uma auditoria externa promovida por uma equipe multidisciplinar contratada com competência nas diversas disciplinas que envolvam a segu-

---

11 Resolução ANM n. 95/2022: Art. 24. (...) § 2º O tempo de retorno mínimo a ser considerado para dimensionamento do sistema extravasor durante o período de operação da barragem, deve atender aos seguintes critérios, em consonância com o DPA: I – DPA baixo: 500 (quinhentos) anos; II – DPA médio: 1.000 (mil) anos; e III – DPA alto: 10.000 (dez mil) anos ou PMP (Precipitação Máxima Provável), a que for mais restritiva para a duração crítica do sistema hidrológico avaliado. § 3º O período de retorno mínimo a ser considerado para dimensionamento do sistema extravasor para o período de desativação ou descaracterização da estrutura, deve atender, independentemente do DPA, a 10.000 (dez mil) anos ou PMP (Precipitação Máxima Provável), a que for mais restritiva para a duração crítica do sistema hidrológico avaliado.

12 Resolução ANM n. 95/2022: Art. 54 (...) § 5º (...) I – obter Fator de Segurança na condição não drenada global com valor igual ou superior a 1,50 para resistência de pico, quando os materiais forem sujeitos à mobilização por resistência não drenada;

rança da barragem em estudo e seu vale a jusante para a avaliação e comprovação dos itens mínimos do PAEBM, quanto na comprovação de efetividade do PAEBM em eventual situação de emergência com a realização de treinamentos práticos e teóricos internos e seminário orientativo externo.

O produto da ACO será o Relatório de Conformidade e Operacionalidade do PAEBM (RCO) que deve ser elaborado anualmente, assim como será emitida uma Declaração de Conformidade e Operacionalidade do PAEBM – DCO a ser enviada à ANM, anualmente entre 1º e 30 de junho, assinada pelo responsável técnico por sua elaboração e pelo empreendedor pessoa física ou pelo administrador titular do cargo de maior hierarquia na estrutura da pessoa jurídica, com função de direção efetiva e representação.

A elaboração do RCO deve observar o conteúdo mínimo descrito no Volume V, do Anexo II, da Resolução n. 95/2022, bem como deve ser anexado ao PSB junto com a DCO, da seguinte forma: a última RCO e sua DCO no PAEBM e as demais RCO e DCO no Volume I, Tomo II, do PSB.

A norma permite aos empreendedores que detenham barragem de mineração com DPA baixo ou DPA médio, quando o item de "população a jusante" obtiver menos que 10 pontos no Quadro 5, do Anexo IV, da Resolução n. 95/2022, a elaboração de ACO simplificada, contemplando minimamente os itens "a", "b", "c", "d", "i", "j", "k", "l" e "m" do conteúdo definido no Volume V, do Anexo II, da Resolução n. 95/2022, dispensada a realização de seminários orientativos anuais.

A equipe externa responsável pela elaboração do RCO e pela emissão da DCO deve ser multidisciplinar e a responsabilidade destes documentos deve ser confiada a profissionais legalmente habilitados, com registro no Conselho Regional de Engenharia e Agronomia – CREA, e ser objeto de ART.

A não apresentação da DCO até 30 de junho do ano corrente, ou a apresentação da DCO não atestando que o PAEBM da barragem está em conformidade com a legislação vigente e operacional em sua aplicabilidade em situações de emergência, resulta no imediato embargo ou de suspensão de atividade da barragem de mineração.

Como parte da ACO, o empreendedor é responsável por organizar, ainda, a cada 6 (seis) meses com a participação da equipe externa contratada para realizar a ACO e emitir a DCO, os seguintes treinamentos internos: (i) exercícios expositivos internos: apresentações expositivas em salas de treinamento, onde são explicados os procedimentos descritos no PAEBM; (ii) exercícios de fluxo de notificações internos: exercícios conduzidos pelo empreendedor com o objetivo de testar os procedimentos de notificação interna presentes no PAEBM; e (iii) exercícios simulados internos hipotéticos[13] e práticos[14].

---

13 Resolução ANM n. 95/2022: Art. 47 (...), III, a) Hipotético: é um teste hipotético e lúdico de efetividade e operacionalidade do PAEBM feito em sala de treinamento, com situações de tempo próximas ao real previsto. É feito para avaliar a capacidade e o tempo de resposta do empreendedor em caso de emergência; e

14 Resolução ANM n. 95/2022: Art. 47 (...), III, b) Prático: compreende exercícios de campo simulando uma situação de emergência envolvendo a ativação e mobilização dos centros de operação internas de emergências, pessoal e recursos disponíveis, inclusive dos procedimentos de evacuação internos.

O empreendedor tem a faculdade de optar quando da realização do simulado prático, desde que observe a periodicidade máxima de pelo menos 1 (uma) vez durante o ano calendário para composição da ACO.

Além da elaboração do RCO e dos treinamentos, é realizada a validação, por meio de equipe externa contratada, do mapa e o estudo de inundação, quanto à sua consonância com os parâmetros estabelecidos pelo art. 6º da Resolução n. 95/2022 e a sugestão de classificação do DPA do barramento. O responsável técnico pela emissão da DCO deverá ser distinto dos responsáveis técnicos pela elaboração do PAEBM e do estudo de ruptura hipotética vigentes da barragem.

Após a validação do mapa de inundação o empreendedor deverá promover, com a participação da equipe externa contratada, o seminário orientativo anual com a participação das prefeituras, organismos de defesa civil, equipe de segurança da barragem, demais empregados do empreendimento, população compreendida na ZAS e, caso tenha sido solicitado formalmente pela defesa civil, população compreendida na ZSS também.

O seminário orientativo anual deve compreender a exposição do mapa de inundação envolvendo participantes internos e externos para a discussão de procedimentos. Não se trata, portanto, de um teste real.

28.9. Processo de Gestão de Risco para Barragens de Mineração – PGRBM

O Processo de Gestão de Risco para Barragens de MInieração (PGRBM) se constitui de uma série de procedimentos para identificação, análise e avaliação e tratamento dos riscos e dos controles de riscos aplicável obrigatoriamente às barragens de mineração com DPA alto, devendo o PGRBM ser utilizado como parte integrante da gestão e da tomada de decisão, integrado nas operações e processos relacionados às barragens de mineração.

O resultado do PGRBM é um documento que deve ser elaborado seguindo o estabelecido no Anexo II da Resolução n. 95/2022, sendo que cada etapa do PGRBM deverá ser realizada por equipe multidisciplinar, e o líder da equipe deverá ter conhecimento das atividades, experiência em análises de riscos e amplo conhecimento da técnica de análise de riscos a ser utilizada, além de ser capaz de realizá-la de forma objetiva e imparcial.

O PGRBM conterá a identificação, análise, avaliação e classificação dos riscos em aceitável, ALARP[15] e não aceitável, utilizando metodologias reconhecidas nacionalmente e internacionalmente.

A elaboração do PGRBM deverá anteceder cada fase do ciclo de vida da estrutura e estar implementado antes do primeiro enchimento e conter manifestação de ciência por parte do empreendedor pessoa física ou do administrador titular do cargo de maior hierarquia na estrutura da pessoa jurídica, com função de direção efetiva e representação.

---

15 A sigla ALARP significa "*as low as reasonably practicable*" e foi traduzido na Resolução n. 95/2022 para tão baixo como razoavelmente exequível.

O PGRBM deve ser atualizado com a periodicidade máxima de anos ou sempre: (i) antes de qualquer modificação estrutural, incluindo o processo de descaracterização; (ii) antes de mudanças nas operações, procedimentos ou instalações que possam afetar a integridade da estrutura; (iii) que houver incidentes, acidentes ou desastres; (iv) por exigência da ANM.

Sempre que, por algum motivo, a barragem seja classificada como risco inaceitável, o empreendedor deverá, imediatamente, interromper o lançamento de efluentes e (ou) rejeitos no reservatório, e manter os serviços de monitoramento, manutenção e conservação da estrutura de contenção de rejeitos e sedimentos, até que seja reclassificada para o nível ALARP ou aceitável, sob pena de embargo ou suspensão de atividade da barragem de mineração.

28.10. Sanções envolvendo o descumprimento de normas relacionadas às barragens de mineração

Como mencionado, os acidentes ocorridos em Mariana e Brumadinho, em 2015 e 2019, acentuaram a preocupação envolvendo a segurança das barragens utilizadas pelas mineradoras. Entre as principais consequências dos referidos eventos, tem-se a edição da Lei n. 14.066/2020, que alterou significativamente a Lei n. 12.334/2010, recrudescendo as regras relacionadas às estruturas de barragem.

Destaca-se, por exemplo, o aumento do valor máximo das sanções aplicáveis em caso de descumprimento das obrigações previstas na Lei n. 12.334/2010, que passou a ser de R$ 1.000.000.000,00 (um bilhão de reais). No âmbito da ANM, como já apontado, as exigências foram regulamentadas pela Resolução n. 95/2022.

As infrações e penalidades pelo descumprimento das obrigações previstas nas referidas normas, por sua vez, foi regulamentado pela Resolução n. 122/2022, na qual é possível observar a atenção especial dedicada pela ANM ao tema da segurança de barragens.

A Resolução elenca infrações relacionadas a toda a operação mineral e as suas respectivas penalidades, com níveis de gravidade que variam entre I e V, sendo que a maior parte das hipóteses enquadradas no maior nível de gravidade são ligadas à segurança das barragens, conforme abaixo:

> I – para as barragens em construção, deixar de observar aos requisitos da norma ABNT NBR 13.028/2017;
>
> II – não considerar o tempo de retorno mínimo para dimensionamento do sistema extravasor durante o período de operação da barragem;
>
> III – deixar o empreendedor de alertar a população potencialmente afetada na ZAS, caso se declare Nível de Emergência 3;
>
> IV – deixar o empreendedor de prover os recursos necessários à garantia de segurança da barragem e, em caso de acidente ou desastre, à reparação dos danos à vida humana, ao meio ambiente e aos patrimônios público e privado, até o descadastramento da estrutura;
>
> V – deixar o empreendedor de notificar imediatamente à ANM, à autoridade licenciadora do Sisnama e ao órgão de proteção e defesa civil, qualquer alteração das condições de segurança da barragem que possa implicar acidente ou desastre;

VI – implantar novas barragens de mineração cujo mapa de inundação identifique a existência de comunidade na ZAS;

VII – deixar de descaracterizar a barragem, ou não reassentar a população, ou não resgatar o patrimônio cultural, ou não executar obras de reforço que garantam a estabilidade efetiva da estrutura, no caso de barragens de mineração que iniciaram a instalação ou a operação antes da entrada em vigor da Lei n. 14.066, de 30 de setembro de 2020, em que seja identificada comunidade, conforme conceito de áreas urbanas, aglomerados rurais ou subnormais e aldeias definidos pelo Instituto Brasileiro de Geografia e Estatística – IBGE, na ZAS;

VIII – construir, manter e operar na ZAS instalações, barragens, obras ou serviços de que tratam o art. 55 da Resolução ANM n. 95, de 2022;

IX – admitir na ZAS a permanência de trabalhadores estranhos ao desempenho das atividades de operação, manutenção, obras de alteamento, descaracterização ou reforço da barragem ou de estruturas e equipamentos a ela associados;

X – deixar de possuir projeto técnico, ou deixar e executar obras e de descaracterizar as barragens alteadas pelo método a montante ou por método declarado como desconhecido;

XI – realizar novos alteamentos na barragem de rejeito que não se enquadrem nos casos de exceção exigidos no projeto técnico executivo para fins de descaracterização;

XII – não manter a contínua e efetiva estabilidade da estrutura de barragem, ou deixar de declarar periodicamente essa condição;

XIII – deixar de recuperar, desativar ou descaracterizar a barragem que não atender aos requisitos de segurança nos termos da legislação pertinente;

XIV – deixar de manter as condições de segurança das estruturas de contenção de rejeitos, ou deixar de atender às exigências da legislação vigente, requisitos previstos nos planos e projetos de engenharia e condicionantes definidas no licenciamento ambiental;

XV – deixar de interromper o lançamento de efluentes e (ou) rejeitos no reservatório nos casos previstos em Resolução da ANM.

As disposições trazidas pela Resolução n. 122/2022, como se observa, denotam a tônica do setor minerário após os eventos de Mariana e Brumadinho, impondo aos mineradores uma maior atenção ao meio ambiente e às populações localizadas nas proximidades das barragens.

Vale ressaltar, no entanto, que o enquadramento de determinada conduta ao maior nível de gravidade não acarreta automaticamente a aplicação de multa no valor correspondente ao teto trazido pela Lei n. 12.334/2010, uma vez que o cálculo envolve a análise de outros itens como eventuais atenuantes e a adoção voluntária de providências eficazes para evitar ou amenizar as consequências da infração antes de proferida a decisão em primeira instância.

A Resolução também dispõe sobre infrações de menor gravidade envolvendo as barragens e as suas respectivas obrigações, como nos casos de o minerador não possuir sistema automatizado de acionamento de sirenes instaladas fora da mancha de inundação (nível I) ou deixar de executar anualmente a Avaliação de Conformidade e Operacionalidade (ACO) do PAEBM (nível II).

REFERÊNCIAS

AGUIAR JÚNIOR, Ruy Rosado de. *A extinção dos contratos por incumprimento do devedor*. Rio de Janeiro: Aide, 1991.

ALEXY, Robert. *Teoría de los derechos fundamentales*. Trad. Carlos Bernal Pulido. 2. ed. S.l: CEPC, 2007.

ALVES, Marcelo Luiz de Souza. Reflexões preliminares sobre a compensação financeira pela exploração de recursos minerais: CFEM. In: GANDARA, Leonardo André et al. (Coord.). *Direito Minerário*: estudos. Belo Horizonte: Del Rey, 2011.

ARAGÃO, Alexandre Santos de. A concepção pós-positivista do princípio da legalidade. *Revista de Direito Administrativo*, Rio de Janeiro, n. 236, p. 51-64, abr./jun. 2004.

ARAGÃO, Alexandre Santos de. *Direito dos serviços públicos*. Rio de Janeiro: Forense, 2008.

ARAGÃO, Alexandre Santos de. *Agências reguladoras e a evolução do Direito Administrativo econômico*. Rio de Janeiro: Forense, 2009.

ATAÍDE, Pedro. *Direito Minerário*. Salvador: Juspodivm, 2022.

BARROSO, Luís Roberto. Constitucionalidade e legitimidade da reforma da previdência (ascensão e queda de um regime de erros e privilégios). *Revista de Direito Processual Geral*, Rio de Janeiro, n. 58, 2004, p. 143-144.

BARROSO, Luís Roberto. Fundamentos teóricos e filosóficos do novo Direito Constitucional brasileiro (pós-modernidade, teoria crítica e pós-positivismo). *Revista Forense*, v. 358, nov./dez. 2001.

BARROSO, Luís Roberto. Neoconstitucionalismo e constitucionalização do Direito: o triunfo tardio do Direito Constitucional no Brasil. *Revista Eletrônica sobre a Reforma do Estado*, Salvador, n. 9, p. 1-41, mar./maio 2007.

BARROSO, Luís Roberto. *Curso de Direito Constitucional contemporâneo*: os conceitos fundamentais e a construção do novo modelo. São Paulo: Saraiva, 2009.

BELISÁRIO, Ana Carolina Valladares. A natureza jurídica da compensação financeira pela exploração dos recursos minerais: CFEM. In: SOUZA, Marcelo Mendo Gomes de (Coord.). *A compensação financeira pela exploração dos recursos minerais*: CFEM. Belo Horizonte: Del Rey, 2011.

BOBBIO, Norberto. *A era dos direitos*. 4. reimp. Trad. Carlos Nelson Coutinho. Apresentação de Celso Lafer. Rio de Janeiro: Elsevier, 2004.

BOBBIO, Norberto. *Teoria da norma jurídica*. 4. ed. Trad. Fernando Pavan Baptista e Ariani Bueno Sudatti. Apresentação de Alaôr Caffé Alves. Bauru (SP): Edipro, 2008.

BOBBIO, Norberto; VIROLI, Maurizio. *Direitos e deveres na República*: os grandes temas da política e da cidadania. Trad. Daniela Beccaccia Versiani. Rio de Janeiro: Elsevier, 2007.

CARNEIRO, Claudio. *Curso de Direito Tributário e Financeiro*. 9. ed. São Paulo: Saraiva Educação, 2020, p. 270.

CASTRO JÚNIOR, Paulo Honório de (Coord.). *Mineração e siderurgia*: aspectos financeiros e tributários. Belo Horizonte: Editora D'Plácido, 2019, p. 261.

CINTRA, Antônio Carlos Araújo; GRINOVER, Ada Pellegrini; DINAMARCO, Cândido Rangel. *Teoria geral do processo*. 20. ed. São Paulo: Malheiros, 2004.

CORDEIRO, António Manuel da Rocha e Menezes. *Da boa-fé no Direito Civil*. Coimbra: Almedina, 1997.

COSTA, Solange Maria Santos. Guia de utilização, evolução histórica, regulamentação e natureza jurídica. In: SOUZA, Marcelo Mendo Gomes de (Coord.). *Direito Minerário em evolução*. Belo Horizonte: Mandamentos, 2009.

DI PIETRO, Maria Sylvia Zanella. *Direito administrativo*. 13. ed. São Paulo: Atlas, 2000.

ESPÍNDOLA, Ruy Samuel. *Conceito de princípios constitucionais*. São Paulo: Revista dos Tribunais, 1999.

FIGUEIREDO. Lúcia Valle. *Curso de Direito Administrativo*. 5. ed. São Paulo: Malheiros, 2001.

FREIRE, William. *Código de Mineração anotado*. 4. ed. Belo Horizonte: Mandamentos, 2009.

FREIRE, William (Coord.). *Mineração, energia e ambiente*. Belo Horizonte: Jurídica, 2010.

FREIRE, William. O marco regulatório da mineração, o direito de prioridade estudado a partir do direito comparado e a oportunidade de acabar com as filas na porta do DNPM e reduzir sensivelmente as especulações. In: FREIRE, William (Coord.). *Mineração, energia e ambiente*. Belo Horizonte: Jurídica, 2010.

FREIRE, William. *Direito minerário*: Acesso a imóvel de terceiro para pesquisa e lavra. Belo Horizonte: D'Plácido, 2019.

GALVÃO, Jorge Octávio Lavocat. *A aplicação das leis no tempo e o direito adquirido*: o artigo 2.035 do Código Civil, sob a óptica da jurisprudência do Supremo. Brasília: Thesaurus, 2013.

GARCIA, Guylherme de Hollanda Cavalcanti. A validade do procedimento de avaliação de renda e indenização superficiário face ao ordenamento jurídico atual. In: FEIGELSON, Bruno; LIMA FILHO, Marcello Ribeiro (Coords.). *Desafios jurídicos na implantação de grandes projetos de mineração e infraestrutura*. Rio de Janeiro: Editório, 2013.

GONÇALVEZ, Andréa Viggiano. A participação do proprietário do solo nos resultados da lavra de mina manifestada. In: SOUZA, Marcelo Mendo Gomes de (Coord.). *Direito Minerário em evolução*. Belo Horizonte: Mandamentos, 2009.

GRAU, Eros Roberto. Função social da propriedade (direito econômico). In: FRANÇA, R. Limongi (Coord.). *Enciclopédia Saraiva de Direito*. São Paulo: Saraiva, 1977.

GRAU, Eros Roberto. *A ordem econômica na Constituição de 1988 (interpretação e crítica)*. 13. ed. São Paulo: Malheiros, 2008.

HOUAISS, Antônio. *Dicionário Houaiss da língua portuguesa*. Rio de Janeiro: Objetiva, 2001.

MEIRELLES, Hely Lopes. *Direito Administrativo brasileiro*. 15. ed. São Paulo: Revista dos Tribunais, 1990.

MEIRELLES, Hely Lopes. *Direito Administrativo brasileiro*. 22. ed. São Paulo: Malheiros, 1997.

MEIRELLES, Hely Lopes. *Direito Administrativo brasileiro*. 27. ed. São Paulo: Malheiros, 2002.

MELLO, Celso Antônio Bandeira de. *Curso de Direito Administrativo*. 14. ed. São Paulo: Malheiros, 2002.

MILARÉ, Édis. *Direito do ambiente*: doutrina, jurisprudência, glossário. 4. ed. São Paulo: Revista dos Tribunais, 2005.

MOREIRA, Egon Bockmann. *Processo administrativo*: princípios constitucionais e a Lei n. 9.784/1999. 2. ed. São Paulo: Malheiros, 2003.

MOREIRA NETO, Diogo de Figueiredo. *Curso de Direito Administrativo*. 10. ed. Rio de Janeiro: Forense, 1992.

NERY JR., Nelson. *Código de Processo Civil comentado*. 4. ed. São Paulo: Revista dos Tribunais, 1999.

OLIVEIRA, Carlos Alberto Álvaro de. Garantia do contraditório. In: TUCCI, José Rogério Cruz e. *Garantias constitucionais do processo civil*. São Paulo: Revista dos Tribunais, 1999.

OLIVEIRA, Ricardo Wagner Carvalho de. *Direito dos transportes ferroviários*. Rio de Janeiro: Lumen Juris, 2005 (Coleção Direito Regulatório).

PINTO, José Augusto Rodrigues. *Processo trabalhista de conhecimento*. 6. ed. São Paulo: LTr, 2001.

PINTO, Uile Reginaldo. *Comentários sobre a jurisprudência do setor mineral*. Brasília: LGE, 2009.

RIBEIRO, Carlos Luiz. *Direito Minerário*: escrito e aplicado. Belo Horizonte: Del Rey, 2006.

RIZZARDO, Arnaldo. *Das servidões*. Rio de Janeiro: Aide, 1984.

ROCHA, Lauro Lacerda; LACERDA, Carlos Alberto de Melo. *Comentários ao Código de Mineração do Brasil (revisto e atualizado)*. Rio de Janeiro: Forense, 1983.

SALLES, José Carlos de Moraes. *A desapropriação à luz da doutrina e da jurisprudência*. 6. ed. São Paulo: Revista dos Tribunais, 2009.

SARLET, Ingo Wolfgang. *A eficácia dos direitos fundamentais*. 3. ed. Porto Alegre: Livraria do Advogado, 2003.

SERRA, Silvia Helena. *Direitos minerários*: formação, condicionamentos e extinção. São Paulo: Signus, 2000.

SÓFOCLES. *Antígona*. Trad. Millôr Fernandes. Rio de Janeiro: Paz e Terra, 2007.

SOUZA, Marcelo Mendo Gomes de. Servidão de mina: instrumento viabilizador das atividades de mineração. In: SOUZA, Marcelo Mendo Gomes de (Coord.). *Direito Minerário em evolução*. Belo Horizonte: Mandamentos, 2009.

SOUZA, Marcelo Mendo Gomes de. Hipótese de não incidência da compensação financeira pela exploração dos recursos minerais (CFEM) sobre o produto mineral industrializado. In: SOUZA, Marcelo Mendo Gomes de (Coord.). *A compensação financeira pela exploração dos recursos minerais*: CFEM. Belo Horizonte: Del Rey, 2011.

SOUZA, Mauricio Pellegrino de. Autorização de pesquisa mineral: obrigações do titular e prazo para apresentar relatório final. In: SOUZA, Marcelo Mendo Gomes de (Coord.). *Direito Minerário em evolução*. Belo Horizonte: Mandamentos, 2009.

SOUZA, Mauricio Pellegrino de. Da dispensa de anuência prévia do órgão gestor da área de proteção ambiental para a outorga de autorização de pesquisa mineral. In: SOUZA, Marcelo Mendo Gomes de (Coord.). *Direito Minerário em evolução*. Belo Horizonte: Mandamentos, 2009.

SOUZA, Mauricio Pellegrino de. O direito de participação nos resultados da lavra e seu vínculo ao direito de propriedade do imóvel em que se encontra a jazida. In: FERRARA, Marina et al. (Coord.). *Estudos de direito minerário*. Belo Horizonte: Fórum, 2012.

SOUZA, Mauricio Pellegrino de; TAVARES, Renata Campos Laborne. Arrendamento de mina e dinâmica da mineração: reflexões sobre aspectos conceituais da nova disciplina a partir da portaria DNPM n. 269/2008. In: GANDARA, Leonardo André et al. (Coord.). *Direito Minerário*: estudos. Belo Horizonte: Del Rey, 2011.

SUNDFELD, Carlos Ari. *Direito administrativo econômico*. São Paulo: Revista dos Tribunais, 2013 (Coleção Pareceres, v. 1).

TEPEDINO, Gustavo. *Temas de Direito Civil*. Rio de Janeiro: Renovar, 2001.

THEODORO JÚNIOR, Humberto. *Curso de Direito Processual Civil*: teoria geral do Direito Processual Civil e processo de conhecimento. 49. ed. Rio de Janeiro: Forense, 2008. v. 1.

TORRES, Marcos Alcino. Impacto das novas ideias na dogmática do Direito de Propriedade. A multiplicidade dominial. In: MOTA, Maurício (Org.). *Transformação do Direito de Propriedade Privada*. Rio de Janeiro: Elsevier, 2009.

TORRES, Ricardo Lobo. *Curso de direito financeiro e tributário*. 16. ed. Rio de Janeiro: Renovar, 2009.

TRINDADE, Adriano Drummond Cançado. Princípios de Direito Minerário brasileiro. In: SOUZA, Marcelo Mendo Gomes de (Coord.). *Direito Minerário em evolução*. Belo Horizonte: Mandamentos, 2009.

VALIM, Rafael. O princípio da segurança jurídica no direito administrativo. In: VALIM, Rafael; OLIVEIRA, José Roberto Pimenta; DAL POZZO, Augusto Neves (Coords.). *Tratado sobre o pincípio da segurança jurídica no direito administrativo*. Belo Horizonte: Fórum, 2013.

VENOSA, Sílvio de Salvo. *Direito Civil*: direitos reais. 4. ed. São Paulo: Atlas, 2004. v. 5.

WERKEMA, Maurício Sirihal; GANDARA, Leonardo André. Direito Minerário como garantia: considerações sobre a possibilidade de diálogo de institutos de Direito Minerário com instrumentos financeiros. In: GANDARA, Leonardo André et al. (Coord.). *Direito Minerário*: estudos. Belo Horizonte: Del Rey, 2011.

2025
1 2 3 4 5 6 7 8 9 10